A VERDADE MADEIRENSE
E A GRANDE GUERRA

GRAÇA FERNANDES

A *VERDADE* MADEIRENSE
E A GRANDE GUERRA

COIMBRA
2008

A VERDADE MADEIRENSE
E A GRANDE GUERRA

AUTORA
GRAÇA FERNANDES

DISTRIBUIDOR
EDIÇÕES ALMEDINA. SA
Av. Fernão Magalhães, n.º 584, 5.º Andar
3000-174 Coimbra
Tel.: 239 851 904
Fax: 239 851 901
www.almedina.net
editora@almedina.net

PRÉ-IMPRESSÃO | IMPRESSÃO | ACABAMENTO
G.C. GRÁFICA DE COIMBRA, LDA.
Palheira – Assafarge
3001-453 Coimbra
producao@graficadecoimbra.pt

Dezembro, 2008

DEPÓSITO LEGAL
286691/08

Os dados e as opiniões inseridos na presente publicação
são da exclusiva responsabilidade do(s) seu(s) autor(es).

Toda a reprodução desta obra, por fotocópia ou outro qualquer
processo, sem prévia autorização escrita do Editor, é ilícita
e passível de procedimento judicial contra o infractor.

Biblioteca Nacional de Portugal – Catalogação na Publicação

FERNANDES, Graça, 1945-

A Verdade Madeirense e a Grande Guerra
ISBN 978-972-40-3724-0

CDU   070
        316
        908(469.8)"1914/1918"
        94(100)"1914/1918"

A *VERDADE*: APRESENTAÇÃO

A História da Madeira conheceu nos últimos anos um novo caminho de afirmação, já nacional e, em determinados aspectos, mesmo internacional. A Autonomia permitiu o aparecimento de várias revistas de carácter cultural e, inclusivamente, a constituição de uma Universidade, tendo assim sido dados à estampa inúmeros trabalhos de uma nova geração, que não só repensou muito do que até então havia sido escrito como trilhou outros caminhos e explorou outras áreas. Ao mesmo tempo, a progressiva globalização das novas tecnologias de informação e comunicação proporcionou contactos quase imediatos entre técnicos e especialistas, encurtando decididamente as distâncias.

Determinadas épocas, no entanto, continuam por explorar, como especificamente os séculos XIX e XX. Acresce que a abundância de materiais, assim como a dispersão e desorganização dos mesmos, desencoraja, à partida, muitos dos possíveis pesquisadores. O avultado número, por exemplo, de publicações periódicas e, por vezes, o desconhecimento das suas orientações, para já não falar nos seus efectivos proprietários e públicos, torna-se um entrave para entrar facilmente nessas épocas. Daí o especial interesse do presente trabalho sobre o periódico *A Verdade*, nascido na 1.ª Grande Guerra, no dia primeiro de Maio de 1915 e de que se haveriam de publicar 216 números, terminando com o de 3 de Novembro de 1919.

A Autora encontra-se ligada por estreitos laços familiares à Madeira, onde chegou a viver e trabalhar e, segundo nos conta, foi a descoberta de um seu tio-avô, o alferes Gabriel Rocha de Gouveia, falecido na 1.ª Grande Guerra, que a havia alertado para o estudo destes complexos anos. O alferes Rocha de Gouveia fora incorporado no malfadado CEP, Corpo Expedicionário Português, que mal preparado, mal apoiado, mal fardado e mal armado fora colocado na linha da frente da Flandres, pelo que o desastre foi completo. Para abordar estes anos, a existência de um periódico, "republicano imparcial" publicado entre 1915 e 1919, era, provavelmente, um dos corpora documentais ideais para a abordagem desta época.

A Madeira vivera ao longo do século XIX um dos piores momentos da sua História, especialmente com o domínio absolutista, que levara à emigração política de quase todos os morgados, proprietários das terras e, inclusivamente, também dos cónegos da sé do Funchal, aliás, todos mais ou menos aparentados com as grandes famílias da Ilha. Os que regressaram com a instauração do governo liberal, pois muitos acabaram por se fixar no estrangeiro e, outros, em Lisboa, foram confrontados com a passagem do controlo e da propriedade de grande parte dos meios de produção para a comunidade inglesa que se mantivera na Ilha e que, com as duas ocupações militares inglesas, aumentara e consolidara-se.

Ao longo do século XIX mudaria por isso a classe dirigente insular, que passa a provir de famílias de pequenos proprietários, que ascendem através da ocupação de cargos públicos, sendo depois, alguns, nobilitados. Somente duas ou três antigas famílias se mantiveram na liderança: os Carvalhal, mas que acabam por dispersar todo o seu património nos meados do século, os Herédia, através do controlo dos cargos superiores da alfândega e os Ornelas, através da diplomacia e dos cargos eclesiásticos. Igualmente teve de mudar o regime económico, mas de forma muito lenta, pois o regime de exploração das terras, a chamada colonia, se manteve quase até aos finais do século XX.

O aumento da circulação atlântica levou à introdução na Madeira de várias doenças ao longo dos séculos XIX e XX. Primeiro foram as doenças da vinha, principal suporte económico da população, depois, foram as epidemias de cólera morbus, tudo obrigando a população mais desfavorecida a ter de procurar na emigração a forma de, caso não morresse de cólera, não morrer de fome. Houve assim que procurar outro tipo de suportes para a vinha resistir a essas doenças e, ao mesmo tempo, procuraram-se outras actividades económicas, como foi o caso do turismo.

Desde os inícios do século XIX que a Madeira se tornara uma "terra de salvação" para uma das doenças que mais afectava as classes abastadas europeias: a tuberculose. A estabilidade da temperatura quase ao longo de todo o ano, assim como as possibilidades da encosta do Funchal em abrigar as pessoas em baixas, médias e elevadas altitudes, ainda aliada há quase inexistência de poeiras, o que não acontecia, por exemplo, nas estâncias mediterrâneas, afectadas pelos ventos do Norte de África, criaram a ideia de ser este o local ideal para o tratamento das doenças pulmonares. A Madeira torna-se assim um lugar de excelência para o Turismo Terapêutico, editando-se inúmeros livros sobre a Ilha, com as listas dos principais médicos aqui existentes, dos hotéis, das quintas para alugar, das variações da temperatura ao longo do ano, conforme as altitudes, tudo acompanhado dos preços de mercado para os alojamentos, refeições, médicos, assim como para passeios, empregados, aluguer de animais, transportes em carro-de-bois, em palanquim e em rede, etc.

Pelos meados do século, no entanto, os guias começam a mudar o espírito dos textos, prevalecendo então outros valores, como a deslumbrante e exótica paisagem, o acesso ao mar e as potencialidades dos miradouros, a espantosa riqueza do coberto vegetal, as quintas, os jardins, os principais cafés e restaurantes, os vários gabinetes de leitura, etc. Passava-se assim, progressivamente, do turismo terapêutico para o de lazer. Se os primeiros guias eram, essencialmente, para "inválidos", passam, progressivamente, para "invalid and other visitors", chegando aos finais do século XIX somente como "Travels" ou "Tourist's Guide".

Tal não invalidou, no entanto, que nos inícios do século XX se tentasse na Madeira um grande investimento alemão, que pretendia construir uma série de hotéis-sanatórios a grande altitude, na freguesia do Monte, para os doentes, projecto associado, depois, à construção de hotéis e casinos na parte baixa da cidade, sobre o porto, para os acompanhantes. Os hotéis-sanatórios ainda se construíram, a ligação entre as duas estruturas através do caminho-de-ferro do Monte também, mas as estruturas de lazer na baixa da cidade foram invalidadas pelos interesses ingleses, acabando o projecto por abortar e Portugal, por ter de pagar uma pesada indemnização aos financeiros alemães por não ter conseguido cumprir as facilidades inicialmente prometidas.

Paralelamente à instalação desta Sociedade dos Sanatórios encontravam-se os interesses ingleses e alemães em luta na obtenção de espaços para os depósitos de carvão, de apoio à navegação atlântica, assim como de pontos para "amarração" dos cabos submarinos de comunicações. Os alemães ainda haviam conseguido através do seu representante na Madeira, o comendador Manuel Gonçalves, facilidades para armazenamento de carvão, mas a inviabilização da aquisição da Quinta Pavão, quando já se havia adquirido a Quinta Vigia, invalidou todo o projecto dos hotéis junto ao mar e da construção de um casino.

Foi no quadro internacional muito mais alargado da luta dos interesses ingleses e alemães que veio a eclodir a 1.ª Grande Guerra. Face ao revés ocorrido na ilha da Madeira, não espanta que, por duas vezes, um submarino alemão se tenha introduzido no porto do Funchal, afundando alguns navios e bombardeando a cidade. Espanta é a maneira como tal foi encarado, inclusivamente, pelos comerciantes ingleses ali radicados e que haviam pressionado, entre outras acções, a nacionalização das propriedades alemãs, como eram as casas de bordados. No entanto, ao largo do Funchal, haveria de ser também afundado o iate Maria, embarcação ao serviço da Casa Manuel Gonçalves & Cª., mas aspecto que não era, seguramente, do conhecimento do comandante do submarino.

O trabalho da Dr.ª Graça Fernandes sobre o periódico *A Verdade* é assim do máximo interesse para o enquadramento desta época, na avaliação dos interesses em causa e, também, das consequências das opções tomadas. Está assim de parabéns a Autora, tal como a História da Madeira, pela divulgação de mais um contributo para uma análise alargada desta época, muito pouco estudada e de que o estudo dos periódicos é um dos suportes mais importantes. Só através do estudo do passado é possível compreender o presente e, só compreendendo o presente, é possível estudar o futuro.

RUI CARITA

AGRADECIMENTOS

O meu mais profundo reconhecimento dirijo-o a título póstumo, ao Sr. Prof. Dr. Joel Serrão pelas noções que me transmitiu sobre o ambiente que envolvia a Madeira nas primeiras décadas do século XX, ajudando-me a distinguir o que era fundamental para a elaboração deste trabalho, tendo-me sugerido que desse especial atenção ao estudo da agricultura e dos transportes, muito particularmente, marítimos e aprofundasse o estudo sobre a acção da Maçonaria, instituição que contribuiu de forma explícita para fomentar e divulgar as ideias liberais no Arquipélago.

Durante a produção desta obra, solicitei o prestimoso apoio de intelectuais ilustres, cuja sensibilidade e formação, se prendessem, com os temas que defini desde o início, no sentido de confirmar e enriquecer os dados teóricos que recolhi, a quem agradeço muito reconhecidamente a disponibilidade e a generosidade dos conhecimentos transmitidos, assim como as preciosas pistas sugeridas e informações precisas. Estão neste caso o Sr. Prof. Dr. Rui Carita; o Sr. Dr. Luís Francisco de Sousa Melo; o Sr. Dr. Nelson Veríssimo e o Sr. Coronel Leitão Fernandes.

A minha estima, admiração e agradecimento são extensivos a todos os intelectuais madeirenses, cujas obras consultei e a todas os directores e técnicos superiores de museus que contactei e me concederam documentação sobre a Arte na Madeira, de acordo com o enquadramento histórico, contemplado na presente obra cujos nomes cito em seguida: Sra. Dra. Margarida Ornelas Camacho (Área Museológica do Palácio de São Lourenço); Sra. Dra. Ana Margarida Araújo Camacho e a técnica superior Sra. Dra. Margarida Freitas (Casa Museu Frederico de Freitas); Dra. Teresa Pais (Museu das Cruzes); Sr. Dr. José Manuel Sainz-Trueva e a técnica superior Sra. Dra. Vanda Mendonça (Museu de Arte Contemporânea do Funchal) e, finalmente, à responsável do Museu Henrique e Francisco Franco, Sra. Dra. Isabel Morgado e respectivas funcionárias da recepção.

O meu sincero agradecimento também é devido ao Sr. Tenente-Coronel João Pereira Amorim pela disponibilidade e franqueza com que me recebeu nas instalações do Conselho Directivo do Instituto de Odivelas, fornecendo-me elementos preciosíssimos para a elaboração deste trabalho, sobre meu tio-avô Gabriel e sua filha Dora. Agradeço no mesmo contexto à Sra D. Catarina Rosário Bragança e à Sra. D. Carla Francisco que me facultaram a consulta de documentação arquivada no mesmo Conselho Directivo do Instituto.

No Instituto Superior de Agronomia, não poderia deixar de referir o bom acolhimento com que fui recebida pela Sra. D. Angelina Cruz que chefia os Serviços do Conselho Directivo dessa mesma instituição, sem a qual não teria sido possível conferir dados essenciais relativos aos estudos de Gabriel Rocha de Gouveia, desde o livro de matrícula até ao requerimento que atesta a sua passagem ao serviço militar, pelo que aqui fica registada a minha gratidão.

Do mesmo modo, quero expressar o meu reconhecido apreço pela participação activa do Sr. Dr. João Tavares e do Sr. Capitão Aleixo que nas instalações do Arquivo Histórico Militar de Lisboa cuidaram para que todos os elementos sobre Gabriel Rocha de Gouveia me chegassem às mãos, durante a minha tarefa de pesquisa e consulta.

Na diversidade de instituições que acolheram as minhas solicitações, saliento no MNE – Ministério da Defesa Nacional, a acção das técnicas do Serviço de Documentação, que esclareceram as minhas dúvidas e me deram acesso à pesquisa documental. Agradeço muito particularmente às Sras. D. Isabel Coutinho e D. Carminda Morgado.

Agradeço à Dra Maria do Carmo Jasmins Pereira Rodrigues que me forneceu documentação importante sobre as origens da Tipografia na Madeira; ao Sr. Dr. João Figueira que com as suas palavras na nota de abertura, contribuiu para valorizar esta obra; ao Sr. Dr. João Luís Campos pela colaboração oportuna.

Agradeço ainda ao Sr. Victor Heitor de Matos que me coadjuvou na tarefa de classificação da linha gráfica d'*A Verdade*; ao Sr. Sérgio Costa do Arquivo do *Diário de Notícias-Funchal* pelas informações concedidas e ao Sr. Jorge Figueira da Livraria Esperança pelo aconselhamento esclarecedor.

Fico sinceramente muito grata aos jovens técnicos superiores Sr. Dr. Rui Machado (ANIM) e Sr. Eng° Milton Simões (Solercine) que me forneceram algumas noções já esquecidas sobre produção de som e imagem no cinema e muitas outras que desconhecia.

Agradeço ainda à DRAC – Direcção Regional de Assuntos Culturais, local onde adquiri fontes de consulta inestimáveis, instituição que sob a direcção do Sr. Dr. João Henrique Silva continua a zelar pela edição de obras de notáveis autores madeirenses.

Desejo ainda salientar a prestimosa ajuda que me foi concedida nas seguintes bibliotecas: Biblioteca Municipal do Funchal, sob a direcção da Sra. Dra. Alexandra Cunha, muito especialmente pela Sra. D. Graça Silva; Biblioteca Municipal Calouste Gulbenkian (Funchal), sob a direcção da Dra Liliana Diniz, pelas técnicas Sras. D. Lucínia e D. Teresa; Biblioteca Nacional de Portugal (Lisboa), dirigida pelo Sr. Prof. Dr. Jorge Couto, onde o atendimento é dum grande profissionalismo em todos os sectores; Biblioteca da Faculdade de Letras da Universidade de Coimbra, cuja direcção pertence ao Sr. Dr. Hans-Richard Jahnke, onde as funcionárias irradiam simpatia e competência; Biblioteca Geral da Universidade de Coimbra, sob a direcção do Sr. Dr. Carlos Fiolhais, onde me foi concedido todo o apoio, nomeadamente pelo chefe da Referência, Sr. Dr. José Mateus, pela Sra. D. Manuela Nobre de Oliveira, pelo Sr. Acácio Xavier, pela Sra. D. Jacqueline Neves e ainda pelo Sr. Barreiral e pelo Sr. Medina. Recebi da mesma forma neste último ano de pesquisa, uma colaboração eficientíssima por parte das técnicas da Biblioteca Municipal de Coimbra, sob a chefia da Dra. Maria José Miranda, cujos nomes passo a enumerar: Sras. D. Isabel Mendes, D. Fátima Cordeiro, D. Cláudia Carraceno, D. Isabel Mesquita, D. Helena Araújo, D. Daniela Pais, D. Patrícia Santos, D. Guilhermina Cortês e D. Fernanda Pinto.

Não poderia deixar de ficar aqui registado o meu agradecimento aos serviços do Arquivo Distrital da Guarda, dirigidos pelo Sr. Dr. Levi Pires Coelho e respectivas funcionárias que providenciaram o envio atempado de documentação sobre os meus antepassados.

Agradeço com muito carinho aos meus filhos Alexandra e Ricardo, pela ajuda incondicional que me concederam nos meandros da Informática, durante a pesquisa e elaboração da obra.

Às Edições Almedina, na pessoa do seu administrador Sr. Eng. Carlos Pinto, da Sra. Dra. Paula Valente, coordenadora editorial, do Sr. João Pedro, assessor editorial, dos designers e compositores gráficos, formulo os meus mais significativos agradecimentos, porque ao acreditarem no conteúdo do meu trabalho e aceitarem editá-lo, ajustaram todos os meios para tornarem exequível e digna de ser apresentada a publicação desta obra, pequena gota de cultura circulante, no universo dos livros, dessa Aldeia Global em que vivemos.

A Autora

DEDICATÓRIA

A minha mãe e poetisa Maria das Neves.
À surpreendente Alexandra.
Ao garboso Ricardo.
À intrépida Sandra.
À persuasiva Susana.

MENSAGENS

"Que todas as nações encontrem formas de consenso, para benefício de seus povos, envidando os maiores esforços na resolução dos seus problemas internos e das questões mais prementes e inadiáveis, a nível mundial."

"Que o diálogo interestadual, baseado numa argumentação inteligente, seja profícuo e permanente."

"Que o corolário «Defesa dos direitos humanos», derive do uso sistemático das premissas: «compreensão e ética»."

A autora

La vérité est en marche et rien ne l'arrêtera.

ÉMILE ZOLA

(A verdade marcha e nada conseguirá detê-la).

"True peace is not merely the absence of tension: it is the presence of justice".

MARTIN LUTHER KING

(A paz não é simplesmente a falta de tensão: é a presença da justiça).

"Peace begins with a smile. If we have no peace it is because we have forgotten that we belong to each other".

MOTHER TERESA

(A paz começa com um sorriso. Se não temos paz é porque nos esquecemos de que pertencemos uns aos outros).

"La guerre, c'est la guerre des hommes; la paix, c'est la guerre des idées ».

VICTOR HUGO

(A Guerra é a guerra dos homens ; a paz é a guerra das ideias).

NOTA DE ABERTURA

A Madeira na I Grande Guerra. Não é, mas poderia também ser uma hipótese de título para o excelente trabalho realizado por Graça Fernandes. Tendo como alvo e objecto da sua pesquisa o semanário *A Verdade*, a autora percorre todo o quotidiano madeirense entre 1915 e 1919, no sentido de dar ao leitor uma imagem e um relato da vida da ilha durante aquele período.

Graça Fernandes escreve a páginas tantas que "os madeirenses, mantendo alguma conexão com o exterior, puderam sobreviver e trocar. Amar e odiar. Criticar e anunciar. Escrever e sonhar. Julgar e castigar. Premiar e aplaudir".

É assim, com uma escrita viva e envolvente que se tecem as páginas desta obra que nos toca e mostra um fragmento da história de Portugal e, em particular da Madeira durante o primeiro grande conflito armado mundial.

JOÃO FIGUEIRA
(Assistente convidado da licenciatura em Jornalismo
na Universidade de Coimbra)

PREFÁCIO

A Dra. Graça Fernandes, autora de *A Verdade Madeirense e a Grande Guerra* é licenciada em Estudos Anglo-Americanos pela Faculdade de Letras da Universidade de Lisboa e mestre em Ciências da Informação pela Universidade Católica Portuguesa.

Familiares madeirenses, em particular o seu marido Dr. Fernando Álvaro Marques Fernandes, a sua permanência no Funchal de 1983 a 1991, como Especialista de Comunicação Social na Direcção de Coordenação dos Correios e Telecomunicações da Madeira, assim como a admiração pelo seu tio-avô, Gabriel Rocha de Gouveia, sempre lembrado pela família, como homem de grande carácter, integrado no Corpo Expedicionário Português, como oficial miliciano, morto em França, "ao serviço da Pátria", durante a 1ª Guerra Mundial, terão conduzido a autora da presente obra a estudar o período histórico da Madeira de 1900 a 1930 e o semanário *A Verdade*, cuja análise das notícias serviu de base ao estudo e também para elaborar a tese de Mestrado.

As raízes e os laços madeirenses, a formação académica e profissional, a memória do seu tio-avô morto em consequência da guerra, motivaram a Dra. Graça Fernandes a debruçar-se sobre o período em que a Madeira sofrera fortemente os efeitos do conflito bélico internacional, cujo conhecimento teria sido pouco aprofundado ou sistematizado até então.

Tendo consultado diversas fontes bibliográficas e jornalísticas, designadamente jornais publicados no Funchal, revistas e almanaques do Continente e da Madeira, a autora do trabalho procurou e encontrou a fonte cujas características mereciam maior fidedignidade – o Semanário *A Verdade* – a palavra-chave da sua obra.

A análise d'*A Verdade* não foi, pois, apenas uma recolha de notícias segundo os assuntos e os temas mas, sobretudo uma pesquisa de "crónicas" da Imprensa, fontes também da História.

De acordo com a opinião do Sr. Dr. Luís Francisco de Sousa Melo, um dos mais notáveis investigadores da História da Madeira, consultado pela Dra. Graça Fernandes, o Semanário *A Verdade* era essencialmente madeirense, preocupando-se principalmente com as questões regionais; os seus artigos de fundo tratavam sobretudo dos problemas que afligiam a Madeira – económicos e sociais – também abordados por outros órgãos da imprensa da época, como por exemplo, a defesa dos interesses das classes trabalhadoras, afectadas pela crise agravada pela guerra.

Ao mesmo tempo, o Semanário não descurava noticiar os acontecimentos da Metrópole, criticar a acção dos partidos e do Governo Central e publicar os factos relativos ao conflito bélico e à situação militar, em particular no que dizia respeito ao contingente presente no teatro da guerra.

A Verdade, semanário confessamente republicano e de pendor socialista, caracterizava-se, contudo, pela imparcialidade e apartidarismo, isenção e independência, noticiando os acontecimentos regionais, nacionais, internacionais e da Grande Guerra, e tratando os assuntos e os temas com sentido crítico apurado.

Foi numa perspectiva da verdade, com base na pesquisa e na consulta das fontes que a autora nos deu a conhecer o que era a Madeira durante a Grande Guerra e o que sofreram os madeirenses em consequência do conflito bélico e do agravamento dos problemas que os afectavam.

Tendo como cenário de fundo a 1ª Guerra Mundial e a intenção de homenagear os soldados portugueses, em particular, os madeirenses, que nela participaram e morreram, a autora delimitou o tema do estudo à análise do Semanário *A Verdade*, em especial do período da guerra.

Na investigação e no método, a Dra Graça Fernandes recorreu a diversas fontes, incluindo filmes, comparando no que foi possível, a abrangência e o volume das notícias e o sentido jornalístico e crítico, tendo chegado à conclusão que a escolha d'*A Verdade* para objecto do estudo era a mais acertada, tendo em conta a precisão e fidedignidade com que retratava o panorama do desenvolvimento mundial,

Prefácio   21

especialmente na Europa, em Portugal Continental e na Madeira, território este tratado com maior ênfase devido ao conhecimento local e regional que os jornalistas e colaboradores do Semanário tinham da realidade que os circundava.

Com base n'*A Verdade* e noutras fontes fidedignas, a autora pôde e soube descrever o que era a Madeira nas primeiras décadas do século XX, seus antecedentes e as consequências da Grande Guerra no Arquipélago.

Assim, é posta em evidência a importância dos transportes marítimos como meio de ligação em todos os sentidos, ao Portugal Continental e de importação, exportação e comércio de bens necessários à subsistência e desenvolvimento da Madeira e seus habitantes.

A navegação dos navios de passageiros e de carga foi gravemente afectada pela vigilância e interferência exercida pelos vasos de guerra alemães, não só sobre os barcos, como também sobre a Ilha. Aliás, submarinos germânicos afundaram navios portugueses e bombardearam duas vezes a Ilha.

Na ligação com Portugal Continental é salientada, de igual modo, a importância da TSF e a circulação de publicações – jornais e livros – recebidos da Metrópole.

Dos assuntos postos em relevo, é curioso notar o destaque dado à Maçonaria devido aos seus antecedentes.

A primeira loja maçónica surge em 1768, constituída por franceses, seus impulsionadores, ingleses e portugueses, pertencentes à nobreza e alta burguesia. A sua fundação não foi contrariada pelo Marquez de Pombal porque com a presença e actividade dos franceses se evitava a supremacia dos mercadores britânicos na Ilha. Em 1792 foi inaugurada a segunda loja de inspiração francesa (Grande Oriente de França). A maioria dos associados pertencia à nobreza e ao clero, sobressaindo pela sua condição os membros eclesiásticos que, nesse ano, foram considerados hereges e excomungados pela Santa Sé.

A acção da Maçonaria foi preponderante no período que precedeu e se seguiu à Revolução Francesa (1789), e ainda durante a expansão das forças napoleónicas na Europa e a ocupação da Ilha pelas tropas inglesas, assim como ao longo do movimento e das lutas liberais em Portugal, umas vezes fomentada, outras vezes contrariada ou proibida, conforme a facção dominante, e fez-se sentir e perdurar tanto no Continente, como na Madeira, nas primeiras décadas do século XX.

Apesar disso e de vários membros do clero serem mações, a Igreja Católica teve sempre muita influência junto da população, tanto rural, como urbana, mesmo entre as classes mais ricas ou mais cultas.

À Igreja é-lhe reconhecido o papel muito importante que desempenhou na assistência social, sobretudo em momentos de crise, conforme se verificou durante a Grande Guerra, em colaboração com a Cruz Vermelha Internacional.

A cidade do Funchal, capital do Arquipélago era, sem dúvida, o centro da actividade política, económica, social e cultural e da presença estrangeira, bem como da recolha, produção e difusão da informação. Ali se realizavam as manifestações e espectáculos das letras, das artes e da religiosidade que implantavam marcos e deixavam marcas.

Em clima de guerra e apesar do agravamento dos problemas há muito existentes, os habitantes do Funchal, em especial a burguesia e a "élite" cultural festejavam cada dia que viviam, ao contrário, naturalmente da população rural que suportava as agruras causadas pela guerra.

As consequências da Guerra de 1914/18 foram múltiplas e principalmente nefastas.

- O movimento dos navios diminuiu substancialmente, afectando as ligações com a Metrópole e agravando os problemas da Madeira.
- Como já se referiu, navios alemães afundaram embarcações portuguesas e bombardearam o Funchal, causando sério efeito psicológico na população e graves danos físicos e materiais.
- A paralisação do movimento marítimo comercial provocou a falta de meios essenciais de subsistência e fez alastrar a fome entre a população rural, os operários e os trabalhadores marítimos.
- A "crise" causada pela implantação do regime republicano, agravada pela conflagração (bélica), depauperou o erário público, tendo-se sentido fortemente no Arquipélago e provocado a contestação dos madeirenses a propósito da difícil e precária

Prefácio 23

situação política, económica, financeira e social durante os primeiros anos da República, e do aumento das tributações e impostos.

– Era cada vez mais viva a contestação política às instituições republicanas que tanto havia entusiasmado os madeirenses.

– Nos sectores intelectuais e no seio da classe dominante voltava à ordem do dia a questão do aprofundamento da autonomia.

– Em 1921/22, ainda eram assunto de grande polémica e de contestação do Poder Central, a exigência de cobrança em ouro, o regime cerealífero, o imposto sobre a navegação, a criação de taxas especiais sobre o vinho da Madeira, a falta de soluções para a cultura sacarina, a recusa de verbas para a manutenção das "levadas" e o adicional de 5% sobre os direitos de exportação, cobrados na Madeira para custear as obras do porto de Leixões(!).

Contudo, terminada que foi a Guerra, o Governo Central havia melhorado o seu comportamento em relação à Madeira, executando obras de construção e realizando reformas, cuja urgência muito se fazia sentir, e recompletou os efectivos militares.

Para atenuar a penúria alimentar, a pedido do Cônsul americano no Funchal, a Cruz Vermelha dos E.U.A. fez chegar à Madeira, um barco com géneros de subsistência que se tinham esgotado no período da Guerra.

Faço notar que todos estes acontecimentos e notícias são reproduzidos a partir do estudo elaborado pela Dra. Graça Fernandes, com base no Semanário *A Verdade* e noutras fontes, salientados ao longo da obra.

A título de exemplo, o Semanário focou em artigos de fundo, problemas tais como:

– "o regime das farinhas", em que a existência do monopólio das moagens não consentia a livre importação daquele produto indispensável à alimentação da população, principalmente das camadas mais pobres.

– "o monopólio da laboração sacarina", com a limitação imposta à importação de açúcares mais baratos.

– " o baixo salário das bordadeiras"

– "o aumento generalizado do custo de vida, "justificado" pelo conflito europeu.

Importa dizer que o tratamento dessas questões foi comum na imprensa madeirense coetânea. Menos comum foi a defesa dos interesses das classes trabalhadoras, apanágio d'*A Verdade*, tal como era a sua posição, de feição socialista, nitidamente antimonopolista, de apoio ao associativismo de classe, noticiando greves e protestos profissionais, reclamando contra a agressão policial e outras medidas repressivas das autoridades locais.

Além disso, *A Verdade* noticiava também os acontecimentos internacionais no campo socialista, como a libertação de Rosa Luxemburgo em 1916 e a revolução comunista de 1917, e advogava o antibelicismo e o internacionalismo proletário, considerados condições para evitar a guerra. Relativamente ao conflito internacional, o Semanário alinhava pelas posições anglófilas, em nome da velha Aliança.

Em suma, *A Verdade* tivera muita esperança na implantação da República, mas estava profundamente desiludida: os problemas que afligiam o País durante o regime deposto mantinham-se insolúveis e os partidos políticos e os governos não pareciam interessados em resolvê-los.

Apesar da sua posição "republicana" que identificava de alguma forma, com o "socialismo", *A Verdade* foi objecto da censura pelas autoridades locais, a mando do Governo Central. Críticas à política e à acção do governo, bem como notícias sobre as condições económicas da Madeira e sociais dos madeirenses, devido a situações monopolistas e relativas às reacções dos trabalhadores, assim como relatos sobre resultados militares funestos para os portugueses e aliados estavam sujeitos a censura ou exame prévio e à suspensão ou apreensão d'*A Verdade* e de outros jornais.

Não interessa agora reproduzir as conclusões a que chegou a autora d'*A Verdade Madeirense e a Grande Guerra*, àcerca do trabalho de pesquisa e análise produzido com base, principalmente, no Semanário. Julgo que as conclusões são claras e ajudam a entender o que era a Madeira "naquele tempo de guerra".

Importa porém, lembrar as intenções e os propósitos da Dra. Graça Fernandes:

- Homenagear os madeirenses em geral e, particularmente, os que participaram na Grande Guerra e aqueles que sacrificaram a vida pela Pátria.
- Contribuir para o conhecimento da História da Madeira e da Imprensa local, naquela época.
- Dar o testemunho da verdade conhecida e promover o respeito e a paz entre as pessoas, as instituições e as nações.

A autora deixa uma lembrança: que a História da Madeira naquela época, tendo a sua obra como um dos suportes, seja reproduzida em filme.

As pessoas interessadas em aprofundar os conhecimentos sobre a Madeira e os madeirenses lucrarão, sem dúvida, em ler e consultar a obra em apreço.

Coimbra, 17 de Outubro de 2008

LEITÃO FERNANDES
Coronel do Ex Port (Ref)

JUSTIFICAÇÃO

"Wir sind hier an der Front.
Auch Vorgezetzte, eins Halbgötter,
Ausgewiesen durch ihre Silberlitzen
und goldsterne, sind hier auf einmal
Sterblich und haben Angst wie wir."
Aus: Ulrich Frodien: *"Bleib übrig"*.

"Estamos aqui na Frente,
assim como os nossos superiores, outrora
semi-deuses,
identificados com os seus galões prateados
e estrelas douradas,
aqui estão, de repente, simples mortais,
sentindo medo como nós."
De: Ulrich Frodien: *"Sobrevive"*.

Embora desde sempre tivesse admitido que iria elaborar um trabalho sobre a Região Autónoma da Madeira, devido às raízes que aí criei e aos sentimentos e conhecimentos que nesse território desenvolvi aquando da minha permanência no Funchal, de 1983 a 1991, no desempenho da minha profissão como Especialista de Comunicação Social na DCCTM – Direcção de Coordenação dos Correios e Telecomunicações da Madeira, devo confessar que a tomada de decisão quanto ao período histórico a tratar, como projecto definitivo, passou por várias conjecturas e irresoluções.

Não querendo abordar assuntos já aflorados por outros autores, na área tipográfica, jornalística, ou mesmo histórica, sobre a referida Região, tentei ir ao encontro de mim mesma, dos meus anseios, do gosto pelo desconhecido, ao analisar uma época, que não tendo ainda sido exaustivamente estudada, revelasse dados importantes e características bem definidas no tocante à sociedade, à política e à economia, o mesmo sucedendo com as perspectivas artísticas, literárias, filosóficas, científicas e mesmo tecnológicas. Hesitava, mas reminiscências de infância, segundo posteriormente concluí, fizeram-me pousar paulatinamente o olhar sobre o título "Guerra", ao folhear o *Elucidário Madeirense*. No âmbito desse tema pode consultar-se a lista dos soldados madeirenses que morreram em combate pela nossa pátria, durante a Grande Guerra. Deparei, seguidamente, com um frémito de emoção, que na página 107 da mesma obra, o nome do meu tio-avô, Gabriel Rocha de Gouveia, que casara com uma irmã de meu avô-materno, figurava em décimo lugar, o que me levou de imediato a tomar a decisão de estudar esse assunto. Devido a um sentimento de admiração por esse parente madeirense, de quem sempre ouvira a família falar com saudade e, porque eu própria constituira uma família muito amada nessa ilha soalheira que me habituei a apreciar melhor, onde venerei valores seculares e conservo amigos que são portos seguros, optei por aquele tema, depois de formular várias hipóteses e entretecido as mais díspares conjecturas. Na verdade, comecei a assimilar novas e enriquecedoras noções sobre a Ilha depois de ter casado, com um madeirense, o psicólogo Dr. Fernando Álvaro Marques Fernandes, que também tinha frequentado a Faculdade de Medicina em Lisboa, de 1964 a 1968 e que durante toda a sua vida sempre soube honrar a sua terra-natal e a sua Pátria, quer em território nacional, quer no exterior. Meu marido era natural da freguesia de São Pedro, onde casámos na respectiva paróquia, onde meu filho mais novo, actualmente estudante de Engenharia do Ambiente, na cidade de Coimbra, foi baptizado e onde uma das minhas filhas, licenciada em Engenharia Electrotécnica pelo IST – Instituto Superior Técnico, também foi crismada. Estes meus dois filhos e a minha filha mais velha, fruto do meu primeiro casamento, viveram comigo e meu marido no Funchal até 1991. O amor pela família e pela Madeira, como é dedutível, envolve a pátria onde nasci, Portugal.

Esses foram os motivos pelos quais optei pelo estudo deste tema, embora durante algum tempo, tivesse continuado a questionar-me. Porque não caminhar lado a lado com os antepassados? Apreender os seus pensamentos, as suas lutas, os seus conceitos e preconceitos?

Finalmente, tomei a resolução de avançar...

É para mim muito significativo descrever os elementos biográficos que oficialmente existem e que pesquisei sobre Gabriel Rocha de Gouveia que nasceu na Ilha da Madeira, em 26 de Setembro de 1887, sendo natural da freguesia do Arco da Calheta, concelho da Calheta. Era filho de Manuel Rocha de Gouveia, natural da freguesia da Calheta e de Maria Augusta Soares de Gouveia, natural da freguesia de São Pedro-Funchal, tendo residido na Lombada do Loreto, Arco da Calheta.

Cumpre-me citar que, a nível familiar, sempre ouvi meus pais e avós tecerem-lhe os maiores elogios pela sua excelente formação moral, carácter bondoso e esmerada educação.

Foi solenemente baptizado no dia 03 de Julho de 1889, na Igreja Paroquial de São Brás, do Arco da Calheta, Concelho da Calheta, Diocese do Funchal, pelo Vigário Ricardo José de França Dória, com o nome de um anjo, muito venerado em todo o mundo cristão: "Gabriel". Os seus padrinhos foram o Sr. Padre Francisco Rocha de Gouveia, vigário da freguesia do Caniço, do Concelho de Santa-Cruz e a madrinha foi a Sra. D. Jesuína Fausta de Gouveia, solteira, moradora na freguesia da Calheta.

Consta ainda deste certificado de baptismo, registado sob o nº 72 dos Baptismos daquela freguesia, relativo ao ano de 1889, a data de nascimento da criança baptizada, que foi no dia 26/09/1887.

Mais tarde, "...No dia 8 de Outubro de 1908 concluiu o seu exame de saída do curso complementar de Sciencias (septima classe) com allemão e foi aprovado com a classificação final de dez valores. Consta do Lvº competente a Folªs 69, do Lyceu Nacional Central do Funchal."

Como estudante do Instituto Superior de Agronomia em Lisboa, frequentou o Curso de Engenharia Agrónoma, tendo-se inscrito em 18 de Outubro de 1910, permanecido nesse mesmo Instituto até 1916 e concluído ainda uma disciplina extra-curso, "Culturas Coloniaes", com 11 valores, conforme consta dos arquivos da Secretaria daquele Instituto, onde me desloquei. Pude verificar que em tempo de guerra, lhe foram lançadas notas de 19 disciplinas, conforme consta no Livro de Matrícula nº 1, a folhas 33.

Do mesmo modo, se pode ler na pág 405, da obra de Luís Peter Clode, "Registo Bio-Bibliográfico de Madeirenses (sécs XIX e XX), que o meu tio-avô cursava o último ano do Instituto Superior de Agronomia, em Lisboa, quando foi chamado a frequentar a Escola de Oficiais Milicianos, depois da declaração de guerra da Alemanha a Portugal. Esse texto informa ainda que foi o primeiro oficial madeirense a falecer no campo de batalha. [1]

---

[1] CLODE, Luis Peter. *Registo Bio-Bibliográfico de Madeirenses*. Séculos XIX e XX. Funchal, Caixa Económica do Funchal, 1983, pág. 405.

Gabriel Rocha de Gouveia frequentou a Escola Preparatória de Oficiais Milicianos, desde o dia 2 de Agosto de 1916, com o nº 538, da turma de Infantaria. Na sua folha de matrícula consta que foi promovido a aspirante a oficial miliciano, para o Regimento de Infantaria nº 16, no dia 26 de Outubro do mesmo ano e recebeu guia de marcha para o regimento onde foi colocado, no dia 1 de Novembro de 1916, conforme refere um atestado, arquivado no Instituto Superior de Agronomia, em resposta ao pedido que dirigiu ao Exmo Senhor Director da E.P.O.M, (Escola Preparatória de Oficiais Milicianos), a quem solicitava um certificado comprovativo de como se encontrava a prestar serviço militar.

Tendo integrado o CEP – Corpo Expedicionário Português, como alferes miliciano de Infantaria, com o nº 35 lutou em França, durante o primeiro conflito mundial, tendo embarcado a 14 de Abril de 1917 para a Flandres. Pertencia ao regimento de Infantaria nº 28, do Quartel General da Base do CEP, em França, tendo integrado o 3º Batalhão da 2ª Brigada de Infantaria, segundo os documentos que consultei nos Serviços de Documentação do Museu Militar de Lisboa, bem como depois da leitura da transcrição do averbamento da certidão de óbito, visada com o número 12.917, pelo Chefe de Estado-Maior, Maia Magalhães, que continha um selo branco do Quartel-General da Base do CEP em França, conferida em 21 de Agosto de 1918, pelo Sr. Conservador Eduardo Saldanha da Silva Vieira da Conservatória do Registo Civil de Coimbra.

Bateu-se com valentia por Portugal, conduzindo os seus homens durante o violento "raid" alemão de 14 de Agosto de 1917. Tanto ele, como a maioria dos soldados foram feridos e gazeados. Deu baixa ao Hospital, onde esteve em tratamento durante 5 dias.

Voltando novamente à acção, viria a falecer na 1ª Linha, devido a ferimentos recebidos em combate, a 12 de Outubro do mesmo ano, com trinta anos de idade, conforme consta da certidão de óbito, transcrita para a Conservatória do Registo Civil de Coimbra, no livro competente, com o assento nº 40, através do Registo Civil do 1º Corpo Expedicionário Português, pelo adjunto da 1ª Secção da Repartição do Estado Civil e de Estatística que certificou o respectivo assento, no livro nº 1 dos Registos de Óbito, a folhas 92. Na realidade, essa certidão de óbito original encontra-se em meu poder.

Esse assento, contendo um selo branco foi conferido pelo mesmo Sr. Conservador da Conservatória do Registo Civil, em Coimbra, Eduardo Saldanha da Silva Vieira, em 2 de Fevereiro de 1918. Aí, se podia tomar conhecimento de que o falecido não tinha deixado testamento e que o seu cadáver fora sepultado no cemitério de Pont du Hem, coval nº 1, fila E, onde constava o epitáfio "Morto ao serviço da Pátria".

A certidão de óbito foi exarada pela 2ª Secção da Base do Estado Civil e Estatística do Quartel General da Base, em 3 de Novembro de 1917. Depois do respectivo registo ser lido e conferido com o seu retrato, foi assinado por Ernesto Carneiro Franco, servindo de Conservador do Registo Civil, da 1ª Secção da Repartição do Estado Civil e Estatística do Quartel General da Base, em 3 de Novembro de 1917 e visado pelo Chefe do Estado Maior, tenente-coronel, B. Coelho.

Após consultar os Serviços Documentais do Museu Militar de Lisboa, pude constatar de que depois de ter sido morto em França, ao serviço da Nação portuguesa, que não esquece os seus heróis, foi inicialmente sepultado naquele país Aliado, no cemitério de Pont du Hem, perto de La Couture, mas posteriormente, trasladado para o cemitério de Richbourg l'Avoué, onde repousará eternamente na paz do dever cumprido e, indubitavelmente, junto aos eleitos e santificados por Deus.

Segundo se pode ler nos nºs 1e 2 (Março/Junho) de 1992, da Revista "Laços" publicada pela Associação das Antigas Alunas do Instituto de Odivelas, "...o Professor Hernâni Cidade recolheu no campo de batalha, em França, as últimas palavras do alferes Gabriel Rocha de Gouveia, palavras que, naturalmente, traduziam a sua inquietação pelo destino da mulher e da filha, a quem confiava."

O Professor Hernâni Cidade (1887-1975), depois de concluir o curso de Teologia na Universidade de Évora, formou-se no Curso Superior de Letras e doutorou-se em Filologia Românica. Exerceu funções como professor em vários liceus portugueses de renome das cidades de Coimbra, Leiria e Porto. Durante a conflagração foi mobilizado como oficial miliciano e enviado para o CEP em França, onde conheceu meu tio-avô. Em 9 de Abril de 1918 foi feito prisioneiro, tendo passado por vários campos de concentração alemães. Regressou à pátria, no posto de capitão miliciano, tendo sido condecorado com

32 *A Verdade Madeirense e a Grande Guerra*

a Cruz de Guerra e a Medalha de promoção por distinção. Foi nomeado em 1919, professor da Faculdade de Letras do Porto e através de concurso, acabou por transitar em 1931, para a Faculdade de Letras de Lisboa, onde exerceu as suas funções de docência até 1957. Como ensaísta, publicou inúmeras obras, entre as quais em 1937: *"Quelques Aspects de la Littérature portuguaise dans la Grande"*. Colaborou em jornais e revistas e na Grande Enciclopédia Luso- -Brasileira, para além de ter escrito artigos para a História da Literatura Portuguesa, ilustrada e dirigida por Albino Forjaz de Sampaio. Foi presidente da Direcção Central da Liga dos Combatentes da Grande Guerra.

Cumpre-me agora relatar o percurso de vida e os caminhos percorridos pela família do meu tio-avô. Sendo órfã de um ex-combatente, a filha de Gabriel Rocha de Gouveia, que era minha prima em 2º grau e também foi minha madrinha de baptismo, estudou no Instituto de Odivelas, onde era costume cursarem as filhas dos oficiais das Forças Armadas. Como o Professor Hernâni Cidade, também Dora Morais Rocha de Gouveia se interessou por Filologia Românica, tendo-se licenciado nesse curso. Posteriormente à sua licenciatura foi professora em vários liceus de Lisboa e do Algarve. Finalizou a sua carreira docente no Instituto de Odivelas, onde ingressara para leccionar português e francês, a partir do ano de 1942. Reformou-se em 1981, com 70 anos, por ter atingido o limite de idade. Residiu na Rua Luciano Cordeiro, nº 10, 1º Dto, em Lisboa, onde permaneceu até adoecer, tendo falecido com 81 anos.

Publicou em 1987 um livro de poemas, em homenagem à Santíssima Virgem, no septuagésimo aniversário das aparições de Nossa Senhora de Fátima, intitulado *Senhora da Nossa Vida,* composto e impresso nas Oficinas Gráficas da Rádio Renascença, com o registo nº 18.511 de Depósito Legal, cuja leitura recentemente revi, com comoção, na Biblioteca Nacional de Lisboa. Essa sensação ·de manusear um livro pelo qual tinha muito apreço foi semelhante à que experimentei quando há poucos dias tive em minhas mãos na Biblioteca da Universidade de Coimbra, o *Só* de António Nobre que como outros livros de excelentes autores portugueses foi editado pela Livraria Tavares Martins (Porto), que pertencia à minha família, por parte de meu primeiro marido, sendo minha filha mais velha uma das herdeiras. Contudo, nos anos 80, soube no Funchal onde vivia, que essa editora desafortunadamente teve de encerrar as suas portas na cidade do Porto e consequentemente, com a sua extinção, também findou a edição de obras dos mais célebres autores nacionais e estrangeiros.

Dora Morais Rocha de Gouveia (1911-1992) foi colaboradora de diversas revistas culturais, entre as quais, da *Independência-Revista de Cultura Lusíada*, publicada pela Sociedade Histórica da Independência de Portugal.

No nº 1 da revista *Independência*, colaborou com o artigo "É urgente defender a Língua Portuguesa" que tratava dum dos elementos que compõem essa realidade maravilhosa que é a nossa Pátria, servindo-lhe de suporte: a Língua. Afirmava que era a Língua-Pátria que tinha vindo a prolongar e manter a presença de Portugal no mundo e que a responsabilidade nacional de ensinar e de aprender a língua materna tinha aumentado, com a nossa presença na C.E.E. A autora não se furtou a chamar a atenção sobre este tema duma actualidade inquestionável, aos escritores menos vocacionados, para que respeitassem a língua pátria; aos empresários da Comunicação Social, para que evitassem os erros; aos intervenientes nos vários aspectos da cultura e a cada cidadão, para que cultivassem a própria língua, através da leitura de bons livros, escritos em português correcto.

Esta insigne professora foi louvada em 25 de Agosto de 1950, pelo Ministro da Guerra, Fernando dos Santos Costa, "...pela grandeza de alma e exemplar dignidade com que entrega todas as suas faculdades profissionais e morais e os excelentes dotes da sua bondade para louvar e prestigiar o Instituto e ainda pela invulgar dedicação e grande zelo com que cumpriu missões de responsabilidade que lhe foram confiadas no Gabinete do Ministro."

Também foi agraciada em 30 de Dezembro do mesmo ano, com o grau de oficial, tendo recebido da Presidência da República, a Ordem Militar de Cristo.

Certamente que o admirável herói Gabriel Rocha de Gouveia, se se encontrasse entre nós, sentir-se-ia muito afortunado ao saber que sua filha Dora, possuidora dum excelente carácter e de qualidades de trabalho excepcionais, também soubera desde cedo esgrimir com elegância no campo das Letras, tendo todos esses méritos sido reconhecidos superiormente.

Nos números anteriormente citados da Revista "Laços", a colega Dra Ofélia Sena Martins, refere-se-lhe no seu artigo intitulado "Em Memória da querida amiga Dra Dora Morais Rocha de Gouveia", nos seguintes termos: "Cedo recebeu a lição do amor da Pátria e dela deu testemunho desassombrado durante toda a vida".

Não poderia deixar de relembrar com saudade, esta ilustre senhora, pelo carinho com que sempre me tratou e pelos conhecimentos de Filologia Românica, de Religião e sobre dignidade humana que me transmitiu, assim como sua mãe, minha tia-avó materna, Albina da Cruz Moraes Rocha (1886-1964), pela ternura com que sempre me recebeu em sua casa, desde a infância, onde então me deleitava, ouvindo minha madrinha tocar piano e onde lanchava iguarias especiais que a empregada, a menina Emília me preparava. Sempre que as condições atmosféricas permitiam não resistia a ir para o jardim, onde o verde das árvores me pacificava e onde podia desafiar os papagaios, vindos do Brasil e da Guiné, para que comunicassem comigo. Outra das grandes atracções desse pequeno éden no coração de Lisboa, era uma tartaruga, originária de Cabo Verde, que eu considerava "gigante", em cuja couraça estava autorizada a subir, para ser transportada só alguns escassos metros, subjugando-me sempre à sua "lenta" vontade.

Penso que uma das razões que levou minha madrinha a colocar-me o nome de Maria da Graça, deve-se ao facto de sentir muita admiração por uma sua tia, irmã de sua mãe, D. Maria da Graça da Cruz Moraes (1895-1979), minha tia-avó, por ser também mais uma das irmãs de meu avô materno, Acrísio da Cruz Moraes (1891-1957), todos naturais da vila de Manteigas, que hoje pertence ao concelho e distrito da Guarda.

Essa minha tia-avó que só vim a conhecer quando fui viver para o Brasil, de 1975 a 1981, viajou para esse país-irmão, tendo-se aí instalado, trabalhado e permanecido até ao fim dos seus dias. Casou com um conterrâneo, Augusto de Azevedo Faria. Alterou seguidamente o seu nome para Maria da Graça Faria. Criou e educou os seus quatro filhos no Rio de Janeiro, tendo de igual modo baptizado uma das filhas com o seu próprio nome. Essa filha, minha prima, em segundo grau, que também se chamava Maria da Graça Faria, viveu com os pais desde a infância na mesma cidade, onde completou o curso da Escola Normal. Depois de ter casado com o deputado brasileiro Dr. Celso Lisboa que mais tarde se tornou proprietário e presidente da "Universidade Celso Lisboa", no Rio de Janeiro, Maria da Graça Faria Lisboa, sempre trabalhou até à presente data, na reitoria dessa mesma instituição de ensino superior. Foi nessa mesma Universidade que meu segundo marido se licenciou, nas três áreas de Psicologia: Clínica; Empresarial e Ensino, durante o período em que vivemos e trabalhámos no Rio de Janeiro.

Mas, voltando a discorrer sobre a família que meu tio-avô Gabriel constituiu em Lisboa, posso recordar que alguns anos volvidos sobre a sua morte, minha tia Albina, sua mulher, de acordo com a filha Dora, vendeu uma quinta, onde meu tio-avô quando ainda era vivo, pretendia aplicar e desenvolver os conhecimentos de Engenharia Agrónoma, adquiridos na Faculdade. O produto da venda dessa quinta, herança de família que se situava no Arco da Calheta – Madeira, dizia-se no seio familiar que tinha sido doado à Igreja por minha tia e minha prima, num gesto despojado de utilitarismo, para assim contribuirem para a implementação da Rádio Renascença no Continente cuja oficialização datou de 10 de Abril de 1938, tendo tido a aprovação de D. Ernesto Sena de Oliveira, Arcebispo de Mitilene. O fundador da Rádio Renascença, Monsenhor Lopes da Cruz fazia parte do círculo de amizades destas minhas parentas, sendo frequentemente convidado por elas, para ir almoçar e tomar chá na casa onde habitavam. Um dado interessante sobre este sacerdote cuja acção em prol da Igreja e da comunidade teve repercussões até hoje, foi ter nascido no dia 10 de Junho, dia de Portugal, dia de Luís de Camões, ou dia da Raça Lusíada, como era designado no Antigo Regime. Presentemente, o dia 10 de Junho passou também a ser designado por Dia de Portugal e das Comunidades Portuguesas, em que se continua a eternizar o nome do poeta Luís de Camões, autor do poema épico quinhentista de cunho colectivo, "Os Lusíadas", em que se relata a epopeia dos portugueses durante os Descobrimentos, que foram um dos maiores factores de desenvolvimento e progresso para a Nação Portuguesa.

Depois de ponderar sobre todos estes interessantes factos, a nível familiar e nacional, prossegui com a minha tomada de decisão de estudar o período da Grande Guerra, de que sempre guardara memórias fabulosas, extraídas dos relatos feitos por alguns familiares e amigos. A Primeira Guerra Mundial, envolta nas brumas do tempo, constituira durante a minha juventude e mesmo na idade adulta, o epicentro duma curiosidade latente, acalentando o desejo sistemático de visionar os poucos filmes que a retratavam, em cujas histórias me embrenhava e donde saía insatisfeita, sem chegar ao fundo das coisas. Penso que por outro lado, terá sido a minha intuição, já depois de ter determinado que desenvolveria este estudo, através dum jornal, no caso vertente dum semanário, que me apontou uma direcção, que no passado, iria conduzir inconscientemente a uma casa, cuja porta aberta, me revelaria o desenrolar dos acontecimentos...

Essa porta era encimada pelo nº 13 e a casa situava-se no Caminho do Lazareto, na cidade do Funchal, tendo sido a primeira sede do jornal *A Verdade*, que se publicou semanalmente, durante quatro anos e meio.

Baseando-me nesse periódico, desenvolvi e defendi em 1993, a minha tese de Mestrado, sob orientação do Prof. Artur Anselmo, depois de ter completado o curso de "Ciências da Informação", da Faculdade de Ciências Humanas da U.C.P – Universidade Católica Portuguesa, onde esse trabalho se conserva em arquivo. Tendo alguns exemplares do mesmo sido arquivados em minha casa, numa arca indiana junto com alguns objectos de arte, decidi-me em 2007 pela sua publicação, mas de forma um pouco mais elaborada, a partir desse "molde embrionário", para que o público pudesse usufruir do seu conteúdo, que espero seja de alguma utilidade e consiga transmitir o fascínio da época retratada.

Assim, depois de o ter reformulado, alterado o seu aspecto formal e de lhe ter acrescentado vários sub-capítulos, senti-me mais realizada, embora sabendo das limitações que apresenta e das metas que porventura não consegui alcançar. Mas, é a obra possível, cuja edição no tempo e circunstâncias presentes me esforcei por viabilizar.

Os amigos Madeirenses poderão notar algumas lacunas ou mesmo excesso de informação em determinados capítulos. Tentei contudo usar da maior coerência, depois de concluidas consultas e leituras sobre o período histórico de 1900 a 1930, em que se enquadra a Grande Guerra. Mas, só através da leitura do semanário *A Verdade* que se publicou de 1915 a 1919 me foi possível observar mais de perto as atitudes e anseios da população madeirense e captar o seu imaginário durante o período do conflito. Perdoar-me-ão as imperfeições, mas creiam que foi numa atitude de melhor aprender a conhecer os costumes ancestrais da vossa terra-natal e de os dar a conhecer a outrem que tomei a decisão de promover a publicação deste trabalho, porque me sinto também madeirense, por sentimento e por vínculos familiares e porque durante alguns anos comunguei da vossa ilheidade.

Pretendo com esta obra homenagear os soldados portugueses que lutaram e tombaram durante a Primeira Grande Guerra, cuja bravura e amor à Pátria prestigiaram o nome de Portugal internacionalmente. Embora alguns desses fantásticos combatentes não tivessem regressado a seus lares, às suas famílias, ao seu país, acredito que o seu espírito vogará para sempre em nossos céus e a memória de seus feitos não se apagará de nossas lembranças.

E, sobretudo, desejo preitear a Madeira e os seus "bravos", muitos dos quais foram derrubados em combate, ao serviço da Nação, durante o I Conflito Bélico Mundial do séc. XX.

Desejo ainda elogiar o povo madeirense, lutador, dinâmico, corajoso e empreendedor, que com esforço e trabalho, sempre deu provas do seu valor, aquém-e-além-fronteiras. Povo esse que muito sofreu durante aquela conflagração, mas que conseguiu recuperar, tudo o que perdeu, graças à sua fé inabalável em Deus e à tenacidade de seus governantes.

Porém, o povo madeirense soube também divertir-se, comunicar e bailar, festejando a Vida com todo o seu esplendor; fortificar-se e purificar-se, captando a energia que a terra e o oceano lhe transmitiam; devolvendo-a aos outros, em míriades de cores, em gotículas de afectos, em cada olhar trocado, em cada aperto de mão caloroso.

A Autora

SUMÁRIO

A Verdade: **Apresentação**	5
Agradecimentos	9
Dedicatória	13
Mensagens	15
Nota de Abertura	17
Prefácio	19
Justificação	27
Sumário	39
1. Introdução	43
1.1. Delimitação do Tema	54
1.2. Metodologia e investigação	56
2. A Ilha da Madeira nas Primeiras Décadas do Século XX	59
2.1. As Estradas	64
2.2. Os Transportes Terrestres	65
2.3. Os Transportes Marítimos	68
2.4. A Alimentação	71
2.5. A Maçonaria	73
2.6. A Igreja	76
2.7. A Lei da Separação	77
2.8. As Romarias	78
2.9. O Funchal – Cidade Caleidoscópio	80
2.9.1. A Urbe e seus Habitantes	81
2.9.2. A Economia e a Política	84
2.9.3. O Porto e as Actividades Comerciais	87
2.9.4. O Casario, os Monumentos e as Actividades Citadinas	89
2.10. O Turismo	98
2.11. Saúde Pública	106
2.12. A Organização Política	107
2.13. A Proclamação da República	109
2.14. Os Deputados Madeirenses no Parlamento	111
2.15. Os Partidos Políticos	112

2.16. O Ambiente Social e Cultural	114
2.17. A Imprensa	122
2.18. A Ficção e a Poesia	125
2.18.1. O Simbolismo	136
2.18.2. O Modernismo	149
2.19. As Armas e as Letras	167
2.20. A Arte da Combinação dos Sons	170
2.21. Música tradicional madeirense	177
2.22. As Artes de Palco	185
2.23. Os Primórdios do Cinema	193
2.24. As Obras Pictóricas	199
2.25. Os Clubes Desportivos	210
2.26. As Tecnologias	213
2.27. A Marinha de Guerra. Bombardeamentos ao Funchal	215
2.28. As Consequências da Grande Guerra	216

3. *A Verdade* Perante os Acontecimentos 221

3.1. A Língua Portuguesa nas Primeiras Décadas do Séc.XX	223
3.2. O Primeiro Exemplar de 1 de Maio de 1915	226
3.3. Generalidades. Apresentação de algumas notícias publicadas no Semanário ...	230
Sobre a Madeira	231
3.3.1. Ano de 1915	231
3.3.2. Ano de 1916	242
3.3.3. Ano de 1917	247
3.3.4. Ano de 1918	254
3.3.5. Ano de 1919	259
Sobre Portugal	269
3.3.6. Ano de 1915	269
3.3.7. Ano de 1916	273
3.3.8. Ano de 1917	274
3.3.9. Ano de 1918	276
3.3.10. Ano de 1919	279
Sobre a Europa	282
3.3.11. Ano de 1915	282
3.3.12. Ano de 1916	288
3.3.13. Ano de 1917	289
3.3.14. Ano de 1918	291
3.3.15. Ano de 1919	292
3.4. O exemplar nº 214 de 25 de Setembro de 1919	293
3.5. O exemplar nº 215. Outubro de 1919 (apreendido)	299
3.6. O último exemplar do semanário de 3 de Novembro de 1919	299
3.7. Caracterização do semanário *A Verdade*	304
3.8. O Semanário *A Verdade* e a Opinião Pública	306

4. O Semanário *A Verdade* e a Censura 309

Sumário

5. Apêndice 321
   5.1. Ficha Técnica 323
   5.2. Os Preços 323
   5.3. Medidas e Proporções do Jornal 324
   5.4. Datas de Publicação 324
   5.5. Linha Gráfica 324
   5.6. Composições poéticas 326
   5.7. Grandes Temas 327
   5.8. Outros Temas 327
   5.9. Jornalistas Colaboradores d' *A Verdade* 328
      5.9.1. Pseudónimos dos Jornalistas Colaboradores d'A Verdade 330
      5.9.2. Autores dos Pensamentos Célebres 330
      5.9.3. Autores dos Trechos Selectos 331
      5.9.4. Autor da Secção Alegre 331
      5.9.5. Jornais madeirenses coevos citados 331
      5.9.6. Outros Jornais Coevos Citados da Europa, África e América 332
      5.9.7. Exemplares do Semanário apresentados em 3.3 336

6. Análise Conclusiva 339

Cronologia 349

Bibliografia 353
   Jornais 358
   Revistas 358
   Almanaques 359

Filmografia 359

Autores Citados 360

Índice Geral 361

1. INTRODUÇÃO

A Primeira Guerra Mundial foi o cenário escolhido para este trabalho. Depois de prolongada análise dos ambientes político-económico, social, cultural e religioso, na Europa desses tempos e em Portugal Continental e Insular, chegou-se ao enquadramento pretendido, no caso vertente, a Ilha da Madeira, cujo registo foi feito com reflexão e destreza, como num bem conseguido "zoom" de hipotética câmara de filmar. O mesmo será dizer, segundo a visão que a sensibilidade da autora arriscou captar, depois de ponderar sobre as informações que possuía relativas ao local, sua população e seus costumes.

A Madeira integrada em Portugal e este na Europa.

A Europa foi desde sempre assunto de primeiro plano, para todos quantos nasceram e viveram nesse berço de antigas civilizações e culturas; continente que se deseja respeitar e preservar, mas que ciclicamente nos ameaça, convulsionado por ideais que provocam a crise, se não mesmo a catástrofe e a fragmentação. A Grande Guerra veio confirmar esta afirmação.

Foram momentos de grande incerteza os que se viveram em Portugal, quando Democráticos e Evolucionistas decidiram que a nação participaria num conflito bélico cujas consequências e repercussões se fizeram sentir por todo o mundo.

Na Madeira, também os acontecimentos se precipitaram, depois de se terem iniciado as hostilidades e, a partir do momento em que o CEP – Corpo Expedicionário Português, incorporando soldados madeirenses foi enviado para a Flandres.

Para analisar esses acontecimentos e como fio condutor do presente trabalho, seleccionou-se o semanário *A Verdade* (embora já tivessem existido outros dois jornais com o mesmo nome, um que apareceu em 1858 e outro em 1875, de orientação católica).

O semanário *A Verdade* que é objecto do actual estudo, fez a cobertura dos acontecimentos ocorridos nos anos de 1915 a 1919, retratando em toda a sua amplitude a cena político-económica, social, cultural e religiosa, que ocorria nesse microcosmo do território nacional, a Ilha da Madeira, quinhão semiflutuante, onde a ideologia, os anseios e as reivindicações dos portugueses, aí residentes, apresentavam uma mundivisão própria, reconhecida e marcada pelo espaço geográfico que ocupavam, pela riqueza cultural que detinham, em contraste com a pobreza dos horizontes que os circundavam e quase os esmagavam, durante a Primeira Guerra Mundial. Na realidade, as trocas comerciais com o continente por via marítima, escasseavam cada vez mais, depois do início do conflito e enquanto duraram os combates, sendo poucos os navios que fundeavam ao largo do porto do Funchal.

Para além dos jornais, somente a rádio (telegrafia sem fios – TSF) detentora duma maior celeridade de difusão, contribuia para informar os habitantes da "Pérola do Atlântico". Segundo os jornalistas d'*A Verdade* também os espiões alemães utilizariam este meio para informar o "país inimigo" das movimentações na Ilha. De espionagem, também trata uma notícia inserida no n° 61 do semanário, publicado em 1 de Julho de 1916, que informa que três alemães, sob vigilância da autoridade, por efeitos da declaração de guerra da Alemanha a Portugal, tinham fugido da Madeira, contando-se entre eles, o comandante do vapor *Colmar*. Comentava-se nesse artigo que depois de dois anos de permanência na Ilha, esses alemães iriam por certo levar as "novas" ao Kaiser.

Sem os *media* acima citados e sem o barco, único meio de transporte que até então sempre mantivera o vínculo entre a Madeira e o Continente e que também ligava o Funchal às diferentes localidades da Ilha, o povo madeirense teria ficado definitivamente separado da esfera nacional e internacional.

Desta forma, os Madeirenses mantendo alguma conexão com o exterior, puderam sobreviver e trocar. Amar e odiar. Criticar e anunciar. Escrever e sonhar. Julgar e castigar. Premiar e aplaudir.

Objectivando propósitos quanto à elaboração deste ensaio, poder-se-á afirmar que se pretendeu aprofundar o estudo do semanário *A Verdade*, no campo sociológico, político, cultural e religioso, visto se ter verificado, *a priori*, a clareza e vivacidade do seu estilo, por desenvolver com coerência os diferentes temas apresentados.

Optou-se por um semanário, porque os jornais com esta periodicidade, permitem recolher de forma concisa e não repetitiva, grande quantidade e diversidade de assuntos. A sua publicação ocorreu entre Maio de 1915 e Novembro de 1919.

A orientação independente de *A Verdade* atrai a atenção do leitor, desde o primeiro número. Logo no seu editorial, intitulado "A que vimos", afirma claramente: "...combater o erro, a ilegalidade, o abuso e a tirania, tendo por norma, a verdade, sem paixões partidárias, nem ultrapassar o respeito que se deve a cada particular cidadão, qualquer que seja a sua categoria social, tal é o fim a que nos propomos".

A turbulência partidária, as figuras cívicas e militares desses tempos heróicos, que ainda vogam nas núvens dum passado histórico, em que a Pátria era o valor máximo, o mais absoluto, apoderar-se-ão da mente de quem apreciar a leitura das várias colunas do semanário, desfilando perante os seus olhos, como se se tratasse dum vídeo ou dum filme, pronto a ser exibido nas mais categorizadas salas de cinema.

Para que isso suceda, basta que o leitor percorra as páginas do capítulo 3., onde as notícias do semanário elucidam sobre os problemas do Arquipélado da Madeira, de Portugal Continental e da Europa.

Ao conjecturar desta forma o desenrolar da acção, fácil será mercê de um pouco de imaginação, compreender essa "Madeira" das primeiras décadas do século XX, cuidadosamente ilustrada pelos articulistas que cultivavam a arte da palavra, pugnando por valores como a Liberdade, a Honra ou a Justiça.

Esses jornalistas de mão-cheia, coerentes defensores do bem-comum, souberam captar e transmitir com transparência, o brilho do pormenor que reside no "apreciar" os actos patrióticos de maior nobreza ou no "reagir" e combater as mais abjectas maquinações, no seio dessa ilha, ora ensoalheirada, ora sombria, que se encontra pousada no Ocaso do Oceano.

A leitura e análise global do semanário que foi objecto desta obra, permite interpretar com realismo o ambiente que envolvia o povo madeirense durante a Grande Guerra e avaliar simultaneamente o que acontecia na Metrópole, na Europa, em África ou na América.

A acção decorre durante esse período conturbado a nível mundial, do terrível holocausto que tendo eclodido a 28 de Julho de 1914, se arrastou durante quatro anos e três meses, só tendo terminado em 11 de Novembro de 1918.

Por sua vez, o semanário em estudo na presente obra, iniciou a sua acção informativa no dia 1 de Maio de 1915, tendo finalizado a sua publicação em 3 de Novembro de 1918, com o exemplar nº 216.

O conflito que alastrava na Europa teve sérios reflexos na nação portuguesa a partir de 9 de Março de 1916, data em que Portugal entrou na guerra, indo repercurtir-se do mesmo modo na sociedade madeirense até ao final das atrocidades.

No subcapítulo, 1.1. "Metodologia e Investigação", fez-se referência aos malefícios, bem como aos benefícios resultantes da Primeira Grande Guerra, "...a partir da qual se iniciou a Época Moderna, concorrendo para a destruição, e simultaneamente para o desenvolvimento das nações"[2].

Continuando a explicar como se processou o estudo do semanário *A Verdade,* diria que se começou por tentar comprovar com a maior precisão possível, como o mesmo soube retratar com fidedignidade o panorama que se desenrolava no mundo, muito particularmente na Europa, em Portugal Continental e na Madeira, território tratado com maior ênfase visto o semanário ser um jornal regionalista local cujos colaboradores conheciam de perto, a problemática realidade que os circundava.

No 2º capítulo que se refere ao estudo sintético sobre a vida na Madeira nas primeiras décadas do século XX, é inegável que se correram alguns riscos devido à diminuta existência de livros, sobre esse período histórico. A escassez de estudos actualizados sobre a mesma, não impediu contudo, que se produzisse este trabalho, visto que o leitor poderá ter sempre o recurso de ler e conhecer o conteúdo agradavelmente colorido e pitoresco das principais notícias do Semanário que deu o título a esta obra, reproduzidas no cap. 3., como anteriormente se referiu, ajudando assim a colmatar as lacunas que a presente pesquisa teórica possa intencionalmente não ter preenchido.

A leitura deste 3º capítulo, desperta sensações semelhantes à de qualquer romance ou obra de ficção, visto que as descrições feitas pelos jornalistas, de forma explícita e transparente, permitirão ao leitor fazer a reconstituição dos episódios relatados, se se deixar

---

[2] PIETTRE, André. Histoire Économique et Problèmes Économiques Contemporains. Paris, Édition Cujas, 1973.

Introdução 49

transportar no tempo cuja memória tudo regista ou voar nas asas da imaginação, até ao início do século XX. Chegará então a uma ilha encantada, onde tudo se move e rodopia festivamente, sob um sol brilhante e acolhedor, embora se encontre manifestamente "ensombrada" pelo espectro da guerra.

Lança-se aqui o repto para que pesquize nos serviços das bibliotecas municipais portuguesas, os títulos, *as manchetes* ou as notícias de fundo, assim como os *faits-divers* deste semanário que mais o sugestionem ou que ache mais apelativos. Urdido intencionalmente este desafio, a autora faz votos para que tal provocação demova montanhas e muitos possam partilhar como ela da riqueza expressiva contida neste periódico.

No subcapítulo 2.9., poder-se-á compreender como a sociedade madeirense estava modelada pelos valores decorrentes do século anterior. Porém, na cidade do Funchal, começavam já a despontar os rudimentos mínimos duma sociedade industrializada. Prova evidente desse facto foram algumas movimentações sociais ligadas ao trabalho.

A sociedade madeirense era uma sociedade marcada pelos valores do antigo regime, onde se impunham as famílias dos morgados e a Igreja conservava a sua preponderância. Quanto aos partidos políticos e à discussão dos ideais liberais, confinavam-se ao centro da cidade.

Assim como nos restantes países europeus e em Portugal continental, também na Madeira, à medida que a guerra se ia prolongando, uma revolta íntima, pela contínua perda dos entes queridos, cujos nomes eram conferidos em listagens intermináveis, ia-se apoderando dos espíritos.

Consegue-se do mesmo modo, tirar estas ilações da leitura de periódicos coevos que comentavam o clima emocional e psicológico à volta da Primeira Grande Guerra.

Nesta obra, dedicaram-se alguns espaços à cultura madeirense, como nos subcapítulos: 2.17., que versa sobre Literatura, no 2.19., que trata de Música, no 2.21., que se refere ao Teatro, no 2.22., que diz respeito ao Cinema ou no 2.23., que contempla a pintura.

A sociedade madeirense composta por nacionais e estrangeiros, para além de apreciadora da natureza e da beleza paisagística que a rodeava, não se coibia contudo, mesmo num cenário de guerra internacional, de frequentar em salões requintados, os espectáculos na ordem do dia, como os concertos, a ópera, as récitas, os saraus, o teatro dramático, o teatro de revista, ou os bailes, muitos dos quais eram promovidos pela Cruz Vermelha, no sentido de granjear fundos para os mais necessitados ou para as famílias dos soldados mortos em combate. Os espectáculos de circo, montados em locais reservados na cidade para esse efeito, eram outra das atracções para o público funchalense.

As representações teatrais em matinés ou sessões nocturnas e o cinematógrafo eram distracções que também conseguiam atrair muito espectadores. Essas movimentações culturais ajudavam a encurtar o desespero que o conflito bélico causava ao povo madeirense, contribuindo para o ajudar a libertar tensões, reconstituir forças e enfrentar a labuta diária.

Dar continuidade à luta do dia-a-dia e auspiciar um futuro mais risonho e promissor, aguardando que os seus combatentes regressassem vivos do conflito eram nesse passado conturbado, os objectivos pelos quais os madeirenses se debatiam.

Desde os jovens madeirenses até aos estrangeiros idosos, sempre se praticou uma grande diversidade de desportos no Arquipélago da Madeira, daí o subcapítulo 2.24., dedicado a esse assunto.

No 3º capítulo *"A Verdade perante os acontecimentos"* em que se faz o estudo temático do semanário, através daquelas notícias cujo conteúdo se julgou mais enriquecedor, poderá afirmar-se que, se por vezes transparece uma enorme singeleza, simplicidade e até mesmo ingenuidade nos temas poéticos e narrativos, por outro lado, verifica-se a existência por parte dos seus colunistas, do verdadeiro culto pela escrita, revelando elevada qualidade e elegância de estilo, bem como a tendência para o pensamento racionalista, embora se mantenham ainda as tendências românticas.

Com o crescimento em flecha das publicações e jornais que se fez sentir no nosso país a partir de 1875, estimulou-se significativamente a produção literária. Por esse motivo, conhecidos escritores tornaram-se famosos, através da publicação dos seus artigos, em algumas revistas, e de seus romances ou novelas, sob a forma de folhetim, em diversos jornais. Esta mesma tendência surgiu no semanário *A Verdade* que recebia influências da cultura continental e aceitava como colaboradores, nomes que começavam a brilhar na imprensa e literatura lisboetas, cujos artigos vieram a figurar nas suas colunas, como foi o caso de Camilo Castelo Branco, Latino Coelho, Júlio Dantas, Gomes Leal, Antero de Quental e Eça de Queiroz.

Analisou-se o que este jornal focava de mais consistente, as notícias mais sintomáticas, os artigos de fundo, a novidade de determinados temas como o mutualismo ou a crítica à acção da censura, devido à situação de guerra.

De forma homogénea e genérica tentou-se captar o essencial, pois este tipo de análise poderia ser conduzida sob diferentes ângulos e perspectivas.

Definiram-se os temas que se consideraram mais significativos e adequados, permitindo tratar dos aspectos sociais mais candentes.

Através da imagem denunciadora de carências de toda a ordem, nomeadamente a fome, a doença, a falta de higiene, entre outras, descobriu-se o pulsar do coração dum povo, composto por portugueses e estrangeiros, que habitavam a Ilha.

Também se retrataram as novidades e o progresso que atingiram o Arquipélago durante o período da Primeira Grande Guerra.

A observação duma cultura, simultaneamente rural e urbana, possuindo características próprias, colocará o leitor na presença de factos insólitos relativamente à economia, cujos principais produtos se resumiam à cana-do-açúcar, ao milho, aos cereais, à vinha e à banana, levando-o a debruçar-se atentamente sobre estes assuntos, que tratados pelos jornalistas coetâneos, transmitiam a angústia que o povo sentia pela dificuldade das trocas comerciais com Lisboa e com o estrangeiro.

Tudo o que afinal a guerra veio afectar. Importações difíceis, quando não impossíveis. Exportações idem. Aumento do preço dos produtos ou açambarcamento dos mesmos, tal como sucedia no continente.

Foi a época dos monopólios. Monopólio da farinha, do açúcar, da carne, do peixe, da manteiga, do tabaco, dos fósforos, do jogo, entregues a alguns comerciantes, industriais e empresários privilegiados, protegidos pelo governo.

Por detrás das dificuldades, consegue-se de forma muito nítida, através da Imprensa dessa época, discernir as necessidades desse povo, habitando o arquipélago, que para além de sofrer, sempre tentou abstrair e divertir-se, bem como expressar-se emocional, espiritual e filosoficamente.

O mesmo se confirma lendo *A Verdade*, cujas matérias são o espelho do coração e do espírito do povo madeirense.

Certas notícias anunciando *salas de jogo ou diversão* são sinal bem evidente do primeiro aspecto acima referido, ou como no segundo caso, notícias que abordam preocupações religiosas, ao descrever festas e romarias.

O discurso de alguns jornalistas sobre temas teosóficos ou sociais revela na maioria das vezes, grande capacidade indutiva e profundidade na análise dos factos e das opiniões dos seus compatrícios.

Não deixou de estar na mira de diversos colunistas deste semanário a vivência e influência dos ingleses e dos alemães nestas ilhas, no que se refere aos ângulos claros e luminosos ou aos mais escuros e nefastos da actuação dos mesmos estrangeiros.

Imparcialidade, isenção e independência caracterizaram o trabalho de quantos escreveram no semanário *A Verdade*, conforme se consegue apurar, ao longo duma leitura atenta das suas colunas.

Este jornal, tendo-se definido à partida como "republicano imparcial", não se absteve de apontar os erros do Governo ou a injustiça social, sempre que foi necessário e urgente fazê-lo.

A acção pedagógica dos jornalistas d'*A Verdade* junto da população madeirense pode considerar-se constante e muito positiva, visto que esses profissionais desempenharam, quer uma acção preventiva, quer uma acção de protesto, tentando chamar à razão as autoridades locais, certas instituições implicadas em actos menos dignos ou o próprio Governo, no sentido de resolverem situações difíceis ou alarmantes, como a fome, que passou a ser constante, a falta de higiene, a prevenção e tratamento de doenças epidémicas.

No 4º capítulo, inseriu-se alguma pesquisa sobre a censura, no intuito de possibilitar, a quem ler esta obra, uma melhor compreensão sobre as exigências governamentais, ao longo dos cinco anos de guerra, quer no continente quer na Madeira, onde esta forma de ditadura se fez sentir com intensidade.

Quanto à Liberdade de Informação, essa só existia no Parlamento, onde durante a I República se guardava um espaço livre para os jornalistas, na Assembleia da República, considerando que esse era um espaço democrático, embora com regras e regulamentos próprios.

Entendeu-se que o estudo deste semanário não estaria concluído, sem a sua caracterização em 3.6.

Introdução 53

O estudo da tipografia coeva e o levantamento da linha gráfica do semanário *A Verdade* fazem parte dum todo coerente e essencial que permite imaginar a azáfama e o esforço, outrora exigidos para se imprimir um jornal. No sector da composição tipográfica construiam-se as parangonas, alinhando os tipos de corpos diversos, feitos de metal ou de madeira, em várias linhas rectas. Depois de entintar os olhos desses tipos, em forma de paralelepípedo, imprimiam-se as letras, que iriam constituir as notícias, aguardadas com ansiedade por cada cidadão, nas manhãs de publicação do semanário.

A análise da linha gráfica deste semanário está configurada no 5º capítulo (Apêndice), em 5.5.

Para o efeito, consultou-se o catálogo de tipos da EPNC – Empresa Pública dos jornais Notícias e Capital E.P. e solicitou-se ao responsável pelo sector de fotocomposição, do conhecido diário, *A Capital,* nos anos 90, o Sr. Victor Heitor de Matos, que coadjuvasse a autora nessa tarefa.

Efectuou-se a pesquisa duma bibliografia adequada ao tema tratado e duma mínima filmografia encontrada na Filmoteca Nacional, sobre a Madeira no período histórico em estudo. Para além da ficha técnica do semanário, datas de publicação, preço de venda ao público e de colocação de anúncios, constam ainda deste mesmo trabalho, a lista de jornalistas colaboradores do semanário *A Verdade*, uma listagem dos jornais coetâneos publicados, "colegas" desse órgão de comunicação social que soube desafiar no seu tempo o regime e as instituições vigentes, aclarando, modelando, construindo, levando por diante, a tarefa de lutar pela liberdade dos cidadãos que sempre e inequivocamente defendeu e finalmente, a relação dos números daqueles exemplares do semanário que foram apresentados em 3.3.

Pretende-se que este trabalho contribua para melhor dar a conhecer a importância da Pátria Portuguesa e da Ilha da Madeira, no concerto das nações.

O estudo do semanário *A Verdade*, cuja riqueza linguística integra fenómenos fonéticos e semânticos característicos da época, permite apreciar uma fase da evolução da língua portuguesa, originária do latim. Este jornal contém ainda uma profusão de figuras de estilo, que nas primeiras décadas do século XX contribuiram para a renovação, o enriquecimento e a transformação da língua portuguesa.

O contexto deste semanário, fértil em acontecimentos devidamente relatados, como os que se viviam no Funchal durante a Grande Guerra, a época gloriosa da Implantação da República em Portugal, que engloba aspectos histórico-político-sociais, religiosos e artísticos únicos, e ainda alguns dos aspectos mais significativos sobre o conflito bélico, poderá merecer a atenção do leitor comum, do estudioso ou do docente que pretenda estabelecer uma dinâmica pedagógica adequada, junto dos seus alunos.

Não querendo ofuscar o brilho de que se reveste o estudo do «ex-libris» madeirense, *Patriota Funchalense*, cuja publicação foi iniciada pelo Dr. Nicolau Caetano de Bettencourt Pita, sendo considerado como a primeira imprensa e o primeiro periódico a ser publicado na Ilha, tendo o seu 1º número, saído no dia 2 de Julho de 1821 e a sua publicação durado até 1823, nem enfrentar a qualidade do *Diário de Notícias*, o jornal com maior longevidade e expansão na Madeira, cuja publicação se iniciou em 11 de Outubro de 1876, por iniciativa do Cónego da Sé do Funchal, Alfredo César d'Oliveira (1840-1908), julga-se, contudo, que o semanário *A Verdade* mereceria o devido destaque, no sentido de ser estudado e investigado futuramente, com rigor, devido às suas características e conteúdo específicos, por estudantes universitários dos Cursos de Jornalismo e Comunicação Social, assim os Senhores docentes o divulguem nas suas aulas.

No âmbito jornalístico, muito se poderia aprender, com o discernimento, o brilhantismo e a coragem que os redactores deste semanário imprimiram aos seus textos.

1.1. Delimitação do Tema

O objecto deste estudo baseia-se no semanário *A Verdade* que iniciou a sua publicação no primeiro dia do mês de Maio de 1915, cerca de dez meses antes da entrada oficial de Portugal na Grande Guerra, a 9 de Março de 1916, aquando da Declaração de Guerra da Alemanha a Portugal. Nunca caiu em defesas de cariz partidário, pugnando, ao inverso, pela verdade, como o próprio nome indica e, consequentemente, pela defesa dos direitos de Portugal e da Madeira.

Com uma duração de quatro anos e meio, assegurou com veemência a chama do patriotismo generalizado, dando voz ao povo, que era chamado a lutar e a integrar-se no contexto da Grande Guerra, esclarecendo de forma inigualável qual era o cenário que se desenrolava em Portugal e no estrangeiro, mais precisamente na Europa e em África.

Entrou no quinto ano da sua publicação em 1919, tendo o nº 216 sido o último exemplar editado.

Informando com clareza e empenho sobre as grandes lutas ideológicas que nessas circuntâncias históricas se travavam, permitia que o povo madeirense se decidisse sobre as opções a tomar.

Concomitantemente, não deixou de se interessar, nem de defender os valores e os interesses dos Madeirenses, assolados por enormes dificuldades, sendo as crises de subsistência um assunto debatido com intensidade pelos colaboradores deste jornal.

Os jornalistas apontavam constantemente a escassez de géneros e de víveres de toda a ordem, nomeadamente de cereais que se fazia sentir no arquipélago e, por consequência, as dificuldades daí derivadas, de que não se podiam excluir, a fome e a pobreza.

A acrescentar a esta situação tenebrosa, a existência de doenças, como a gripe pneumónica, contribuiam para um pessimismo prolongado que, em certos casos, a religião ajudava a debelar.

A partir deste "observatório das vivências" de antigas gerações, se confirma uma vez mais, que a História e o Jornalismo se dão as mãos, pois que se à primeira vamos buscar o registo imemorável e *à posteriori* dos acontecimentos, ao segundo, vamos beber a descrição dos factos, no preciso momento em que ocorrem. A síntese e a análise interpenetram-se sempre que necessário e como recurso quando precisamos reconstituir esses mesmos factos. Encontra-se neste caso o presente trabalho, situando-se no campo da pesquisa histórico-jornalística, numa "zona tórrida" dum passado próximo, que teve as maiores implicações no desenvolvimento dos mais diversos países até à actualidade.

Mas não só de Jornalismo e História versa este trabalho. Aflorou-se uma panóplia de temas culturais relacionados entre si pela temporalidade e pela equidistância, já que a Grande Guerra, matriz que permitiu avançar com esta pesquisa, suscitou a curiosidade e a abertura para adequar e inserir nesta obra tais temáticas.

Sendo a cultura uma área que se desenvolveu sobremaneira no continente europeu, durante as hostilidades, não se poderia esquecer a influência que a mesma imprimiu na produção dos escritores e dos artistas madeirenses e como impulsionou positivamente o seu trabalho.

Decorridas cerca de nove décadas sobre as cenas descritas no semanário que é objecto deste estudo, verifica-se que embora não se possa captar directamente o "ressoar das vivências" nem o "compasso dos destinos", consegue-se contudo, desassombradamente, através da leitura dos artigos e das restantes peças peças jornalísticas, apreender a realidade desse passado que o periódico retratou de forma singular, o que permite de imediato, passar à discussão, ao debate, de forma a esclarecer conscienciosamente os hiatos causados pelo tempo.

Relativamente aos jornais, seus contemporâneos, de orientação partidária, sempre que no semanário em estudo é citado o início da respectiva publicação, verifica-se que são referidas as tendências e características dos mesmos, aproveitando *A Verdade* para os cumprimentar pela iniciativa da sua actividade, a maioria das vezes de forma irónica, pois se trata de órgãos de comunicação, seus concorrentes, aos quais não deixa de desejar longa vida e trabalho profícuo, em prol do bem-comum, visto se proporem servir a sociedade e o povo madeirense.

1.2. Metodologia e investigação

> "Os filmes não são planos, são esferas multifacetadas."
>
> Akira Kurosawa

Um dos métodos utilizados para fazer o estudo da Grande Guerra foi realizado através do visionamento e apreciação de filmes, em que alguns combatentes expunham as suas memórias. Deduziu-se face ao material recolhido que a psicologia do homem do século XX permitia que este encarasse o fenómeno "guerra" sob novas perspectivas, em que se amalgamavam a ganância dos que queriam conseguir altas patentes, através do conflito, o sentimento de frustração da maioria, ao constatar que as hostilidades se prolongavam mais do que seria desejável e a atitude revolucionária dos que estavam mais interessados em substituir a guerra entre as nações, pela guerra civil, no seio da sua própria nação.

Chegou-se ainda à conclusão depois de observar diversas imagens fornecidas por arquivos cinematográficos, que a guerra suportada e disputada pelos combatentes se afastava ideologicamente da que era decidida e imposta pelos seus governantes ou dirigentes militares.

Através do visionamento de um dos 44 episódios da série produzida pelo realizador George Lucas que foi transmitida na televisão, sobre o mais famoso herói da obra do escritor Rob MacGregor, o jovem arqueólogo aventureiro Indiana Jones, magnificamente interpretado pelo actor Sean Patrick Flanery, que se situa cronologicamente, na Batalha do Somme, durante a Grande Guerra: *The Young Indiana Jones Chronicles: France – The Somme, 1916,* pôde facilmente extrair-se das imagens e dos diálogos, o pensamento de alguns dirigentes militares que durante as hostilidades inculcavam nos seus subordinados o dilacerante lema: "O soldado de primeira, morre com honra".

Mas, na realidade, os soldados achavam a guerra um cinismo, embora tivessem de permanecer na luta por dever patriótico. Nos momentos mais duros da refrega, acalentavam as lembranças mais ternas de casa e dos familiares, e sofriam sempre que se despediam dos seus companheiros que pereciam no campo de batalha.

Do mesmo modo, sabia-se que a verdade dos factos era permanentemente escamoteada pelos líderes militares e governamentais de toda a Europa, não sendo divulgada nas "Actualidades de Guerra", cujas notícias corriam nas salas de cinema de todos os países, incluindo Portugal.

Na realidade, como afirmava o cineasta francês vanguardista:

«Ce qu'il y a de cinéma
Dans les actualités de la guerre
Ne dit rien
Il ne juge pas
Jamais de gros plans
La souffrance n'est pas une star
Ni l'église incendiée
Ni le paysage dévastée
L'esprit de Flaherty

Et celui d'Epstein
Ont pris la reléve
Et c'est Daumier
Et c'est Rembrandt
Et son terrible noir et blanc.»

JEAN-LUC GODARD

"O que existe de cinema
nas actualidades da guerra
nada diz
Não julga
Nunca há grandes planos
O sofrimento não é uma vedeta de cinema.
Nem a igreja incendiada
Nem a paisagem devastada
O espírito de Flaherty
E o d'Epstein
Atingiram relevo
E é Daumier
E é Rembrandt
E o seu terrível preto e branco."

JEAN-LUC GODARD

Depois da leitura do Semanário *A Verdade* e do visionamento de filmes, procedeu-se à leitura de todos os livros passíveis de fornecerem pistas/conteúdos essenciais para o enriquecimento do trabalho.

Outro dos métodos adoptados na pesquisa foi consagrado à entrevista. Nesse âmbito, contou-se com a colaboração dos notáveis historiadores madeirenses Sr. Prof. Dr. Joel Serrão; Sr. Prof. Dr. Rui Carita e Sr. Dr. Luis Francisco de Sousa Melo.

Finalmente, completou-se o estudo sobre a cena político-social das primeiras décadas do séc. XX, através da leitura de diversos jornais coetâneos, nomeadamente, *O Diário de Notícias; O Brado d'Oeste; O Heraldo da Madeira; O Povo; O Trabalho e União; o Realista; o Diário da Madeira e o Regeneração.*

2. A ILHA DA MADEIRA NAS PRIMEIRAS DÉCADAS DO SÉCULO XX

O estudo da maravilhosa Ilha da Madeira, descoberta em 2 de Julho de 1419, a pedido do Infante D. Henrique, pelos portugueses João Gonçalves Zarco, Tristão Vaz Teixeira e Bartolomeu Perestrelo e da aprazível Ilha do Porto Santo, que no ano anterior já fora descoberta pelos dois primeiros navegadores, está consignado nesta obra, com o propósito de as retratar, num tempo glorioso da sua História e da sua Cultura, embora sofrendo as calamidades da guerra.

Para caracterizar e retratar a sociedade madeirense sob o ponto de vista social, nas primeiras décadas do século XX, com a maior precisão possível, procedeu-se no caso vertente, à recolha de alguns dados minuciosos, reproduzidos de entrevistas, gentilmente concedidas por intelectuais madeirenses e à pesquisa de escassos elementos, nas raras obras existentes.

No tempo da Grande Guerra, a Ilha da Madeira, abstraíndo da cidade do Funchal, era constituída pela grande zona rural e interior, condicionada por montanhas, cuja população se compunha de camponeses, massa fundamental dos Madeirenses, que faziam as suas pequenas lavras, vivendo junto à sua casa, à sua terra, aos seus animais domésticos, que também lhes forneciam o sustento. Contavam com o gado bovino, ovino, caprino, suíno e com as aves domésticas. De acordo com a enorme divisão da propriedade madeirense, os camponeses continuavam a cultivar os cereais, a cana-de-açúcar, a vinha, a bananeira e diversos frutos adaptáveis ao clima, com a ajuda preciosa da água de irrigação que faziam chegar aos seus "poios" (sucalcos das encostas, escavados e cultivados), através de levadas. Não é demais recordar que nos primeiros decénios do século XIX, se assistira aos graves problemas da vinha madeirense, que sendo o principal suporte económico da ilha, fora atacada pelas pragas do *oídio* e da *fylaxera* e a crise económica daí resultante, visto alguns consumidores ingleses passarem a comprar vinho do Porto e outras bebidas mais em voga. Em consequência dessa crise, decresceram os negócios e os lucros, anteriormente derivados do vinho da Madeira, que dantes sempre tinha sido conhecido e apreciado em todo o mundo. Como a Madeira sempre teve uma densidade demográfica muito elevada e a economia começou a sofrer graves recessões, esses factores iriam estar na origem das vagas sucessivas de emigração que decorreram dos finais do século XIX até hoje, para a América Latina, Estados Unidos da América e mesmo para a Europa.

Esse tipo de emigração acontecia em más condições, na maioria das vezes em barcos veleiros, demorando as viagens demasiado tempo. Frequentemente, ocorriam naufrágios e morriam muitos dos que emigravam.

Existia na Ilha uma diferença entre a cidade e o campo bastante acentuada, por serem diferentes as actividades das pessoas. Os habitantes da cidade, funchalenses, designavam as pessoas que moravam fora da cidade, os camponeses, por vilões. Existiam também pequenas diferenças locais nas vilas que eram sedes de concelho, onde havia como que uma pequena comunidade homóloga, composta por pequenas élites, ligadas ao comércio. O campesinato era composto pelos vilões que se dedicavam à agricultura de subsistência. Esta população rural vivia pobremente, alimentando-se do pouco que era possível colher das culturas madeirenses, praticadas em terrenos montanhosos, onde o clima permitia semear e recolher o ano inteiro. Os camponeses encontravam-se assim mais isolados, em contraste com as populações que viviam junto ao litoral, viradas para o mar e que tinham maior acesso às comunicações. Como o acidentado do terreno constituía obstáculo à construção de uma rede viária, capaz de estabelecer ligações mais fáceis entre as diversas freguesias e povoados da região, o mar era a via mais utilizada. Até meados do séc. XX, devido às dificuldades orográficas e enquanto a construção das estradas não progredia, fazia-se a ligação entre o Funchal e as outras áreas litorais da Ilha, por via marítima, relativamente a passageiros e mercadorias, o que muito contribuía para facilitar as relações comerciais internas. Os produtos vinham do engenho (açúcar) ou do lagar (vinho), para serem exportados, utilizando-se um transporte de pequena cabotagem, como o barco à vela e a remos (carreiros), tendo estes últimos sido posteriormente substituídos por pequenos vapores costeiros. O desembarque era efectuado na praia "calhau", assim designada por ser constituída por pedra rolada.

A pesca era outro dos factores que permitia uma melhor alimentação aos madeirenses, presente oferecido pelo mar, por esse Atlântico, cujas alterações cromáticas alternam constantemente do azul turqueza, ao verde e ao azul-marinho, de acordo com o céu e as condições atmosféricas. Mas, a tarefa de pescar, por vezes tornava-se penosa, sempre que as tempestades varriam a costa e o vento assoprava nas proas das minúsculas embarcações dos pescadores. A fauna marítima era como hoje em dia, abundante e variada, podendo considerar-se a existência de 250 espécies de peixes, circulando nos mares da ilha. Desde sempre os peixes mais conhecidos foram o atum, a cavala e o espada preto, capturado a grande profundidade. Também o peixe--espada branco circulava nas águas madeirenses, embora com raridade. Uma variedade imensa de espécies de peixes comestíveis viajava entre a costa da Madeira e a zona pelágica, sendo uma enorme quantidade capturada junto à costa, especialmente quando se tratava de espécies sedentárias, como o pargo, a garoupa, a pescada, o chicharro, o requême e o alfonsim; outras eram capturadas em alto mar. O cherne e o robaldo viviam em profundidades abissais. Para além daqueles, também uma multidão de outros peixes comestíveis se movimentava nos mares do arquipélago como as abróteas, o bodião, as castanhetas, o congro, o goraz, a agulha, a bicuda ou o boqueirão, a dourada, a moreia, a salema, o gaiado, o salmonete, a tainha, a urjamanta, o sargo e o salmonete. Os peixes de água-doce mais conhecidos eram o eiró e o Cyprinus auratus. A truta passou a ser criada em viveiros, sendo na actualidade muito apreciada pelos turistas. Existiam muitos mais peixes no oceano, notáveis quer pelo colorido da sua pele, quer pela singularidade da sua forma; outros ainda pela sua ferocidade. Estavam nesse caso, o peixe-agulha, o peixe-cão, o peixe-carneiro, o peixe-cavalo, o peixe-coelho, o peixe--cravo, o peixe-frade, o peixe-galo, o peixe-lagarto, o peixe-porco, o peixe-rato, o peixe-rei e o peixe-verde. Entre os mariscos, abundavam as lapas, o caramujo, o caranguejo, a lagosta e o lagostim. Também desde há séculos que existiam na costa e mares madeirenses, os moluscos sem casca, como o choco, a lula, a pota e o polvo que continuam a fazer hoje em dia, as delícias de quem os cozinha e se deleita a saboreá-los junto dos amigos, entre uma animada cavaqueira e uma rodada de cerveja. Existiam ainda nestas ilhas, duas espécies de réptil quelónio, vulgarmente designado por tartaruga, uma das quais era comestível, cuja captura muito raramente se praticava.

Quanto aos instrumentos usados desde há muitos séculos na execução das pescarias compreendiam a rede, os covos e o aparelho de anzol. Quanto às redes, ainda hoje predomina a xávega, na praia da Ilha do Porto Santo e na costa sul da Flor do Atlântico. Usavam-se sempre que necessário as redes circulares, as redes de atravesso, as redes de arrasto, os tresmalhos, as tarrafas, as redes de fole, úteis para pescar à tona da água e o peneiro. Por covos, entendia-se a cana fendida, o junco ou vime e a ripa de pinho. A pesca era feita no início no século, com o auxílio de uma lâmpada de petróleo ou a óleo de peixe. Quando se tratava da pesca do atum, recolhiam-no à linha, de noite, no alto-mar. Procedia-se do mesmo modo para os cardumes de cavala e chicharro.

No passado, as embarcações dos pescadores foram sempre relativamente pequenas. Mais tarde, modernizaram-se com a aplicação de um motor a gasolina, mas sem terem coberta corrida.

2.1. As Estradas

A partir de 1901, em que foi concedida autonomia administrativa ao distrito do Funchal, abriram-se novas estradas como a Monumental.

O visconde da Ribeira Brava (Francisco Correia de Herédia) que era nesse tempo, Presidente da Junta Agrícola, mandou delinear, de acordo com a Junta Geral, um grandioso plano de estradas, com o fim de criar a indústria de turismo na Ilha. O estudo técnico foi elaborado por Francisco António Soares Júnior.

Entre 1913 e 1918 inauguraram-se os primeiros trabalhos de terraplanagem das estradas nacionais de Câmara de Lobos, Ribeira Brava, São Vicente e a estrada que ligava o Funchal a Machico.

Abriram-se ainda mais duas estradas, uma para Leste, outra para Oeste, englobando toda a Ilha e permitindo aos turistas visitar as belezas naturais da Região, sem ter de usar o transporte da "rede" que não oferecia segurança e se tornava dispendioso, relativamente ao pagamento dos carregadores.

A estrada de Leste iniciava-se no Terreiro da Luta, onde terminava o elevador do Monte, em direcção à Choupana, tendo ficado aberta uma vereda até ao Curral dos Romeiros, de 1914 a 1915, que se denominou Estrada dos Pretos, por ter sido construída por operários imigrantes de Cabo Verde. Seguia da Choupana para o Santo da Serra, com seus ramais pela Camacha, Lamaceiros e Poiso.

A estrada Oeste iniciava-se no Funchal e ramificava-se desde a Boca da Encumeada até ao cais do Porto do Moniz, através do Paúl da Serra.

Nas "Ilhas de Zargo" as descrições abaixo mencionadas dão conta do estado em que se encontravam os caminhos, azinhagas e carreiros do Porto Santo que nas primeiras décadas do séc. XX eram muito rudimentares.

"A viação desta ilha está geralmente em estado primitivo depois de decorridos 500 anos sobre a sua descoberta. É muito rudimentar irradiando da Vila Baleira por meio de caminhos vicinais, azinhagas e atalhos para os vários aglomerados demográficos...

...Foi sempre tão mal servido de viação o Porto Santo que seus caminhos são ainda uma memória viva dos tempos da colonização e povoamento, obra de escravos negros e cativos mouros".[3]

Nas Ilhas Desertas e nas Ilhas Selvagens... "nunca existiram estradas nem caminhos: apenas alguns carreiros de pé-posto, difíceis e perigosos, marinhando pelas rochas fora para acesso de pastores, pescadores e forasteiros aos planaltos"[4].

2.2. Os Transportes Terrestres

De 1870 até à I Grande Guerra, o carvão, o vapor e o aço imperavam na Europa, para aplicação industrial. Consequentemente, aumentavam a tonelagem dos navios e as vias-férreas.

Para colmatar a insuficiência de comunicações terrestres, foi construído um cabo aéreo que ligava a Ribeira de Santa Luzia à Fábrica do Torreão, permitindo transportar mais rapidamente os

---

[3] PEREIRA, Eduardo C.N.. *Ilhas de Zargo*. Funchal, Edições da Câmara Municipal do Funchal, 1989, pág. 31.

[4] Idem, pág. 35.

molhos de cana-de-açúcar, do «calhau» na foz da Ribeira, até aquela fábrica. Esse cabo funcionava de dia e de noite. As canas também foram durante muito tempo transportadas em zorras, puxadas por bois e muares, no caso de procederem das freguesias urbanas, enquanto que as canas-de-açúcar que vinham das freguesias rurais eram transportadas em barcos, que aportavam no Molhe da Pontinha. Com a evolução dos tempos e da técnica, a actividade do cabo aéreo terminou, porque já era possível o transporte das canas em camionetas, permitindo maior rapidez na entrega.

Na Madeira, a construção da rede viária prosseguia a um ritmo demasiado lento. Em 1910 expandiu-se o Elevador do Caminho-de--Ferro do Monte, ligando o Pombal ao Terreiro da Luta, que tinha sido o primeiro troço da viagem entre o Pombal e a Levada de Santa Luzia, inaugurado em 1893. Este meio de transporte deixou de circular até Fevereiro de 1920, devido a um acidente ocorrido em Setembro de 1919. Coexistiu com aquele, desde 1896 até 1915, outro meio de transporte, o Caminho-de-ferro Americano que fazia ligação entre a Praça da Constituição e o Pombal, ponto de saída do Elevador do Monte. Na outra extremidade do percurso este elevador parava junto ao Largo da Fonte.

Mesmo no Largo da Restauração, ficavam estacionados os cavalos de aluguer e o "Carro Americano". Este último que funcionava sobre "rails" (carris), era puxado por 3 cavalos. Mas, como a rede viária ainda não funcionava de modo a colmatar as necessidades da população, continuavam a cruzar os caminhos da Madeira e as ruas do Funchal, durante as primeiras décadas do séc. XX, corsas, carros de bois, palanquins, carros de cesto, "chars à banc", redes, carros--celtas, muares e cavalos montados frequentemente por amazonas e cavaleiros.

Segundo se pode ler no *Elucidário Madeirense* as "corsas" ou "corsões" eram utilizadas nos transportes de cargas, compondo-se de duas tábuas paralelas unidas entre si, com o comprimento de 1,6 a 3 m e largura de 0,5 m.

O "carro celta" era composto por um corpo central com uma trave perpendicular que sustentava duas rodas altas com uma fiada de pregos. Também era usado no Porto Santo, servindo para o transporte dos produtos retirados do campo e da fazenda e para carregar a cana-de-açúcar.

O "palanquim" que também foi muito usado no séc. XIX, na Madeira, tinha influências indianas e chinesas na sua construção e era uma das conduções mais utilizadas nos inícios do século XX. Consistia numa prancha em forma de sapato, cercada por uma grade leve e alta, coberta por uma cortina de damasco e com encosto e assento almofadado. Era carregado ao ombro, por dois homens, que tinham de se apoiar a um cajado.Tinha comprimento suficiente para uma pessoa se sentar com as pernas estendidas sobre um tapete. Assemelhava-se a um pavilhão oriental, com ornamentação delicada e acabamento bem estruturado.

Quanto à rede, o *Elucidário Madeirense* cita que:

"A rede é formada dum tecido muito encorpado e forte, fabricado na ilha e que se amarra pelas extremidades a uma vara ou pau...

...Toda a rede tem sempre dois condutores mas, se a pessoa a transportar é pesada podem ser precisos três ou mesmo quatro condutores. O pau da rede descansa sobre um dos ombros dos homens, havendo um cajado que é levado na mão, mas que serve muitas vezes para a travessar sobre o outro ombro, para se obter assim uma melhor distribuição do peso."[5]

Mas, se se tratasse de uma rede de passeio, era acolchoada como um leito com folhos caindo aos lados, sendo ainda encimada por um dossel onde corriam cortinas de tecido claro.

Os "Cestos" ou "Carros do Monte" eram um veículo de arrasto que surgiu em meados do séc. XIX, que ainda hoje se utiliza para deleite dos turistas. Construídos em vime, assentam em duas soleiras, feitas de madeira de pinho ou de til, untadas com sebo, tendo um assento ou canapé com costas de vime onde cabem duas a três pessoas. Possuíam cordas presas à parte frontal. Eram manobrados, como hoje em dia, por dois homens que os empurravam e os seguravam pelas cordas, fazendo-os acelerar, afrouxar ou desviar de outros veículos. Antigamente como hoje, ainda são usados nas áreas de declive acentuado e nas ruas calcetadas. Os carros do Monte com a forma e estética actuais só apareceram por volta de 1849 ou 1850. Data desse período, a associação dos carreireiros do monte, criada com objectivo de defesa dos interesses dessa classe.

---

[5] MENEZES, Carlos de Azevedo de / Silva, Pde. Fernando Augusto da. *Elucidário Madeirense*. Funchal, Secretaria Regional do Turismo e Cultura, 1984, pág. 177.

Segundo se pode ler nos *Transportes na Madeira*, por sua vez, os carros de bois ou "cursões" eram um meio de transporte constituído por dois sofás de verga, forrados de pano e com um toldo ou cortina para proteger os viajantes do sol ou da chuva. Habitualmente, seguiam no exterior dois homens a acompanhar os viajantes: um boieiro e um outro homem que levava um aguilhão com que espicaçava os bois. O carro-de-bois cuja construção foi influenciada pelo modelo do noroeste português e pela corsa madeirense, foi sem sombra de dúvidas, o transporte público mais utilizado no Funchal e nas Fajãs, durante as primeiras décadas do séc. XX, tendo surgido em 1836. Sugeria uma semicaleche sem rodas, arrastada por bois.

O "trem" ou carro de rodas do tipo "char à banc" era um meio de transporte público com rodas que assegurava desde finais do séc. XIX, a ligação entre o Funchal e as zonas suburbanas, nomeadamente Câmara de Lobos, S. Gonçalo e S. Martinho.

Segundo alguns autores, em 30 de Dezembro de 1903, foi introduzido o primeiro automóvel na Madeira, pelo inglês Sr. Harvey Foster. Segundo outros autores terá sido surgido a 21 de Janeiro de 1904. Seguidamente, em 1906, surgiu mais um modelo de automóvel, "o 4M" que foi largamente utilizado. Também existiram outras marcas de automóveis que no limiar do século cruzaram as estradas da Madeira, como os "Isotta Fraschini", os "Dion Bouton", os "Argyll", os "Unic" e os "Fiat". Quanto aos carros pesados, os mais conhecidos foram os carros de carga da marca "Albion", usados pela Casa Hinton. Em 1907, foi criada a Empresa Madeirense de Automóveis, que iniciou a importação de automóveis para a Ilha.

2.3. Os Transportes Marítimos

Num passado recente, relativamente à época em que decorreu a Primeira Guerra Mundial, tinha-se concluído em 1892, o cais da entrada na cidade, assim como os trabalhos de reconstrução e amplificação do molhe da Pontinha, ligando o Ilhéu de S. José ao de Nª Sra da Conceição. Estes trabalhos tinham tido início em 1885 e terminaram em 1888. Se não houvesse molhe que permitisse a acostagem dos navios, as ligações com terra, faziam-se através de lanchas de costado.

No sentido de favorecer as populações foram surgindo vários cais à volta da Ilha, como os de: Ponta do Sol (1850), Lazareto (1874), Faial (1901), Porto Santo (1902), Câmara de Lobos (1903), S. Roque Faial (1903), Seixal (1903), Porto da Cruz (1903), Machico (1904), Ribeira Brava (1904), Santa Cruz (1908), Campanário (1908), Caniçal (1909), Caniço (1909), S. Jorge (1910) e Porto Moniz (1916).

No livro *Os Transportes na Madeira* pode ler-se o seguinte:

"Por outro lado, verifica-se que o desenvolvimento económico da Madeira, desde o séc. XVIII até ao séc. XX, é profundamente afectado pela progressiva degradação do papel desempenhado pela frota portuguesa no comércio internacional."[6]

Mas, desde longa data que o turismo ajudava a colmatar as dificuldades económicas do Arquipélago e contribuia de forma evidente, para o progresso da cidade do Funchal, visto que já antes de 1914, o movimento marítimo no porto desta cidade era deveras significativo.

A partir dessa data, as embarcações mercantes e de guerra, que fundeavam na baía, moviam-se a carvão de pedra ou à vela, visto os barcos movidos a gasóleo, só aparecerem a partir de 1920. O abastecimento de carvão e de água fazia-se por meio de negros batelões.

Existiam várias empresas que tornavam mais fácil o fornecimento de combustível aos navios (carvão de pedra e água) como a "Blandy Bros. & Cº", a "Deutsche Kolen Dépot", a "Cory's Coaling & Cº" ou a "Wilson & Sons Ltd". Estas sociedades possuiam uma frota de fragatas que transportavam o combustível até aos navios. Estas fragatas por sua vez eram rebocadas por vapores.

Segundo alguns autores autóctones, o desaparecimento do barco à vela e posterior expansão do barco a vapor, estão associados à substituição da iluminação a gás e a petróleo pela iluminação eléctrica. Do mesmo modo, os pesados barcos de cabotagem, a remos ou de vela panda, assim como os vagarosos vapores iriam desaparecendo, à medida que a construção do sistema viário avançava.

---

[6] Simões, Álvaro Vieira; Sumares, Jorge; Silva, Iolanda. *Transportes na Madeira.* Funchal, DRAC – Direcção Regional dos Assuntos Culturais, 1983, pág. 40.

Entre o Funchal e os diferentes pontos do litoral da Ilha, estabeleciam-se ligações por via marítima. Datam do início do século os serviços de cabotagem da Casa Blandy Bros & Ca., constituída por uma frota de 4 vapores, designados pelos seguintes nomes: «Falcão», «Açor», «Gavião» e «Prompt». As freguesias costeiras puderam ainda contar com o apoio de outros 6 vapores, denominados: «Dekado», «S. Filipe», «Vitoria» e «Bútio», «Tigre» e «Ponta do Sol». Estiveram ao serviço da Casa Manuel Gonçalves & Cª, o vapor costeiro "Ernesto" e o iate Maria que durante o conflito bélico fazia ligação entre o Funchal e Lisboa. Este iate foi bombardeado por um submarino alemão.

No final da segunda década do século passado, o serviço de cabotagem era regular. Pequenas embarcações viajavam à volta da Ilha para transportarem passageiros e carga. Para além das lanchas e vapores costeiros que eram empregues no serviço de carga, também os vapores transportavam carga e passageiros, sendo ainda usados para efectuar viagens de ida e volta à Ilha do Porto Santo. Quanto aos rebocadores, tinham por função conduzir as fragatas de combustíveis até aos navios que se vinham abastecer de água e carvão ao porto do Funchal. A Casa Blandy Bros & Cº tinha ao seu serviço os rebocadores "Milano" e "Lobo". A Casa Cory Bros & Cº, possuía o rebocador "Cory". Finalmente, a Casa Manuel Gonçalves & Cº, o rebocador D. Carlos I.

Nas primeiras décadas do século passado existiram no Funchal as seguintes agências de navegação: Cory, Bros. & C.º; Wilson & Sons. Ltd; Elder Dempster & C.º; Agente, Conselheiro Silvano de Freitas Branco; Manuel da Silva Passos & C.ª Suc.; Empresa Insulana de Navegação; Empresa Insulana de Cabotagem; Henrique Figueira da Silva.

Durante o conflito bélico, desapareceu a maioria dos barcos que regularmente ancorava no porto. Se apareciam, vinham normalmente camuflados e integrados num comboio, escoltado por vasos de guerra.

Em 1916, a navegação que fazia escala no Funchal diminuíra. Apenas os vapores portugueses "Lourenço Marques" e "Mossamedes" aí aportavam, na ida e vinda das colónias em África.

Os navios estrangeiros efectuavam viagens muito espaçadas, como era o caso dos navios da "Mala Real Hollandeza", que iam para Suriname, Puerto Cabello, Curaçau, Trindade e Barbados ou os da "Cyp Fabre and Cia.", para a América do Norte. Mais tarde, com a introdução dos óleos pesados na navegação, muitas das antigas carreiras que tocavam o Funchal, no tempo em que precisavam do carvão de pedra para operarem, foram desviadas para as Ilhas Canárias.

Porém, os madeirenses continuaram a lutar pela melhoria das estruturas do porto do Funchal que aspiravam se tornasse num porto franco, para exploração de vantagens comerciais, abolição de taxas e direitos de qualquer espécie e, não fosse apenas, como até essa data, ponto de escala para factores prejudiciais, tais como a entrada «da mangra, do míldio, da phylloxera, da raiva, da cholera e da roleta», como afirmava um conceituado articulista do *Diário de Notícias – Funchal*.

2.4. A Alimentação

A alimentação podia considerar-se pobre, em termos de variação: milho e cereais, não sendo mesmo possível cultivar milho para toda a população. Esse produto tinha de ser importado dos Açores, do continente e mesmo do estrangeiro.

Registe-se como tendo sido da maior relevância a aprovação por alvará régio, dos estatutos da Associação dos Trabalhadores Agrícolas da Madeira, que data de 25 de Maio de 1918.

A produção do vinho de qualidade, licoroso, foi sempre muito importante do ponto de vista dos rendimentos, e todos os terrenos onde se pudesse cultivar a vinha eram utilizados para esse fim.

O vinho era transportado a ombros em "borrachos" de pele de cabra, cujo conteúdo podia atingir os 45 litros, até ao Funchal, onde era vendido aos comerciantes, normalmente ingleses, que depois o acabavam de preparar e lhe conferiam o nome das suas marcas comerciais.

Finalmente, era exportado para o estrangeiro, tendo adquirido grande fama na Europa e sido mesmo citado nos romances do escritor Léon Tolstoi.

A promulgação de um Diploma, datado de 8 de Novembro de 1913, regulamentando o comércio e a produção dos vinhos da Madeira, teve grande significado para o sector vinícola madeirense.

Alguns anos depois, em Fevereiro de 1917, no interesse da defesa da classe dos Tanoeiros foi inaugurada, por alvará régio, a Associação dessa classe de trabalhadores.

Também se revestiu de grande interesse, a inauguração em 1912, no Paúl do Mar, duma fábrica de conservas de atum, mas segundo consta existia uma anterior fábrica conserveira de atum, a laborar desde 1909 na Ponta da Cruz.

De 1900 a 1914, outra indústria, a da panificação proporcionava o fabrico de pão, duas vezes por dia. Desse modo, os habitantes do Funchal comiam pão fresco, ao almoço e ao jantar. Também se fabricavam os bolos da noite para comer quando se tomava chá. Alguns padeiros acrescentavam batata-doce à massa do pão, tornando-a mais enriquecida e saborosa.

Até ao início da Primeira Guerra Mundial, a farinha de trigo era importada da Argentina e da América do Norte, mas durante o conflito, houve falta de farinha, tendo o povo sofrido com as dificuldades daí decorrentes, que para além da fome, implicavam ter de ir para as filas das padarias, logo de madrugada, para obter algum pão, bem como o agravamento do preço do produto.

No Porto Santo a alimentação possuía particularidades exóticas diferentes da Madeira. "O pão de trigo integral, de fabrico doméstico, igual ao dos campos madeirenses, é regalia de casas abastadas, comendo-se ali, geralmente, pão de cevada com mistura de centeio, ou somente deste último cereal."[7]

"O bolo ázimo dos judeus, fabricado de farinha de cevada ou de trigo, água e sal, cozido sobre uma chapa de ferro, pertence à culinária desta ilha."[8]

"Carne e legumes raramente entram, duma maneira geral, na subsistência do Porto Santo.

Peixe, consomem o mais fino dos nossos mares, por ser abundante em todas as espécies as águas daquela ilha. Têm, no entanto, predilecção especial, sem desprezar a razão económica, por gaiado, que guardam do verão para o Inverno, secado ao sol."[9]

---

[7] PEREIRA, Eduardo C.N.. *Ilhas de Zargo*. Funchal, Edições da Câmara Municipal do Funchal, 1989.
[8] Idem.
[9] Idem ibidem.

"Quando o ano é escasso e leva privações a todos os lares, lançam mão de ervas, nomeadamente serralhas, saramagos e cardos."[10]

2.5. A Maçonaria

A Maçonaria esteve envolvida nas lutas liberais do século XIX. Como Fraternidade iniciática e simbólica, baseava-se nos ideais do Iluminismo. Privilegiando a Razão, pugnava pelo aperfeiçoamento humano e social. Discordava da subordinação dos homens ao poder espiritual e temporal e para disseminar e implantar as novas ideias que era necessário propalar pelo mundo, procedia à criação de novas organizações e instituições que na Europa se encontravam representadas nas Academias, Lojas e Sociedades eruditas. Para uma compreensão mais precisa sobre a acção da Maçonaria na Madeira que muito influenciou a vida social dos madeirenses, optou-se por fazer uma breve alusão ao que ocorreu aquando das suas origens, no século XVIII, na Ilha, e terminar com alguns dados sobre a sua actividade, em pleno século XX. Em 1768, teria sido fundada no Funchal por Barthélemy Andrieux du Boulay, uma Loja Maçónica, constituída por franceses, como Francisco de Alincourt, ingleses e portugueses, pertencentes à nobreza e alta burguesia local, como Aires de Ornelas Frazão, Luís Herédia e Joaquim António Pedrosa. Como o impulso maçónico na ilha foi de origem francesa, o Marquês de Pombal não o impediu, contribuindo desse modo para evitar a ascendência dos mercadores britânicos. Teria sido, aliás, durante o seu governo, que no período de 1760 a 1770, os mações teriam sofrido menos pressão por parte da Igreja. No ano de 1792, o francês João José de Orquiny, o Grão-Comendador do Grande Oriente da França inaugurou uma segunda Loja, no Funchal, em que a maioria dos associados pertencia às classes da Nobreza e do Clero. À semelhança do que acontecia no Continente, existiam mações em todas as classes sociais e profissionais, como homens de letras, juízes, corregedores, oficiais, militares e funcionários públicos e, no caso do Clero, diversos membros da Igreja, tais como vigários, capelães da Sé, deões, curas e outros

---

[10] Idem ibidem.

eclesiásticos que nesse ano foram conotados de herejes e excomungados pela Santa Sé. Na verdade, para além da dedicação à defesa da causa liberal, era possivelmente o aspecto social, uma das razões que mais atraía os clérigos para a Maçonaria, onde se pugnava pela igualdade social, contrariamente ao que fora preconizado pelo Antigo Regime. Consta da História da Maçonaria madeirense a terrível perseguição que em 1792, os mações madeirenses sofreram por parte do bispo D. José da Costa Torres, que conseguiu da parte do Inquisidor geral, a publicação de um edital contra os "pedreiros-livres", apelidando a Maçonaria de "seita" e incitando os madeirenses a denunciarem, junto da Inquisição, todos aqueles que pertencessem a essa Instituição, que considerava excomungada. Muitos mações fugiram da Madeira, tendo-se refugiado com as respectivas famílias na América. Quanto àquele bispo só teria sido transferido para o bispado de Évora, quatro anos depois desses acontecimentos funestos.

Na Ilha da Madeira, a Maçonaria revestiu-se de características próprias, devido à insularidade, à ocupação pelas tropas britânicas e à influência dos ingleses que aí foram instalando os seus negócios, podendo afirmar-se que esta maçonização da sociedade madeirense, atingiu foros de singularidade impensáveis, a partir do século XVIII, depois de uma nova perseguição, movida pelo Santo Ofício, ao publicar o terrível Edital, datado de 10 de Abril de 1792, que veio dar a conhecer às autoridades de Lisboa, mais de duas centenas de mações, pertencentes a diversas profissões e classes sociais madeirenses. Na realidade, veio a saber-se que até mesmo a Câmara Municipal do Funchal era totalmente controlada pela Maçonaria. Perante tal panorama, só restou arquivar o processo, não se tendo efectuado qualquer prisão. Tal fenómeno nunca fora observável com tamanha intensidade, em nenhuma parte do país. O enorme impacte causado junto da população madeirense por estes inusitados acontecimentos foi ainda mais empolado, pelo facto de se ter ficado a saber que mais de 20% do clero se achava representado nas hostes maçónicas. Muitos dos eclesiásticos foram demitidos ou suspensos das suas funções. Contudo, muitos deles, persistiram na prática maçónica.

Um dado curioso que ocorreu em 1823, foi o facto de a Constituição maçónica ter sido impressa em Janeiro desse ano, na tipografia do *Patriota Funchalense*, tendo sido condenados por uma alçada enviada à Madeira pelo governo absolutista de D. João VI, o Dr.

Nicolau Caetano Pita, redactor daquele periódico; o Dr. Francisco de Assis Saldanha, juiz de fora; o padre Gregório Nazianzeno Medina e Vasconcelos e o padre Tomé João Pestana Homem de El-Rey, que era então, vigário da freguesia do Campanário.

Na primeira metade do século XIX, antes do Liberalismo até 1850, à Regeneração, o antigo jornalismo limitava-se a ser uma arma de combate ou agente de propaganda. Na Madeira, muitos jornais eram criados com capitais ingleses. Esse novo jornalismo, devido aos capitais elevados que nele se investiam, iria derivar mais tarde, em indústria, ao adoptar processos mecânicos modernos que vieram contribuir para uma melhor impressão e tiragem. Poderá afirmar-se sem sombra de duvida, que os jornais deram um contributo muito significativo para difundir os ideais maçónicos, junto da sociedade local, acabando por a transformar, no âmbito cultural, económico e político. Teria sido a maçonaria madeirense que teria montado no ano de 1872, uma tipografia para imprimir a folha *Madeira Liberal* e uma outra, também ao seu serviço, o *Oriente do Funchal*, que se publicou no ano de 1873, tendo saído o primeiro exemplar, a 8 de Fevereiro e o último a 10 de Junho, desse mesmo ano.

Em 1873, ter-se-ia instalado no Funchal, a Loja "Trabalho". Em 1877, a Loja "União Liberal" e em 1878, a Loja "Cinco de Junho". Estas três Lojas fundiram-se numa única, denominada "Trabalho" que acabou por encerrar. Em 1899, foi inaugurada a Loja "Revolução e Progresso", que não chegou a durar um ano.

Durante o século XIX continuariam a instalar-se diversas Lojas maçónicas na Madeira. Na passagem do século XIX para o século XX, os ideais maçónicos aproximavam-se do ideário republicano, embora a Maçonaria tivesse passado a constituir uma élite, tendo-se afastado daquele ideário mais libertário que norteara a sua acção, durante as lutas liberais, até ao derrube do absolutismo.

Nas primeiras décadas do século XX, o número destas Lojas tinha recrudescido. Assim, em 1901, foi inaugurada a Loja "Trabalho" e um pouco mais tarde, em 1908, a Loja "Britânica", que em 1913, seria substituída pela "Britannic Lodge", cujos filiados eram na sua quase totalidade ingleses e obedeciam ao Grande Oriente da Inglaterra. Assumiram ainda papel relevante entre outras, as Lojas "O Grémio 5 de Outubro", inaugurada em 13 de Outubro de 1911 e a "Pátria Portuguesa", cuja actividade se iniciou em 12 de Janeiro de 1916.

A Maçonaria madeirense era semelhante à Maçonaria portuguesa, constando num dos artigos do seu programa "Pôr em obra os princípios avançados".

2.6. A Igreja

A fundação da Diocese do Funchal data de 12 de Junho de 1514, por Bula "Pró Excellenti", do Papa Leão X.

Culturalmente, o papel da Igreja foi sempre preponderante, visto a maioria das pessoas serem católicas.

As ordens religiosas transmitiram muitos dos seus conhecimentos à sociedade madeirense. As principais ordens que se fixaram na Madeira foram a Seráfica ou Ordem de São Francisco, a Companhia de Jesus e a do Carmo ou do Monte Carmelo.

Dos sacerdotes cujas capacidades intelectuais mais se afirmaram, nos inícios do século XX, poderá salientar-se o Pe. Fernando Augusto da Silva, co-autor do *Elucidário Madeirense*.

A Igreja Católica sempre teve um papel muito importante na assistência social. Dadas as suas características, em momentos de crise, principalmente através do empenhamento pessoal dos seus bispos, procedeu a mobilizações excepcionalmente importantes, como aconteceu durante o primeiro grande conflito do séc. XX, com a Cruz Vermelha Internacional.

Uma figura muito considerada na Ilha foi D. António Manuel Pereira Ribeiro, natural do continente, da cidade de Viana do Castelo, cuja nomeação para o cargo de Prelado da Diocese do Funchal, se efectuou em 2 de Outubro de 1914. Assumiu importante papel na Madeira, quando voltou a introduzir na Ilha, as ordens religiosas que tinham sido extintas com o Liberalismo e expulsas com a República, tendo ainda sido medianeiro em todas as questões e manifestações sociais, que envolveram movimentações de estrangeiros.

A madre Wilson e as suas irmãs, da congregação franciscana de Nossa Senhora das Vitórias, também assumiram um relevante papel, na assistência social da Ilha da Madeira.

2.7. A Lei da Separação

O Seminário do Funchal foi em 1909 instalado pelo bispo D. Manuel Agostinho Barreto num edifício construído na cerca do antigo Convento da Encarnação, em cuja construção se aplicou uma fortuna herdada da fidalga D. Maria Leopoldina de Oliveira.

Quando o Seminário foi extinto em 1912, devido à aplicação da Lei da Separação de 1911, a Diocese foi espoliada da posse deste edifício pelo Estado. Só depois de ficar sob o domínio da Junta Geral do Distrito, foi devolvido à Diocese, em 1933, num contexto político mais favorável.

Várias instituições católicas foram encerradas como o Convento das Mercês ou das Capuchinhas, situado na Rua das Mercês, que tendo sido fundado em 1654, por Gaspar Berenguer de Andrade, fechou em 1910, tendo sido demolido em 1911 ou 1912. No mesmo local, foi construído mais tarde, o edifício do Auxílio Maternal.

O mesmo triste fim, teria a Capela de Nossa Senhora do Monte dos Varadouros, demolida em 1914, que continha diversas obras de arte do século anterior, que para sempre se perderam, tendo-se salvo apenas o altar e os paramentos que transitaram para a Sé Catedral. O sino, seria posteriormente adquirido pelo sr. José Machado, morador em S. Gonçalo.

Com a implantação da República em 1910 e, consequentemente, do regime democrático, viu-se assim a Igreja privada de bens e direitos e o Clero desapossado das suas côngruas.

Ainda dentro do regime republicano, o poder civil alienou e vendeu em hasta pública os passais.

Outra das medidas tomadas pelo Estado, aquando da Lei de Separação de 1911, foi ter cerceado das paróquias, os emolumentos de cartório, bem como ter avocado os livros de registo de nascimentos, casamentos e óbitos, confiando-os à guarda e benefício das repartições do Registo Civil e Arquivo Distrital.

Só em 1913, o bispo D. António M. Pereira Ribeiro conseguiria organizar a Obra do Fundo do Culto para prover o sustento do Clero.

2.8. As Romarias

As romarias, as festas e o folgar do povo estavam associados ao poder milagroso de alguns Santos e às devoções e promessas que a eles se consagravam.

Na Ilha da Madeira a mais antiga romaria é a de Nossa Senhora do Faial.

Mas a mais popular e onde convergiam mais romeiros era a de Nossa Senhora do Monte, por ser a Padroeira da Madeira, sob cujo patrocínio foi colocada a Ilha, pelo Papa Pio VII, em 1804.

Em termos etnográficos e etnológicos o povo tinha por tradição realizar arraiais e romarias. As diferentes comunidades da ilha, muito afastadas geograficamente umas das outras, aproveitavam essas ocasiões para se encontrarem e conhecerem.

O Madeirense organizava estas festividades, independentemente do predomínio da religião católica, não porque interiorizasse a cultura mística, mas porque precisava de se sentir vivo e conviver com outros homens e mulheres.

Estas actividades ocupavam imensa gente, quer no sector gastronómico, quer no da decoração, tendo enorme repercussão por toda a Ilha.

As romarias tinham simultaneamente um motivo religioso e um carácter profano. As de maior renome eram e ainda são na actualidade, as de Nossa Senhora do Monte, as de Ponta Delgada e as da Ribeira Brava. Realizavam-se romarias em muitos outros pontos da Ilha, para além das que se podiam apreciar no Arco da Calheta, em Santa Cruz e Machico, Caniço, São Vicente, Porto Moniz e Caniçal em que a procissão era marítima e conduzida em barcos de pesca.

Os romeiros tinham obrigações que derivavam das crenças religiosas e das atitudes penitenciais do povo madeirense:

"A primeira obrigação do Romeiro é a visita ao templo para pagar a promessa feita, beijar a imagem do Santo, tocar-lhe lembranças para a família e deixar esmola para a festa. Alguns votos são cumpridos pela simples entrega de uma vela da altura do oferente, determinada medida de azeite, jóia de uso próprio, dinheiro ou modelações plásticas de toda a anatomia humana, em cera, símbolos de fé e de amor, materializações de desespero ou de esperança, de dor ou de alegria; outros, condicionados pelo transporte pessoal das oferendas, de joelhos, arrastam os devotos como penitentes pela igreja dentro, obrigam-se a subir ou a descer escadarias até 68 degraus como a do Monte, e rampas de torturantes empedramentos. Assim transborda da alma o sentimento religioso do nosso povo em actos e sacrifícios de fé sincera e verdadeira."[11]

No texto que em seguida se poderá ler, encontram-se elementos relacionados com a Grande Guerra, embora se reportem a data posterior.

"A 1 de Novembro de 1927, outro estranho acto de fé se praticou na Madeira. Em homenagem à Senhora da Paz, levantada em grandioso monumento de características regionais, no Terreiro da Luta, por voto do Padre José Marques Jardim, Pároco do Monte, e concurso do povo da ilha, de Portugal e do estrangeiro, incluindo duas valiosas jóias da Imperatriz Zita, exilada no Funchal e residente naquela freguesia, promoveram os carreiros naturais da mesma uma romagem de penitência em sufrágio dos mortos da primeira conflagração mundial. Deu lugar a esta emocionante peregrinação o transporte de um gigantesco Terço do Rosário Mariano, feito de calhaus rolados da Ribeira de Santo António, com cerca de dez quilos cada e mais, todos enfiados em correntes de âncoras dos vapores "Surprise" e "Kanguroo" franceses, e do "Dacia" inglês, torpedeados por um submarino alemão, a 3 de Dezembro de 1916, na baía do Funchal. Transportaram o Terço votivo desde Santo António até o Terreiro da Luta, no Monte, a pé, seguidos de milhares de peregrinos de todas as freguesias do Concelho do Funchal, rezando e cantando louvores à Virgem, mais de 300 devotos, "carreireiros" do Monte, ajudados por outros fiéis que, durante seis horas de percurso, subiram carregando aos ombros aquela mole de pedra e ferro, até à altitude de 874 metros, onde depuseram com grande fé, lágrimas e sangue de seus corpos, a religiosa dádiva aos pés da Virgem em sinal de gratidão pela paz mundial e em sufrágio dos que a ela sacrificaram a vida. E, assim se repercutem e perpetuam pelos séculos fora os sentimentos de crença sincera e religiosidade ardente do povo madeirense."[12]

---

[11] PEREIRA, Eduardo C.N.. *Ilhas de Zargo*. Funchal, Edições da Câmara Municipal do Funchal, 1989, pág. 496.

[12] Idem, pág. 497.

2.9. O Funchal – Cidade Caleidoscópio

Sobre a cidade do Funchal escreveu o poeta João Gouveia (1880-1947) um belíssimo poema intitulado *Minha Cidade*, em quadras de rima cruzada. A primeira parte do mesmo, poderá ser apreciado pelo leitor nas linhas seguintes. Neste poema são bem evidentes as diferenças entre a escrita e a acentuação usadas nas primeiras décadas do século XX e as que se usam actualmente:

Funchal do alto mar e de altos montes
Cidade Azul que evocas a Suissa,
E onde á beira dos lagos e das fontes
Há lírios cor de neve a dizer missa.

Cidade aonde há sempre sol doirado,
Mas sempre triste de me ver chorar,
E onde passeiam, a cumprir o fado,
Tuberculosos pela beira do mar.

A tua belleza é toda meiga e suave
– Um ar de pomba, um ar temente a Deus –
O que me faz suppôr-te uma alma de ave,
Sem pecados mortaes, irmãos dos meus.

Ao meu amor mereceste mil desvellos,
O' – do Bardo Escossez, – Dama do Lago!
Poiso d'etherea paz, com tres Castellos:
Tres ironias junto de um affago.

Pico das Frias léval o á cabeça,
San' Thiago e Ilheu formam-te os seios:
Mas o teu corpo é como uma promessa,
Canhões em ti só p'ra soltar enleios.

Bocas de fogo são: as tuas fontes,
As tuas noites d'astros sobre o mar,
As tuas moças de morenas frontes,
O teu amante Oceano e o teu luar;

Os teus cabellos, – pinheiraes sombrios, –
Os teus dentes, – as casas côr de neve –
E a tua alma, – os campanários pios –
Tua agua, a tinta com que Deus escreve. –

Molha-te o mar a fimbria da tunica;
C'roam-te ao alto os pinheiraes da serra;
Cidade! és grande, e para mim, a unica
Que eu posso amar e querer em toda a Terra!

Eis o que o sol do alto mar avista,
Sem ver tuas miserias e vaidades,
O' mais bella de todas as cidades!
Perto do coração, longe da vista.

2.9.1. *A Urbe e seus Habitantes*

Embora o primeiro núcleo populacional da Madeira, tenha sido em Machico, lugar onde desembarcaram os portugueses, no dia da Descoberta da Ilha, e porque este capítulo se refere à capital do Arquipélago, cumpre citar que a única freguesia existente na capitania do Funchal, no século XV, fundada em 1450, por João Gonçalves Zarco era durante esse período da colonização, Santa Maria do Calhau ou Nossa Senhora do Calhau.

Fundou-se a cidade do Funchal, no bairro de Santa Maria, a leste, desde a Ribeira de João Gomes até ao Corpo Santo e suas imediações".[13]

---

[13] PEREIRA, Eduardo C.N.. *Ilhas de Zargo*. Funchal, Edições da Câmara Municipal do Funchal, 1989, pág. 330.

E, logo a cidade se tornou famosa, devido à exploração do açúcar que era exportado através do seu porto para o exterior.

"...desde meados do século XV até às últimas décadas do século XVI, os mercados consumidores do açúcar produzido na Madeira foram a Flandres e a Europa nórdica que consumiam mais de metade da nossa exportação, a Europa mediterrânica, sobretudo Veneza, e ainda o Reino para onde exportávamos cerca de um décimo do total."[14]

Em Portugal Continental, a Coroa demonstrou grande interesse por essa cultura, tendo mesmo decretado o comércio livre e permitido a entrada, intervenção e radicação de mercadores estrangeiros na Madeira, que a partir daí, começaram a estabelecer contactos directos com as praças mais importantes do Norte da Europa e do Mediterrâneo. Mais tarde, a partir da década de 80, castelhanos, franceses, flamengos e italianos estabeleceram-se no Arquipélago, praticando actividades fundiárias e em finais do século XV, muitos estrangeiros vieram com os seus capitais adquirir propriedades, onde plantavam canaviais para explorar a cana sacarina, possuindo engenhos e um grande número de escravos.

"...o certo é que os Italianos, Flamengos, Franceses e Castelhanos, tiveram a preocupação de integrar-se nos modos de vida social, política e cultural da Madeira".[15]

Mas, avançando cinco séculos no tempo, ao sabor do pensamento que tudo recria, podem relembrar-se à guiza dos poetas, as doces memórias ou suaves lembranças, guardadas em textos ou recolhidas de informações verbais sobre o Funchal, onde durante a Primeira Guerra Mundial, nasceram, viveram, trabalharam, estudaram, casaram e morreram muitos madeirenses e portossantenses. Muitos foram os jovens que traçando um novo rumo para a sua existência, viajaram para o Continente, com o objectivo de acabar os seus estudos superiores. Outros preferiram arriscar e ir estudar no estrangeiro. A maioria regressou ao seu torrão-natal. Muitos tornaram-se célebres pelos conhecimentos adquiridos que expressaram nas suas obras, contribuindo para a elevação cultural da Madeira e da nação portuguesa.

---

[14] NEPOMUCENO, Rui. *As Crises de Subsistência na História da Madeira*. Ensaio Histórico, Lisboa, Editorial Caminho, SA., Colecção Universitária, 1994, pág.121.

[15] Idem, pág. 124.

Porém, grande número de madeirenses das classes sociais menos favorecidas, emigravam, seguindo o fluxo migratório já iniciado nos séculos XVIII e XIX pela população madeirense, devido aos surtos de fome que se fizeram sentir no arquipélago, assim como nos países europeus de economia precária.

Embora já no século XVI houvesse emigração na Madeira e muitas famílias tivessem saído da Ilha no século XVIII, rumo aos Estados Unidos da América, devido à perseguição que os mações sofreram em 1792, não há dúvida que o grande motivo que impulsionou a emigração nos séculos XVIII e XIX, foi a miséria e a fome que as populações sofreram nesse período histórico.

Para compreender com maior abrangência o ambiente que se vivia na Madeira será indispensável definir as características sociais e psicológicas dos madeirenses, nas primeiras décadas do século passado que nada tinham em comum com os habitantes de outros arquipélagos situados na Europa. Na realidade, os madeirenses, extrapolando o seu carácter matricial, foram-se amalgamando e desenvolvendo no contacto com as diferentes comunidades que colonizaram o Arquipélago. Tendo assimilado diferentes culturas, diversos conhecimentos, aprendido outras línguas e outros costumes, muito progrediram, aprendendo consequentemente, a se defender. Essa expansão mental contribuiu para que rapidamente captassam as luzes dos amplos horizontes do conhecimento e da tolerância. Daí resultou uma nova e dinâmica visão sobre o mundo e a condição humana que lhes foi útil no seu próprio território, mas não só nesse local. Estes permanentes emigrantes, estes cidadãos do mundo, fizeram um percurso cultural único, de geração em geração. Tendo assimilado esse ancestral aprendizado, passaram a transportá-lo permanentemente consigo, como um tesouro.

Nos excertos seguintes podem encontrar-se em síntese, os traços psicológicos do carácter e personalidade dos madeirenses, segundo afirmações do escritor Marquez de Jacome Corrêa:

"O madeirense é um caracter pretencioso, é certo, vaidoso mesmo, justificado talvez no exagerado orgulho da sua terra, mas lhano, de tracto afavel, obsequiador, laborioso e de iniciativa."[16]

---

[16] CORRÊA, Marquez de Jacome. A Ilha da Madeira – Impressões e notas archeologicas, ruraes, artísticas e sociaes. Coimbra, Imprensa da Universidade, 1927, pág. 243.

"Afeitos ao lidar das terras ou ao comércio, os madeirenses tornaram-se positivistas e empreendedores. A paz do Lar e a posse de grandes haveres constitui para eles um obcecação"[17].

"...mas a par do fervor religioso os madeirenses não conseguem fugir ao poder das superstições, nem à tentação do luxo ou de folguedos."[18].

2.9.2. A Economia e a Política

O Funchal era o epicentro fervilhante do Arquipélago, onde tudo acontecia. Onde não se conhecia a palavra monotonia. Onde tudo se trocava e vendia, desde as ideias aos bens materiais.

Anteriormente à Primeira Guerra Mundial, já se tinha instalado na Ilha uma comunidade espanhola. Esses castelhanos trouxeram da Península Ibérica e das Canárias o gosto pelos bordados à máquina e pelas rendas, cujo comércio desenvolveram na cidade do Funchal, onde as suas lojas que também vendiam peneiras e guarda-sóis, se situavam na sua grande maioria, na Rua dos Tanoeiros. Alguns deles faziam venda ambulante. Outros ainda, faziam de amoladores ou reparavam guarda-chuvas ao domicílio.

No limiar do século XX e durante o conflito bélico existia na Ilha da Madeira uma sociedade composta por Madeirenses e por cidadãos estrangeiros, especialmente ingleses, que desempenharam um papel importante no progresso da Ilha e nas relações culturais e comerciais que desenvolveram. Os estrangeiros viviam a sua própria cultura. Conviviam uns com os outros, fazendo permutas comerciais e intelectuais entre si, sem influenciarem grandemente a restante massa da população. No que se referia à comunidade inglesa, esta convivia pouco com a restante população, dominando vários negócios; daí, a sua influência ter sido determinante nas áreas económica e política, desde que ocupou a Madeira, a partir do século XIX, transmitindo-lhe os ideais maçónicos.

---

[17] Porto da Cruz, Visconde do. *Folclore Madeirense*. Funchal, Câmara Municipal do Funchal, 1955, pág. 10.

[18] Idem.

A Ilha da Madeira nas Primeiras Décadas do Século XX 85

Esta comunidade estava instalada, especialmente sob o ponto de vista comercial, tendo conseguido deter sob sua influência a exportação dos vinhos, as agências de navegação a quem fornecia carvão, mantimentos e bebidas, e ainda diversas actividades entre as quais a bancária, efectuando transacções cambiais e transferências de fundos para o estrangeiro. Dominava ainda a importação e a venda dos principais géneros alimentares e de vestuário para a população madeirense. Para além disso, também explorava várias indústrias. Na realidade, o comércio estava praticamente na sua quase totalidade, na dependência dos ingleses, radicados na ilha, mas que viviam isolados, como se estivessem numa colónia do Índico ou do Sul de África.

Mas, eis que surge uma nova sociedade comercial, que começava a querer disputar o espaço aos britânicos: a sociedade alemã. Os Alemães começaram a investir no negócio dos bordados, no espaço imobiliário, na construção de grandes hospitais e hotéis destinados ao tratamento das doenças infecto-contagiosas, como era o caso da tuberculose. Havia uma tradição antiga da casa imperial austríaca, de passar algum tempo na Madeira. Aí, se teria curado dum princípio de tuberculose, a imperatriz Sissi da Áustria, também rainha da Hungria, tendo passado depois pelo arquipélago cerca de uma dezena de membros dessa família. Surge assim, uma grande sociedade comercial de capitais alemães que posteriormente, entrou no negócio dos casinos e continuou a construir grandes hospitais, como o ainda existente hospital/sanatório dos Marmeleiros.

Portugal com suas colónias em África e suas Ilhas Atlânticas, representava uma mais – valia, no tocante a estratégia, para as duas nações inglesa e alemã, cuja hostilidade crescia, dia após dia.

Devido à situação de interesses comuns que começava a despontar entre a nação espanhola e a inglesa, bem como ao crescente antagonismo entre britânicos e germânicos, no quadro das respectivas marinhas de guerra, Portugal permitiu nesse enquadramento histórico, uma certa abertura à infiltração alemã na Madeira.

"Em 1903, um sindicato alemão que tinha à cabeça o príncipe alemão Hohenlohe-Oehringen, obtém do governo português a autorização para construir, num local junto do Porto do Funchal, na ilha da Madeira, sanatórios para tuberculosos."[19]

Na verdade, ..."o governo portugês fez no ano de 1903, a concessão ao príncipe alemão Frederico Hohenlohe de poder estabelecer na Madeira, sanatórios marítimos e de altitude, destinados ao tratamento de moléstias pulmonares, mediante a obrigação de neles ser recebido um certo número de doentes pobres de nacionalidade portuguesa atacados de doenças daquela natureza."[20]

Os ingleses temiam que esse negócio pretendido pelos alemães, servisse apenas de máscara para a instalação de uma estação de carvão, de invejável situação estratégica no Atlântico. E os republicanos, que sabiam usar a propaganda melhor que ninguém, iam atacando o Governo e afirmando que essa concessão escondia negócios monárquicos ilícitos, como o do jogo. Perante a forte pressão exercida pela Inglaterra, o Governo português anulou a concessão, o que acabou por originar desta vez, a 3 de Novembro, uma espécie de *ultimatum* alemão, que logo expirou no dia seguinte. Mais tarde, em 1906, o ministro português dos Negócios Estrangeiros, Luís Magalhães, teria mesmo recusado uma nova concessão aos germânicos, que pretendiam instalar uma estação de carvão ou se possível, construir um caminho de ferro.

"A questão da concessão da Madeira ou a «Madeirasache»... dará origem a negociações luso-alemãs que se prolongam durante anos..."[21]

Por sua vez, os ingleses que conheciam a onda de desconfiança, gerada em Portugal, desde o Ultimatum Inglês de 1890, também receavam que os seus rivais interagissem com a população madeirense

---

[19] GUEVARA, Gisela Medina. As Relações Luso-Alemãs antes da Primeira Guerra Mundial – A Questão da Concessão dos Sanatórios da Ilha da Madeira. Lisboa, Ed. Colibri, 1997, pág. 54.

[20] MENEZES, Carlos de Azevedo de / Silva, Pde. Fernando Augusto da. *Elucidário Madeirense*. Funchal, Secretaria Regional do Turismo e Cultura, 1984, pág.134.

[21] GUEVARA, Gisela Medina. As Relações Luso-Alemãs antes da Primeira Guerra Mundial – A Questão da Concessão dos Sanatórios da Ilha da Madeira. Lisboa, Ed. Colibri, 1997, pág. 56.

A Ilha da Madeira nas Primeiras Décadas do Século XX   87

e pudessem tirar proveito da Ilha, especialmente no que dizia respeito à instalação de telegrafia sem fios. Agindo com a maior diplomacia, o governo ditatorial do regenerador João Ferreira Franco Pinto Castelo Branco que foi presidente do Conselho no reinado de D. Carlos I, decidiu mais tarde, transferir os direitos da concessão, da construção dos sanatórios, para outro sindicato. Durante a vigência deste mesmo governo, no sentido de solucionar a crise vinícola foi ainda assinado o Tratado de Comércio e Navegação Luso-Alemão, a 30 de Novembro de 1908. A este acordo viriam a acrescentar-se negociações sobre a indemnização devida ao príncipe de Hohenlohe-Oehringen, pelos prejuízos sofridos com a cessação da concessão. Um decreto emitido pelo governo em 1909 autorizou a rescisão do contrato anteriormente estabelecido com o príncipe Frederico Carlos de Hohenlohe que recebeu uma indemnização de 4.735.354 marcos do valor das propriedades, acrescidos de juros, no valor de 328.541 marcos.

Contudo, os Alemães não desistiram de investir na Madeira e optaram pela indústria dos bordados que se veio a revelar assaz lucrativa e promissora. Mais tarde, os ingleses que tentaram por todos os meios evitar o estabelecimento dos alemães, iriam conseguir, com o advento da Primeira Guerra Mundial, a confiscação de todos os bens que estes últimos possuíam.

2.9.3. *O Porto e as Actividades Comerciais*

Ultrapassando os acontecimentos históricos relatados, poderá o leitor sintonizar a partir de agora a sua atenção, no bulício da capital do Arquipélago e no seu porto, por onde continuavam a entrar as mercadorias e os estrangeiros, nas primeiras décadas do século XX.

O porto permitia a importação de produtos essenciais para a sobrevivência da população madeirense e o desenvolvimento do turismo que já se vinha organizando desde o século anterior, e que atingira uma certa relevância por constituir uma importante fonte de receita. No século XIX, o turismo tinha-se iniciado com carácter terapêutico e de recuperação com grandes estadias e viagens no mundo colonial, principalmente inglês, mas depois, generalizou--se a puro recreio e férias exóticas.

Devido à pequenez do molhe da Pontinha, onde os barcos tinham de ficar ao largo, meses e até anos seguidos, foi necessário fazer a ampliação do cais. Essa obra já se tinha realizado de 1889 a 1892, precisamente por ser insuficiente para o movimento do porto, onde escalavam embarcações nacionais e internacionais, da maior importância para as principais actividades da Ilha, que se circunscreviam ao comércio, à imigração e ao turismo.

Durante o conflito, as trocas comerciais com a Metrópole e os continentes africano, asiático e americano, efectuavam-se através do porto do Funchal. No caso das exportações, o vinho da Madeira que circulava por todo o mundo, o açúcar ou "ouro branco" e as bananas eram sem dúvida, os produtos-chave, já que à exportação de manteiga para Lisboa, fabricada em grande quantidade na Ilha, se levantavam algumas restrições.

Quanto às importações cada vez mais difíceis, a mais ambicionada era o milho, vindo de África, que se obtinha quando os barcos carregados com esse precioso alimento, com destino a Lisboa, fundeavam na baía do Funchal. Contudo, o povo continuava a sofrer de fome, sem pão nem cereais suficientes para satisfazer as necessidades alimentares básicas e sem a compreensão do governo de Lisboa.

Como o movimento marítimo entre a Madeira e Portugal Continental era demorado, esse facto provocava grande atraso na recepção de notícias, que chegavam mais céleres, através dos navios estrangeiros.

Por esse motivo, era no porto que outras trocas constantemente se verificavam, como a importação/exportação de informação. Os funchalenses estabeleciam permanente diálogo com os visitantes estrangeiros para através deles ficarem a saber o que se passava nos outros continentes. Muitas vezes, subiam a convite do comandante para visitar o interior dos navios e eram obsequiados com uma refeição a bordo, trocando-se depois, palavras amistosas entre visitantes e visitados. Os estrangeiros eram sempre bem-vindos, devido ao movimento comercial que geravam e ao desenvolvimento que proporcionavam à Ilha, pois os reflexos que se faziam sentir na área hoteleira constituíam uma mais-valia, sempre que o afluxo turístico aumentava. No subcapítulo "Transportes Marítimos" já se indicaram alguns dados sobre a actividade comercial que rodeava o porto do Funchal, nomeadamente quanto ao fornecimento de água, bebidas e carvão aos navios que ficavam parados ao largo da sua baía. Nesses tempos idos, depois de circularem ao longo da costa, diferentes tipos de embarcações costumavam acostar no porto do Funchal, desde galeotas (galés a remos), faluchos (embarcações ligeiras de vela latina), rascas (pequenas embarcações de dois mastros e velas latinas), barcas (antigas embarcações de um ou dois mastros) e patachos (embarcações ligeiras de dois mastros). Os viajantes eram transportados dos navios, dos iates ou dos paquetes até ao porto, por meio de lanchas, sendo os donos dos hotéis ou os seus funcionários que os iam buscar a bordo. Na baía do Funchal circulavam e muitas vezes permaneciam ao largo, durante grandes temporadas, lugres, barcos de recreio, barcos mercantes e navios de guerra. As escunas começaram a aparecer, com mais frequência, a partir da segunda metade do século XX.

A Ilha teve desde sempre comunicação com o exterior, porque se situava num ponto nevrálgico de confluência de diversas rotas de navegação. Do Oceano Atlântico surgia *o estrangeiro* e a sua visão cosmopolita que impregnava a mente do "madeirense" e lhe transmitia o pensamento expansionista e a abertura para o contacto social, assim como o desejo de viajar, no sentido restrito do termo ou de se evadir, sonhando ou poetando, no sentido lato. Esses traços da personalidade madeirense não se apagaram até hoje, marcando profundamente cada ilhéu, que sente a compressão da "ilheidade" e o desejo absoluto de contactar outras civilizações mais longínquas.

E assim acontece até hoje. Todo o madeirense, ansiando rasgar novos horizontes, capricha sempre que pode, em sair da Madeira, unicamente para aprender novos hábitos, técnicas, modismos, sentir-se actualizado e enriquecido. Depois, retorna para "abraçar" novamente o seu mundo, onde se inserem a família e os amigos saudosos.

2.9.4. *O Casario, os Monumentos e as Actividades Citadinas*

O Funchal foi promovido à categoria de vila em 1451. Mais tarde, foi a primeira dos domínios portugueses a ser elevada à categoria de cidade, em 21 de Agosto de 1508, pelo Rei D.Manuel I. Nas primeiras décadas do séc. XX era a cidade mais adiantada das Ilhas Adjacentes, sendo uma capital de distrito.

No início do século XX, era constantemente visitada por muitos estrangeiros que a admiravam a bordo dos navios, pelo recorte da sua baía, em forma de anfiteatro e pelo seu casario disperso, emoldurado pelo verde luxuriante da vegetação polícroma que integrava vinhas, bananeiras, canas-de-açúcar, para além de grande variedade de árvores e espécies de plantas exóticas. É evidente que a população urbana, estava mais concentrada no centro do Funchal, embora em Machico e outras vilas também existisse grande densidade populacional. Nessa época, no que se referia à estrutura urbanística, a cidade do Funchal foi adquirindo uma nova fisionomia, foi-se desfazendo das construções de madeira pouco seguras e inestéticas, mas conservou muitas construções pombalinas e outras dos séculos XVIII e XIX. Antes da Grande Guerra, muitos estrangeiros que visitavam regularmente o Funchal, hospedavam-se nos bons hotéis já existentes, que deixaram de funcionar, depois que se iniciou a conflagração. A exploração do jogo foi concedida nesse período histórico, sendo muito conhecidos o Casino Pavão e o Casino Victória, que posteriormente encerraram. Os serviços de transporte colectivo foram-se expandindo, assim como as actividades comercial e industrial. Tanto a densidade populacional do Funchal, cuja população se envolvia numa vida social borbulhante, como as manifestações culturais, artísticas e desportivas, que se realizavam na urbe, terão contribuido para classificar o Funchal de terceira cidade do País.

Em princípios da administração republicana, o Funchal pouco adiantou urbanisticamente. "O frontespício da cidade era emoldurado com uma praia inestética, onde se cultivavam abóboras, pimpinelas e hortaliças, parecendo um lugar rústico e nunca arredores do cais da cidade, onde diariamente desembarcavam visitantes".[22]

A limpeza urbana era feita por assalariados que traziam um carro de arrasto para a recolha do lixo, efectuada desde as 22hs até de madrugada e que antes de varrer, regavam as ruas, para que não se levantassem poeiras. Em 1900, Manuel João Vieira, Presidente da Câmara do Funchal informava em edital que estava aberto concurso para adjudicação das obras de abastecimento de águas e canalização

---

[22] CALDEIRA, Abel Marques. *O Funchal no Primeiro Quartel do Século XX (1900--1925)*. Funchal, Empresa Madeirense Editora, 1964, pág. 11.

de esgotos da cidade do Funchal e respectiva exploração. Os financiamentos do reino falharam e a obra foi sendo adiada por vários anos. Nos inícios do século, o Funchal tentou mesmo a sua modernização encomendando um ambicioso projecto de reformulação urbanística. O atelier escolhido foi o do arquitecto Ventura Terra, que pediu apoio ao seu colega alemão Sttubs, com quem trabalhara em Paris. O projecto chegou ao Funchal em 1915 e causou franca apreensão, sendo quase escondido. No entanto, em linhas gerais, as suas directivas acabaram por ser implantadas ao longo do século XX.

Os turistas ficavam deslumbrados, antes de desembarcarem dos navios, ao contemplar de dia, a cidade do Funchal e a sua baía, essa ampla varanda, aberta sobre o Atlântico e as encostas que da cidade iam subindo do mar até à serrania. Se estivessem de noite no convés, a admiração redobrava, porque o que observavam era surpreendente. Um cenário feérico de pequenos pontos luminosos, constituído pelos candeeiros de iluminação pública que sarapintavam toda a cidade, parecia alcandorar-se até tocar no céu estrelado, num escalonar em forma de pirâmide, quais pirilampos cintilantes que iluminando as ruas, vielas e carreiros pretendessem enviar uma prece sussurrante dos homens até Deus.

Quando desembarcavam, podiam observar as praias de banhos que se estendiam a oeste do cais de entrada na cidade, sobre o calhau. Aí, era habitual montarem-se barracas cobertas por lona, ao lado das quais ficavam pequenos chuveiros, feitos de folha de zinco. Na entrada do cais, podiam admirar os *stands* da Companhia Vinícola da Madeira, com uma vastíssima colecção de vinhos que causava a admiração dos mais conhecedores.

Para visitar o centro da cidade, podia-se subir pela Av. Gonçalves Zarco, onde se encontravam vários bancos de madeira, colocados junto de enormes plátanos que muito contribuiam para embelezar o ambiente. Nos primeiros decénios do século, já existia o bar "Golden Gate" que se situava na Av. Gonçalves Zarco. Podia-se depois seguir até à Praça da Constituição, anterior Praça Real que mais tarde, com a Implantação da República, passou a designar-se por Praça da República.

Abstraindo do elevado número de igrejas que no passado foram construídas na cidade do Funchal, em que se destacam a de Santa Maria Maior, construída em 1523, por voto da Cidade, aquando da epidemia de peste que assolou a Madeira; a de São Pedro, construída em 1590, por determinação régia de Filipe II, rei de Portugal e de Espanha e a do Colégio, de linhas maneiristas, cuja construção foi iniciada pelos jesuítas em 1629 e cujas obras de decoração se prolongaram pelo século XVII e primeira metade do século XVIII, não se poderia deixar de salientar a "jóia" que os arquitectos e os artífices, em pleno século XV, conseguiram implantar no centro da urbe: a Sé Catedral do Funchal, que se pode considerar ainda hoje, o monumento mais belo da cidade, a nível artístico e urbanístico. A sua construção data de 1508, tendo sido realizada no reinado de D. Manuel I. Foi concebida segunda a época, no estilo manuelino, que revela uma mistura do estilo gótico e do estilo italiano. Esta catedral depois de concebida, tornou-se num produto significativamente peculiar e digno de admiração, podendo considerar-se um «ex-libris» do Funchal: A Sé esteve sempre aberta a manifestações musicais de qualidade, ao longo dos séculos e assim se tem conservado até à actualidade. Em 1914, o Dr. M. Grabham ofereceu à Câmara Municipal, na sessão do mês de Agosto, um relógio para a Sé Catedral, em substituição do antigo. Esse novo relógio chegou à Madeira, em 8 de Novembro de 1921, a bordo do vapor Walmer Castle.

Relativamente aos hospitais, existiam na cidade do Funchal no início do século XX, os seguintes:

O Hospital de São Lázaro, cuja construção datava dos finais do século XV, que acabou por ser extinto em 1912, por decisão camarária.

O Hospital da Santa Casa da Misericórdia situado por detrás da freguezia de Santa Maria do Calhau, depois Santa Maria Maior, foi fundado por carta régia de D.Manuel I, datada de 27/07/1508, três semanas antes da vila do Funchal passar a cidade, a 21 de Agosto do mesmo ano. O mesmo monarca entregou esse hospital à Misericórdia, em 18 de Setembro de 1514.

O Hospital Militar foi criado entre os anos de 1820 e 1824, depois de se ter verificado a necessidade de enviar os doentes pertencentes ao exército, para um hospital unicamente dependente das autoridades militares. Depois de ter mudado duas vezes de lugar, acabou por ficar na Rua da Rochinha de Baixo.

O Hospício da Princesa D. Maria Amélia foi fundado em 1853, pela viúva de D.Pedro IV, depois do falecimento no Funchal de sua filha, a princesa D. Maria Amélia. A Carta de Lei do mesmo foi assinada pela rainha D. Maria II. Este hospital destinava-se a tratar doentes com doenças pulmonares. A direcção e o tratamento dos enfermos ficaram a cargo da instituição religiosa das Irmãs de Caridade de São Vicente de Paulo.

Depois de um período em que esteve encerrado por motivos políticos, reabriu ao público em 1871. Passados sete anos, foi inaugurado pela madre superiora, no interior das suas instalações, um orfanato para crianças desfavorecidas, desejo que já fora expresso pela imperatriz D. Amélia, aquando da sua estada na Madeira.

Por sua vez, o Hospital de Santa Isabel que pertencia à Santa Casa da Misericórdia do Funchal, funcionou sempre de forma eficiente, quase durante dois séculos e meio, no edifício que passou posteriormente a ser ocupado pela Junta Geral do distrito autónomo. A sua construção iniciou-se em 1905, ainda durante o período da concessão feita pelo Governo Português ao príncipe alemão Hohenlohe. Com a rescisão do contrato da concessão, o hospital ficou abandonado até 1928, data em que o Governo Central o entregou à Misericórdia do Funchal, que para lá foi transferindo os seus doentes, durante os anos de 1930 e 1931. Este hospital viria a funcionar mais tarde, a partir de 1931, numa enorme casa erguida no sítio dos Marmeleiros, na freguesia de Nossa Senhora do Monte, com o nome de Hospital dos Marmeleiros.

Continuando a simular um périplo pela cidade, durante as primeiras décadas do século XX, o visitante podia admirar num dos lados da Avenida Gonçalves Zarco, o Palácio de São Lourenço. No lado oposto, encontrava-se a Estação de Saúde e a Associação Comercial do Funchal, onde se podia frequentar o Gabinete de Leitura e solicitar informações marítimas. Existiam diversas repartições públicas na cidade do Funchal, sendo as principais as que seguidamente se assinalam:

Conservatória do Registo Civil; Conservatória do Registo Comercial; Conservatória do Registo Predial; Correios e Telégrafos e sua respectiva Estação de Correios, Telégrafos e Telefones que funcionavam num edifício, na Praça da República, onde anteriormente fora a sede da Estação do Cabo Submarino; Direcção de Finanças; Secção de Finanças; Direcção Geral das Obras Públicas; Junta Agrícola da

Madeira (1910-1925) que foi presidida pelo Visconde da Ribeira Brava, Sebastião Correia Herédia; Junta Geral do Distrito que foi criada em 1902 depois da visita dos soberanos portugueses à Madeira; Governo Civil que estava instalado no primeiro andar do Palácio de São Lourenço; Repartição Florestal do Distrito. O primeiro Corpo da Guarda Florestal do Distrito que incluía alguns fiscais, com a categoria de guardas florestais, existiu entre 1910 e 1925.

Nas primeiras décadas do século XX, os Serviços Judiciais no Funchal, dependiam unicamente de um Juízo de Direito, constituído por um Juiz e um Delegado do Procurador da República. Os Escrivães de Direito tinham os seus cartórios, situados na Rua 5 de Outubro. Os advogados eram numerosos e a figura do solicitador também já existia. O Tribunal ficou a funcionar no Palácio da Justiça, na Rua do Marquês do Funchal.

Os Bancos mais conhecidos que funcionavam na cidade do Funchal eram o Banco de Portugal e o Banco Nacional Ultramarino. Mas, existiam também outros estabelecimentos bancários cujo movimento monetário era sempre constante, originado por transacções particulares ou de origem comercial. Os mais cotados eram: "A. Adida & Cª" que funcionava na Rua de João Tavira; Henrique Figueira da Silva, com sede na Av. Arriaga; "Reid Castro & Cª" que se situava no Largo do Chafariz. Tão conceituadas como as anteriores existiam ainda a firma "Rocha Machado & Cª" que funcionava na Avenida Zarco e a firma "Sardinha & Cª", na Rua da Sé.

Muitos autores referem-se à actividade económica em expansão da Ilha que é observável na cidade do Funchal, muito antes da Grande Guerra, como é o caso de Corrêa Marquez de Jacome, na sua obra 'Ilha da Madeira':

"...É ahi, nos mechanismos das fábricas de assucar e nas instalações das casas de vinhos, nos embutidos das caixas de madeira ou nos interlançados da obra de vime, nos bordados que se abrem nas gollas largas dos vestidos das senhoras e a dentro dos guichets das casas bancárias que se deve ir buscar a grande expansão da actividade económica que fervilha na airosa cidade do Funchal e no engenho dos seus habitantes."[23]

---

[23] CORRÊA, Marquez de Jacome. A Ilha da Madeira – Impressões e notas archeologicas, ruraes, artísticas e sociaes. Coimbra, Imprensa da Universidade, 1927, pág. 242.

O Largo da Restauração situava-se no lado oeste, onde no princípio do século estacionava o antigo carro americano, os "trens" que faziam a ligação para Câmara de Lobos e os famosos carros-de-bois. Quem quizesse podia alugar os automóveis de praça, num quiosque de madeira aí existente. Na Avenida Arriaga, existia o quiosque *Bureau de la Presse* que vendia os jornais vindos de Lisboa. Na Praça da República, embelezada por figueiras da Índia e magnólias, existiam bancos de madeira e um quiosque onde se bebiam refrescos. Entre a Praça da República e o Jardim D. Amélia, existia o Jardim Pequeno. Em frente a este pequeno jardim e perto do Palácio do Governo, estava instalado num pavilhão de madeira o *Camacho Studio's*. Na zona norte encontrava-se o Café Mónaco muito frequentado pelos ingleses, a Casa Bentham, onde se podiam comprar jornais e ilustrações estrangeiras e ainda o Consulado Britânico.

Existiam três ribeiras que atravessavam a cidade: a Ribeira de João Gomes, a Ribeira de São João e a Ribeira de Santa Luzia. O nome desta última derivava duma pequena capela daquela santa que fora implantada numa elevação da sua margem esquerda. Também designada por "Ribeira da Praça" nascia nos Picos do Areeiro e Escalvado, tendo como afluentes os ribeiros do Cidral, dos Frades, do Pisão e do Til. Os terrenos desta ribeira foram sujeitos a exploração agrícola nos primórdios da colonização. No século XV, a Levada de Santa Luzia, que era uma entre outras que nascia na bacia hidrográfica daquela ribeira, irrigava os canaviais que existiam ao longo das margens da mesma. Em finais do século XVII chegaram a existir quatro engenhos de açúcar nas suas margens. Em meados do século XIX, o industrial inglês, Harry Hinton estabeleceu uma fábrica de açúcar na margem esquerda da ribeira, a Fábrica do Torreão. Ao subir a Rua do Príncipe, hoje designada como Rua 5 de Outubro, o visitante podia encontrar os cartórios do Juízo de Direito da Comarca e a norte, o antigo Quartel da Corporação de Bombeiros. Posteriormente, os cartórios e a estação dos bombeiros foram demolidos, para construir a Rua Padre Gonçalves da Câmara, uma Nova Estação dos Bombeiros e um prédio onde se instalaram as Conservatórias do Registo Civil, Predial e Comercial, bem como a Repartição de Finanças. A Rua do Príncipe ficava na margem direita da Ribeira de Santa Luzia. Depois do aluvião de 1803 foi aberta ao longo da margem esquerda da mesma ribeira uma nova rua que se designou por Rua da Princesa, actual Rua 31 de Janeiro. Em 1828, a Rua da Princesa foi arborizada com plátanos e muita gente a designava por "Rua das Árvores", sendo apetecível passear em lugar tão fresco e encantador. Da Rua do Príncipe, passava-se o portão da Câmara Municipal, cujo presidente foi nas primeiras décadas do século XX, António Bettencourt Sardinha, seguindo em direcção ao Largo do Colégio, onde se encontrava a Administração do Concelho, e outras repartições existentes no edifício principal e, finalmente, o Comissariado de Polícia. Para efectuar melhorias urbanísticas foram demolidos alguns prédios onde estavam instalados para além de cartórios notariais, uma loja "O Vigia" que vendia valores selados. No largo em frente à Igreja jesuíta do Colégio, onde os crentes tinham o hábito de ir ouvir a novena das 6hs, (actualmente 18hs) também existiam alguns escritórios de advocacia e a casa onde estava instalado o Centro Republicano da Madeira que tiveram de ser destruídos para se efectuar a construção da Praça do Município. Quem pretendesse visitar a cidade do Funchal, a partir do cais de desembarque, podia entrar à esquerda, na antiga Praça da Rainha, posteriormente designada por Praça Marquês do Pombal, que era enquadrada por palmeiras, onde se situavam dois pavilhões, um dos quais servia de bar-restaurante e o outro de sala de bilhar. No centro da praça situava-se um coreto, onde uma vez por semana se podia assistir aos concertos executados pela Banda Regimental. Ao fundo, existia ainda outro pavilhão que mais tarde serviu de agência de navegação.

Na Rua da Praia, onde já existia a Alfândega desde 1514, podiam observar-se os barcos que ancoravam em frente da Alfândega e o Pilar de Banger, construído em 1798, em cantaria rósea, por ordem do comerciante inglês John Light Banger. Destinava-se à varajem dos navios costeiros e foi utilizado pela *Casa Blandy* para içar no seu topo, as bandeiras da nacionalidade dos barcos fretados que transportavam os seus produtos. Este semáforo anunciava a chegada dos navios, uma hora antes de fundearem ao largo. Até ter sido demolido em 1939, o Pilar de Banger era muito apreciado pelos madeirenses e pelos turistas, quando desembarcavam no cais da Entrada da Cidade.

A firma "Blandy Bro. & C.º" era proprietária da fábrica de Moagem dos Lavradores, conhecida como "o Moinho do Blandy", que se situava nas ruas do Oudinot e da Infância. A mesma firma inaugurou uma outra fábrica de panificação que foi designada por

"Padaria do Blandy", na Rua do Hospital Velho, cuja fama se justificava pela qualidade dos seus produtos. Alguns anos volvidos, a Companhia Insular de Moinhos acabou por adquirir esses locais de produção e comercialização.

No princípio do século existiam várias azenhas (moinhos movidos a água), nas freguesias do Funchal. Funcionavam continuamente, permitindo a moagem de cereais como o trigo, o milho e a cevada. Na zona leste da cidade encontravam-se habitualmente os vendedores de frutas. Chegando à Rua do Mercado, onde tinha sido instalado o Mercado D. Pedro V, que tinha ao centro um chafariz artístico, podia passar-se à Praça de S. Pedro, onde era vendido o peixe que era abundante e barato. No meio deste mercado existia um fontenário com a simbologia da Coroa Portuguesa. Ao fundo da Praça de S. Pedro encontravam-se os talhos municipais e o matadouro.

Nas primeiras décadas do século XX, a maioria das fábricas de destilação de aguardente, álcool e açúcar, os chamados "Engenhos", localizava-se na freguesia de S. Martinho. Quanto ao carvão vegetal que tinha muita utilização no início do século, vendia-se ao domicílio, depois de fabricado nas serras, sendo o seu preço muito acessível. Dizia-se que o melhor carvão era o que se obtinha das raízes de urze. Havia muitas firmas que também vendiam carvão. Muitas forneciam-no aos navios que o usavam como combustível, além de também lhes fornecerem água e outras bebidas. Utilizavam-se as fragatas para entregar esses produtos.

Um aspecto curioso citado na obra de Abel Marques Caldeira *O Funchal no Primeiro Quartel do Século XX (1900-1925),* era a existência na primeira década do séc. XX, quando se subia do Beco do Colégio, até à Ponte Nova, dum grupo de casas, designadas por "O Vapor", que foram construídas em madeira e pintadas a vermelho, localizadas sobre a ribeira de Santa Luzia. Mais tarde, acabariam por ser retiradas, devido à insegurança em que colocavam as famílias que nelas viviam.

Relembrando a guerra e seus malefícios e chorando os seus heróis, a Câmara do Funchal fez erigir no recinto do "Cemitério das Angústias", em São Martinho, um Monumento destinado a comemorar o atentado cometido pelos submarinos alemães, aquando do bombardeamento a esta cidade, com o objectivo de perpetuar a memória das dezenas de vítimas que pereceram naquelas circunstâncias

98 *A Verdade Madeirense e a Grande Guerra*

e em cuja lápide se pode ler: "Aos portugueses e franceses mortos na manhã de 3 de Dezembro de 1916". Este monumento foi inaugurado no ano seguinte, no mesmo dia e mês em que ocorreu o dramático acontecimento.

Actualmente, existe ainda, na Avenida das Comunidades Madeirenses, outro Monumento aos Mortos da Grande Guerra (1914--1918), de construção recente e que foi inaugurado em sinal de respeito e agradecimento a todos esses Combatentes.

2.10. O Turismo

Dir-se-ia como na Idade Clássica, que os deuses brindaram o Arquipélago da Madeira com uma enorme estrela dourada que o aquece, ora suave, ora intensamente, durante o ano inteiro, com seus raios dardejantes, X, Y, e ultravioleta. Esse sol maravilhoso e o clima ameno com uma temperatura de pequenas amplitudes térmicas que caracterizam a Ilha da Madeira foram desde tempos imemoráveis, atracção para os portugueses do continente e para os estrangeiros que quisessem passar férias ou tratar alguma doença de carácter pulmonar ou psíquica, obtendo na maioria das vezes, a tão almejada cura.

Os turistas aproveitavam as facilidades dos vários transportes usados na Madeira, para visitarem as belezas da ilha, admirando-se por não haver poluição nas ruas do Funchal, o que era mais um motivo para decidirem voltar mais vezes.

"Para facilitar o attrito e escorregamento dos carros e corsas um pano cheio de sebo, que lançam no chão, adeante do carro, e sobre o qual este passa, deixando ensebada a superfície de arrasto do trenó e as calçadas das ruas, apezar de uma postura municipal prohibir o uso do sebo. Assim, quando uma chuva miúda humedece as calçadas, é dificillimo o caminhar por ellas sem escorregar. Talvez por este ensebamento das calçadas, e pela natureza da pedra, e declive das ruas, na cidade do Funchal não ha poeira, o que é mais uma condição hygienica a juntar a tantas que aquelle ameníssimo clima offerece aos doentes que ali vão restabelecer a saude."[24]

---

[24] MENEZES, Carlos de Azevedo de / Silva, Pde. Fernando Augusto da. *Elucidário Madeirense*. Funchal, Secretaria Regional do Turismo e Cultura, 1984., vol. III, pág. 370.

Na verdade, o clima da Madeira, devido à temperatura amena e sem poeiras era escolhido por muitos estrangeiros e nacionais, doentes dos órgãos respiratórios, para aí recuperarem a saúde, como foi o caso do romancista Júlio Dinis que em 1870 permaneceu na Madeira e do poeta António Nobre que também esteve hospedado no Funchal em 1898, ambos tentando a cura para a tuberculose. É incontestável que os turistas se sentiam privilegiados, com as suas visitas à Madeira, região multicolorida, devido à grande variedade de plantas, flores e frutos, exalando perfumes deliciosos, cujo povo acolhedor e benfazejo os fazia sentir tranquilos e confortados, como se pode deduzir do texto abaixo citado:

"We had visited Madeira and Porto Santo islands and had discovered their people, their generosity and friendship... – "Paradise" that the Madeirans throughout the centuries on a continuous and everlasting battle between the ocean and their mountains, have created full of beauty, enchantment and fragrance."[25]

"Visitámos as ilhas da Madeira e Porto Santo e descobrimos o seu povo, a sua generosidade e amizade... – "Paraíso" que os Madeirenses criaram cheio de beleza, encanto e perfume, através dos séculos, numa batalha contínua e infindável entre o oceano e as suas montanhas.)

A Ilha do Porto Santo, ou ilha dourada, de origem vulcânica, como a Ilha da Madeira, foi sempre muito apreciada, quer por nacionais, quer por estrangeiros, devido às suas dunas e ao extenso areal dourado, com propriedades terapêuticas, que convidam ao descanso e à tranquilidade. Os visitantes estrangeiros expressavam a sua admiração e agradecimento quando a ela se referiam, com palavras semelhantes às que se seguem:

"Porto Santo is a delightfully different island. Porto Santo is the land of fine golden beaches, land of traditions, and the land of plain and simple customs. It is the land where the sun is bright, the breeze from the sea is calm, where the myth replaces the reality and where the silence is profound.

Texto extraído do opúsculo "Duas Palavras sobre a viação na Ilha da Madeira" da autoria de Joaquim Maria Fragoso.

[25] ESPERANÇA, Dr. Manuel J. *Madeira – The Majestic and Mysterious Land*. Mem Martins, Ed. do A., 1975,.pág. 171.

Porto Santo was the first island of Archipelago to be discovered. The first encounter by Zarco and friends with this paradise dates 1418. Porto Santo's inhabitants, also called prophets, are humble, generous, and warm."[26]

("Porto Santo é uma ilha encantadoramente diferente. Porto Santo é a terra das lindas praias douradas, terra de tradições, e a terra dos costumes simples. É a terra onde o sol brilha e a briza do mar é calma, onde o mito substitui a realidade e onde o silêncio é profundo.

Porto Santo foi a primeira ilha do arquipélago a ser descoberta. O primeiro encontro de Zarco e dos seus companheiros com este paraíso data de 1418. Os habitantes de Porto Santo, também designados de "profetas" são humildes, generosos e calorosos").

Nos primeiros 25 anos do século XX e mesmo, alguns anos depois, devido ao afluxo de turistas, o cais do Funchal tornara-se insuficiente para o movimento do porto e por esse motivo, os barcos que chegavam, tinham de ficar fundeados ao largo. No porto do Funchal ancoravam muitas embarcações de diferentes nacionalidades e tonelagens, incluindo veleiros e barcos de guerra que aí faziam escala e permaneciam por longos períodos.

Quanto ao porto de abrigo que era a bacia do antigo molhe, situando-se entre a terra e o Ilhéu da Pontinha, ficava cheio daquelas embarcações que navegavam continuamente junto à costa e de todas as outras que serviam o movimento e as necessidades portuárias. Assim, tanto os navios de escala, como os que traziam mantimentos nos seus porões para abastecer o Arquipélago, eram obrigados a ficar fundeados ao largo, o que causava uma série de transtornos, perdendo-se sempre algum tempo para vir a terra e, tempo igual para depois regressar ao navio.

O turismo terá estado na base do esforço efectuado para aumentar o cais, já depois das duas primeiras decénias do século XX. Por esse motivo, no ano de 1933, para além de se aumentar o cais, também se iniciou simultaneamente, o prolongamento do molhe da Pontinha.

Os turistas, quando vinham a terra eram transportados em barcos a remos, no caso de viajarem em 3ª classe ou usavam as lanchas a

---

[26] Idem, pág. 170

gasolina, quando viajavam em 1ª ou 2ª classes. Para desembarcarem, a partir de barcos de recreio, tinham na maioria das vezes de utilizar uma prancha de madeira, que se encostava às fragatas, ancoradas junto às escadas do cais.

Existiam três embarcações, que pertenciam à praça fluvial do Funchal. Uma delas, a barca "Felizberta", desapareceu numa das suas viagens, vinda de Demerara para a Ilha da Madeira. Quanto à escuna "Esperança" fazia viagens para diversos portos, a nível mundial. Ambas pertenceram à empresa armadora funchalense, Francisco Rodrigues & Cª, sediada na Rua do Sabão. Este último navio passou mais tarde a designar-se como "Nossa Senhora da Conceição", depois de ter sido adquirido pelos comerciantes Srs. João Martins da Silva e João de Freitas Martins. O terceiro navio foi denominado "Fernando" e pertencia à firma Francisco da Costa & Filhos. Nas suas viagens transportava cereais, vindos de Marrocos para a Madeira.

Como nova actividade que veio marcar indelevelmente a vida insular, o turismo foi despontando ao longo do século XIX e nos inícios do século XX.

No Funchal já existiam bons hotéis no início do século XX, mas devido á falta de movimento no período da Primeira Guerra Mundial, muitos deles encerraram, nomeadamente os que se localizavam na estância do Monte, como o Monte Park Hotel, também designado por "Hotel do Caminata".

Para além das múltiplas unidades hoteleiras existentes, das quais se destacavam o Reid's New Hotel, o Reid's Santa Clara Hotel, o Reid's Carmo Hotel, o Hotel Belmonte, o Cornells English Hotel, o Jones' Hotel e o Bella Vista, encontravam-se quintas verdejantes que os turistas, especialmente ingleses, percorriam, deleitando-se com a beleza das mesmas e o ar puro que aí respiravam.

Leia-se o que Cabral do Nascimento escreveu, para definir o que era uma quinta na Madeira:

...Uma quinta na Madeira é, evidentemente, um parque... Não são propriedades rústicas, terras de semeadura, fazendas, como no conceito geral de quinta, estes largos domínios majestosos;... Integradas no panorama do anfiteatro, as quintas, cada vez em número mais reduzido, ainda assim conservam a dignidade de outros tempos... adornando-se de construções de basalto, de pilares de tufo, de grutas e varandas, para se aproximarem ora dos jardins italianos ora dos

portugueses setecentistas, sem perderem, na imitação, as características próprias... Que seria do ambiente da cidade se um dia as quintas
desaparecessem e nos espaços devastados, onde elas deram a nota
repousante da sua graça, se erguessem blocos e blocos de construções maciças?... Não, as quintas da Madeira, hão-de viver sempre
como fulcro da paisagem..."[27]

As Quintas mais famosas, algumas das quais permaneceram até
hoje, foram: Quinta Aloísio, Quinta Bianchi, Quinta Carlos Alberto,
Quinta Choupana, Quinta Conceição, Quinta da Achada, Quinta da
Alegria, Quinta da Bela Vista, Quinta da Choupana, Quinta da Leva-
da, Quinta da Mãe dos Homens, Quinta da Palmeira, Quinta das
Cruzes, Quinta das Laginhas, Quinta das Maravilhas, Quinta de Belo
Monte, Quinta de Sta. Luzia, Quinta Deão ou Stoddart, Quinta do
Barão da Conceição, Quinta do Flamengo, Quinta do Jardim Botâni-
co, Quinta do Leme, Quinta do Miradouro, Quinta do Miradouro,
Quinta do Monte ou Cossart, Quinta do Pico da Pedra, Quinta do
Pico do Infante, Quinta do Prazer, Quinta do Seixeiro, Quinta do
Serrado das Ameixieiras, Quinta do Til, Quinta do Vale Paraíso,
Quinta do Vale, Quinta do Vale, Quinta do Visconde de Cacongo,
Quinta dos Cedros, Quinta dos Reis, Quinta dos Tanquinhos, Quinta
Esmeraldo, Quinta Faria, Quinta Gertrudes, Quinta Goes, Quinta
Grevillea, Quinta Ilheos, Quinta Lambert, Quinta Magnólia, Quinta
Olavo, Quinta Ornelas, Quinta Ougnella, Quinta Palheiro Ferreira,
Quinta Palmeira, Quinta Park House, Quinta Pavão, Quinta Pereira,
Quinta Pontinha, Quinta S. António, Quinta S. João, Quinta Salles,
Quinta Salvador, Quinta Sant'Ana, Quinta Vigia, entre outras.

Já desde 1901 que a visita dos monarcas portugueses à Madeira,
poderia ter sido considerada de expressão política, mas não se pode
excluir que a mesma também se revestiu de carácter turístico, tendo
servido para que os visitantes descansassem, passeassem, fizessem
desporto e fossem ao teatro, durante a sua estada no Funchal, antes
de partirem para uma visita aos Açores, onde iriam permanecer mais
alguns dias.

---

[27] GOMES, Alberto Figueira, *"As Quintas da Madeira"* Selecção de Trechos in
Cabral do Nascimento, Funchal, DRAC – Direcção Regional dos Assuntos Culturais,
1985, pág. 71, 72 e 73.

Em 22 de Junho do ano atrás referido, desembarcaram no Funchal, de visita às Ilhas Adjacentes, os reis de Portugal, D. Carlos I e D. Maria Amélia de Orleans que tinham viajado no iate "D. Amélia", escoltados pela Marinha de Guerra. Ao seu encontro, deslocaram-se em vapores costeiros, as autoridades locais e muitos populares que desejavam saudá-los. Foram recebidos com entusiasmo e esfusiantes manifestações públicas. Vinham acompanhados do conselheiro Hintze Ribeiro, tendo-se inteirado das dificuldades económicas e sociais do povo madeirense.

O monarca vinha sofrendo as consequências dos problemas políticos e económicos que Portugal atravessava, particularmente no que se prendia com os domínios ultramarinos, o que conduziu ao "Ultimato inglês", enviado ao Governo Português, a 11 de Janeiro de 1890. Crescia a propaganda republicana e o país afundava financeiramente. Os partidos regeneradores e progressistas iam alternando no governo.

Durou quatro dias a visita real, tendo suas altezas ficado hospedados no palácio S. Lourenço. Assistiram a sessões solenes na Câmara Municipal, assim como no teatro D.Maria Pia, onde se realizou uma recepção em honra dos soberanos. O músico, violinista, organista e regente de orquestra, Nuno Graceliano Lino (1859-1929) aproveitou o ensejo para oferecer uma valsa de sua autoria à rainha D. Amélia que intitulou *A Madeirense*.

Suas majestades abriram o baile de gala na Quinta Vigia, com toda a solenidade e para além de todas estas actividades, o rei D. Carlos ainda jogou ténis na Quinta do Palheiro Ferreira, admirou os fogos de artifício e passeou no monte e na Quinta Choupana, num carro-cesto.

As ruas encontravam-se engalanadas com arcos de triunfo, feitos de funcho e as janelas, adornadas de colchas e outras decorações. Os reis participaram numa missa campal no Campo D.Carlos I, tendo nas suas deslocações usado os carros-de-bois.

"Esta visita era, aliás atentamente observada pela Marinha alemã que tinha as ilhas continuamente vigiadas."[28]

---

[28] GUEVARA, Gisela Medina. As Relações Luso-Alemãs antes da Primeira Guerra Mundial – A Questão da Concessão dos Sanatórios da Ilha da Madeira. Lisboa, Ed. Colibri, 1997, pág. 34.

104 *A Verdade Madeirense e a Grande Guerra*

"Tudo o que dissesse respeito às ilhas atlânticas interessava muito aos Alemães, já que, em 1901, a Alemanha, assim como os E.U.A., pediam ao Governo português a concessão de depósitos de carvão nestas, o que levava a Inglaterra a reagir e a solicitar ao Governo português a confirmação das garantias de que nenhuma outra potência teria a possibilidade de aí constituir depósitos de carvão. A visita do rei às ilhas tinha o intuito de reassegurar a soberania da Coroa portuguesa sobre esta, na conjunctura da rivalidade anglo-alemã e no contexto interno de agitação republicana contra a Monarquia."[29]

"A Marinha alemã observava atentamente, não só as ilhas atlânticas como a capital do País, Lisboa."[30]

O Turismo foi e será sempre uma das actividades diversificadas, mais dinâmicas na Madeira. Sendo de natureza primordial para o incremento do Arquipélago, tanto na Ilha da Madeira, como na Ilha do Porto Santo, faz movimentar ininterruptamente, centenas de profissionais, adstritos a dezenas de importantes negócios, relacionados com a hotelaria e a restauração. Actualmente, a Secretaria Regional de Turismo e Cultura, impedindo a escalada do desemprego, oferece formação profissional, através da Escola Profissional de Hotelaria e Turismo da Madeira a todos os jovens que se interessem por desempenhar funções nessa área, permitindo a inserção no mercado de trabalho duma mão-de-obra qualificada.

Já em 30 de Novembro de 1935, no I Congresso Nacional de Turismo, realizado em Lisboa, o Visconde do Porto da Cruz, Alfredo de Freitas Branco, apresentou uma tese, intitulada *O Turismo na Madeira,* em que apresentou factos do maior interesse para o desenvolvimento do turismo na Ilha. Começou por relembrar a descoberta da Ilha da Madeira pelos portugueses, no século XV, a fertilidade do solo e os produtos de excelente qualidade que aí se produziam, assim como o clima primaveril, as virtudes terapêuticas do sol e a beleza das paisagens.

Recordou ainda que a história do turismo na Madeira se devia a um príncipe alemão, que embora tivesse disfarçado essa ambição, sob a capa da instalação de sanatórios para tratar as doenças pulmo-

---

[29] Idem, pág. 35-36.
[30] Idem, pág. 36.

nares e da implantação do jogo na Madeira, o que ele, verdadeira e sabiamente pretendia, era afinal, organizar a indústria turística no Arquipélago. Infelizmente, as suas tentativas foram goradas, devido à intervenção e poderosa influência dos ingleses que combateram ferozmente tais pretensões, no sentido de não se deixarem ultrapassar nesse âmbito, o que conseguiram.

Citou ainda que o Visconde da Ribeira Brava também tinha elaborado um projecto, para que a Madeira pudesse ser considerada, como o primeiro centro turístico da Europa.

Depois de louvar a Junta Geral pela iniciativa de ter construído no passado, uma rede de estradas, muito necessárias para atrair os turistas e possibilitar as excursões, reconheceu ainda a obra de vários dirigentes que tinham contribuído para o progresso das condições ambientais na "Ilha da Saúde".

Salientou ainda que antes da "Grande Guerra Europeia", a prosperidade, o ouro e a abundância eram notórios na "Ilha do Sol", mas que durante o conflito, tudo mudou, apoderando-se a miséria daquelas paragens, devido à desertificação do porto do Funchal, onde já não fundeavam os navios. Explicou então, que depois de restabelecida a Paz, novo período de esperança voltou a bafejar a Madeira. Os Hotéis voltaram a gerar riqueza e as festas glamourosas reataram o seu percurso no Casino Pavão.

Porém, o turismo "rival" das Ilhas Canárias, embora não se pudesse comparar com o da Madeira, devido às belezas naturais da "Pérola do Oceano", encontrava-se melhor organizado e oferecia maior conforto aos viajantes. Por esse motivo, depois de rever as dificuldades contra as quais era preciso lutar, passou a enunciar os pontos que acreditava serem indispensáveis para o desenvolvimento do turismo madeirense. Para além de ser preciso alargar as estradas de turismo, haver fiscalização nas Excursões e terminar a exploração no embarque/desembarque de passageiros, também se tornava urgente organizar um serviço de polícia de turismo e de intérpretes; constituir o grémio das agências de excursões; autorizar as agências de turismo a utilizarem os seus próprios carros, nas excursões; criar uma Comissão de Iniciativa e, finalmente, regulamentar a indústria do jogo, que subsidiava o turismo.

Sem dúvida, que alguns anos antes da eclosão da 2ª Guerra Mundial (1939), já o Visconde do Porto da Cruz, pugnando pelo progresso da sua terra-natal, tecia estas considerações, de forma preventiva, fazendo apelo aos responsáveis por este sector ou com ele relacionados, para que o mesmo cenário triste de exploração e desorganização que acontecera, na 1ª Guerra Mundial, não se voltasse a repetir.

Hoje em dia, muitos anos volvidos é gratificante poder constatar que a Região Autónoma da Madeira muito se tem desenvolvido no sector do turismo, através de gestores qualificados e de especialistas e técnicos, verdadeiramente conhecedores da sua nobre profissão.

A acção do Governo Regional da Madeira tem desde sempre vindo a contribuir para melhorar aspectos fundamentais da vida dos madeirenses e da indústria turística, em particular, criando condições para o crescimento da construção civil, impulsionando a expansão dos transportes, quer terrestres, marítimos ou aéreos e, simultaneamente, assegurando a fiabilidade da rede de correios e telecomunicações, através de toda a Região.

2.11. Saúde Pública

No princípio do século XX, o posto de bacteriologia, situado na Rua Nova de S. Pedro era dirigido pelo Dr.António Rodrigues Capelo. Este posto foi posteriormente substituído pelo Laboratório Distrital, que ficava na Rua das Pretas, sob a direcção do Dr. Celestino Maia. O posto médico municipal iniciou o seu funcionamento em 1889. Foi criado pela Câmara Municipal na presidência do Conde do Ribeiro Real. A partir de 1922 passou a dispôr de um aparelho de RX que foi adquirido pela Câmara.

Ainda nas primeiras décadas do século XX, existia um posto de desinfecção terrestre, ao norte do Campo da Barca cujos profissionais actuavam em caso de doenças contagiosas e de epidemias. O posto marítimo de desinfecção já existia na Pontinha desde 1901, sendo o pessoal pago pelo governo.

Devido ao movimento constante de barcos no porto do Funchal, já se tinha construído no século XIX, um estabelecimento hospitalar, o Lazareto de Gonçalo Ayres, para internar os passageiros procedentes de paragens, onde existissem doenças infecto-contagiosas, como por exemplo, o Brasil (Baía, Rio de Janeiro, Santos e S.Paulo) e as "West Indias" (Grenada, Trinidad, Nevis, St.Kitts, Antigua, Dominica, Santa Lúcia e St. Vincent).

Recebiam-se directamente os doentes, vindos de bordo que ficavam em observação, enquanto as embarcações tinham de fundear ao largo, ficando de quarentena, em frente a esse hospital de isolamento marítimo.

Em 1905 houve uma epidemia de peste bubónica, tendo os pacientes sido internados no Lazareto.

No final de 1910 eclodiu na Madeira um surto de "cólera-morbus", causando mais de 300 mortos, segundo alguns jornais, embora no livro de Abel Marques Caldeira se refiram cerca de 550. Muitos foram internados num hospital que se improvisou na Quinta do Leme, freguesia de Santo António.

A epidemia alastrou em grande parte, devido às condições de insalubridade existentes, faltando boa água potável e uma rede de canalização de esgotos adequada, pelo que teve que ser pedido auxílio médico no exterior.

Durante a Grande Guerra houve aumento de doenças endémicas, embora sem a forma de pandemia com que se registaram no continente, tendo contudo, a gripe pneumónica persistido entre 1917 e 1919. Pode ler-se um importante relatório sobre a mesma doença, escrito pelo Dr. Nuno Silvestre Teixeira, publicado pelo *Diário de Noticias* do Funchal em 1919.

Não poderia deixar de se salientar a obra de solidariedade encetada pelo médico José Joaquim de Freitas, ao fundar uma instituição para mulheres e crianças necessitadas, o "Auxílio Maternal", que fornecia alimentação e consultas gratuitas.

2.12. A Organização Política

Em finais do século XIX, a Madeira encontrava-se na dependência de Portugal continental e metropolitano, desde o dia 5 de Junho de 1834 em que tinha sido proclamado o Governo Constitucional.

O governador como representante do poder central, estabelecia a ligação entre o continente e os habitantes madeirenses. A coadjuvá-lo, encontravam-se os administradores de concelho.

No domínio administrativo, a Junta Geral do Distrito fora criada depois da visita régia à Madeira, sob influência do Partido Regenerador cuja liderança era assumida no Funchal, pelo Conselheiro José Leite Monteiro.

Na realidade, a autonomia admnistrativa foi concedida em 8 de Agosto de 1901 ao Distrito do Funchal, por decreto referendado nas Cortes pelo Presidente do Conselho, Ernesto Rodolfo Hintze Ribeiro. Tendo sido considerada uma colónia depois de vários séculos, o Arquipélago da Madeira passou a gozar de um considerável benefício a partir dessa data, ficando todas as atenções concentradas na Junta Geral.

"Foi, porém, o Decreto de 8 de Agosto de 1901 que verdadeiramente estabeleceu a autonomia administrativa do Distrito do Funchal, através da criação de uma Junta Geral com quinze procuradores de eleição popular, como representantes dos diversos concelhos, que se reuniam em sessões ordinárias nos meses de Abril e Novembro".[31]

"Foram-lhe concedidos meios suficientes para a realização de melhoramentos notáveis em todo o Distrito."[32]

"A Junta Geral elegia uma Comissão Executiva, composta por três membros, que nas sessões ordinárias apresentava os relatórios das deliberações tomadas nos intervalos daquelas sessões."[33]

"E a República manteve quase sem alterações o mesmo esquema, através da Lei nº 88 de 7 de Agosto de 1913."[34]

Os militares apoiavam toda esta estratégia e colaboraram mais tarde, nas acções de recrutamento dos soldados que iam lutar na Grande Guerra, sendo o recrutamento efectuado no próprio arquipélago.

---

[31] NEPOMUCENO, Rui. *As Crises de Subsistência na História da Madeira*. Ensaio Histórico. Lisboa, Editorial Caminho, SA., Colecção Universitária, 1994, pág. 193.

[32] PEREIRA, Eduardo C.N.. *Ilhas de Zargo*. Funchal, Edições da Câmara Municipal do Funchal, 1989, pág. 340.

[33] NEPOMUCENO, Rui. *As Crises de Subsistência na História da Madeira*. Ensaio Histórico. Lisboa, Editorial Caminho, SA., Colecção Universitária, 1994, pág. 193.

[34] NEPOMUCENO, Rui. *As Crises de Subsistência na História da Madeira*. Ensaio Histórico. Lisboa, Editorial Caminho, SA., Colecção Universitária, 1994, pág. 193.

A Ilha da Madeira nas Primeiras Décadas do Século XX   109

Como governadores civis de maior envergadura na Madeira, distinguiram-se: João Maria de Santiago (17-02-1912), Alfredo Ernesto Sá Cardoso (20-03-1913), Vasco Borges (04-04-1914), José de Sousa Rosa (03-08-1917) e Carlos José Barata Pinto Feio (18-12-1917).

"Durante o governo da República foram administradores de concelho: o Dr. Manuel Gregório Pestana Júnior, advogado; o Dr. António Filipe de Noronha, advogado; o Dr. João Baptista de Carvalho, médico e o Dr. Jaime Plácido de Castro e Abreu, médico".[35]

Durante os primeiros anos da República a situação política, financeira e social foi piorando dia após dia, tendo-se degradado depois da entrada e permanência do exército português na Grande Guerra, trazendo consequências graves para a Madeira, onde se reflectiam amplamente os efeitos da inflacção e da desvalorização do escudo, com o consequente aumento dos produtos importados e mesmo dos regionais. O Governo não se compadecia da situção insustentável em que o Arquipélago se encontrava, fazendo exercer a sua autoridade com a aplicação de pesados impostos junto da população, nomeadamente dos comerciantes e exportadores, a quem era cobrado uma taxa de 5%, destinada ao financiamento de obras no Continente.

Estes e outros arbítrios do Poder Central, foram fazendo germinar o desejo de autonomia, tendo a Madeira conduzido o segundo movimento autonómico nas Ilhas, na década de 20. Efectivamente, o primeiro movimento no mesmo sentido, fora liderado no último decénio do século XIX, pelos Açores.

2.13. A Proclamação da República

Um dos acontecimentos mais marcantes da vida política madeirense, na primeira década do século XX, foi a Proclamação da República em Portugal. A notícia foi transmitida à Madeira, por via telegráfica, na tarde do dia 5 de Outubro, depois desse facto se ter consumado, sendo também anunciada a constituição do governo.

---

[35] CALDEIRA, Abel Marques. *O Funchal no Primeiro Quartel do Século XX* (1900-1925). Funchal, Empresa Madeirense Editora, 1964, pág 41.

"Daí que na tarde de 5 de Outubro de 1910 a população tivesse recebido com alegria e esperança a tardia comunicação pela agência Havas da proclamação da República".[36]

No dia seguinte, a posse do novo governador civil madeirense foi conferida pelo oficial Octaviano Soares ao Dr. Manuel Augusto Martins.

Ao som da *Portuguesa* foi hasteada a bandeira republicana na Fortaleza de São Lourenço, tendo assistido a essas cerimónias, o povo, a banda da guarda e alguns correlegionários que discursaram, recomendando ordem e respeito à população.

No dia 7 de manhã, seguiu-se nova cerimónia de hasteamento da bandeira da República, na Fortaleza de São Tiago, com salvas de bateria. O mesmo cerimonial repetiu-se às 13 horas no Palácio de São Lourenço, onde compareceu o regimento de infantaria nº 27.

O capitão Henrique Luís Monteiro que tentava impôr disciplina às tropas, na Praça da Constituição, não estava a ser obedecido. Depois de ter chegado o major de artilharia Goulart de Medeiros que exortou as tropas a aderir ao novo regime político, tudo se acalmou e por ordem do comandante militar, a bandeira foi arreada e novamente hasteada, ao som da música tocada pela banda de música do regimento de infantaria nº 27, encontrando-se já a força sob o comando dos oficiais acima referidos.

Seguidamente, o major Luís Correia Acciaioly desfilou acompanhado pelo regimento e pela banda de música, através das principais artérias do Funchal para ir saudar a bateria nº 3 de artilharia de guarnição sob o comando do capitão João Augusto Pereira.

No quartel de artilharia, ergueram-se vivas à República, com a participação de alguns populares.

As tropas fizeram depois o percurso inverso, desfilando pelas ruas, onde o povo se encontrava a saudá-las, até chegarem ao seu quartel, onde novas manifestações de júbilo se fizeram ouvir.

Porém, a acção do governo a partir desta data, não foi de compreensão para com o povo madeirense, a quem aplicava impostos altíssimos. Junto do campesinato as reformas governamentais só ser-

---

[36] NEPOMUCENO, Rui. *As Crises de Subsistência na História da Madeira*. Ensaio Histórico, Lisboa, Editorial Caminho, SA., Colecção Universitária, 1994, pág. 175.

A *Ilha da Madeira nas Primeiras Décadas do Século XX*   111

viram para afundar ainda mais a situação dos colonos e caseiros. Manteve-se a crise política, económica e social nas décadas do decurso da conflagração, com picos acentuadíssimos durante o governo ditatorial de Pimenta de Castro que se repetiram antes e depois do governo de Sidónio Pais.

2.14. Os Deputados Madeirenses no Parlamento

Em 1910, tendo sido dissolvido o Parlamento realizaram-se eleições a 28 de Agosto. As cortes não chegaram a reunir-se por ter sido proclamada a República a 5 de Outubro do mesmo ano.

De acordo com uma notícia publicada no *Diário de Notícias*, datado de 24 de Outubro de 1910, sob o título «A República Portuguesa», podia ler-se o seguinte texto: o Governo Provisório da República Portuguesa faz saber que em nome da República Portuguesa se decretou para valer como lei o seguinte:

Artº 1 – "é declarada proscrita para sempre a família de Bragança que constitui a dinastia deposta pela revolução de 5 de Outubro de 1910.

No caso de contravenção, incorrerão na pena de expulsão do território da República."

O decreto de 28 de Abril de 1911 convocou as assembleias eleitorais para o dia 28 de Maio seguinte, em que se procedeu à eleição dos deputados às novas Cortes Constituintes. Foram eleitos pelo arquipélago da Madeira o dr. Manuel de Arriaga, o dr. Carlos Olavo Correia de Azevedo, Alfredo Rodrigues Gaspar, Francisco Correia Herédia Ribeira Brava e o dr. Manuel Gregório Pestana Júnior. Tendo o dr. Manuel de Arriaga sido eleito presidente da República a 24 de Agosto de 1911, deixou vago o lugar de deputado, mas a eleição para o preenchimento da vaga anteriormente ocupada por aquele deputado só se realizou a 16 de Novembro de 1913, tendo sido eleito o agrónomo João da Câmara Pestana.

Em 1911 não houve eleições directas para senadores, tendo os mesmos sido recrutados dentre os membros da assembleia eleitoral constituinte, de acordo com o artigo nº 84 da Constituição da República Portuguesa.

A 13 de Junho de 1915, realizaram-se as eleições gerais, tendo sido eleitos deputados pelo arquipélago da Madeira, Francisco Correia Herédia Ribeira Brava, e os drs. Carlos Olavo Correia de Azevedo, Manuel Gregório Pestana Júnior e Manuel da Costa Dias. No cargo de senadores ficaram Daniel Simões Soares, o dr. Vasco Gonçalves Marques e o dr. Remigio Gil Espinola Barreto.

Tendo sido dissolvido o parlamento, realizou-se o acto eleitoral a 28 de Abril de 1918, em que foram eleitos como deputados Aires de Ornelas de Vasconcelos, José Vicente de Freitas e Duarte Melo Ponce de Carvalho, e como senadores, Alberto Correia Pinto de Almeida e Adolfo Augusto Baptista Ramires.

Para o período de 1919 a 1921, realizaram-se eleições a 11 de Maio de 1919, tendo sido eleitos para deputados, o Dr. Carlos Olavo Correia de Azevedo, o Dr. Pedro Góis Pita, Américo Olavo Correia de Azevedo e José Miguel Lamartine Prazeres da Costa. O Dr. João Maria de Santiago Prezado ocupou ainda um lugar de deputado, que tinha ficado vago. Como senadores foram eleitos o Dr. Vasco Gonçalves Marques, José Mendes dos Reis e Heitor Eugénio Magalhães Passos.

Em 1921, depois da dissolução do parlamento, realizaram-se eleições a 10 de Julho de 1921, tendo sido eleitos deputados o Dr. Carlos Olavo Correia de Azevedo, o Dr. Pedro Góis Pita, Américo Olavo Correia de Azevedo e Manuel de Sousa Brazão. Como senadores eleitos, assumiram o cargo, o Dr. Vasco Gonçalves Marques, o Dr. Manuel Augusto Martins e o Dr. José Varela.

Dissolvido o Parlamento em 1922, procedeu-se a eleições em 29 de Janeiro do mesmo ano, tendo sido eleitos como deputados pela Madeira, o Dr. Carlos Olavo Correia de Azevedo, Américo Olavo Correia de Azevedo, Dr. Pedro Góis Pita e o Dr. Juvenal Henriques de Araújo. Por sua vez, os senadores eleitos foram: o Dr. Vasco Gonçalves Marques, Vasco Cipriano Silva e César Procópio de Freitas.

2.15. Os Partidos Políticos

No início do século XX, em 1901, deu-se uma cisão no partido regenerador local. Entretanto, os progressistas iriam tornar-se ferozes opositores daquele partido. No mesmo ano, foi criado o grupo henriquista. Em 1903, constituiu-se o partido nacionalista e em 1907 o grupo franquista.

Depois da proclamação da República em 5 de Outubro de 1910, a Madeira aderiu ao novo regime político, tendo consequentemente desaparecido os partidos monárquicos.

Apesar da ocasião ser favorável para a prática de muitos atentados, a propriedade foi respeitada e nenhum funcionário público foi demitido.

Os republicanos madeirenses tinham formado um único partido onde reinava a concórdia. Contudo, aquando da realização das primeiras eleições de deputados de 1911, já se encontravam divididos. Nesse acto eleitoral, praticaram-se abusos e ilegalidades, tendo o candidato a deputado Francisco Correia Herédia, visconde da Ribeira Brava, protestado veementemente, na assembleia de apuramento.

Em 1911, tendo-se constituído em Portugal os grupos políticos denominados democrático, evolucionista e unionista dirigidos respectivamente pelos drs. Afonso Costa, António José de Almeida e Brito Camacho, aderiram ao primeiro, várias personalidades da Ilha, oriundas dos antigos partidos monárquicos que se tinham mantido apartidárias. Inscreveram-se no segundo grupo os republicanos anteriores a 5 de Outubro e que tinham como chefe local o dr. Manuel Augusto Martins, tendo ingressado no terceiro grupo um pequeno número de republicanos de adesão recente.

Em Fevereiro de 1913, os democráticos ocuparam a administração das corporações administrativas do distrito, e elegeram para presidente da sua comissão distrital, o visconde da Ribeira Brava, bem como o dr. Vasco Gonçalves Marques, que ocupou o cargo de vice--presidente. Este partido viria a tornar-se no mais organizado e combativo da Ilha.

O Centro Democrático da Madeira foi fundado por alguns políticos do primeiro regime republicano e contou com muitos associados que se inscreveram na sua sede, situada na Rua dos Ferreiros.

Em 1919, organizou-se o partido trabalhista madeirense.

Segue-se, um brevíssima resenha sobre a constituição de diversos partidos políticos na Madeira, nas primeiras décadas do século XX.

Em 1920, o Dr. Álvaro de Castro decidiu desligar-se do Partido Democrático ou Partido Republicano Português, constituindo o partido de Reconstituição Nacional, a que aderiu a maioria dos democratas madeirenses.

Em 1921, aderiram ao grupo político democrático, os republicanos independentes e os membros do Partido Republicano Liberal (antigo Unionista), enquanto que os antigos evolucionistas se ligaram aos ex--democráticos que se tinham filiado no Partido da Reconstituição Nacional. Os partidos republicanos entenderam-se a seguir à derrota dos monárquicos em Monsanto, mas pouco tempo depois deu-se a separação dos unionistas que se foram coligar com os monárquicos. Foram estes que durante o governo de Sidónio Pais dominaram na Madeira. Nas eleições de Julho de 1921 apresentaram-se ao sufrágio popular candidatos dos partidos: presidencialista, popular e católico madeirense.

Em 1922, elegeu o Integralismo Lusitano uma comissão regional na Madeira e no mesmo ano realizaram-se as eleições da Juventude Monárquica Conservadora.

Em Abril de 1923 os reconstituintes da Madeira filiaram-se no Partido Republicano Nacionalista e em Dezembro do mesmo ano reuniu a comissão distrital do Partido Radical da Madeira.

2.16. O Ambiente Social e Cultural

Nas primeiras décadas do século XX, o ensino era ministrado em vários colégios e escolas públicas, no Funchal.

Os colégios mais conhecidos eram: o Colégio Câmara; o Colégio da Rua da Mouraria; o Colégio Funchalense; o Colégio São João de Deus e o Colégio Vila Real.

Quanto às escolas, existiam a Escola de Artes e Ofícios; a Escola de São Francisco de Sales; a Escola de Ensino Primário Normal; a Escola Primária Superior; a Escola do Caldas; a Escola do Polónio; a Escola do Vintém e algumas Escolas de Música Sacra.

O índice de analfabetismo em 1900 era de 90% e em 1901, de 82,7.

Em 1918 existiam no distrito do Funchal 108 escolas públicas, das quais, 104 eram oficiais e apenas 4 eram municipais e destinadas ao sexo feminino. Também se tinham organizado cursos nocturnos.

No concelho do Funchal existiam por sua vez, 4 escolas municipais femininas e 33 escolas oficiais. Quatorze destinavam-se ao sexo feminino, dezasseis ao sexo masculino e três eram mistas.

Em finais de 1918 foram criadas no Funchal mais quatro escolas centrais, duas para cada sexo.

Em 1922 existiam já no distrito, dois círculos escolares, o oriental e o ocidental, pelos quais se distribuíam os diferentes concelhos.

A Escola Normal era a escola distrital de habilitação para o magistério primário, tendo sido criada em 10 de Maio de 1900, devido à falta de professores devidamente habilitados para reger as escolas.

Depois de extintas pelo decreto de 24 de Dezembro de 1901, as Escolas Distritais de Habilitação para o Magistério Primário, converteram-se em Escolas Normais e o curso que anteriormente tinha uma periodicidade de dois anos, alongou-se para três anos.

Finalmente, através do decreto de 10 de Maio de 1919 todas as Escolas Normais do país foram extintas, à excepção das de Coimbra, Lisboa e Porto, transformando-as em Escolas Primárias Superiores, tendo uma delas ficado com sede no Funchal.

A Escola Lancasteriana foi fundada em 1819, tendo o ensino mútuo pelo sistema de Lancaster que utilizava, sido introduzido na Madeira pelo súbdito inglês José Phelps. Conseguiam-se os mesmos ou melhores resultados que noutras escolas, sem usar a palmatória, nem ferir a sensibilidade dos alunos. Ao que parece, esse tipo de ensino extinguiu-se no Funchal, a partir de 1928.

A Escola Médico-Cirúrgica que se encontrava em funcionamento no início do século XX tinha sido criada pelo Regimento do Hospital Santa Isabel, aprovado pela Mesa Gerente da Santa Casa da Misericórdia, no dia 10 de Agosto de 1816 e confirmado por provisão régia de 19 de Outubro de 1819. Os médicos habilitados por aquela escola superior foram profissionais competentes, tendo exercido a sua profissão na Madeira, nos Açores, nas províncias ultramarinas, em Portugal continental e em diversos países estrangeiros.

As duas únicas médicas formadas nessa escola foram D. Palmira Conceição de Sousa e D. Henriqueta Gabriela de Sousa que concluíram o curso em 1902.

Na terceira cidade do país existiam alguns pontos de reunião, para além do cais da Pontinha, que sempre foi e será local de convívio para as famílias do Funchal. Aos domingos, os funchalenses tinham o hábito, depois do "chá das cinco", de se deslocar em passeio até ao cais do porto, para observar o movimento dos navios, ouvir comentários e conhecer as novidades que os viajantes recém-chegados, pudessem transmitir-lhes.

Mas era nos clubes que se podia com mais tranquilidade trocar opiniões, fazer amizades, aprender com os outros e ouvir as mais diversas notícias sobre o Arquipélago e o mundo, quer através das notícias lidas em jornais, revistas e livros, quer através da rádio ou dos factos narrados pelos turistas.

Os clubes *fin de siècle* mais notáveis, fundados nas últimas décadas do século XIX eram os seguintes:

O Clube Funchalense, fundado em 1890, frequentado por uma élite de intelectuais e de pessoas pertencentes a famílias distintas, que oferecia aos seus frequentadores jornais e revistas estrangeiras para uma leitura actualizada sobre os factos internacionais. Também era possível, nos dias indicados pelo clube, que aqueles pares que estivessem interessados, pudessem dançar a valsa ou a polka e participar dos bailes de beneficência de cuja organização o clube se encarregava.

O "Strangers Club" destinava-se a portugueses residentes na Ilha ou aos seus convidados. Nesse recinto, desfilavam mulheres, elegantemente vestidas e homens de posses, dando-se primazia ao "Jogo". Funcionava praticamente como um casino.

O Club Associação Comercial do Funchal era muito frequentado desde a manhã até às 21 hs por comerciantes que aí podiam tratar e por vezes resolver os seus negócios, assim como ler os jornais nacionais e estrangeiros.

O "English Room" possuía uma Biblioteca onde os intelectuais podiam consultar livros, assim como jornais estrangeiros.

Outros clubes estavam adstritos a práticas recreativas e desportivas.

Existiam sete clubes nos primeiros lustres do século XX, no Funchal, cujos nomes se citam de acordo com a forma escrita na época: o Club Recreio Musical e o Turt Club, ambos inaugurados em 1900; o Sports Club que teve início em 1905 ou 1910 segundo diferentes autores; o Club Republicano, inaugurado em 1911; o Club Naval Madeirense cuja inauguração se realizou em 1917 e dois outros clubes: o Club Recreio e Instrução que já funcionava desde 1897, o Novo Club Restauração, com sede no edifício situado junto ao café

Golden Gate e, finalmente, o Ateneu Comercial, com carácter de associação burguesa que integrava numerosos associados.

Muitos destes clubes organizavam festas de Carnaval, assim como alguns teatros, como o Teatro Circo e o Teatro Esperança.

Toda a população da Madeira se animava então para celebrar o "São Entrudo", também cognomizado como "Santo das Malassadas".

No século XIX, por volta de 1897, havia uma tendência para organizar bailes ao ar livre, como os que se realizavam na Praça da Rainha, com " música de pretos" e "baile de Máscaras". Os bilhetes da Empreza Praça da Rainha, organizadora destes eventos, vendiam--se num quiosque que ficava mesmo à entrada da praça. No mesmo local também era hábito organizarem-se bailes campestres, para trupes de crianças mascaradas de vilões que costumavam dançar machetes.

No século XX era costume fazerem-se os bailes familiares na sede dos Bombeiros Voluntários, no Solar da D. Mécia, residência fidalga, construída no século XVI ou na sede da Cruz Vermelha.

Na exposição *100 Anos do Teatro Municipal Baltazar Dias, 11 de Março de 1888/1988,* esteve patente ao público a consulta do catálogo, onde figurava com o nº 66, o programa da Festa da Cruz Vermelha, referente ao Carnaval de 1917. Este programa cujas dimensões eram 46 cm x 21,5 cm foi impresso na "Typographia Esperança" do Funchal, em 14 de Março de 1917.

De referir, aliás, que a resenha do catálogo da exposição acima citada foi primorosamente elaborada em 1988, pelo Sr. Prof. Dr. Rui Carita e pelo investigador Sr. Dr. Luís Francisco de Sousa Melo.

No Ateneu Comercial organizavam-se "bailes de máscaras" muito animados, em que havia verdadeiros combates de serpentinas e "confecti" ou saraus familiares, onde se lançavam serpentinas e se travavam batalhas de flores, entre os participantes.

Já em 1905, no Sports Club, o produto dos bailes de máscaras revertia em benefício do "Vintém das Escolas" e do Auxílio Maternal.

O furor e a alegria dos mascarados era indescritível nesses anos longínquos, mas a gentileza para com as senhoras era um dado adquirido e praticado pelos cavalheiros.

O Grupo Sportivo Continental e Madeirense, que ficava na Travessa do Surdo, o Clube Funchalense e o Restauração azafamavam-se na organização dos seus bailes de máscaras na 2ª e 3ª feira de Entrudo e anunciavam as festas de mi-careme de 4ª feira.

Os bilhetes para os bailes de máscaras eram vendidos nos cafés Mónaco ou Golden Gate e no Bazar do Povo.

Os armazéns do Bazar do Povo esforçavam-se por vender máscaras nacionais e estrangeiras da melhor qualidade, assim com serpentinas e bisnagas com as quais os foliões se divertiam a molhar o público.

Fazer a descoberta em linhas gerais do ambiente social e cultural que predominava na Madeira, nas primeiras décadas do século XX, através dos textos do semanário em estudo foi uma das propostas desta obra.

Na verdade, paralelamente ao bem-estar e à vida fácil de alguns, outros viviam arrastando os seus dramas e esperando por melhores dias, durante esse período dificílimo, a nível mundial, em que decorreu a conflagração.

Ao ler atentamente as páginas de *A Verdade*, podia facilmente perceber-se a fome e a miséria que durante o período da Grande Guerra afligiram o povo madeirense no arquipélago e muito directamente, a população do Funchal, cidade que apresentava problemas de vária ordem, no que dizia respeito a higiene e ordem cívica (nº 156 do semanário de 27/05/1918).

O açambarcamento de produtos alimentares por monopolistas que conseguiam fazer desaparecer do mercado e reter em seus armazéns os géneros alimentícios para posteriormente poderem elevar o preço de venda dos mesmos e obterem lucro à custa da desgraça alheia, verificava-se frequentemente. (nº 87 do semanário de 06/01/1917).

A falta de policiamento nas ruas (nº 04 do semanário de 22/11/1918) ou a falta de água potável que se fazia sentir nos fontanários públicos, como se podia ler no primeiro exemplar de *A Verdade,* eram uma constante na cidade do Funchal.

As leis que eram promulgadas em Lisboa tinham imediata divulgação e aplicação no arquipélago, como por exemplo a lei que impunha os prazos para pagamento das contribuições prediais ou a que indicava "o preço do pão", embora muitos comerciantes não obedecessem e aumentassem ilegalmente o preço de venda ao público. (nº 81 do semanário de 18/11/1918).

Já na 3ª página do exemplar nº 5 de 29/5/1915, o jornalista afirmava que..." as leis são como as teias de aranhas, facil das aves de rapina atravessarem, enquanto que os pequenos insectos ficam presos pelas azas ou pelas canelas".

O exemplar nº 28 de 6/11/1915 refere a existência duma "lei de protecção aos menores nas oficinas" impedindo o abuso por parte dos mestres que normalmente os fazem trabalhar até altas horas da noite.

Golpes vibrados durante este período histórico foram sem dúvida os monopólios do açúcar e da farinha que "esmagaram" a população madeirense.

Relativamente ao primeiro, já no exemplar nº 16 de 14/8/1915 se podia ler: "Outr'ora em tempos mais felizes quando ainda havia a liberdade do fabrico d'assucar nunca este produto atingiu o preço fabuloso que custa hoje. Com o monopólio tudo mudou. N'estas circunstâncias, e, na falta de concorrentes, o lavrador ficou subordinado à fábrica do Torreão e à sua filial que só permitem a apanha da cana quando e como entendem, embora com isso se perca um tempo precioso e se prejudique outras culturas, como o feijão, milho, etc, que se produziriam se a cana fosse apanhada a tempo."

É notório o sentimento de opressão sentido pelo povo madeirense em relação ao Governo Central. Fazem-se pedidos insistentes junto ao Governo de Lisboa para que aumente o tráfego marítimo e, consequentemente os navios que faziam escala no Funchal visto que, como se lê no exemplar nº 78 de 28/10/1916, devido ao conflito europeu, a navegação nacional se tornara insuficiente. Tendo aumentado o movimento de passageiros e de carga, os navios da Empresa Insulana como os da Empresa Nacional quando passavam no Funchal abarrotados não tinham acomodação nem para carga, nem para passageiros.

Dirigiam-se assim, múltiplos apelos ao Governo Central para que permitisse o desenvolvimento de culturas regionais diferentes da cana sacarina, mas não se obtinha qualquer resposta vinda do Continente, mesmo que se invocassem razões como no exemplar nº 133 do semanário, datado de 26/11/1917, em que o jornalista explicava que os fornecimentos de trigo e outros não chegaram à Madeira, num navio americano que foi torpedeado pelos Alemães.

Para além dos quadros directivos insulares e dos comerciantes ingleses, que com a crise se salientaram de forma notável, na vida social da ilha, também desempenharam um papel relevante os vários militares que prestaram serviço em França.

Muitas outras figuras foram dignas de louvor, quer pelo seu esforço, abnegação, cultura e obra realizada, quer pelo desempenho das suas funções e pela ajuda prestada à comunidade.

No sector feminino, alguns dos nomes que se distinguiram pela sua acção e coragem foram:

D. Beatriz Helena Lomelino de Barros Lima. Foi chefe das Visitadoras da Assistência aos Indigentes da Madeira, tendo procurado melhorar as condições de vida dos seus protegidos.

Prestou serviço como enfermeira, durante a 1ª Guerra Mundial, na ambulância e na sede da Cruz Vermelha Portuguesa, assim como no Hospital da Santa Casa da Misericórdia, tendo sido agraciada pelo Governo Português em 1919, com o Oficialato da Torre e Espada e com a medalha de Valor e Mérito da Cruz Vermelha Portuguesa.

Marie Elizabeth Houghton (1868-1955) Filha de George Friedrich Sattler, advogado que foi cônsul da Alemanha no Funchal, de 1868 a 1909 e de Camille Landverle. Casou com Henry Charlton Houghton, funcionário superior da Western Telegraph Cª Lda. Esta senhora foi sócia fundadora da Sociedade Protectora dos Animais Domésticos do Funchal e directora da mesma instituição, durante algumas décadas.

Os homens cuja acção meritória, merece destaque neste período histórico foram entre muitos outros:

Carlos Olavo Correia de Azevedo; Bacharel de Direito, formado pela Universidade de Coimbra e escritor. Fundou com outros estudantes em 1900, a Liga Académica Republicana e os jornais diários *A Liberdade* e *A Marselhesa*. Pertenceu ao Partido Republicano Português. Foi eleito deputado às Constituintes pelo círculo do Funchal a 28 de Maio de 1911 e de novo, em 13 de Junho de 1915 e reeleito até 1925. Ofereceu-se durante a Grande Guerra como oficial de Artilharia para ir combater em França, tendo-lhe sido concedida a Cruz de Guerra, no combate de 9 de Abril de 1918, em que ficou prisioneiro dos alemães na Batalha de La Lys. Escreveu *Jornal de Um Prisioneiro de Guerra*.

Francisco Silvestre Varela, tirou o curso da arma de Infantaria, na Escola do Exército, tendo servido em Moçambique, de 1913 a 1915. Combateu em França, incorporado no CEP, durante a Grande Guerra. Mais tarde, iria ocupar o cargo de Comandante militar da Madeira e de presidente da Câmara Municipal do Funchal e ainda o lugar de presidente do Grémio da Lavoura do Funchal.

Carlos José Machado dos Santos, médico cirurgião desempenhou a sua actividade no Funchal e em França, durante dois anos, onde foi oficial- médico do Batalhão de Sapadores de Caminhos-de-Ferro (1917 a 1918). Desempenhou ainda funções de director do Hospital Militar do Funchal, durante dezasseis anos.

Alfredo de França Dória, médico que durante vários anos exerceu clínica em Lisboa e que tendo seguido em missão para a África Oriental, aí faleceu, em Junho de 1915.

Fernando Augusto da Câmara Lomelino, (1894-1960), Oficial do Exército, da arma de Infantaria. Nasceu no Funchal. Em Maio de 1917 foi promovido a alferes e incorporado no CEP durante a Grande Guerra. Combateu na Batalha de La Lys, em 9 de Abril de 1917, onde se distinguiu pela sua bravura.

No ano de 1919 posterior ao fim da guerra, o semanário apresentava artigos que divulgavam e acentuavm a vida cultural e social que se vivia no Funchal, ao referir-se à abertura de salões de jogo ou casinos, à realização de bailes de beneficência ou à "rentrée"do teatro na capital do arquipélago, com a chegada de companhias de teatro de renome, como a de Adelina Abranches.

Em consequência do final da guerra, também começavam a surgir com carácter de protecção aos trabalhadores algumas leis sociais que, com o rápido desenvolvimento industrial, eram absolutamente indispensáveis, como por exemplo "o direito à greve".

Já no tcmpo do governo de Sidónio Pais se formara na Madeira o Partido Trabalhista. Sendo um partido regionalista preconizava no seu programa a luta pelos interesses dos trabalhadores e pretendia servir o povo madeirense. Um dos seus fundadores que também pertencia à Maçonaria foi o Dr. Pestana Júnior.

Assim no exemplar n° 209 de 21/8/1919, no artigo intitulado "As Greves" pode ler-se: " Por decreto de de 6 de Dezembro de 1910 foi regulado o exercício do direito à greve, sendo garantido, tanto aos operários, como aos patrões, o direito de se coligarem para a cessação simultânea do trabalho".

O Mutualismo já se tinha inserido na sociedade funchalense, nesses primeiros decénios do século XX, encontrando-se razoavelmente estruturadas algumas Associações de Socorros Mútuos. As que existiam eram as seguintes: a Associação de Socorros Mútuos do Sexo Feminino-15 de Setembro de 1901; a Associação de Socorros Mútuos Filipa de Vilhena e a Associação de Socorros Mútuos dos Carpinteiros e Artes Correlativas. Alguns anos mais tarde, fundou-se a Associação de Socorros Mútuos Pedro Álvares Cabral, dirigida a sócios de ambos os sexos, cuja actividade cessou, pouco tempo depois.

2.17. A Imprensa

> "The Press is the Fourth Estate of the Realm"
> Thomas Carlyle (1795-1881)- on *Heroes, Hero-Worship and the Heroic in History.*

> "A Imprensa é o Quarto Estado do Império"
> Thomas Carlyle (1795-1881) - ácerca dos *Heróis, da Honra dos Heróis e do Poema Épico na História.*

Relativamente à existência de imprensa na Ilha da Madeira, pode ler-se na obra *Subsídio para um Estudo das Tipografias na Madeira* de Maria do Carmo J.P. Rodrigues: "Nas anotações à sua edição das *Saudades da Terra* de Gaspar Frutuoso, o Dr. Álvaro Rodrigues de Azevedo afirma: "Teve neste período (1820-1834) 9 periódicos e 4 tipografias, e também alguns panfletos"[37] "...Feita a revolução no Funchal, a 28 de Janeiro de 1821, o Dr. Nicolau Caetano de Bettencourt Pitta projectou o estabelecimento de uma tipografia e a publicação de um periódico;"[38] "...e no dia 2 de Julho do mesmo ano, dia escolhido por ser considerado o do descobrimento da ilha,

---

[37] RODRIGUES, Maria do Carmo J. P. *Subsídio para Um Estudo das Tipografias na Madeira.* Coimbra, ed. do A., 1969, pág. 1,2.

[38] Idem, pág 2.

saiu o número um, d' *O Patriota Funchalense* de que era redactor o referido Dr Pitta."[39].

Na verdade, não existia Jornalismo na Madeira até 1820, ano em que se deu a Revolta do Porto. Porém, no ano seguinte, devido à forte adesão dos madeirenses ao movimento "Liberal", surgiu a euforia pelas tipografias e pelos jornais.

O *Patriota Funchalense* que foi o primeiro periódico que veio a lume na Madeira era bi-semanal e foi publicado até ao nº 214. Para efectuar a sua impressão veio de Lisboa, uma tipografia e o tipógrafo Alexandre Gervásio Ferreira.

Verifica-se ainda, que surgiu no séc. XIX, no Funchal, datada de 1866-1868, uma notícia sobre a *Gazeta da Madeira,* com impressão em tipografia própria.

"E acontece ainda que, em diversas datas, foram publicados jornais com o mesmo nome, sem terem qualquer relação com os anteriores, resultando difícil, se não impossível, a completa identificação das tipografias onde foram impressos. Veja-se como exemplo, o caso de... *A Verdade*, sendo um periódico de 1858 e o outro de 1875."[40]

Mais tarde, iria sair a lume, também com o mesmo nome, a partir do dia 1 de Maio de 1915, (dia do trabalhador), o semanário *A Verdade*, que originou o título da presente obra.

Quanto ao número de tipografias existentes na Madeira, no séc. XX, pode ler-se na obra de Maria do Carmo Rodrigues que: "...Por uma questão de ordem numerámos as tipografias, o que não quer dizer, de modo nenhum, que existissem trinta e três oficinas de impressão, na Madeira, no séc. XIX. Conforme já acentuámos, muitas são as mesmas com os nomes dos periódicos que sucessivamente se foram publicando. Para melhor verificarmos que é inconcebível uma tal profusão de tipografias nessa época, basta pensarmos que apenas existiam 14, a meados do nosso século (1955)."[41]

No período da Grande Guerra, no que se refere aos aspectos culturais, a população era praticamente analfabeta. Não sendo as

---

[39] Ibidem.
[40] Idem, pág.1.
[41] Idem, pág 23.

124 *A Verdade Madeirense e a Grande Guerra*

estatísticas da época rigorosas, sabe-se, contudo, que é na cidade que existem pequenos núcleos de natureza cultural mais elevada, resultantes principalmente, das actividades económicas.

É interessante averiguar que os jornais existentes, como por exemplo, o *Diário de Notícias*, na sua origem de influência inglesa, tendo iniciado a sua publicação em 11 de Outubro de 1876, só eram lidos por uma pequena élite.

Existe uma *Resenha cronológica do Jornalismo Madeirense* que foi organizada em 1908, sob a direcção de João Eleutério Martins, a partir de diversas colecções de jornais que ele próprio adquirira e que passaram segundo sua vontade, a pertencer ao *Diário de Notícias*.

Figuras proeminentes da cultura madeirense, cujos nomes estiveram ligados ao Jornalismo, durante o período da Primeira Guerra Mundial foram o coronel Alberto Artur Sarmento, investigador, naturalista, historiador e tradutor (1878-1953) e o major João Reis Gomes, jornalista e dramaturgo (1869-1950).

O coronel Alberto Artur Sarmento colaborou no *Diário de Notícias*, no *Diário da Madeira*, n'*O Jornal*, no *Trabalho e União*, no *Eco do Funchal*, nas revistas madeirenses *A Esperança* e na revista portuguesa *Das Artes e da História da Madeira* e em revistas continentais e estrangeiras.

Por sua vez, o major João Reis Gomes foi director do *Heraldo da Madeira* (1904-1915) e do *Diário da Madeira* (1916-1940). Colaborou em vários jornais de Lisboa, como por exemplo, *O Dia* e o *O Século*.

Poderá sem sombra de dúvida, afirmar-se que já no século XIX, os jornalistas pugnavam na Madeira, por uma imprensa livre, respeitável e respeitada, composta por profissionais honestos que eram incentivados a não vender a consciência, a dignidade, as opiniões, em resumo, a "pena" – arma de combate, com que escreviam os seus artigos, mas antes, a lutar pelo Bem-Comum, pela defesa dos mais fracos, ajudando os cidadãos a discernir o que era politicamente mais correcto para si próprios, para a Família e para a Pátria.

Foi vastíssima a actividade jornalística que se desenvolveu no arquipélago de 1914 a 1918, tendo-se salientado como jornais mais combativos e que fizeram apelo à justiça e a melhores condições de vida para o povo madeirense, precisamente em 1915, *O Realista, O Heraldo da Madeira,* o *Diário da Madeira* e *O Diário de Notícias,* publicados no Funchal, tendo este último sido um dos primeiros assinantes da rede telefónica do Funchal, que tinha iniciado a sua instalação na mesma cidade, no ano de 1911. Seguem-se-lhe o *Brado d'Oeste,* publicado em Ponta do Sol; *O Progresso* e *Trabalho e União,* publicados em 1917; *O Madeirense* e *O Vigilante,* publicados no Funchal, desde o início de 1918, e ainda *A União,* que se publicou em Ponta do Sol, no mesmo ano.

Esta actividade, foi contudo, variadíssimas vezes coarctada pela acção da censura, tendo sido apreendidos alguns exemplares daqueles jornais, cujas notícias pudessem levantar suspeitas de tentar atacar as decisões do Governo Central ou dos Aliados. Como já anteriormente citado, as restrições da censura são tratadas no capítulo VI.

O jornal *O Desporto* iniciou a sua publicação, com periodicidade quinzenal, a 17 de Abril de 1918.

2.18. A Ficção e a Poesia

"When once the itch of literature
Comes over a man,
Nothing can cure it,
but the scratching of a pen".
Samuel Lover (1797-1868)
Handy Andy (1842) ch 36.

"Quando o desejo da literatura
Se apodera dum homem,
nada o pode curar,
Senão o arranhar duma pena".
Samuel Lover (1797-1868)
Handy Andy (1842) ch 36.

Para analisar o panorama literário madeirense nas primeiras décadas do século XX, a melhor contribuição concedida ao leitor no início deste capítulo será traçar uma curta retrospectiva sobre os antecedentes da Literatura no século anterior.

Na Madeira, já na segunda metade do século XIX, começaram a organizar-se círculos literários em que os escritores de ambos os sexos se reuniam em tertúlias, que naqueles tempos consistiam em saraus familiares, em que era moda, as poetisas "dizerem" poesia de sua autoria ou de quaisquer outros poetas.

A Viscondessa das Nogueiras (1805-1888) ficou conhecida nesse século pela sua desenvoltura cultural e capacidade como escritora, poetisa e tradutora e por promover em sua casa essas reuniões de intelectuais. Colaborou em *Poetisas Portuguesas* e na *Musa Insular.*

Outro nome a destacar no mesmo século é o de Marianna Angélica de Andrade que colaborou no *Almanach das Senhoras,* no *Novo Almanach de Lembranças Luso-Brasileiro* e escreveu um livro de poesia *Murmúrios do Sado.*

Nos finais do século XIX e nas primeiras décadas do século XX, é notória a degenerescência de alguns géneros literários, como o neo-romantismo. Na verdade, os movimentos esteticistas, de cariz nacionalista e tradicionalista iriam penetrar no século XX e o Decadentismo estabeleceria a ligação natural com os Modernismos.

Na obra de muitos escritores madeirenses faziam-se sentir os temas literários e as formas de escrita mais em voga, quer em prosa, quer em verso, que no dobrar do século XIX para o século XX, também se vinham a desenvolver no Continente e na Europa.

No II volume das *Notas e Comentários para a História Literária da Madeira* do Visconde do Porto da Cruz, editado em 1950, estão referidos 153 escritores madeirenses, num período entre 1820 e 1910. Também no *Registo Bio-Bibliográfico de Madeirenses – Sécs. XIX e XX* de Luiz Peter Clode, se podem consultar em síntese, as biografias de muitos outros autores desse significativo período da Literatura madeirense.

Citar-se-ão como pequena amostra, apenas alguns deles, identificados pelo seu grande mérito e pelo reconhecimento do seu trabalho abnegado, em prol da cultura insular. A sua influência foi-se repercurtindo de imediato, nas primeiras décadas do último século e depois, muito mais-além no tempo, através das composições que elaboraram para a posteridade. Dentre eles, cumpre destacar:

Jaime Moniz (1837-1917). Advogado, escritor e eloquente orador. Em 1871 foi eleito deputado. Ascendeu a Ministro da Marinha num ministério presidido por António Maria Fontes Pereira de Melo. Mais tarde, foi membro da Academia Real das Ciências e membro de Academias Literárias e Científicas em Portugal e no estrangeiro. Em sinal da mais profunda homenagem do povo madeirense foi dado o seu nome ao Liceu do Funchal.

D. Joana Castelo Branco (1856-1920). Foi funcionária dos CTT e poetisa. Os seus primeiros versos foram publicados no *Diário de Notícias* do Funchal, em 1876/77. Publicou o seu primeiro livro de versos *As minhas Flores,* em 1908. Em 1910, publicou *Flutuações.*

A Ilha da Madeira nas Primeiras Décadas do Século XX   127

Colaborou em várias revistas e jornais, entre os quais se pode citar *A Luta*, o *Diário de Notícias* e o *Diário Popular*.

Dr. João da Câmara Leme Homem de Vasconcelos – 1º Conde de Canavial (1826-1902). Formou-se e doutorou-se em Medicina em Montpellier. Foi professor e director da Escola Médico-Cirúrgica do Funchal e exerceu clínica no Hospital da Santa Casa da Misericórdia. Foi nomeado Governador Civil do Funchal. Iniciou a construção da fábrica de Açúcar de São João, tendo registado a patente de aquecimento e afinamento dos vinhos madeirenses. Fundou e dirigiu os jornais: *A Liberdade*, *A Luz* e *O Distrito do Funchal*. Escreveu diversos estudos, relatórios, projectos, instruções, discursos e cartas dirigidas a diversos jornais e entidades públicas.

Visconde da Ribeira Brava (1852-1918). Chamava-se Francisco Correa de Herédia. Foi jornalista, orador e parlamentar. Publicou alguns livros em prosa e um livro de poemas: *Amor e Pátria*. Possuía uma bagagem cultural e artística invejável, tendo protegido a cultura, no âmbito das Artes e das Letras. Foi um político activo na sua terra-natal e em Lisboa, no Parlamento, como deputado. Em 1918, foi assassinado.

Carlos Azevedo de Menezes (1863-1928). Depois de ter cursado o Instituto Comercial e Industrial de Lisboa, estudou botânica e pesquisou a flora madeirense, tendo publicado de 1911 a 1926 inúmeras obras sobre a flora do Arquipélago. Elaborou catálogos, estudos e listas de espécies raras que foram publicadas em revistas científicas da Madeira e do Continente. Foi co-autor juntamente com o Padre Fernando Augusto da Silva, Adolfo César de Noronha e Alberto Artur Sarmento do *Elucidário Madeirense*;

João Baptista de Freitas Leal (1837-1920). Foi bacharel formado em Direito pela Universidade de Coimbra. Foi um dos principais fundadores da Conferência de São Vicente de Paulo. Publicou *Recordações e Impressões de Viagem*, em 1879-1888. Para além de muitas outras obras, escreveu o *Devocionário das Almas do Purgatório* em 1894, que foi reeditado em 1910. Fundou em 1875, o semanário *A Verdade*, órgão da Associação Católica do Funchal, onde era o redactor principal, tendo exercido essa mesma função em outros jornais católicos.

Ciríaco de Brito e Nóbrega (1856-1928). Era funcionário das Finanças e jornalista. Foi chefe de redacção e director do *Diário de*

128   *A Verdade Madeirense e a Grande Guerra*

Notícias, onde se notabilizou na área da reportagem. Sempre defendeu os interesses do Arquipélago da Madeira, no órgão de comunicação social que representava. Publicou diversas obras e traduziu em 1875, para português um romance *Jorge* de F. Arnault. Escreveu ainda um drama, *A Roleta*, que não chegou a ser publicado.

Francisco António Ferreira (1870-1912). Foi jornalista. Era autodidacta e polemista. Fundou o *Diário do Comércio*.

António Feliciano Rodrigues (1870-1925). Foi poeta e escritor. Formou-se em advocacia, na Faculdade de Direito da Universidade de Coimbra. Colaborou como prosador no *Beira Baixa*, do Fundão, em periódicos de Aveiro e nos jornais madeirenses: *Diário de Notícias, O Direito, Jornal do Funchal* e *Diário da Madeira*. Escreveu livros de poesia *Sonetos*, em 1916 e uma novela histórica, *Martim de Freitas*, que foi publicada no *Heraldo da Madeira*, em 1911.

Padre Dr. Manuel Fernandes de Sant'Ana (1864-1910). Sacerdote que também foi orador, cientista, professor e jornalista. Entrou para a Companhia de Jesus. Estudou Filosofia em Onã e Teologia em Uclés, Espanha. Continuou os estudos de Teologia em Inglaterra e na Holanda. Conhecia várias línguas orientais. Especializou-se na Escritura Sagrada. Escreveu várias obras sobre Religião.

Padre José Gonçalves de Aguiar (1831- ?). Doutorou-se em Teologia, em Coimbra. Residiu em Lisboa onde foi desembargador da Cúria Patriarcal. Colaborou em alguns jornais e publicou "O Dogma da Imaculada Conceição de Maria Santíssima".

Padre Fernando Augusto da Silva (1863-1949). Fez o curso liceal e cursou o Seminário. Foi professor e Presidente da Câmara Municipal do Funchal onde cumpriu dois mandatos. Foi redactor dos jornais: *Diário de Notícias* e *Madeira* e redactor – principal do *Heraldo da Madeira*. Para além de ter sido correspondente da Academia Portuguesa de História, foi co-autor do *Elucidário Madeirense* e publicou múltiplas obras sobre diversos e importantes assuntos sobre a Madeira.

Muitos mais escritores povoaram livros, revistas e jornais com seus escritos, artigos e poesias, contribuindo para enriquecer o pensamento, o sentir e o interagir dos ilhéus, revigorando cada vez mais, a literatura madeirense. Entre eles, contam-se: Felisberto de Bettencourt Miranda (1819-1889); João de Sant'Ana e de Vasconcelos Moniz de Bettencourt (1825-1892); Maurício José de Castel-Branco (1842-

-1900); João Joaquim de Freitas (1832-1910); D. Luís António Gonçalves de Freitas (1858-1904); D. João da Câmara Leme (1865-1887); João Augusto de Ornelas (1833-1886); Pde. Alfredo de Paula Sardinha (1861-1897). Para além destes, não se poderia deixar de referir a obra dos seguintes escritores:

Joaquim Pestana (1840-?). Publicou pela primeira vez um poema na secção literária do semanário político, comercial e literário *Imprensa Livre*. Posteriormente, colaborou em *A Lâmpada,* no matutino *Diário de Notícias,* no bi-semanário *O Reclame* e no semanário *A Cruz,* da diocese do Funchal. Foi ainda colaborador de almanaques de poesia, como o *Almanach das Senhoras* (1870), o *Almanach de Lembranças Luso-Brasileiro* (1882), o *Album Poético e Charadístico* (1883) e o *Álbum Madeirense,* editado em 1884, por M. J. Teixeira Jardim, devendo-se a compilação das poesias a Francisco Vieira.

Joaquim Pestana escreveu o livro de poesias *Espinhos e Flores*. A sua poesia sofreu a influência de Soares dos Reis. Também escreveu prosa sobre temas diversificados, desde a Natureza à Religião.

Álvaro Rodrigues de Azevedo (1825-1898). Publicou em 1880, *O Romanceiro do Arquipélago da Madeira*.

Alfredo César d'Oliveira (1840-1908). Foi Cónego da Sé do Funchal. Iniciou a publicação do Diário de Notícias, em 11 de Outubro de 1876, onde se divulgaram os textos dos escritores românticos madeirenses. Em conjunto com o Dr. José Leite Monteiro (1841-1920) reuniu e organizou as duas primeiras colectâneas madeirenses de poesia ultra-romântica *Flores da Madeira* (1871-1872), contendo poemas dos poetas madeirenses, seus contemporâneos. Fundou *A Lâmpada* (1872) e o *Notícias de Évora* (1906), tendo sido considerado o pioneiro da imprensa diária regional portuguesa.

Duas poetisas que se tornaram famosas nesse tempo, foram D. Maria Luísa Pereira com uma composição de cunho romântico-sentimental, dedicada à memória de sua mãe, que foi publicada na colectânea de poesia insulana *Flores da Madeira* e D. Maria Emília de Acciouli Rego que também escreveu uma composição que vem inserta naquela mesma obra e que, segundo consta, também publicou um pequeno livro de versos de sua autoria.

Henri Jansen (1880-1940). Sacerdote católico. Preocupava-se com a formação e a evolução do pensamento da mocidade do Funchal. Fazia sermões públicos. Escreveu *A Juventude Franciscana e a Guerra.* Publicou artigos na revista *A Esperança*, de que foi director.

Relativamente à poesia feminina madeirense, poderá afirmar-se que a partir da primeira metade do século XX, unicamente as senhoras letradas a ela tinham acesso. Existe uma colectânea de poesia feminina *Poetisas Portuguesas*, cuja edição que data de 1917, se deve a Nuno Catarino Cardoso, bem como uma outra designada por *Musa Insular* que foi editada em 1954, por Luís Marino (1909-1984).

Em pleno século XX, variadíssimos escritores, jornalistas e poetas teceram as suas obras, em uníssono com o seu "eu" e cantaram as belezas ímpares da Ilha maravilhosa que os vira nascer, ultrapassando na maioria das vezes a barreira dos seus próprios ensejos, para se colocarem ao serviço do povo e da sua terra-natal, defendendo os direitos das populações, criticando quem as desamparava, exortando-as a que não se deixassem humilhar, nem permitissem que amordaçassem a sua voz. Estão nesse caso:

Francisco Bento de Gouveia (1874-1956). Foi funcionário administrativo, jornalista e enologista. Pertenceu à Junta Agrícola da Madeira e posteriormente, à Junta Geral do Distrito do Funchal. Militou no Partido Progressista, durante o antigo regime. Fundou em conjunto com o conselheiro Manuel José Vieira, chefe daquele partido, o *Diário Popular* do Funchal. Mais tarde, foi redactor principal e editor do *Diário da Madeira*. Dedicou-se a pesquisas industriais e a estudos enológicos. Foi colaborador de diversos jornais e revistas. Também colaborou na execução do texto para a revista teatral de costumes madeirenses *A Madeira por dentro*, que estreou no Teatro Manuel Arriaga.

Alberto Figueira Jardim (1882-1970). Advogado, professor e publicista, que foi educado pelos jesuítas, em Benmont College, junto com a melhor juventude aristocrática inglesa, antes de ir estudar Direito para a Universidade de Coimbra, onde se formou em bacharel. Foi professor efectivo dos liceus. A sua segunda mulher foi a escritora e poetisa D. Isaura dos Passos Jardim.

João Higino de Barros (1883-1941). Tendo iniciado a sua vida profissional como funcionário público, sendo fiscal de produtos agrícolas, passou mais tarde a ser empregado da firma Georgi & Cª. Posteriormente, foi gerente da Sociedade Mercantil Insular, Lda. Foi redactor do *Diário Popular* e director do *Comércio do Funchal*. Foi colaborador do *Diário de Notícias*, do *Diário da Madeira* e do *Almanach Ilustrado*. Em 1910 escreveu de colaboração, o romance *Uma Tragédia na Madeira*. Foi protector da Banda dos Artistas Funchalenses. Participou na Comissão Administrativa da Câmara do Funchal, tendo conseguido com a ajuda do maestro capitão Gustavo Coelho melhorar o desempenho e a qualidade musical da Banda Municipal do Funchal, que já anteriormente protegia.

Jordão Apolinário de Freitas (1866-1950). Médico e escritor. Tirou o curso de Teologia. Dedicou-se às Letras. Foi professor de Latim no Seminário do Funchal. Colaborou em jornais e revistas. Publicou entre outras obras: *Inéditos-Miscelâneas* (1914); *Cervantes e Argensola* (1916); *O Marquês de Pombal e o Santo Ofício da Inquisição* (1916).

José Cruz Baptista Santos (1887-1959). Foi poeta, jornalista e funcionário público. Fez o curso complementar de letras do liceu e o curso comercial. Em 1907, terminou o liceu, onde dirigiu o *Jornal Académico*, do qual foi fundador, assim como os escritores Elmano Vieira e 1º Visconde do Porto da Cruz. Integrou em 1910, o corpo redactorial do *Diário da Madeira*, cuja redacção passou a chefiar até ao início de 1940. Ainda em 1910, também foi redactor de *O Povo* e colaborou no *Diário de Notícias* do Funchal. Ficou célebre a entrevista que fez ao almirante Gago Coutinho, aquando da estada daquele aviador na Madeira. Exerceu os cargos de bibliotecário interino da Câmara Municipal do Funchal, de administrador do Posto de Desinfecção e desde 1919 foi oficial da Secretaria da Junta Geral do Distrito Autónomo do Funchal. Na sua obra em prosa, destaca-se em 1910, *Uma Tragédia na Madeira*; *Fantasia Romântica*, de colaboração, entre muitas outras obras que publicou. No campo da poesia, publicou nos inícios do século XX, em 1906, *Horas de Inspiração*; em 1913, *Rosas e Jasmins* e em 1923, *Rosas de Abril*.

Alberto da Veiga Pestana (1890-1962). Frequentou o Curso de Direito da Universidade de Lisboa que não concluiu. Foi redactor do *Diário de Notícias* e director-proprietário do semanário *Comércio do Funchal*. Também foi correspondente da revista *Lisbon Courrier*, do *Jornal de Notícias* do Porto e da Agência de Notícias *Lusitânia*. Foi nomeado tradutor público de francês e inglês, tendo sido mais tarde, proprietário duma tipografia. Foi director-presidente da Companhia Comercial e Industrial da Madeira, Lda. Fez parte do 1º Conselho

Directivo da "Sociedade de Concertos da Madeira". Foi presidente da direcção da Sociedade Protectora dos Animais Domésticos. Publicou variadíssimas obras de carácter cultural e na vertente histórica.

Porto da Cruz (1º Visconde do) (1890-1962). O seu verdadeiro nome era: Alfredo António de Castro Teles de Meneses de Vasconcelos de Bettencourt de Freitas Branco. Fez o antigo Curso Superior das Alfândegas, que mais tarde se converteria no Curso de Ciências Económicas e Financeiras. João de Freitas Branco que era seu tio, incentivou-o a inscrever-se na Universidade. Mas, como o seu carácter participativo e patriota, o levou a envolver-se na conspiração monárquica, chefiada por Paiva Couceiro, teve de fugir para Espanha e ficar exilado durante três anos em Paris. Viajou depois pela Europa e quando regressou a Portugal decidiu cursar Direito, na Universidade de Lisboa. Contudo, foi obrigado a fazer o Curso de oficiais milicianos, não tendo completado a licenciatura. Concorreu à Escola de Guerra e foi colaborador directo de Sidónio Pais, tendo capturado o assassino daquele político. Foi jornalista, publicista e polemista. Escreveu em diversos jornais e revistas. Na verdade, foi director da *Revista Portuguesa*. Colaborou no *Diário da Manhã*, no *Diário de Notícias*, na *Brotéria* e nas publicações *Arqueologia e História* e *Das Artes e da História da Madeira*. Publicou obras de carácter político, etnográfico e folclórico. Elaborou uma história da literatura madeirense em 3 volumes, encontrando-se o seu nome, biografia e obra, citados no 3º volume. Este último volume foi publicado em 1953. Contém a descrição da biografia e da obra de 350 escritores madeirenses, no período compreendido entre 1910 e 1952. O mesmo autor escreveu em 1914, *Res Lusitana*; uma tradução do alemão e no mesmo ano, o romance *O Destino*. No ano de 1916 escreveu ainda um estudo patológico, intitulado *Ana Clara*; a novela, *Charcos* e *Contos*, relativos ao exílio. Nesse mesmo ano, escreveu relatos políticos que intitulou *No Exílio* e em 1917, *A acção do Estado nas suas relações com a Igreja*. Posteriormente, em 1919, publicou ainda *Auto da Primavera*, com música de seu primo, Luís de Freitas-Branco. Inspirou-se para escrever esse trabalho que elaborou numa única noite, num conto de sua tia, a 2ª Condessa de Nova Goa, intitulado *O Inverno durava há muito*. Pretendia com esse trabalho, demonstrar que o positivismo demasiado materialista de que era acusado expressar nos seus escritos, por António Sardinha e Cabral do Nascimento, também podia produzir uma obra impregnada de espiritualidade e misticismo. Escreveu em seguida, *Madrinha de Guerra* (comédia em 1 acto) e *Confidência* (episódio dramático). Em 1922, escreveu uma peça em três actos: *A Canção de Salveig*. Data de 1928, a publicação de *Paixão e Morte de Sidónio*, uma das obras mais singulares de Alfredo de Freitas Branco, em que relata com grande realismo o ambiente que se vivia em Portugal nos últimos meses em que Sidónio Pais ainda governava a nação. No fim do verão de 1918, a pneumónica tinha-se instalado no país. Alfredo de Freitas Branco (1ºVisconde do Porto da Cruz) cursava então, como aspirante miliciano a Escola de Guerra, onde a epidemia ceifou algumas vidas. O ditador Sidónio, cuja única preocupação era o povo, esforçava-se para enviar socorros e visitava os locais onde a doença mais dizimava a população, como se fosse o Anjo da Guarda dos portugueses. O Partido Democrata continuava a fazer tentativas para se guindar ao poder, mesmo depois de se ter conseguido debelar a peste. À agitação no Barreiro, segue-se igual burburinho no Porto, em Coimbra e em Lisboa. Quando descreve a noite de 14 de Dezembro, o escritor exclama: "Eu estava na Estação do Rocio, nessa noite trágica!" Na verdade, como colaborador de Sidónio, e porque habitualmente lhe eram confiadas missões especiais e arriscadas, tinha sido destacado para policiar a Estação, nessa noite, antes do presidente viajar para o Porto. Quando Sidónio chegou ao átrio, o povo dava vivas de alegria, que foram interrompidos pelo estampido seco de três detonações. Como Sidónio caiu ferido, o capitão Eurico Cameira levou-o de imediato para o hospital, onde faleceu. Entretanto, um dos assassinos jazia morto. Um outro fugiu, "o homem do capote alentejano", por debaixo dos wagons da linha 5. Mas, um deles, José Júlio da Costa (antigo sargento do Exército, com 25 anos de idade), autor dos disparos, foi detido pelo Visconde e pelo seu colega da Escola de Guerra, Morais Sarmento. Interrogado e preso, seria mais tarde posto em liberdade, sem julgamento. Mas, em Junho de 1926, foi recapturado perto do Porto, onde se encontrava escondido, por J. Fernandes, sidonista dedicado, tendo vivido até ao fim dos seus dias, num hospital psiquiátrico. Este livro descreve ainda as aventuras militares e políticas do Visconde, num clima de intrigas e de guerras internas. Retrata competências e arbitariedades. Regista a acção das Juntas Militares, relembra o que foi a "Monarquia do Norte" e a sua queda, que comenta do seguinte modo: "Não tardou que os monárquicos do Norte, sem apoio no resto do Paiz, com a reprovação do Rei e com o golpe de Estado do Capitão Sarmento Pimentel, se rendessem. Encheram-se então de militares e civis de todas as classes os Fortes e Prisões. Os Democráticos estavam finalmente na posse absoluta do governo..." Discorre alongadamente sobre o regresso democrático, o 18 de Abril e o 28 de Maio.

A obra literária de Porto da Cruz é muito vasta, como se pode verificar, através da consulta bibliográfica do presente volume. As suas obras denotam facilidade de expressão, inteligência, vivacidade de estilo, elegância na exposição das ideias e na selecção dos vocábulos. Depois da Grande Guerra tem uma vasta obra publicada, que também atravessa a 2ª Guerra Mundial. Na realidade, esteve em Berlim, ao serviço da Alemanha onde proferiu palestras ao microfone da Emissora de Berlim. Participou dum grupo de estudantes universitários e de escritores, apelidado "Os cinco artistas vagabundos", em que se incluíam, para além dele próprio, João Cabral do Nascimento, Luís Vieira de Castro, Álvaro Manso de Sousa e Rodolfo Ferreira. Os escritos revolucionários desta tertúlia eram publicados no *Diário da Madeira*. A este grupo inicial vieram juntar-se entre outros, Ernesto Gonçalves e António da Cunha de Eça. Mais tarde, o grupo dispersou-se por motivos partidários, derivados nomeadamente, do núcleo organizado do Visconde da Ribeira Brava.

Alfredo António de Freitas Branco era sócio da Associação dos Arqueólogos Portugueses, do Instituto de Arqueologia, História e Etnografia de Coimbra e da Academia Brasileira de Ciências Sociais e Políticas de São Paulo.

Outros escritores, dignos de ser divulgados, são os seguintes:

Daniel Vasco Correia da Costa (1897-1971). Foi poeta satírico e mestre da Gazetilha. Ficou conhecido pela publicação em 1921, dum belo soneto *A minha Lavadeira*, no *Diário de Notícias* do Funchal.

Horácio Bento de Gouveia (1901-1983). Foi professor do ensino secundário, jornalista e escritor. Licenciou-se em Ciências Histórico-Geográficas, na Faculdade de Letras da Universidade de Lisboa. Leccionou em liceus do continente, e no Liceu Jaime Moniz, no Funchal. Colaborou em diversos jornais e revistas funchalenses e do continente. Era frequentemente convidado para proferir palestras e conferências, tendo muitas vezes sido entrevistado, devido à sua eloquência como orador. Colaborou com a rádio e a televisão, sempre que solicitavam a sua presença, junto desses O.C.S. (órgãos de comunicação social). Pertenceu à Sociedade Histórica da Independência de Portugal. Foi sócio da Sociedade Portuguesa de Escritores e associado do Sindicato dos Jornalistas de Lisboa. A sua produção literária, valiosa e extensa, ultrapassa o período histórico definido nesta obra, pelo que remetemos o leitor interessado em conhecer melhor este escritor, para a leitura da bibligrafia coligida no final deste trabalho.

Maria Tereza de Freitas-Branco (1902-?). Nasceu no Funchal em 1902. Foi educada em Itália e em Inglaterra. Possuía profundos conhecimentos literários e artísticos. Interessou-se pelos assuntos comuns ao Catolicismo. Preocupava-se com os problemas sociais. Colaborou na imprensa católica. Realizou várias conferências, onde revelou a sua vasta erudição.

Sheila Mary Power (1903-1971). Descendia duma família irlandesa que se estabeleceu na Ilha, detentora da firma exportadora de vinhos da Madeira, "Power Drury and Cᵒ"" e duma casa na Quinta Deão, onde foram plantadas as melhores espécies de vinhas, vindas de todo o mundo. Foi escritora e poetisa. Escreveu poesias de cunho religioso e algumas peças teatrais. Também foi musicista e compositora. Por esse motivo, poderia também inscrever-se o seu nome no capítulo "A Arte da Combinação dos Sons". Na verdade, foi uma das maiores musicólogas madeirenses dos princípios do século XX, tendo feito composições para piano, violino e canto, entre as quais se contam: *"Song at the Crib"* (poema); *Lament* (poema e música); *Invocation to the Dawn* (música e poema); *Oh! Incredible Beauty* (poema e música) e *Farewell to Extasy* (poema e música). Teve como colaboradora Mrs. Marion Shanks, escritora que se interessava por Teatro. Organizaram saraus de arte, onde foram levadas à cena, peças da autoria de ambas e exposições de pintura, nos salões da Quinta da Pedra, no Monte. Fundou uma ordem religiosa católica, cujos estatutos apresentou ao Papa Pio XII que também lhe autorizou o uso de hábito para essa congregação.

Luiz Peter Clode (1904-1990). Formou-se em Engenharia Mecânica e Electrotécnica na Universidade do Porto. Colaborou em vários jornais e revistas e publicou obras sobre genealogia e heráldica.

136   *A Verdade Madeirense e a Grande Guerra*

Para que o leitor possa compreender melhor a obra daqueles escritores que viveram nas primeiras décadas do século passado, é imperativo abrir nesta fase do texto, um breve parêntesis para relembrar os conceitos literários que pairavam em Portugal, no que se prendia com a literatura portuguesa finissecular do século XIX e com a que se ia estruturando nos inícos do século XX.

2.18.1. *O Simbolismo*

Nos inícios do século, o Simbolismo esboçava já as suas regras. Não tendo sido apenas um estilo literário, a sua influência estendeu-se ao teatro e às artes plásticas. Segundo alguns autores surgiu em França, a partir de 1857, com a publicação de *As Flores do Mal*, de Baudelaire. Segundo outros, terá surgido a partir de 1881, pretendendo combater o espírito racionalista e cientifista do Realismo-Naturalismo e do Parnasianismo.

O Simbolismo que veio questionar a função poética da poesia, andava ligado e muito perto do Decadentismo, considerando mesmo alguns autores, que se tratava do mesmo estilo literário. Por vezes, tornava-se difícil distingui-los.

A poesia simbolista e a post-simbolista por ser de difícil leitura para as pessoas menos letradas, passou a interessar unicamente as élites cosmopolitas.

Em Portugal, pouco antes de 1890, o Simbolismo-Decadentismo surgiu em algumas revistas publicadas em Coimbra. A data oficial que marca o início deste movimento em Portugal foi 1890, aquando da publicação do livro de poemas de Eugénio de Castro *Oaristos*.

Pretendiam os simbolistas, ao substituir a razão pela intuição, reagir contra o Iluminismo e o Romantismo Progressista. O ano de 1915 marca a data final deste movimento, depois do lançamento da revista *Orpheu* por Fernando Pessoa e Mário Sá Carneiro que iniciaram o movimento modernista. Afirmava o primeiro escritor que era preciso firmar aquela revista porque ela era "a ponte por onde a nossa alma passa para o futuro".

O simbolismo atravessou vários governos, desde o predomínio da monarquia (reinados de D. Carlos I e D. Manuel II) até depois da

Proclamação da República (1910), perfazendo a sua existência vinte e cinco anos.

Em *Art Poétique*, Verlaine preconizava a valorização da harmonia dos sons. Essa valorização da sonoridade vocabular e do ritmo foram recursos constantes e imprescindíveis na poesia simbolista.

Nesta poesia, a par de uma intimidade subconsciente, está latente uma certa obscuridade da realidade interior do poeta, inalcançável pelo seu secretismo.

Os simbolistas pesquisavam o "eu" interior, no sentido de alcançarem o inconsciente e o sonho.

Reduziram à ínfima espécie o discursivo e o racional na poesia. Pretendiam despertar o mistério através dos símbolos ou da musicalidade verbal.

Estes poetas transmitiam ao leitor, através da leitura do texto uma imprecisão de sentimentos, para que assim ficasse presente algo de intuitivo que era preciso atingir, através do símbolo, do intraduzível, do inexplicável, cujo significado apenas se podia sentir.

Definida como uma poesia excêntrica e cerebral, utilizava a sinestesia, em que se misturavam sensações para despertar os sentidos do leitor e a musicalidade através do uso da aliteração (repetição de consoantes) e da assonância (repetição de vogais).

Os simbolistas utilizavam metáforas e analogias, contrariamente ao uso do vocabulário filosófico dos realistas.

A poesia passou a ter como objectivo o estudo do subjectivismo e do inconsciente do "eu" lírico. Embora a poesia, devido às suas características, tivesse sido mais previlegiada, de 1890 a 1915, durante o período simbolista em Portugal, a prosa não deixou de ser cultivada no mesmo período. Os escritores aprofundaram o interior do ser humano e a sua psicologia, analisando as personagens que criavam, de forma pessoal e introspectiva.

Este processo de enriquecimento da cultura e da língua foi um desafio à inteligência dos escritores, tendo-se afirmado desde o início, pela sua originalidade e ineditismo.

Os escritores e artistas sofreram grande influência do misticismo, das religiões, das artes e do pensamento orientais.

Temas clássicos, medievais e orientais serviram de enquadramento para que os poetas simbolistas expressassem os seus estados de alma.

Na Madeira, um poeta de mão-cheia, cuja intelectualidade e valiosos conhecimentos adquiridos em Portugal continental, surpreendem e comovem qualquer leitor, foi no início do século XX, João Gouveia.

João Gouveia (1880-1947). João da Mata Camacho Pina de Gouveia era filho do coronel José Maria Pina de Gouveia e de D. Elisa Matilde Camacho de Gouveia. Casou com D. Tereza da Silva Lemos Guimarães Gouveia.

A obra deste escritor situa-se entre o Simbolismo e o Modernismo. Terá sido um dos inspiradores do Modernismo de *Orpheu*, como tantos outros escritores seus contemporâneos, nomeadamente, Camilo Pessanha e Roberto Mesquita.

Sofreu a influência do poeta António Nobre (1867-1903) autor do livro de poemas *Só* (1892), única obra publicada em vida, tendo as suas restantes obras sido publicadas postumamente. Como simbolista, que realmente era, transbordando interioridade, cantava a melancolia da alma lusíada, citando a palavra "Saudade" e lutava contra a fugacidade do tempo, refugiando-se no passado. Em 1897, este poeta, enfermo de tísica, tinha escolhido o clima da Madeira, numa tentativa de obter a cura. Casualmente, hospedou-se no Funchal, numa casa, em frente da residência onde morava a família de João Gouveia e, daí, nasceu a amizade entre ambos.

Na sua obra poética, António Nobre reflecte um novo romantismo e um lirismo *sui generis* que engrandece o nacionalismo tradicional português, a par de nuances decadentistas dum Portugal provinciano que se ia extinguindo aos poucos. Aliava à sua morbidez pessoal uma inspiração invulgar e contagiante, tendo por esse motivo, contribuído para despertar o estro da poesia, no então jovem-estudante, João Gouveia.

João Gouveia frequentou o Curso Superior de Letras na Escola Politécnica, em Lisboa. Colaborou em vários jornais, revistas e almanaques: *Revista Madeirense* (1901); *Diário de Notícias* (1903); *O Século* (1904); *O Diário Popular* (1905-1909); *Almanach de Lembranças Madeirenses* (1909-1910); *Almanach das Senhoras* (1911--1912). Mais tarde, em 1933, seria também colaborador do *Diário da Madeira*.

A Ilha da Madeira nas Primeiras Décadas do Século XX   139

Em 1900, com dezanove anos, estreou-se na poesia, ao publicar, a obra *Breviário*, que foi bem aceite pela crítica, devido à sua inspiração pessoal invulgar, reveladora dum novo vate madeirense.

Em 1903 e posteriormente, em 1907, veio a lume com um livro de poemas intitulado *Atlante*, com o sub-título, *Tragédia d'Alma*. A alma sofrida, a dor, a saudade, a inquietação, a emoção e a interioridade que transbordam dos versos sentidos de João Gouveia contribuíram para a realização duma obra poética de estrutura modernista que causou um forte impacte nos meios literários madeirenses e lisboetas. O nome do personagem que é retratado naquele livro, Atlante, nome derivado da ilha desaparecida que conserva antigos ideais de liberdade herdados dos seus ancestrais, aponta para que seja o próprio poeta, o que parece estar suficientemente explícito quando descreve de forma intimista o nascimento e as dores do parto da mãe Matilde, assim como o baptismo do mítico Atlante, quando fala do seu professor da escola primária, Rogério ou mesmo quando afirma que o personagem começou a namorar pela primeira vez aos doze anos e, ainda, quando explica que é estudante na Universidade.

Na 1ª edição da obra, executada pela Antiga Casa Bertrand, que data de 1903, a dedicatória de *Atlante* destinava-se ao "Coronel Henrique Rosa", irmão do oficial da Armada João Miguel Rosa, padrasto de Fernando Pessoa. A dedicatória, contudo, já não consta da 2ª edição do autor, datada de 1907.

O livro de poemas divide-se em duas partes: uma introdução (prólogo), constituída pelo poema *Além-Mar* e uma segunda parte, composta por mais vinte poemas. O poema *Além-Mar* que foi escrito em verso tetrassilábico e eneassilábico apresenta contudo, nalgumas estrofes, outras variantes, desde o verso decassilábico e hendecassilábico até ao alexandrino. Pertence ao género épico-narrativo, apresentando um cariz lendário. Narra após a tragédia do desaparecimento da Atlântida, o aparecimento da Madeira, sua sucessora e a odisseia do herói "Atlante".

A Ilha da Madeira é prestigiada pelo poeta João Gouveia logo na segunda estrofe do poema, nos seguintes termos:

"... Madeira... – dizem – que assim se chama
  P'lo manto verde
  Que ella vestia: ..."

E, ainda:

"Nasceu das fúrias
D'um cataclismo..
...Sae d'um abysmo,
Uma donzella cheia de flores:..."

O poeta conclui:

"Porque os seus cumes, as suas fontes,...
Apenas são
Últimos restos, últimos montes
Da velha *Atlântida* de Platão."

Neste poema, João Gouveia revela um lirismo específico e determinante dum elo de ligação entre o Romantismo e o Simbolismo.

Nessa "Terra de bardos, de antigas lendas" foi comtemplada a lenda de Anne d'Arfet e Robert Machin, par amoroso de náufragos ingleses que teriam aportado na Ilha antes dos portugueses. A temática desta lenda já fora anteriormente versada por Bowles (1762-1850), no seu poema *Amores de Robert Machin e Anne d'Arfet.*

João Gouveia conviveu com a classe militar devido a seu pai e seu avô terem feito carreira no Exército. Tinha tendência para a escrita e começou a interessar-se por rádio-amadorismo, por aves e por aeronáutica.

O desejo de ter asas para poder voar era uma preocupação persistente e insidiosa que começou a apoderar-se deste poeta de forma dramática, devido à insularidade, que na maioria dos ilhéus causa sentimentos de angústia, claustrofobia e necessidade de conhecer outros espaços para viver, como se pode constatar no poema *Além-Mar*:

"Tornou-se Atlante que ao sol cresceu,
Qual planta brava n'um cume alpino,
Qual águia livre n'um amplo céu!"

Também nos seguintes versos:

"Filho das águas, de Deus, do ar!...
"Habituaram-se assim meus nervos
"Sobre os abismos...
"Eu sou do mar!

Explicava muito significativamente no mesmo poema, quando se referia ao seu martírio desde há dez anos, sempre que era tomado por ansiedades de imenso espaço:

"Soffria imenso de ir aos rochedos,
Ao alto d'elles,
E não poder
Tentar as azas sobre os penedos...
– Azas que os homens deviam ter..."

Tal como aconteceu na lenda de Dédalo e Ícaro, figuras da mitologia grega que na prisão ansiavam poder voar, também esta mesma tendência se apoderou de João Gouveia desde menino. Este desejo de querer comparar-se às aves e poder voar e a sua problemática relativamente às alturas, a que gostava de ascender, subindo rochedos e penhascos, estão bem expressos e desenvolvidos num artigo publicado em 1967, por Alberto F. Gomes, na revista *Ocidente*, *O Tormento da Altura, na obra de João Gouveia*.

No poema *Além-Mar*, Atlante descreve as suas duas vidas, situadas em tempos diferentes: uma que existiu na Atlântida de Platão, filósofo grego da Antiguidade que afirmava que a Atlântida desaparecera num só dia, afundando-se devido a uma forte convulsão do globo, o que pode estar relacionado com a natureza vulcânica dos arquipélagos (Açores e Madeira). A outra existência baseava-se na sua própria realidade, situada no momento em que narrava o poema.

O autor, logo no início do poema, ao referir-se ao cataclismo que assolou a Atlântida e ao surgimento duma donzela cheia de flores, pretendeu louvar a Madeira que simbolizaria um novo lugar de paz e solidariedade, em contraste com os países em guerra, causadores de todos os holocaustos. Num período de forte agitação popular e conflitos bélicos arrazadores, este poema poderá ter conseguido transmitir a ideia de que a Atlântida, donde a Madeira teria emergido, representava afinal, o desiquilibrado Ocidente do século XX. A nova Ilha permitiria a partir de então, a constituição duma nova sociedade que iria contribuir para a união entre os povos.

À semelhança do poema épico português, *Os Lusíadas*, no seu canto IX, que enquadra *A Ilha dos Amores* e tudo o que aí se passou com os nossos navegadores, também em *Atlante- Tragédia d'Alma*, o erotismo se encontra florescente, nos seguintes versos:

"Ultimamente, na aldeia calma,
– Hoje cidade – que banha o mar,
Jovens formosos
De corpo e alma,
Viram-se um dia para se amar!...
(...E as fontes choram! Ó namoradas!...
...Que n'estas ondas vulcanizadas,
Se as plantas crescem,
Mais cresce o Amor.)

João Gouveia refere-se também à guerra, no poema *Além-Mar*:

"Africas? Índias? Orientes? Terras?
"Hoje, p'ra *estes,* tudo isso é vão,
"Só há vaidades!
"Ó sol das guerras
Anda queimar-nos o coração!"
Mais adiante, acrescenta:

"E acostumado desde creança
Ao Dies Irae do temporal,
Vivendo em guerra, sonha em bonança,
E amando as Forças,
Detesta o Mal."

Na segunda parte do livro, em *Memórias*, no poema *Regresso ao Lar*, surge a figura materna que é tratada pelo poeta com grande veneração, que não exclui a sua admiração como filho, pela sua beleza, como mulher. "...uma mão pequenina... umas unhas rosadas.

A Ilha da Madeira nas Primeiras Décadas do Século XX   143

E aquella mão tão branca, tão pequena e frágil...". Como Fernando Nobre, também João Gouveia neste poema, soube traduzir em versos, a palavra saudade.

"A Saudade a chorar, entra-me na memória,
E recorda-me o sol de um dia ideal de glória".

Em *Regresso ao Lar,* a descrição da viagem marítima de regresso à Madeira que era comum a todo o ilhéu que viajasse até ao continente e que a todos sobressaltava, contém uma abundante simbologia sobre a "água" que está bem patente em diversas frases que configuram o mar.

Algumas imagens demonstrativas do desejo de regresso ao carinho materno, simbolizando o conforto e segurança sentido pelo feto no útero da mãe, plasmam a ânsia comum a todo o madeirense de regressar à terra natal; daí que a mãe e a Ilha da Madeira sejam imagens que sempre estarão intimamente ligadas ao seu coração e à sua memória.

Na secção *Memórias,* poemas como *Por muito amar* e *Minha Cidade* dão continuidade ao poema anterior. O poema *Minha Cidade,* dedicou-o à cidade do Funchal, onde nasceu.

No poema *Lord Byron em Portugal,* onde João Gouveia introduziu figuras de aves, como as pombas e as gaivotas, consegue transmitir algumas das suas preocupações, sendo uma delas a de elevar a nobre estirpe portuguesa. Assim, dirigindo-se a Lord Byron afirmava:

"...E eu, que admiro em ti a Gran Bretanha
Que possue os teus ossos...cinza...aurora!
Tenho no meu Paiz uma montanha
Que lhe escurece a face imperadora.

É forçoso, talvez, que t'o recorde?...
Perdão! Lord! Perdão, se fallo n'Ella:
Nun'Alvares é maior que tu, meu Lord,
Maior que toda a tua parentella."

Na segunda parte da mesma obra, na secção *Sonetos,* encontram-se os seguintes sonetos: *SIC ITUR AD ASTRA, As Moças d'Álem-Mar, Desejo Romântico, A Coimbra* e *Agonia de D. João.* De

Signos constam: *Ao meu Espelho, Garças Immortaes, Felicidade, Beijar* e *Feiasinhas*, que conseguem despertar no leitor sentimentos profundos. A segunda parte desta obra continua a desenrolar-se através da secção *Os Meus Corações,* onde estão integrados poemas, tais como *Saudades-A minha Mãe. A minhas Irmãs* ou *Miserere* e *Zulmi.* Finalmente, em *Meditações* estão contidos os poemas *Penedos* e *O Mar.*

Como estudante em Coimbra, não poderia deixar de prestar o seu preito a essa cidade onde viveu os melhores anos da sua juventude. Assim, dedicou-lhe o seguinte soneto:

A Coimbra lendária das batinas
Que no meu sonho antigo floresceu,
Tinha por sobre as carnações divinas;
Por batina o choupal, por capa o céu.

Cioso do Mondego, e das campinas,
Deixava soltar voo a um sonho meu,
E fugia do mar, e das collinas,
Do mar que tanta vez me adormeceu.

Eu invejava a sorte dos douctores...
A capa!...como havia de a adorar...
Mas o Oceano ouvindo estes louvores
Um dia uivou-me assim: – Mais devagar;
Se o Mondego dá génios e dá flores...
Muitos Mondegos correm para o mar.

Este escritor, embora não tivesse tido o privilégio de possuir asas, como tanto desejava para si e para a humanidade, soube contudo, voar de forma ousada, quando compunha os seus versos, ultrapassar os cânones tradicionais e o romantismo decadente e projectar-se no horizonte duma nova literatura.

Como dramaturgo, publicou entre 1900 e 1908, em colaboração com Jorge Santos, peças teatrais, que foram representadas em teatros lisboetas e estrangeiros. A mais conhecida, *Mar de Lágrimas* é uma peça dramática em 3 actos que trata um conflito amoroso de grande intensidade. Desenrola-se num cenário onde vive uma população marítima. Fazendo parte do cenário encontram-se adereços, como por exemplo, dois livros, que atestam bem as tendências culturais da época, que são as *Líricas* de Camões e a *Bíblia*. Esta peça foi representada em vários teatros do Brasil. A par de uma forte religiosidade, exibe problemáticas que continuam a ser de grande actualidade, como o preconceito e o celibato dos sacerdotes católicos. Em cena movem-se personagens como a jovem Maria (Mariquinhas) que embora estando noiva do pescador José (Zé da Ribeira), se apaixonou pelo seminarista Manuel, filho de António. O pescador quando toma conhecimento do envolvimento amoroso da noiva com Manuel, decide fugir para longe, numa tentativa de esquecer a felicidade que até então sempre sonhara. Os restantes personagens, Francisco, pai de Maria, Antoninha, tia de Manuel e Pau-Velho que representa o eco social da intolerância local, são figuras típicas duma aldeia isolada, junto ao mar. No acto final, o clímax causa elevado grau de emoção nos espectadores que observam a morte da jovem enferma de tuberculose e proibida de amar o escolhido pelo seu coração, Manuel, que poucos minutos depois de a ter beijado, assiste à sua morte. Nesse mesmo dia, a sua "missa nova", como sacerdote, será rezada por alma de Mariquinhas.

João Gouveia escreveu ainda para a revista *ABC*, que se publicava em Lisboa, cujos fundadores foram Mimon Anahory e Rocha Martins, sendo este último director da mesma e Carlos Ferrão o editor. Na revista nº 514, publicada em 1930, a págs 14 e 15, pode ler-se um artigo daquele escritor, intitulado *Da Máscara ao Coração do Romantismo*, em que discorreu sobre a época do Romantismo que para uns foi um símbolo de impotência e desvairamento e para outros a mais bela expansão da alma humana. Disserta sobre o subconsciente e o impulso externo; a razão, em contaste com o irracional e o inconsciente. Tendo encontrado um ponto de ligação entre os escritores românticos e a Filosofia, afirmava que a aquela ciência era a corrente psíquica que cinematizava as élites mentais e que essa corrente tanto se manifestava no cérebro do artista, como no cérebro do sábio, sobrepondo-se ciclicamente na orientação psíquica das civilizações, como força de enigmática origem, por ventura "vinda de fora", única entidade que projectava a caravana terrestre para diversos roteiros. Sublinhava que o Idealismo repousa sobre grandes verdades, equilibrando o mundo, o que sempre caracterizou a Arte em todos os tempos, especialmente, no Romantismo e insurgia-se contra aqueles que irracionalmente achavam que a Arte era amoral.

À semelhança de Leonardo da Vinci, também João Gouveia estudou as aves e a dinâmica de suas asas e movimentos.

Na obra *A Direcção Aérea (Resumo Histórico) – Balões e Aeroplanos* o escritor esclarece, logo no início do 1º capítulo *A Conquista do Ar na História da Humanidade* que a ideia de voo "é de todos os tempos e de todos os povos". Várias são as mitologias que se regem por este desejo ardente de atingir o infinito, cruzando o espaço aéreo. João Gouveia cita a maioria dessas lendas, reflectindo sobre elas. Refere alguns dos génios "simplistas" que se dedicaram ao estudo do voo, como Architas (400 A.C.); Aristóteles; Plínio, o Antigo; Galliano; João Baptista Dante de Perusa; Leonardo da Vinci; Van Helmont; Hooke; Besnier; O Marquez de Bacqueville; Blanchard; Mercier, etc.

Com Leonardo da Vinci poderá afirmar-se que se iniciou no século XV, a história da aviação. Este génio universal fazia múltiplos croquis, quando estudava as aves e os seus movimentos, para posteriormente, produzir as suas máquinas voadoras.

João Gouveia referindo-se à aerostação, recorda que em 1709, se levaram a cabo experiências de aerostática, orientadas por Bartholomeu Lourenço de Gusmão, padre inventor, nascido no Brasil, licenciado em direito canónico pela universidade de Coimbra, que confirmam a prioridade da invenção dos balões para as nações portuguesa e brasileira. Só muito mais tarde, em 1783, se evidenciariam os irmãos Montgolfier, cujas experiências tiveram mais repercussão que as de Gusmão, visto que o seu balão se elevou a 500 metros do solo. A estas tentativas dos Montgolfier, seguiram-se as de Pilâtre de Rosier e d'Arlandes que conseguiram fazer nesse mesmo ano, a primeira ascensão num balão de grandes dimensões. Dois anos depois, em 1785, a concepção do dirigível foi atribuída a Meusnier, tenente de engenharia, que mais tarde chegou a general.

Até ao final do livro, será retratada a história da conquista do ar de forma exaustiva, focando os primeiros "planeurs", os aeroplanos e seus inventores, que sempre se basearam no voo das aves, a que aliavam os estudos de aerodinâmica e mecânica, dirigida à navegação aérea.

A Ilha da Madeira nas Primeiras Décadas do Século XX

Na América, as experiências de Chanute, Herring, Avery e dos irmãos Wright, desde a sua máquina volante; em França, as de Pénaud, Santos Dummont, Voisin, Bleriot, Archedeacon, Ferber, Clement Ader, Levavasseur, Henriot, Nieuport, Deperdussin. Monoplanos, biplanos, hidroaeroplanos inventados em primeiro lugar por Henry Fabre, em França e quase em simultâneo, por Curtiss, na América. As escolas, francesa e americana, as celebridades e seus inventos foram tratadas, neste magnífico livro, de forma admirável e com conhecimento de causa, por este escritor madeirense que cedo recebeu em casa, noções e conhecimentos militares e o gosto pela aeronáutica.

Passado algum tempo, João Gouveia abandonaria o culto das Letras, para se dedicar aos estudos de Mecânica, tendo inventado e construído um aeroplano. Contudo, a construção desse biplano não foi apoiada financeiramente pelo governo português. Mais tarde, contiuando a desenvolver outras potencialidades, dentro da mesma área de conhecimentos, também construiria um aparelho avícola para a criação artificial de galinhas, segundo se pode ler no *Elucidário Madeirense*.

Depois duma avaria na "sua asa voadora", no seu idolatrado aeroplano, cuja patente de invenção conseguiu registar em seu nome, João Gouveia mudou a direcção das suas pesquisas, em direcção às ciências ocultas, cujo estudo era muito apreciado e debatido nessa época.

Em *Almas do Outro Mundo*, o poeta que aderiu às doutrinas de Allan Kardec (1804-1869), demonstrou que acreditava no dinamismo evolutivo, através de sucessivas reencarnações da alma. O Além, o ignoto, foram explorados com alguma profundidade nesta obra.

No início da obra, na sua carta aos editores, afirma: "...o assumpto é vastíssimo, complexo, por certo o mais transcendente de todos, e seria inépcia de minha parte firmar este opúsculo sem declarar previamente que o meu trabalho, que aliás garanto colhido em professores de inconcussa probidade, é apenas uma compilação...de phenomenos".

Reitera que impôs à sua "penna" o registo apenas de factos propriamente "scientíficos" sobre os "quaes" não possa restar a mínima dúvida. Acrescenta: "A alma existe e persiste à vida transitória e visível vêm dizendo do princípio dos séculos, por mil diversas formas, as gerações anonymas, pelas bocas captivantes e eloquentes dos *illuminados"*.

No capítulo *Maneiras de Mediar*, indica a leitura do Prólogo do livro *Do Paiz da Luz* e os diferentes artigos publicados pelo Dr. Sousa Couto na sua revista *Estudos Psychicos*. Anuncia que do novo volume fazem parte, além dos "auctores" do *Paiz da Luz*, Anthero de Quental, Littré, Berthelot, Allan Kardec, Frei Bartholomeu dos Martyres, Thereza d'Avila, Mendes Leal, Carlos Lobo d'Avila, Elias Garcia, Latino Coelho, Alves de Sá, Alves Mendes e outros. Referiu que alguns autores separavam a "phenomenologia espírita da hypnótica". Explicou que Braid foi o fundador da Hipnologia; que o espiritismo e o hipnotismo ocuparam a mente de cientistas como W. Cookes, Curie, Arsonval, Marconi, Lombroso e De Rochas. Cinquenta anos antes da publicação desta obra, as escolas de Paris e Nancy ter-se-iam ocupado de experiências científicas sobre os fenómenos em causa, que foram encorajados a prosseguir, no sentido de se apurar a verdade.

Relatou que desde a Antiguidade, na Grécia e na Fenícia já se faziam experiências hipnóticas para magnetisar qualquer indivíduo (o sujet). Recordou os ascetas contemplativos que atingiam o êxtase, devido à intensidade e fixidez do próprio olhar, à semelhança de outros que também o atingiam, à custa do ópio e do haschisch. Segundo o autor, também os espelhos dos egípcios, teriam sido instrumentos hipnóticos. Na sociedade dos "Yoguise indús", o hipnotismo elevava-se à categoria de "culto". Quanto aos ritos dos aisas árabes, efectuados de forma feroz e selvática, destinavam-se a causar anestesia e sonambulismo lúcido.

Na 1ª parte sobre Hipnotismo descreveu diversos processos hipnóticos, como a credulidade, a catalepsia, a letargia, e o sonambulismo. Relatou dois casos teleplásticos e referiu-se às personalidades múltiplas e à mudança de personalidade.

Na 2ª parte sobre Espiritismo tratou as diferentes maneiras de mediar, e no capítulo sobre a filosofia dos mortos, discorreu sobre os médiuns escreventes, revelando que Allan Kardec é apenas o compilador de comunicações do Além e não o autor dos livros que trazem o seu nome. A finalizar, divagou sobre a evolução do "eu" no Cosmos sem fim.

Foi interessante constatar, no próprio dia em que se escreviam estas breves linhas, que o final do livro de João Gouveia, apresentava a mesma data, mas, cem anos antes (30.IX.08), manuscrita pelo próprio. E, o mais impressionante, foi ter de reconhecer que há cem anos, o autor se encontrava perfeitamente documentado sobre este assunto, tratando-o de forma séria e científica. Este livro como tantos outros que se conservam através dos tempos e nos revelam o pensamento irradiante de mulheres e de homens, transportando-nos a múltiplas paragens, da mente e do espírito, fazem indubitavelmente parte do acervo das mais inestimáveis preciosidades culturais da Humanidade, dignas de ser preservadas e respeitadas.

2.18.2. *O Modernismo*

O Modernismo em Portugal foi um movimento estético em que a literatura e as artes plásticas se encontravam associadas e em íntima ligação com a literatura e a arte europeias, com as mesmas características. Era na Europa, que os escritores e artistas portugueses iam assiduamente pôr-se em contacto com as novas tendências e discernir quais as mais recentes orientações para as diferentes áreas sociais. Esta ligação não inviabilizou a sua originalidade que sempre conservou as características nacionais.

Este movimento foi impulsionado pela geração de Fernando Pessoa, Mário Sá Carneiro e Almada Negreiros. Determinou uma nova concepção da literatura e criou novas relações entre o autor e a obra, situando-se numa época em crise em que se exploravam amplamente os poderes e os limites do Homem.

Em Lisboa, no ano de 1913, organizou-se o núcleo do grupo modernista, tendo alguns escritores que estudavam em Coimbra, como o poeta ficcionista madeirense Albino de Menezes aderido ao mesmo a que se juntaram alguns outros escritores da província.

O modernismo que conseguiu revolucionar muito mais profundamente a literatura que o simbolismo, integrou duas gerações de intelectuais, responsáveis pela sua criação e evolução em Portugal.

Em 1915 surgiu um primeiro modernismo com o lançamento da revista *Orpheu*.

O segundo modernismo iria surgir mais tarde com a revista *Presença* no ano de 1927.

A *Nação Portuguesa* de cariz conservador e a *Ceara Nova* de carácter democrático e progressista foram outras revistas, publicadas anteriormente àquelas que também propunham vias estéticas e políticas modernistas.

A revista *Orpheu*, cujos dois únicos números saíram a lume em Março e Junho de 1915, determinou a introdução do modernismo em Portugal, pela mão dos escritores Fernando Pessoa, Mário Sá Carneiro e Almada Negreiros, que pela primeira vez publicaram poemas de intervenção. Devido a dificuldades financeiras esta revista teve de encerrar as suas actividades, mas o movimento que se organizara em torno da sua publicação continuou, tendo-se mesmo intensificado e desenvolvido. Foi assim possível, prosseguir com uma actividade literária intensa e inovadora.

Por sua vez, o sensacionismo com sua exuberância imagística foi desembocar no futurismo, separando-se do simbolismo – decadentista.

A estética cinematográfica e as imagens em movimento do Cinema impregnaram o movimento modernista de forma singular.

Quanto aos futuristas, tinham a tendência de enquadrar o lado agitado da vida moderna, retratando nas suas obras a euforia cosmopolita e a vibração da civilização mecânica.

O estilo paúlico, criado por Fernando Pessoa, que lhe atribuiu nuances sentimentais relacionadas com o vago, o subtil, o complexo, foi durante algum tempo, característica do movimento modernista, tendo sido abandonado pelo seu criador, passados alguns anos. Sá-Carneiro terá sido um dos que com mais verdade, aderiu a este estilo e o soube representar.

Também as ideias de Sigmund Freud influenciaram sobremaneira este movimento. Segundo aquele psiquiatra, a experiência subjectiva da "mente" baseava-se na representação dos instintos e nas reacções básicas para apreender o mundo real.

Poderá afirmar-se que no Modernismo está contido um humanismo. Do Modernismo virá a despontar depois, o sobrerrealismo.

Relativamente à história literária da Madeira, três nomes se destacaram dos restantes, pela sua originalidade, profusão e elaboração de suas obras em que uma pertinente expressão artística deixa transparecer o sentimento à flor da pele e uma técnica bem aperfeiçoada. Se a estes valores se acrescentar a bagagem cultural, adquirida na Universidade e no contacto diário com os maiores expoentes das artes e das letras, nomeadamente os intelectuais das revistas *Orpheu* e *Presença*, facilmente se adivinhará o grau qualitativo da sua produção literária que nestas páginas, muito sucintamente se tentará divulgar.

Foram eles: Albino Menezes, Cabral do Nascimento e Octávio de Marialva. Tendo sofrido as influências do Simbolismo, podem considerar-se escritores modernistas, pelo aspecto formal e temáticas que afloraram, denunciando essa nova tendência.

Albino Espiridião Telo de Menezes (1889-1949). Pertenceu à "Géração do Orpheu", onde o movimento sensacionista ditava o rumo que unificava a escrita modernista.

Pode afirmar-se com rigor que a obra de Albino Menezes se situa entre o estilo Decadentista- Simbolista e o Primeiro Modernismo.

Cursou Direito em Coimbra (1911-1915), tendo colaborado com Fernando Pessoa em 1912, no *Diário da República* na secção *Portugal Intelectual-Inquérito Literário*, de Boavida Portugal.

Depois de concluído o curso em 1915, foi para Lisboa, onde pertenceu à "Tertúlia da Brasileira". Nesse círculo literário encontrou escritores que colaboravam na revista Orpheu, cujo nº 1 saiu em Março, daquele mesmo ano.

Entre Abril e Maio de 1915 subscreveu a *Crónica da Vida que passa* de *O Jornal*, em que também assinava Fernando Pessoa.

Colaborou no nº 3 da revista *Orpheu* (1915), na revista *Ícaro* (1919) e na revista *Presença* (1927).

Em 1922 regressou ao Funchal, tendo ido para Santana ocupar o cargo de Conservador Notarial. Nessa freguezia sentia-se muito só, longe dos amigos, que sempre que podiam o visitavam, mas fazia-lhe falta o cosmopolitismo e a efervescência da cidade do Funchal. Infelizmente não cedeu ao vício do álcool, que por vezes quase o levava à loucura, tendo sido acompanhado clinicamente nas fases mais críticas da doença.

A sua obra bastante dispersa, revela que experimentou praticamente todos os géneros literários, desde a poesia ao conto e à novela, passando pela crónica e pela epistolografia. Quando era estudante no liceu do Funchal, começou por publicar no ano de 1906, *Discorrendo*, no jornal *A Pátria*. Publicou também textos cuidados e interessantes n'*A Penna* e n' *O Primeiro de Dezembro*. Em 1907, publicou no *Diário de Notícias* do Funchal, na secção *Letras*, um artigo que pode ser considerado um estudo sociológico da Literatura, *Carta de Longe*. Desenvolveu o género epistolar nas suas cartas dirigidas aos amigos e familiares, numa prosa poética de enorme elegância, bordejando o "faits-divers", não deixando contudo, de cultivar dentro daquele género, um estilo mais elaborado e sofisticado, de sabor modernista. As características da sua escrita, desde finais do século XIX, que se alongou pelo início do século seguinte, consignam o romantismo saudosista e nacionalista e, finalmente, o modernismo.

Em 1908, escreveu *Folhetim*, na secção literária do *Diário Popular* do Funchal. Em 1909, publicou o conto *A Última Estrela*, no *Almanach de Lembranças Madeirenses*.

Ainda em Coimbra, entre 1912 e 1919, colaborou em conjunto com Oliveira Salazar, com alguns artigos, no semanário do Centro Académico da Democracia Cristã, *O Imparcial*, cuja direcção estava a cargo de Gonçalves Cerejeira. Foi colaborador de diversos periódicos continentais, entre 1912 e 1916. Publicou artigos de crítica social no jornal *Trabalho e União*.

Os seus contos mais paradigmáticos foram sem sombra de dúvidas, *Após o Rapto*, *A Desflorada* e *A Noite Bizantina*.

Em 1915, colaborou com o conto *Após o Rapto* na revista *Orpheu*, n° 3. O narrador/personagem empregou o estilo monológico, como esteio duma prosa sensual, em que a natureza foi desenhada ao gosto simbolista. Ao utilizar estrangeirismos neste conto, evidencia tendências modernistas.

A consumação duma primeira noite amorosa foi quimericamente desenhada pelo personagem que depois recordaria num futuro longínquo, a intensidade dessa cena de prazer. Intersectam-se por conseguinte, dois tempos no seu imaginário, que mais tarde, segundo a sua opinião, o esquecimento se encarregará de apagar da sua memória.

O erotismo vivido fantasmagoricamente era tema frequente na prosa deste escritor madeirense, que naquele texto empregou dois discursos literários, um de carácter realista, relativo aos desejos carnais, outro poético, que elevava o amor entre um homem e uma mulher, ao plano metafísico.

A imagística poética barroca emoldura neste conto, uma aguda sensualidade, tipificando características do simbolismo e do

A *Ilha da Madeira nas Primeiras Décadas do Século XX* 153

decadentismo, enquanto a sonoridade da palavra, se sobrepõe aos enfeites da retórica.

Assim, a paisagem foi desenhada neste conto, ao sabor decadentista em que flores e perfumes se entrelaçam "...nas áleas viridentes de parques e jardins". O autor dá lugar de destaque diacrónico, ao cair da tarde, ao poente, à noite, ("... sombria paisagem da noite") ao luar, (" o luar se engrinalda de bouquets de estrelas brancas"), à sombra ("...a sombra craionada").

Morbidez, definhamento, conceitos fúnebres e soturnos perpassam constantemente o texto, como se pode apreciar através das expressões "...algum cadáver de beijo enlanguescido", "...certa silenciosa viuvez" ou "...o silêncio dum imenso cemitério".

O idealismo surge através de frases como: "...o platonismo lírico de olhar" ou ainda, "...sendo juncado de poemas o formilhamento do azul" e "...a langorosa doçura desta eternal afeição".

Porém, o desejo erótico difuso também está bem patente neste conto, através de expressões como: "...deliroso prazer", "...estremecimentos na carne, irradiando em tremelinas no corpo", "...certa saudade de inumeráveis desejos" ou "...a coloração creme ebúrnea da carne", "...contactos ígneos de duas chamas na mesma labareda", "...encadeamentos fluidos" e "...enrodilhar de musculaturas".

Vastíssima adjectivação percorre todo o texto, evidenciando-se em: "...desejo alucinado", "...fidalguíssimos prazeres", "...flamengo loiro esmaecente" ou "...energia aeriforme".

O gosto pelo cromatismo, a exuberância lexical e o singular encadear sintáxico, que caracterizam este conto de Menezes, fazem parte das características dessa maravilhosa e inesquecível literatura finissecular.

No conto, *A Desflorada*, publicado no jornal *O Povo*, em 13 de Janeiro de 1916, Albino Menezes tratou novamente o amor humano de forma simultaneamente sensual e platónica, vagueando sinuosamente entre a realidade e a ficção.

Expressões como "...ara sacra...", "...óleo sacro", "...a essência melhor da tua vida" ou "...um aroma de incenso ou mirra velha..." revelam uma oculta religiosidade do autor cuja visão do amor passa por uma dimensão espiritual, que não exclui contudo, o seu intenso erotismo.

A fraseologia rebuscada indica as tendências decadentistas da época, como por exemplo em "...uma frieza inteiramente álgida..." ou em "...inermemente cadaverosa como um pequenino corpo de príncipe morto".

O idealismo encobrindo o desejo erótico evidencia-se em: "...cioso de estrangular-te como à frágil faiança que o meu sonho entesoirava dos esmaltes do meu gosto".

O erotismo que assaltava o personagem deste conto extravaza nas seguintes afirmações: "...em que a tua sede reclamava o meu desejo.", "...se o teu contacto bastava a enlouquecer-me?" e "...todo o homem exageradamente sexual como eu perde a razão."

A passagem do tempo, porém, leva-o a designar a amada, como "...voluptária sombra nupcial que minha memória engrinalda de legendas...".

Finaliza, dizendo que: "Nem mesmo nos períodos de renúncia... deixei de crer em ti. Porque toda essa memoração do prazer vivido que seja num só dia, por todo o tempo resta em nós, como certa sugestão imorredoiramente perdurável..."

Em 10 de Maio de 1921 publicou no *Diário de Notícias* da Madeira, um conto intitulado *A Noite Bizantina*.

Desta tríade, é este o conto em que se manifesta o culto estético pelo orientalismo. Tal tradição foi muito explorada pelos modernistas, a quem também agradava divagar sobre a temática da morte e seus mistérios insondáveis que conduziam a temas esotéricos, muito em voga nessa época.

Em *A Noite Bizantina*, o personagem que se expressa através do solilóquio, evade-se da realidade, através do sonho, buscando a sua "alma rara", tema mítico originário do Oriente, em que o poeta suplica à sua bem-amada, no caso vertente, uma personagem abstracta, que apareça fisicamente. O espiritualismo decadentista, o cruzar de tempos e espaços, a fantasia, a arte rebuscada que o autor utiliza na selecção vocabular e nos vocativos empregues para exprimir o que sente pela amada, bem como o uso de metáforas religiosas são alguns dos artifícios patentes neste conto.

A paisagem aqui retratada não se subtrai à que caracteriza este período decadentista e modernista da vida literária do autor, sendo aqui focados: "...certo luar de morte espairece...", "...as áleas dormentes das cruzes..." e " uma coroa de flores de amaranto...".

A religiosidade manifesta-se através das seguintes frases: "...por entre os perfumes da mirra...", "...povoa a hora dum imenso odor de missa e de resina os hálitos da noite..." e "...a escorrer uma doçura escandinava de lágrimas de Deus...".

A languidez, o enlanguescimento, o esoterismo marcam presença neste conto e perduram em expressões como: "...a magoada morbidez do teu desejo..." e "...que as tuas palavras se sepultem no imenso lago do teu silêncio de Fria e de Deusa Neerlandesa...".

O gosto pelo cromático, revela-se em "...poentina boémia lilás do anoitecer...", "...tons de neve e de marfim..." e " do céu descendo com mensagens brancas do azul,...".

O culto pelo orientalismo, patenteado no título que sugeriu este conto, continua a desenvolver-se solto e seguro, como por exemplo, na frase "...numa homenagem pagã..."

Sem sombra de dúvida que o erotismo subjacente ao personagem não poderia deixar de se revelar com arrebatamento, como sucede nas proposições seguintes: "...ao considerar a nudez pecaminosa do teu vulto..." ou "...sobre essa nudez primitiva..." e na sua continuação frásica.

O poeta suplica à sua "outra alma" ou seja à sua amada, que surja junto dele para se amarem e realizarem: "...Desce por consequência e vem, para que eu te estrangule na febre dos meus braços...".

Por fim, o personagem continuará sempre, à espera da sua amada!

"...Lento e lento o tempo lento, os dias passam."

"...venha a velhice tocar-me... toda tu hás-de saber revelar-te dum surpreendente encantamento...".

Precisamente, com o título deste mesmo conto, editou a DRAC (Secretaria Regional do Turismo, Cultura e Emigração), pela primeira vez, em 1991, uma obra em que a selecção de textos, prefácio e notas foram da responsabilidade do conhecido historiador Nelson Veríssimo.

Facilmente se poderá reconhecer nesse mesmo trabalho, uma pesquisa bibliográfica bem estruturada e sistematizada sobre o escritor Albino Menezes.

Da produção literária recolhida, constam textos e variadíssimos contos do autor de *A Noite Bizantina*, que já tinham sido publicados em diversos periódicos, como o *Almanach de Lembranças*

Madeirenses, a revista *Ícaro,* o jornal *O Povo,* o *Diário de Notícias,* o *Diário da Madeira,* a *Folha de Viana* e *O Jornal.* Integram ainda esta obra, três textos de ensaio para um estudo de observação psicológica, com o título *Ruth Eleonora.*

Outro conto de Albino Menezes publicado no *Diário de Notícias* do Funchal, em 25 de Dezembro de 1925, duma rara beleza, transbordando religiosidade e que revela as tradições madeirenses na época do Natal, que na Madeira se designa como a "Festa", foi sem dúvida, *Era uma vez, um Natal, em Pequenino....*

Este conto tradicional sensibiliza o leitor pelo seu conteúdo. O autor através da vivência dum rapazinho doente em casa, impedido de ir à Igreja que ficava distante e que se encontrava acompanhado por sua mãe, descreve como se vive o Natal madeirense.

A natureza na aldeia era agreste, por detrás dos montes, onde se fazia sentir a trovoada, sobre o mar.

"... mais frio em Dezembro, o luar pálido; e à noite, a terra era coberta de lua e trigo verde".

Por sua vez, a pequena mesa de pinho, rectangular e limpa e a toalha nova do puro linho silvestre sugeriam um altar para Jesus. "...a mesa como parecia incensar o ambiente do aroma que têm as madeiras de pinho ainda frescas, difundindo pelo ar o seu hálito agudo e acre de resinas...".

A arte de combinar as cores está bem patente neste conto, em frases como: " tardes de topázio" ou "as manhãs já não eram de lilás", "as searas verdes", "raminhos de murta e laranjeira".

Finalmente, Jesus ia nascer na "lapinha" (presépio madeirense) e o menino retratado no conto, na sua visão infantil concebia o Salvador como se tivesse cabelos loiros de luz e olhos azuis.

Muitos outros belíssimos contos do mesmo autor se notabilizaram pelo requinte da escrita, aliada a um elevado padrão de conhecimentos linguísticos e literários.

Os mais conhecidos foram: *A última estrela*; *Antes do banho, à beira da piscina*; *Dulce, a dolorosa*; *Ao regressar da praia*; *Aline, a bela ausente*; *No bosque*; *Palavras de amor e de ternura*; *Bíblia de amor pagão*; *Recordações de viagem*; *Estudo para um conto de amor*; *Maria Romana*; *Os Vagalhões do Amor*; *Alegria de flor de laranjeira*; *Plantas, flores e jardins*; *O colar de pedras finas da rainha Rimini*; *Boémia lilás do entardecer*; *Febre & Fogo*; *Cor de oiro e cor-de-rosa*; *Música estival*; *O serão da Embaixatriz* e *A divina ilha*.

Albino Menezes escreveu entre outros, um artigo de crítica literária sobre o livro *Descaminho*, de Cabral do Nascimento, publicado no *Diário de Notícias do Funchal*, em 1926.

João Cabral do Nascimento (1897-1978). Representou na Madeira uma quota-parte do simbolismo, movimento que no seu tempo de estudante, predominava na Europa.

Este escritor e poeta frequentou em Lisboa, a Faculdade de Direito, de 1915 a 1919. Devido a circunstâncias que se prendiam com o final da Grande Guerra, regressou ao Funchal. Mas, em 1922 voltou ao Continente, desta vez a Coimbra, onde se licenciou nesse mesmo ano. Quando regressou à Madeira tomou a decisão de se estabelecer como advogado, o que concretizou, embora por pouco tempo, visto a sua tendência ser a escrita. Dedicou-se à investigação histórica e ao ensino, tendo feito muitas traduções para português, de importantes escritores da literatura francesa, inglesa e norte-americana. Esta última actividade pô-lo em contacto com as influências literárias francesas, passando a ser seu modelo, o poeta Verlaine.

Quando iniciou o seu percurso literário, experimentou o sensacionismo e o nacionalismo, ao gosto dos anos vinte.

A sua obra é muito extensa, pois para além de antologias literárias, documentos históricos e livros de poesia que publicou, escreveu inúmeros artigos para jornais e revistas, manuscritos, versões e traduções, adaptações e resumos, tendo contribuído com a sua colaboração e conhecimentos (1931-1951), para enriquecer o *Arquivo Histórico da Madeira*, órgão do Arquivo Distrital do Funchal.

Traduziu autores célebres como: Henry James, Charles Dickens, Hans Christian Andersen, Edgar Allan Poe, D.H. Lawrence, Thomas Hardy, Óscar Wilde, F. Scott Fitzgerald, Erich Maria Remarque, Daphne du Maurier e Anatole France.

Este autor iniciou a sua carreira literária influenciado pela literatura de *Orpheu,* com o apoio de Fernando Pessoa. Contudo, com o decorrer do tempo, veio a verificar-se que a sua obra poética se situava entre os movimentos de *Orpheu* e da *Presença*. Embora nunca tivesse colaborado em nenhuma delas, revela na sua obra uma convergência de diferentes tendências do Modernismo.

Conseguiu burilar o ritmo dos poemas e recriar o tradicionalismo português, despojando-o de retóricas artificiais, prática comum aos seus homónimos, na segunda década do século XX.

Far-se-á referência à sua poesia que no âmbito do panorama simbolista da época, convém conhecer.

Publicou em 1916, um poema em sonetilhos *As três Princesas Mortas num Palácio em Ruínas*, que Fernando Pessoa elogiou na revista *Exílio*. No ano seguinte, publicou um poema épico em oitava rima: *Além-Mar*, onde exaltou o espírito aventureiro dos navegantes portugueses, personificados em Gonçalves Zarco e Tristão Vaz Teixeira, descobridores/colonizadores do arquipélago da Madeira.

Ainda em 1917, publicou *Hora de Noa*, em que seguiu uma via tradicionalista. Em 1924, deu à estampa, *Alguns Sonetos*, conservando nesse trabalho um neoclassicismo moderado. Em 1926, produziu *Descaminho*, em que abandonou os antigos cânones que lhe espartilhavam o pensamento, passando desde então, a percorrer as veredas da interioridade. Em 1928, veio a lume, com *Arrabalde*, onde desenvolveu as intenções iniciadas na obra anterior.

Foi considerado pela crítica um modernista e um saudosista, devendo-se esta última nuance, à sua condição de ilhéu, a quem a insularidade deixaria marcada na alma o amor à sua ilha, ao seu mundo da infância e da adolescência, tão calmo em relação ao ambiente das grandes cidades onde viveu, como Lisboa, em que apesar de ter conhecido muitas pessoas e participado da efervescência citadina, não conseguiu apagar a solidão que lhe invadia a alma.

Foi depois de decidir ir residir definitivamente na capital que passou a assinar os seus poemas apenas como Cabral do Nascimento.

Este autor, exprimiu os seus sentimentos e estados psicológicos, utilizando a rima e as formas poéticas tradicionais medievais, como o rimance, a endecha, o epigrama, a quintilha, a sextilha, a décima ou o soneto.

A sua poesia reconhecida como muito original é anti-retórica, intimista e musical, onde o ritmo, marca em sussurro, a confidência.

Como mestre na utilização vocabular e nas regras linguísticas que regulavam as frases, afirmava que amava as palavras como se fossem de prata maleável, moldando-as a seu gosto, modificando, ora o seu comprimento, ora a sua ligação ou separação, e que as fazia nascer em seguida, com novo brilho, sonoridade e colorido.

A Ilha da Madeira nas Primeiras Décadas do Século XX

Esmerando-se na selecção de associações de ideias invulgares, despertava no leitor a relação simbólica que introduzia propositadamente nos seus poemas, para conseguir a evasão do pensamento e a vivência quimérica.

Mas, nessa ânsia de viver em fantasia, estava latente o seu sofrimento por não poder viver eternamente na realidade, tendo sido a perenidade do tempo, o tema fulcral da sua obra, como num poema que integra o livro *Descaminho*, onde se pode ler:

"Nas ampulhetas decorre
O tempo tão recatado!
Recomeça do outro lado
Quando toda a areia morre.

Em poeira fina escorre
E lembra, mal comparado,
Loiro príncipe encerrado
Toda a vida numa torre.
Horas tristes e cativas,
Andam mais mortas que vivas,
Tão simples e tão inquietas,

Que de si próprias se esquecem
E sempre as mesmas parecem
Ao virar as ampulhetas.

Este soneto foi composto em rima interpolada e em versos heptassilábicos (redondilha maior). O esquema rimático dos tercetos é: c-c-d; e-e-d.

Sofreu a influência de Camilo Pessanha em vários poemas, alguns dos quais inseridos no *Cancioneiro*, uma das suas principais obras poéticas, publicada mais tarde, em 1943.

Conviveu com os expoentes máximos do seu tempo, como Fernando Pessoa, Eugénio de Castro e João de Deus.

A sua cultura evoluíu de forma irreversível, desde que estudou no continente e se familiarizou com as ideias em voga, tendo absorvido algumas e refutado muitas, pelo seu temperamento independente e selectivo.

160   *A Verdade Madeirense e a Grande Guerra*

Apelidaram-no de "Clássico da Modernidade". Na verdade, os seus versos podem considerar-se sempre actuais.

Transcrevem-se abaixo, outros dois poemas deste "lírico" madeirense, contidos na obra *Descaminho*, publicada em 1969, em Lisboa. O primeiro, vem inserido na secção, *Alguns Sonetos* e o segundo, está contido em *Arrabalde*.

> Algum tempo vivi com esta gente
> E tivemos ideias semelhantes;
> Mas hoje, olho e procuro, e já distantes
> Oiço as vozes dos homens, vagamente.
>
> Porque me sinto longe, e indiferente
> A tanta coisa que eu amava dantes?
> Um tédio de horas vãs e torturantes
> Se abre como uma flor, em minha frente.
>
> Eis vou agora em divinal caminho
> E, coroado de estrelas, adivinho
> Os mistérios da vida e do universo;
>
> Mas, a um rumor do mundo, acordo aflito
> E vejo-me de novo circunscrito,
> A lapidar, mortal e humano, um verso...

As quadras deste soneto foram compostas em rima interpolada e verso decassilábico. Quanto à estrutura rimática dos tercetos foi a seguinte: c-c-d; e-e-d.

No segundo soneto, transcrito em baixo, verifica-se que o poeta usou novamente, a rima interpolada e o verso dacassilábico. Contudo, a estrutura rimática dos tercetos regeu-se pelo esquema: c-d-c; d-c-d.

> "Neste cruel e amargo desconforto,
> Neste abandono lânguido e tristíssimo,
> Escuto o som da sua voz: dulcíssimo
> Como uma fonte no frescor do horto.

Aquela voz é um som distante e morto,
Um murmúrio apagado e tenuíssimo,
Que aos meus ouvidos chega em pianíssimo
Eco das ondas a banhar o porto.

É aquela voz um som distante e incerto
Que vibra e geme e, cândido, estremece
Na alma; é ao mesmo tempo longe e perto.

Voz que, talvez, nem se ouve, e bem parece
Vir não sei donde...e se perder decerto
Não sei em quê...Mas voz que não se esquece.

Ao finalizar o presente texto, relativo à vida e obra de Cabral do Nascimento, optou-se ainda por extrair dois poemas do seu *Cancioneiro*, para que o leitor pudesse sentir um pouco mais de perto, a verve deste poeta madeirense. O poema *Canção Qualquer* foi composto utilizando cinco quadras, em verso heptassilábico (redondilha maior) e trissilábico, de rima cruzada:

"Nos passeios plantei vinha,
Macieiras no pomar.
Água, porém, não na tinha,
Só do mar.

Não deram folhas ao vento,
Nem aromas, nem matizes,
Nem um único rebento,
Só raízes.

Topei um poço, no chão,
Com seu balde pendurado.
Tinham as plantas, então,
Já secado.

Quis revivê-las...Mas ai!
Dissabores deste mundo!
Quebro a corda, o balde vai
Ter ao fundo!

Não hei-de plantar mais nada,
Só se for ruins restolhos
De erva que seja regada
Por meus olhos.

Integrado no *Cancioneiro*, encontra-se o poema *Cantiga*. Compõe-
-se de um dístico e três quadras, em verso octossilábico, de rima cruzada.

Deixa-te estar na minha vida
Como um navio sobre o mar.

Se o vento sopra e apaga as velas
E a noite é gélida e comprida
E a voz ecoa das procelas,
Deixa-te estar na minha vida.

Se erguem as ondas mãos de espuma
Aos céus, em cólera incontida,
E o ar se tolda e cresce a bruma,
Deixa-te estar na minha vida.

À praia, um dia, erma e esquecida,
Hei, com amor, de te levar.
Deixa-te estar na minha vida.
Como um navio sobre o mar.

Para além de Verlaine, Valéry teria sido outro poeta francês que
tocou de muito perto, a sensibilidade deste advogado-poeta-historia-
dor-professor-investigador e tradutor que soube beber nas fontes
adequadas da tradução, aquilo que de mais belo, só os simbolistas
franceses, ingleses e belgas conheciam.

Octávio de Marialva (1898-1992). Octávio José dos Santos foi prosador e poeta de grande mérito. O seu nome destacou-se junto dos seus conterrâneos quando publicou em 1923, *A Morte do Cisne* e em 1926, *Iokanan ou o Bailado de Salomé*.

Aos dezasseis anos, dedicava-se às ciências ocultas. Em Lisboa, privava com personalidades esotéricas, quando frequentava "A Brasileira", no Chiado.

Viajou durante alguns anos pelo estrangeiro, passando pelas Antilhas, pela Costa Rica, pelos EUA, pela Grécia, pelo Cairo, pelo Tibete e pela Sicília. Regressou a Lisboa. Seguidamente, foi conhecer o arquipélago açoriano e voltou para o Funchal onde tinha nascido. Dedicou-se à poesia e ao conto.

Integrou a géração da *Presença*. O seu percurso literário iniciou--se em 1914, quando começou por fazer entrevistas a personalidades conhecidas de visita à Ilha, obtendo desta forma, o seu cartão de jornalista. Colaborou na imprensa regional e estrangeira.

Em 1916, publicou no *Trabalho e União* um soneto alexandrino, dedicado a sua mãe.

Entre 1916 e 1917 escreveu poesia que publicou no *Diário da Madeira*, no *Diário de Notícias*, em *O Progresso* e no *Trabalho e União*.

Em 1917, publicou o seu primeiro livro de poesias, *Vislumbres*.

Em 1918, depois de ter alterado o seu nome verdadeiro, Octávio José dos Santos, para Octávio de Marialva, publicou sonetos no *Diário de Notícias*.

Frequentou em conjunto com Horácio Bento de Gouveia e Marinho Lopes, "A Tertúlia dos Jovens Pagãos" que funcionava na Estrada do Conde de Carvalhal.

Publicou diversos opúsculos, em prosa e em verso: *Autoverdade* (poema); *Auto-Expressão*; *Cavalgada Heróica*; *Divino Paraíso*; *A Cortesã do Palácio Pitti*; *O Reino dos Génios*; *O Segundo dos Fakires*; *A Sinfonia do Eu* (poema); *O Verdadeiro Colombo*; *Victoria de Samotrácia*, *O Bebedor de Sangue*, etc.

Escreveu ainda: *Yoga: Ciência da Unidade*; *A Nova Psicologia: Ultimatum à Morte*; *Satania Gioconda* e *Visões*.

Traduziu diversas obras teosóficas. Os traços místicos e metafísicos da sua personalidade iriam aproximá-lo de Fernando Pessoa.

164 *A Verdade Madeirense e a Grande Guerra*

Em 1922, escreveu o soneto *Ícaro*, em que revela tendências modernistas. Escreveu contos e novelas de conteúdo ocultista, em que criou personagens exóticas, que foram muito bem aceites pelo público e pela crítica. As mais conhecidas foram: *O Mistério do Invisível*; *Polícia Mental*; *O Testamento dum doido*; *O Caso do Professor Zorok*; *Século 100*; *A Mulher que detestava os homens*; *A Princesa Russa.*

A partir dos anos 30, a personalidade deste escritor com uma obra vasta e complexa, que se especializou em ciências esotéricas no estrangeiro, sofreu alterações que eram bem visíveis na sua criatividade.

A sua personalidade desdobrou-se em duas: a de Octávio José dos Santos e a de Octávio de Marialva, que por sua vez se foram desenredando em três novas personalidades do mundo do seu sonho, pseudónimos insólitos, máscaras ou nomes literários: Príncipe d'Arcádia, Cavaleiro do Cisne e Filósofo Y. Sem dúvida que essa hábil e carismática forma de apresentação muito deve ter agradado aos leitores, sempre ávidos por temas culturais e inovadores, nesses primeiros cinco lustros do século XX.

Sob a máscara de Príncipe d'Arcádia, publicou poemas neo-realistas: *Olimpo, Vitória, Cavalgada, Salomé, Religião, Policórdio, Intemporais, Sátiras, Ninfeia, Corifeus, Velocino, Messias, Heróis, Rapsódia, Diadema* e *Momento.*

Do 1º livro, *Olimpo-25 Poemas da Grécia*, poderão considerar--se *Calipso, Vénus, Apolo* e *Ícaro*, alguns dos mais belos poemas, aí contidos.

Analisaremos como exemplo, o soneto *Vénus*, que transcrevemos.

"A Deusa que eu amar, há-de ser bela
e radiosa como a Vénus Grega.
Na carne, a cor pagã que me arrenega.
Na alma, o ardor de uma cantante estela.

Há-de ser bela e tão fatal, que (ao vê-la),
minha fronte de Artista fique cega
para toda a beleza que não chega
à beleza da helénica donzela.

Com febre e sonho, amor, ansiedade,
meu braço no seu peito, a flor de jade,
se enlaçará, numa união perfeita.

Persiga-me, depois, estranha sorte...
Que importa? Hei-de vencer a própria Morte
Na arte em que eu cantar a Deusa Eleita!"

Pode constatar-se que este soneto foi escrito em versos decassilábicos, sendo a rima das quadras, interpolada. A estrutura rimática dos tercetos é: c-c-d; e-e-d. O mesmo acontece com o soneto seguinte, intitulado "Apolo", que também se deixa aqui transcrito, para que o leitor possa conhecer mais de perto o sentir estético do poeta Octávio de Marialva.

"Herói!, herói! Ó semideus radioso!
Tu lembras o antigo e nobre atleta
Ateniense. É como estátua erecta,
No Pórtico, o teu corpo majestoso.

És forte, és belo. O sonho do esteta
Não creio conceber mais precioso,
Humano busto escultural, nervoso,
     nem plástica soberba, mais correcta.

Ao contemplar-te a graça e o vigor,
Eu vejo a mão do mágico escultor
Que outrora modelou teu mármore eterno.

E sinto, em mim, não sei que labareda
Gloriosa e suprema, que me arreda
Do decadente espírito moderno!

Com o nome literário de Cavaleiro do Cisne, publicou os seguintes estudos psicológicos: *"Sibilas"*, *"Farsas"*, *"Contos"*, *"Silêncio"*, *"Citaredos"*, *"Crítica"*, *"Estética"*, *"Comando"*, *"Legenda"*, *"Sínteses"*, *"Ideário"*, *"Simpósio"*, *"Papiro"*, *"Fantoches"*, *"Rosacruz"* e *"Milénio"*.

Finalmente, sob a personalidade de Filósofo Y, publicou os seguintes livros, contendo textos esotéricos: *"Soluções"*, *"Sapiência"*, *"Cátedra"*, *"Polémicas"*, *"Mistérios"*, *"Cabala"*, *"Iniciação"*, *"Panaceia"*, *"Trofotécnica"*, *"Mentalismo"*, *"Astrognose"*, *"Arcanos"*, *"Suma"*, *"Astramundo"*, *"Universo"* e *"Profecias"*.

De entre os seus múltiplos escritos, *Panaceia – 20 Estudos de Trofotécnica*, foi aquele em que segundo a nova escola naturalista que então criara, a Trofotécnica, esclarecia os leitores sobre os prejuízos para a saúde, de determinados alimentos, ensinava como se devia comer, incentivava a ingestão de alimentos naturais, citando as virtudes dos mesmos, expunha várias medidas higiénicas e profilácticas para se atingir a longevidade e explicava como se obtinha a cura para determinadas doenças e a acção fisiológica das glândulas, etc.

No início dessa obra, numa nota de abertura intitulada *Magister Octávio de Marialva-Mestre e Cultor Genial da Ciência da Arte e do Espírito*, assinada por Mota de Vasconcelos, da revista *Madeira-Açores*, o escritor foi apelidado por este último de "luminar de selecto escol", podendo ainda ler-se no mesmo texto que Octávio de Marialva era doutorado em Ciências Teosóficas pela Universidade da "Star", de Adyar.

Também Gabriel Brazão Vieira da *Revista Portuguesa*, assinou um texto que se seguia ao texto de Mota de Vasconcelos, dentro da mesma obra, intitulado *O Estro Neo-Realista*, em que asseverava que a personalidade do poeta estava dominada por uma profunda inquietação, que se relacionava com o problema da Eternidade, chamando-lhe "o mago que se debruça sobre o abismo do Além". Acrescentava que: "Ferreira de Castro, João Gaspar Simões, Artur Portela, John dos Passos, Fernando Pessoa, Afonso de Bragança e mais alguns vultos críticos e literários, discutiram e criticaram a sua obra, que o mundo mental português e americano já conhecia e admirava.". E, interrogava-se: "Grande poeta? Filósofo? Sócio da Rosacruz? Ocultista?"

Este escritor era conhecido como Magister Octávio de Marialva. Doutorado em Ciências Teosóficas e com o título de Magister da Universala Ordeno de Antares.

João Brito Câmara (1909-1967). O estudo deste escritor madeirense que integrou o Modernismo, não será desenvolvido neste trabalho, por extravasar o período histórico definido no mesmo. Regista-se porém, a sua existência, por fazer parte de um grupo de escritores modernistas madeirenses de élite. Movimentou-se entre a Advocacia e as Letras. Integrou como o escritor anterior, a géração da *Presença*, mas o seu percurso seria a caminho do neo-realismo.

2.19. As Armas e as Letras

Julgou-se que seria útil para o leitor destacar separadamente, a produção literária dos militares madeirenses de carreira, cujo mister implicando riscos constantes, nunca os dissuadiu ao longo dos séculos de permanecerem ligados à cultura, nomeadamente à literatura, à história, à comunicação social, à ciência e às artes. Muitos deles foram docentes, tendo contribuido para difundir importantes conhecimentos junto da sociedade civil.

Na verdade, a cultura é para esses homens do exército, um refúgio espiritual, onde se sentem pacificados e úteis. Na verdade, a sua formação bem estruturada nos vários ramos do saber, permite-lhes produzir obras que são um precioso legado para a humanidade e revelam conhecimentos bem alicerçados, quer no âmbito linguistico, quer sobre as mais diversas temáticas versadas. Seja em prosa, no caso de ensaios, monografias ou relatos históricos, seja em poesia ou quando escrevem peças para o teatro, esses escritores têm sabido, desde há longa data, honrar e enriquecer a sua terra-natal e consequentemente, contribuir para engrandecer o nome de Portugal.

Desde finais do século XIX e nos primeiros decénios do século XX, a mesma atitude se verificou.

Restringindo o estudo sobre o período citado, ao campo das letras, como convém ao presente trabalho, passa-se sem mais demora, a divulgar o brioso desempenho de alguns militares madeirenses que mais se distinguiram nessa mesma área, referindo sucintamente os seus nomes e os livros que publicaram.

Para além da pesquisa obrigatória das obras *Elucidário Madeirense* de Carlos Azevedo de Menezes e do Pde. Fernando Augusto da Silva e *Registo Bio-Bibliográfico de Madeirenses – Sécs XIX e XX.* de Luis Peter Clode e ainda da obra *Os Militares e a Literatura Madeirense – Reflexões e Notas* de João David Pinto Correia, foi

168 *A Verdade Madeirense e a Grande Guerra*

possível identificar aqueles militares que mais se notabilizaram pelos seus trabalhos.

Assim, poderão citar-se:

José Cupertino de Faria (1866-?). Escreveu uma obra intitulada *O Arquipélago da Madeira*, publicada em 1901.

Vasco da Gama Rodrigues (1888-1977); Manuel de Sousa Brazão (1884-1923); Manuel Pereira da Silva (1863-1939) e Gastão Ribeiro Pereira (1886-1958) foram uma pleiâde de militares que se dedicaram a escrever sobre temas especializados, desde os técnicos aos militares e linguísticos.

José Vicente de Freitas (1892-1952). Oficial do exército da área de Infantaria e com o Curso Superior de Ciências da Escola Politécnica, também foi professor, tendo publicado em 1910, *Um livro de Leitura para a 4ª classe das Escolas Primárias*. Em 1928 foi promovido a general. Mais tarde, foi eleito Presidente da Câmara de Lisboa. No governo do presidente António Óscar Carmona foi presidente do Conselho de Ministros.

Alexandre José Sarsfeld (1856-1926). Escreveu: *Leitura para os meus Filhos* e *Educação*. Foi colaborador de jornais e revistas madeirenses e continentais.

Aires de Ornelas e Vasconcelos (1866-1930). Fez o curso de Estado-Maior nas Escolas Politécnicas do Exército. Fundou a *Revista do Exército e da Armada*. Em 1901 foi director do Jornal das Colónias. Em 1906, no governo de João Franco ocupou a pasta ministerial da Marinha e Ultramar. Com a Implantação da República pediu a demisão de oficial do exército e saiu de Portugal. Nas sessões legislativas de 1918 e de 1922 foi deputado pela Madeira e por um dos círculos continentais. Publicou diversas obras, entre as quais *Política Marítima Nacional*, *A Marinha Portuguesa* e *As Doutrinas Políticas de Charles Maurras*.

Genipro da Cunha de Eça Freitas e Almeida (1878-1945). Notabilizou-se na arte literária, escrevendo sobre temas políticos.

Maximiliano Eugénio de Azevedo (1850-1911). Publicou crítica teatral em diversos jornais.

Cândido Gomes (1867-1947). Oficial do exército da arma de infantaria, para além de ter sido crítico teatral, também escreveu sobre história literária e problemas da Madeira, em diversos jornais e revistas.

Manuel Costa Dias (1883-1930). Foi poeta e escreveu sobre a sua vivência pessoal na Grande Guerra, tendo publicado *Flandres*, em 1920. Anteriormente, já tinha publicado em 1909, *As Subsistências do Exército Aliado Anglo-Luso* e, em 1913, *A Guerra Peninsular-1807-1811*.

Armando Pinto Correia (1897-1943). Colaborou em jornais e revistas. Escreveu *Um Poeta em Frangalhos*.

Alberto Artur Sarmento (1878-1953). Estudou na Escola do Exército, onde terminou o curso de Infantaria. Esteve ligado à fundação do Museu Regional. Foi professor, escritor, jornalista e poeta. Colaborou em periódicos regionais, nacionais e estrangeiros. Fez parte do corpo redactorial do *Heraldo da Madeira*. Em vários artigos deste jornal, noutros escritos e na obra *Alicerces para a História Militar*, deu a conhecer alguns aspectos da acção das forças militares que guarneceram a Ilha, em diferentes períodos históricos. Foi designado para director da Censura Telegráfica e Postal na Madeira durante o conflito por saber ler, escrever e traduzir inglês, francês e alemão. Em 1903, publicou *As Desertas*. Em 1912, alguns contos e esbocetos, sob o título *Migalhas*. A sua obra escrita é das mais originais, devido à multiplicidade dos temas versados, desde a botânica, à ornitologia, passando ainda pela história militar do Arquipélago da Madeira e pela numismática.

Nas primeiras décadas do século XX, houve outros escritores notáveis, que se dedicaram à escrita de temas literários, utilizando vários géneros, desde a poesia à prosa, incluindo contos, ensaios e peças de teatro. Os que se tornaram mais famosos foram:

José Augusto Vasconcelos e Sá (1880-1944). Fez poemas, especialmente satíricos, sob o pseudónimo de D. Tancredo que foram editados em algumas revistas, tendo-se dedicado também a escrever para o teatro. Publicou em 1901, uma obra intitulada *Um Livro* e em 1907, *Rimas Pobres*. Foi autor de letras para muitos fados e ficou conhecido por ter escrito a letra da cantiga *Margarida vai à fonte*.

Américo Olavo Correia de Azevedo, jovem oficial do exército, publicou em 1909, um livro de contos, intitulado *Dentro da Vida*. Em 1919, deu a lume, *Na Grande Guerra*, fruto da sua própria experiência, durante o conflito.

João dos Reis Gomes (1869-1950) concluiu em Lisboa, o curso da Escola Politécnica e o curso da Escola do Exército, com elevada distinção. Entre 1892 e 1917 pertenceu ao quadro de Artilharia e passou à reserva no posto de major, em Março de 1917. Porém, até Junho de 1919, já depois do final da Primeira Guerra Mundial, continuou em comissão de serviço, a exercer as funções de inspector do material de guerra e de comandante de Artilharia da Madeira. Foi uma personalidade culturalmente multifacetada, tendo sido docente no ensino técnico e liceal, onde se estreou no ensino secundário, como professor provisório do Liceu do Funchal, no ano de 1900. Escreveu ensaios, ficção, teatro e vários artigos sobre a Madeira. Em 1905, escreveu um ensaio ou esboço filosófico, da arte de representar: *O Actor e o Teatro*. Em 1907, publicou contos: *Histórias Simples*. Em 1909, publicou uma novela histórica madeirense: *A Filha de Tristão das Damas*. Em 1912, compôs a peça de teatro histórico, em 4 actos e 5 quadros: *Guiomar Teixeira*. Foi o primeiro dramaturgo que em Portugal conseguiu fundir eficazmente, a acção do cinema com a do teatro, no último quadro daquela peça. Teve ainda o mérito de ser considerado o primeiro crítico de teatro português.

2.20. A Arte da Combinação dos Sons

"Qualquer Música, ah, qualquer
Logo que me tire da alma
Esta incerteza que quer
Qualquer impossível calma!

Qualquer música – guitarra,
Viola, harmónio, realejo...
Um canto que se desgarra...
Um sonho em que nada vejo...

Qualquer coisa que não Vida!
Jota, fado, a confusão
Da última dança vivida...
Que eu não sinta o coração!"

Fernando Pessoa (1888-1935)
Poesia do Eu – 09/10/1927

A essência da poesia e da música encontram-se há longa data unidas por laços ancestrais, desde a Antiga Grécia, onde foram concebidas para se completarem. Nasceu aí, a simbiose poeta/compositor que até hoje surpreende e agita o público contemporâneo.

Assim tem vindo a suceder com a música madeirense que muito se renovou, depois das variadíssimas alterações que foi sofrendo, a partir da segunda metade do século XIX, e que continuou a enriquecer-se e a virtualizar-se durante as primeiras décadas do século XX, no tocante aos géneros musicais e instrumentação, assim como quanto ao aperfeiçoamento de seus músicos, compositores e cantores.

Não se tratava já daquela música tradicional demasiado uniforme, em que se ouviam trovas rotineiras, cantadas ao som das violas, dos rajões ou dos machetes, mas sim duma música mais aperfeiçoada, no estilo, nas melodias, na garra com que era tocada por virtuoses ou interpretada por cantores talentosos que sempre existiram na Ilha.

Conhecidas personalidades do meio artístico madeirense brilhavam nos palcos da 3ª cidade do país, em concertos organizados com regularidade por uma sociedade distintíssima que habitava a Ilha, composta por portugueses e estrangeiros, para quem a intensidade da composição subjacente à verdadeira arte musical era cada vez mais desejável e esperada, assim como poder usufruir novas experiências vindas do exterior, através de diversos artistas de renome, que se apresentavam nos palcos madeirenses.

Actualmente, na Região Autónoma da Madeira, verifica-se do mesmo modo, o anseio pela modernidade quer na música, quer noutras áreas artísticas, à dimensão do século XXI, fazendo praticamente parte do perfil psicológico de seus cidadãos, essa desmedida paixão pela cultura e pelo progresso.

Citam-se em seguida nomes de artistas famosos que se apresentaram perante o público nos tempos áureos vividos nesses primeiros decénios do século XX. Os violinistas que mais se distinguiram foram Nuno Rodrigues, Anselmo Serrão, Eduardo Gomes da Silva, William Carlton Wilbraham e Pedro Freitas Branco. Quanto aos violoncelistas, Guilherme Honorato Lino, António Caíres e Miguéis, que também foi contra-baixo, eram demasiado apreciados pelo público. Nuno Graciliano Ramos foi também um violinista e pianista muito conceituado. Por sua vez, Manuel Passos de Freitas foi um bandolinista exímio.

Todos esses experimentados artistas confirmaram as aptidões notáveis que os madeirenses sempre revelaram no âmbito musical.

A notoriedade dos pianistas madeirenses de maior nomeada fazia-se sentir para lá do Atlântico. Da enorme lista dos mais participativos em espectáculos, citar-se-ão especialmente, os seguintes: Alfredo Lino, António Vieira de Castro e Capitão Edmundo da Conceição Lomelino. Também, os conhecidos pianistas Carlos Mendes Rocha de Gouveia e D. Henriques Duarte, sempre actuaram com êxito, em diversos concertos no Funchal.

As senhoras madeirenses que optaram por tocar piano, contavam-se em grande número. Estudavam no Funchal com professores de renome e as que mais viajavam eram influenciadas no estrangeiro pelas novas correntes musicais que despertavam por toda a Europa. Entre elas, contavam-se: D. Angelina Pereira Freitas, D. Elisa Drummond Carregal, D. Elisa Gorjão Caíres, D. Floripes Gomes, D. Leonor Ferraz Leça, D. Maria Adelaide de Meneses, D. Maria Alice Conceição Rodrigues, D. Maria Amália Colares Mendes Rocha de Gouveia, D. Maria Bela Araújo, D. Maria da Conceição de Meneses Santos Pereira, D. Maria Duarte, D. Maria Helena Portugal Azevedo Ramos, D. Palmira Freitas e D. Vera Rebelo. Quanto às cantoras madeirenses que se tornaram mais conhecidas, poderão citar-se a cantora madeirense D. Gabriela Jardim, a "soprano" D. Isabel Fragoso e a "soprano lírico", Alice Pancada. D. Carlota Areias ficou conhecida por ter cantado *A Madeirense*, em 1919, no Teatro Municipal. Também era conhecida e apreciada a cantora Estela Tavares. Em espectáculos ao ar livre, especialmente na Praça da Rainha, tornou-se conhecida em 1907, a cantora de cançonetas D. Elvira Belga.

Nessa época ficaram célebres os concertos do Trio de Opereta-Rui Borges, muito apreciados pelo público. Sobre os espectáculos musicais que ocorreram no Funchal, no período histórico em que ocorreu a Grande Guerra, seus compositores, maestros, cantores e músicos, muito mais poderá ser revelado ao leitor interessado nesses temas, através da leitura das seguintes obras, cuja pesquisa foi imprescendível, no presente contexto: *Elucidário Madeirense* de Carlos Azevedo de Menezes e do Pde. Fernando Augusto da Silva;

Registo Bio-Bibliográfico de Madeirenses de Luís Peter Clode e *100 Anos do Teatro Baltazar Dias*, da autoria do Sr. Prof. Dr. Rui Carita e do Sr. Dr. Luís Francisco de Sousa Melo.

Quanto à «música sacra», na Madeira, foi sempre de alto nível, pela qualidade das suas composições, pela interpretação de seus cantores e dos coros primorosamente ensaiados e afinados. Os "baixos" ganharam grande notoriedade, no início do século XX, tendo-se distinguido como excelentes cantores, o cónego Augusto José de Faria e os padres António Vieira, José Ferraz e Manuel Nunes. Celebrizaram-se ainda os "tenores" António José Barbosa e Jacinto Augusto Pereira Brasão. Quanto aos "barítonos", o padre Eduardo Pereira, José Ferreira e Alfredo de Mascarenhas foram os mais conhecidos. Segundo documentação coeva, os melhores cantores de música sacra faziam parte dos coros da capela da Sé e da Schola Cantorum, dirigida pelo cónego Manuel Mendes Teixeira. O Coro Pequeno cantava na Capela da Sé, sob a regência do maestro Melo. Curiosamente, e porque os madeirenses se adaptavam a tocar qualquer melodia clássica ou em voga com desenvoltura, existiram ao longo dessas primeiras décadas do século XX, inenarráveis pela riqueza de seu conteúdo histórico e humano, catorze bandas de música e vários grupos musicais em toda a Ilha. Na direcção de um desses grupos distinguiu-se o Dr. Manuel Passos Freitas que em 1921 constituiu um orfeão no Funchal, cujos ensaios foram também da sua responsabilidade, na segunda década do século XX.

Mas, os concertos seguiam-se um após outro na Madeira, enquanto a Guerra fazia sentir os seus efeitos nefastos. Na realidade, os cidadãos preferiam refugiar-se mental e psiquicamente em conteúdos que os fizessem desligar do turbilhão voraz dos cada vez mais horrendos acontecimentos bélicos. Nada melhor do que a música para pacificar a alma e reabilitar os ânimos. Inúmeros artistas contribuíram para o bem-estar dos madeirenses. Ao fazerem-nos vibrar de entusiasmo com a sua arte, conseguiam que tivessem mais vitalidade, ânimo e esperança no futuro.

Nos concertos promovidos nos teatros da cidade do Funchal, outros cantores se tornaram conhecidos, como aconteceu com Gabriela Jardim Strauss e com as "sopranas" D. Gabriela de Freitas Martins, D. Matilde Pestana e D. Isabel Fragoso. Quanto ao "barítono", João A. Fernandes era um dos favoritos do público. Seguia-se-lhe o famosíssimo "tenor" Tristão da Câmara e o "baixo" Carlos Silva. O "barítono" e tenente Luís Pestana também foi sempre muito admirado pelos espectadores, devido às suas qualidades vocais excepcionais. O mesmo sucedia com o "tenor" Nuno Lomelino Silva que cursou canto em Milão e era muito ovacionado por qualquer plateia, tendo sido considerado um profissional de renome mundial. Os compositores João Abel, Dário Flores, César Santos e Carlos Pinto abrilhantaram com as músicas que compuzeram, saraus e espectáculos de teatro, tornando-se muito famosos nos inícios do século XX. Da mesma forma, os maestros Alberto Sarti, Manuel Ribeiro, Gustavo Coelho e Francisco de Lacerda recebiam constantemente aplausos pelas suas actuações exímias. Uma professora que se notabilizou pelas suas aulas foi Mme Angelique de Beer Lomelino, que ensinava piano a jovens e adultos. Como professor de música e de canto coral ficou conhecido o Sr. Júlio Câmara que preparou muitos artistas para uma carreira brilhante e dirigiu o Orfeão Académico. O bailarino Henrique Martins alcançou grande notoriedade, depois de regressar de Paris e abrir uma Escola de Ballet e Danças de Salão, junto ao Largo do Infante. Como poetisa distinguiu-se: D. Maria Eugénia de Afonseca Acciaiolly Rego Pereira. Também era escritora e professora de danças regionais e de coreografia que ensinava num salão que montou para o efeito na Rua do Bispo. Quanto aos poetas, os mais notáveis foram Jaime Câmara, João Maximiano de Abreu e Adão Nunes.

Outros nomes fizeram resplandecer "o céu radioso da música madeirense", nas primeiras décadas do século XX. Os nomes desses consagrados artistas foram os que se citam seguidamente:

Anselmo Baptista de Freitas Serrão (1846-1922). Fez muitas composições para música sacra e foi regente da Filarmónica dos Artistas Funchalenses.

Ernesto Baptista Serrão (1898-1937). Era 2º sargento e músico. Compôs músicas de grande qualidade. Era neto do músico João de Nóbrega Noronha.

Carlos Maria dos Santos (1893-1955). Estudou música e fundou em 1913, um grupo de bandolinistas. Em 1928 dedicou-se à Direcção artística do Grupo "6 de Janeiro" que posteriormente se passou a designar "Círculo Bandolinístico da Madeira". Durante vários anos foi crítico musical e teatral do *Jornal da Madeira*, onde desde 1932, exercia as funções de chefe de redacção.

César Rodrigues do Nascimento (1874-1925). Era sargento-músico reformado, compositor e um excelente violinista. Foi regente das bandas "Artistas Funchalenses" e "Artístico Madeirense". Organizou o "sexteto "Nascimento", tendo composto peças para bandas e muitos outros trabalhos musicais, reveladores de enorme talento.

Fernando de Menezes Vaz (1884-1954). Foi cónego da Sé do Funchal e um admirável orador. Compôs diversos trechos para Música Sacra que continuam a ser executados na actualidade, nas igrejas do Arquipélago da Madeira.

Edmundo Bettencourt (1899-1973). Depois de se ter inscrito na Faculdade de Direito da Universidade de Coimbra, foi cantor de fado dos mais considerados e apreciados, tendo gravado discos com as suas interpretações, numa das deslocações do Orfeão Académico de Coimbra ao Brasil.

Edmundo da Conceição Lomelino (1886-1962). Foi oficial do Exército e compositor musical. Integrou o CEP, em França, durante a Grande Guerra, tendo sido condecorado pela sua bravura. Dedicou-se à música de piano, preferindo o género de música ligeira, tendo composto depois do conflito grande variedade de músicas para operetas e revistas de amadores que se apresentavam em cena no Funchal.

Nuno Estêvão Lomelino Silva (1893-1967). Foi tenor lírico. Foi para Itália preparar-se para ser cantor de ópera. Foi cognomizado como o "Caruso Português", tendo cantado em múltiplos países, à volta do mundo.

Foi contratado pela *Metropolitan Opera Company* de Filadélfia e aí passou a actuar durante largos anos.

Matilde Sauvayre da Câmara (1871-1957) Viveu em Paris. Interessou-se pela música e pela poesia. Compôs versos, tendo musicado alguns deles, assim como várias canções. Organizou várias operetas que subiram à cena no Teatro Municipal, como *Dois dias em Paris*, uma das mais aplaudidas. Para além de ter levado à cena algumas peças de sua autoria, também cantou cançonetas que ela própria compôs, tendo obtido um estrondoso êxito. Foi a organizadora da récita de gala aos reis D. Carlos e D. Amélia, aquando da visita destes monarcas à Madeira, em 1901.

176   *A Verdade Madeirense e a Grande Guerra*

Artur Adolfo Sarmento (1851-1916). Era "barítono" e cantor sacro. Tocava concertina. Participou em récitas no Teatro Esperança.

João Nunes (Diabinho) (1850-1927). Trabalhava como vigia do mar. Era Telegrafista electro-semafórico. Construiu vários instrumentos musicais: violas, braguinhas e rajões. Escreveu *Método do Rajão*. Era filho de Octaviano João Nunes, construtor de instrumentos de corda.

João dos Reis Gomes (1869-1950). Este major de artilharia foi compositor e um dos maiores conhecedores sobre a história da "música profana" madeirense. Em 1919, publicou um esboço filosófico: *A Música e o Teatro* e em 1922, escreveu: *A Voz e o Ouvido Musical*, sobre acústica fisiológica.

Carlos Marinho Lopes (1896-1939). Foi professor primário, poeta e jornalista. Publicou em 1927 um livro de versos intitulado *Galera*; *Pensamentos e Blagues* e uma novela *O Triunfo*.

Alberto Artur Sarmento (1878-1953). Escreveu episódios para teatro, baladas, canções e letras para operetas que os maestros seus contemporâneos, como Manuel Ribeiro e Gustavo Coelho musicaram.

Luís de Freitas-Branco (1890-1955). Professor. Era filho do ilustre madeirense Fidélio de Freitas-Branco (1861-1918), advogado, proprietário e deputado, que representou a Madeira durante 7 legislaturas na Assembleia da República e de D. Maria da Costa de Sousa Macedo, dos condes de Vila Franca do Campo.

Viveu com seus pais no Funchal, durante vários anos. Escreveu e publicou um volume de *Contos*. Estudou música com os compositores Augusto Machado e Tomás Borba. Fez vários estudos e composições musicais. Por volta dos 14 anos, compôs canções que se tornaram conhecidas, como *Aquela moça*. Aos 17 anos já fazia crítica musical no *Diário Ilustrado* e estudava Órgão. Orquestrou músicas populares do Arquipélago da Madeira.

Em 1910 foi estudar em Berlim. No ano seguinte, foi para Paris, onde teve contacto com o Impressionismo e conheceu o grande compositor Achille-Claude Debussy (1862-1918).

Foi nomeado em 1916 professor do Conservatório de Música, onde permaneceu como subdirector, entre 1919 e 1924.

Pedro António da Costa de Freitas Branco (1896-1963). Maestro. Como seu irmão, Luís de Freitas Branco, também viveu com seus pais no Funchal. Nesta cidade desenvolveu os seus dotes musicais. Quando frequentava o Liceu do Funchal organizou uma orquestra com outros músicos amadores como Guilherme Wilbraham e César de Ornelas Santos.

Desse agrupamento destacaram-se músicos de mérito, como Herberto de Aguiar, violinista, José Procópio de Freitas (1913-1979), pianista, a cantora Violante Montanha e o tenor Lomelino Silva (1893-1967).

Uma das interpretações de Pedro de Freitas Branco que se tornou mais conhecida foi a do célebre Bolero, de Ravel. Este maestro/compositor divulgou o gosto pela música clássica no meio funchalense. No período entre guerras, tornou conhecidos em Portugal, compositores como Béla Viktor János Bartok (1881-1945); Igor Fiordovitch Stravinsky (1882-1971); Maurice Joseph Ravel (1875--1937) e Sergei Sergeyevich Prokofiev (1891-1953).

Certamente que muitíssimos outros nomes, que por falta de documentação não foi possível aqui contemplar, brilharam no panorama musical madeirense, durante o período em que perdurou o conflito bélico, compondo, cantando ou tocando, de acordo com as suas aptidões musicais.

Citaram-se os mais conhecidos e aplaudidos. Espera-se que os seus nomes respeitáveis permaneçam na memória de portugueses e estrangeiros.

2.21. Música tradicional madeirense

"O Xarambinha pequeno
Rubua nei botas ao pai
Pr'a ir a Sant'Amaro
Ver na festa que lá vai."

"O Xaramba foi ái lapas
E a milher aos carangueijos
Ei filhas ficaram im casa } bis
Dando abraços e beijos."

Visconde do Porto da Cruz (1890-1972).
Trovas e Cantigas do Arquipélago da Madeira (1954).

178 A Verdade Madeirense e a Grande Guerra

Para explicar este fenómeno admirável que é a música tradicional madeirense é absolutamente necessário fazer uma incursão ao passado dessa Ilha misteriosa, que desde tempos remotos foi visitada, habitada e amada por muitos homens e mulheres de diferentes origens.

Depois da Descoberta do Arquipélago no século XV, irromperam no século seguinte, na Ilha da Madeira, novos povoadores de nacionalidades diversas, tendo-se amalgamado as suas tradições medievais com o substracto cultural já existente, ao que veio ainda acrescentar-se a cultura mourisca, com a entrada de Mouros que foram capturados em Marrocos.

Desta última incursão de povoadores resultaram as lendas, os contos fantásticos e as danças, caracteristicamente árabes que contribuíram para enriquecer o folclore da Madeira.

Esta miscigenação alterou a mentalidade, a aparência física e a vivência dos madeirenses que na sua diversidade se tornaram mais interessantes e singulares.

A música popular foi-se alicerçando no meio rural, onde os colonos que viviam em povoados, trabalhavam a terra e iam enriquecendo com o seu esforço, a agricultura dessa ilha, onde se foram habituando a viver, a amar e a constituir as suas famílias.

Esses colonos cantavam durante o trabalho, atenuando assim o esforço físico de suas lides, com a regularidade do ritmo musical que imprimiam às cantigas. Muitas vezes, no intervalo da labuta diária, aproveitavam também para cantar e dançar.

Porém muitos deles emigravam devido às dificuldades económicas, à dureza do trabalho e à relação de servidão perante os senhores latifundiários e industriais que por exemplo, durante o período mais produtivo da extracção da cana do açúcar, tudo lhes exigiam, nada lhes retribuindo.

Os emigrantes que partiam, normalmente em veleiros, tomavam o rumo por via marítima, das regiões onde se falava português, como o Brasil, Cabo Verde, S. Tomé ou Angola. E, mais tarde, chegaram à América, à Venezuela, à África do Sul e a Curaçao e para essas paragens transplantaram os cantares típicos da Madeira.

Contudo, essa música tradicional foi sofrendo alteração das temáticas, bem como da expressão vocal e musical dos ilhéus, conforme as populações que foram habitando o arquipélago e também dos povos que através do porto do Funchal, entravam na Ilha, insu-

A Ilha da Madeira nas Primeiras Décadas do Século XX   179

flando-lhe novas formas e novas ideias para a composição das letras e das músicas.

Como explica Victor Sardinha, no seu artigo *As Rotas Geográficas da MPM* in *Antologia da Música Tradicional da Madeira* (www.attambur.com) italianos e flamengos no século XVI, holandeses e outros povos, no século XVII, foram provocando essas modificações e introduzindo novos elementos culturais, junto dos madeirenses, quer na Madeira, quer no Porto Santo.

Também, em Portugal continental, a cultura medieval se foi alterando, com os novos costumes da vida da nobreza que em festas palacianas, adaptando a literatura à música, começava a adoptar formas sofisticadas para introduzir os galanteios, as frases estilizadas, eróticas e arguciosas. Ou seja, a poesia narrativa desde sempre utilizada e considerada como expoente máximo para narrar os feitos heróicos na guerra ou no trabalho, estava a ser suplantada pela poesia discursiva em toda a sociedade.

Porém, o povo não se adaptou a esses novos costumes, que lhe roubavam a forma tradicional de expandir os seus sentimentos e reagindo às imposições da fidalguia, continuou a expressar-se como até ai tinha feito, de forma simples, mas exteriorizando as glórias da Raça Lusitana.

"Desta arte, suplantada na vida palaciana a poesia narrativa pela poesia discursiva, ela vai refugiar-se no meio popular onde, até agora, mais ou menos alterada ou inovada, tem vivido com seus foros de poesia tradicional".[42]

Este tipo de poesia, esta maneira de sentir popular, com cambiantes medievais foi a que transitou para a Madeira, à qual veio ainda acrescentar-se a influência árabe, já anteriormente referida.

Durante o período de domínio filipino em Portugal, foi a vez de povoadores castelhanos entrarem no Arquipélago, acrescentando com as típicas "romanzas", maior fulgor à música tradicional madeirense. Para além destes, novas ondas de povoadores foram afluindo à Ilha, vindos de longe, devido às riquezas naturais pelas quais a Madeira começava a ser conhecida, desde o clima, o açúcar,

---

[42] Porto da Cruz, Visconde do. *Folclore Madeirense*. Funchal, Câmara Municipal do Funchal, 1955, pág. 9-10.

180   *A Verdade Madeirense e a Grande Guerra*

a vinha e mesmo a abundância de muitas qualidades de excelentes madeiras, necessárias à construção e ao fabrico de móveis.

Contudo, as formas musicais mais antigas e que até hoje perduram, embora seja impossível a reconstituição de muitas outras, que devido à sua antiguidade, se foram perdendo, são sem dúvida, os Cantos Religiosos, as Cantigas de Roda, a Mourisca, o Xaramba, O Bailinho, a Chamarrita, as Lenga-lengas e as Canções de Natal.

Algumas destas canções, como a Mourisca ou as Lenga-lengas foram compostas por influência árabe.

É deveras interessante o facto destes géneros musicais terem ido impregnar o folclore daquelas regiões onde os emigrantes madeirenses se foram fixando no exterior, década após década. Os seus tons melodiosos, a cinética colorida dos dançarinos e vocalidade particular de seus cantores, permitiram que a sua influência tivesse permanecido até hoje.

O mesmo sucedeu com os instrumentos musicais que esses emigrantes madeirenses levaram consigo nas suas viagens para novas paragens.

Tais instrumentos também se foram alterando, quanto ao seu fabrico, de acordo com as melodias que lhes era exigido tocar. O melhor mesmo, será conhecerem-se os mais característicos, lendo as linhas que se seguem.

A música tradicional madeirense sempre integrou diversos instrumentos que a tornaram distinta e especial.

Desde finais do século XIX e nas primeiras décadas do século XX, profissionais habilidosos, os violeiros, cuja profissão era muito respeitada e estimada pela sociedade madeirense, esforçavam-se por produzir instrumentos musicais de corda, com enorme engenho e arte. Os conhecimentos que adquiriram eram na maioria das vezes, transmitidos dentro da mesma família, de bisavós a netos.

Segundo Rui Camacho, no seu artigo *Os Violeiros da Madeira* in *Antologia da Música Tradicional da Madeira* (www.attambur.com), quanto aos instrumentos musicais, na sua maioria eram fabricados em oficinas madeirenses, concentrando-se na Rua dos Tanoeiros os estabelecimentos que os comercializavam. Destinavam-se a ser exportados, sendo muito apreciados em Portugal continental e no estrangeiro.

A Ilha da Madeira nas Primeiras Décadas do Século XX   181

De entre esses instrumentos, utilizados desde tempos imemoriais pelos madeirenses, os quais a tradição para além de preservar, conseguiu expandir e com eles influenciar outros povos e outras culturas, contam-se os "cordofones de mão", como é o caso do Machete que é nada mais nada menos, do que uma pequena viola com quatro cordas de tripa, de caixa em forma de oito. Foi designado por Braguinha, Braga ou Cavaquinho.

Inicialmente, no século XVIII fora usado pelos camponeses para acompanhar o canto e a dança, mas no século seguinte, músicos talentosos souberam explorar as suas potencialidades e usar aquele instrumento para tocar todas as músicas em voga nos salões de baile. Era tocado para acompanhar as danças de salão que se confinavam à polca, às quadrilhas ou à valsa.

Em finais do século XIX e inícios do século XX, o Machete foi adoptado por algumas senhoras da alta burguesia, que o tocavam nos saraus de música, emparelhando com o bandolim, o rajão, o banjo e a viola francesa.

Segundo o artigo de Manuel Morais sobre *Instrumentos Populares Madeirenses* in *Antologia da Musica Tradicional da Madeira*, (www.attambur.com), a Viola de Arame ou Viola Madeirense, como o instrumento anterior, servia para acompanhar o canto e a dança populares. Era montada com cinco ordens de cordas duplas, numa caixa em forma de oito.

Quanto à Viola Francesa, também de caixa em forma de oito, era montada com seis cordas simples. Foi tocada em Portugal nas últimas décadas do século XIX, mas no início do século XX, passou a chamar-se Violão.

O Rajão que faz parte da música tradicional madeirense é outro cordofone de mão, que antigamente se usava para acompanhar as canções e as danças madeirenses. Era montado com cinco cordas simples, tendo uma caixa em forma de oito. O seu tamanho situava-se entre o Machete e a Viola de Arame. Deriva, actualmente, segundo afirmam os estudiosos, da "viola requinta", que se tocava desde finais do século XIX. Esta requinta de Braga, era um pequeno instrumento de 4 cordas, semelhante ao braguinha, criado pelo músico madeirense Agostinho Martins. Segundo afirmava o Dr. Manuel dos Passos Freitas, a sua afinação era: lá - ré - fá - lá.

João Maurício Marques, no seu artigo *Viagens Sonoras Inter-oceanos* in *Antologia da Música Tradicional da Madeira* (www.attambur.com) refere que o Braguinha evoluiu e que em finais do século XIX, esse cordofone de cinco cordas e de tamanho reduzido que tomou o nome de "Ukulele" foi transplantado da Madeira para o Hawai e outras regiões do Pacífico e do Brasil.

Tendo derivado do "Cavaquinho" lusitano, originário do Minho que entrou na Madeira pela via da colonização, esse maravilhoso instrumento, transportado pelos emigrantes madeirenses, atingiu graus de inesperada perfeição, nas mãos de músicos estrangeiros que dele extraíram sons deslumbrantes. A sua influência estendeu-se a pouco e pouco à África portuguesa e à América. Neste continente teve a maior aceitação, sendo as suas capacidades aproveitadas tanto pela música popular, como pela experimental, assim como pela música de vanguarda e pelas bandas de jazz.

Sendo os instrumentos musicais as ferramentas usadas pelos músicos, é natural que por vezes sofram metamorfoses, de acordo com as necessidades desses instrumentistas, acabando por se fundirem as modalidades ou construções dos novos instrumentos no universo musical, já existente.

Nas festas e romarias que desde há muitos séculos, se organizavam na Madeira, as canções regionais denotavam pela sua monotonia, influência dos cantares dos árabes que outrora habitaram a ilha.

As trovas cantadas eram na maioria das vezes acompanhadas pelo machete, pelo rajão, pela viola de arame, pelo braguinha e pela gaita de foles.

Porém, esse trio, constituído pela "viola da terra", pelo "rajão" e pelo "braguinha" que são instrumentos de corda dedilhada, continua a afirmar-se em eventos realizados quer dentro da Ilha, quer no exterior.

A cantiga-base, da qual se podiam extrair múltiplas variações, como ainda hoje em dia acontece, sempre foi o "Xaramba", em que se reflectiam influências das canções da Idade Média, tais como a "Chacota" e a "Folia".

O "Xaramba" será sempre uma "moda" de despique, porque os cantadores respondem um ao outro, usando o improviso.

Os vilões ou camponeses madeirenses, sempre improvisaram com grande originalidade, trovas com rimas de pé quebrado ou por vezes sem nenhuma rima que eram cantadas com a música do Xaramba, ou com algumas derivações dessa cantiga, nas festas importantes, em casamentos ou nas festas populares.

Desde longa data que os jovens madeirenses tinham por hábito, juntarem-se nas quintas dos povoados mais abastados, para compôr trovas cujo simbolismo se baseava em elementos característicos da Natureza, como as flores perfumadas ou os frutos, símbolo de fertilidade.

As festas religiosas mais antigas da Ilha, desde sempre atrairam os romeiros que costumavam reunir-se nos terreiros, falando alto e gracejando, em volta do coreto enfeitado.

O conceito subjacente ao vocábulo "romaria" foi sempre de festa, na Ilha da Madeira e a sua coreografia sempre conduziu ao divertimento, repetindo-se esse mesmo preceito na actualidade.

Quer se tratasse da Festa da "Senhora d'Agosto", do "Senhor dos Milagres", do " Domingo do Senhor", do "Senhor Jesus", do "Santo Amaro" ou do "São Pedro", organizavam-se os arraiais e iniciavam-se os "balhos" ou "bailhinhos" (bailes ou bailinhos). Sucediam-se depois os "despiques" e as "lenga-lengas", acompanhadas pela música popular.

Danças muito significativas na Ilha da Madeira continuam a ser o "Baile das Camacheiras", o " Baile da Repisa" e o "Bailinho de Oito". Já no Porto Santo o de maior impacte é a " Meia Volta".

No início do século XX, os músicos das filarmónicas, vestiam fardas aprumadas ao executar as suas peças de efeito.

Sempre se compôs e improvisou boa música em todo o Arquipélago, pois música, canto e poesia parecem ser qualidades inatas ao povo madeirense. O mesmo se pode afirmar da clareza e sonoridade das vozes das cantoras e dos cantores, bem como da arte dos compositores e dos executantes.

Tudo o que atrás foi referido, acontece ainda hoje, na Madeira.

Assim, nos arraiais, festas e romarias, os romeiros cantam ao despique e prosseguem com os seus bailhinhos em roda dos "brincalhões" que se agrupam num "brinco".

Afinam-se os instrumentos e os "brincos" dançam com "passo de romaria", que é uma marcha simples e pulada, ao geito da polca, em que os bailarinos, ora colocam os braços no ar, ora pousam as mãos na cintura.

Na actualidade, como noutros tempos, as canções da Madeira, ainda diferem das canções do Porto Santo, por serem sempre em tonalidade maior. A cadência das canções do Porto Santo é em tom menor, como no caso do "Baile da Meia Volta", que faz lembrar as melodias mouriscas.

E, como no passado, até ao fim dos folguedos, bebe-se, toca-se, dança-se e trova-se ao desafio, num agarrar do tempo para que ninguém se aparta da companhia dos amigos ou dos familiares morando noutra freguesia e nunca, dos amores ali iniciados ou de outros, na festa reaparecidos.

Não serão esquecidos nesta obra os nomes dos grupos musicais, bastante diversificados que actuaram na cidade do Funchal e por toda a Ilha, nas primeiras décadas do século XX. Esse facto atesta uma vez mais, o pendor para a música dos madeirenses e as suas qualidades no que se refere à arte de tocar e dançar e à impressionante sonoridade de suas vozes.

Os organismos musicais mais conhecidos foram o Circo Bandolinístico; o Grupo Musical 6 de Janeiro; o Grupo Musical Carlos Santos; o Grupo Musical 10 de Junho; o Grupo Musical Passos Freitas; a Fanfarra Camachinha ou Música do Camachinho; o Grupo do Fura; a Música da Manteiga; a Música do Crispim; o Centro Musical Joaquim Casemiro Júnior; a Música do Nuno ou "Filarmónica Artístico Funchalense"; a Música dos Candeeiros; a Música dos Canudos, constituída por dois grupos musicais hilariantes, que actuavam em arraiais e diversas casas de espectáculo.

Para além daqueles, ainda eram conhecidos pela sua actuação de qualidade:

A Filarmónica Recreio dos Lavradores; a Filarmónica do Porto Santo; a Filarmónica da Escola de Artes e Ofícios; o "Sexteto Varela"; a Orquestra da Quinta dos Padres; a Orquestra do Jamboto; a Real Filarmónica Artístico Madeirense; o Sexteto "Wilbram", de Guilherme Wilbram e, finalmente, a Sociedade União e Lealdade que em 1922 passou a chamar-se Sociedade União e Fraternidade, tendo algum tempo depois substituído os instrumentos de arco por palheta.

A Ilha da Madeira nas Primeiras Décadas do Século XX 185

O regente deste grupo musical era Carlos Gomes, filho do reconhecido mestre-violinista Francisco Gomes.

2.22. As Artes de Palco

> "I get to hungry for dinner at eight.
> I like the theatre, but never come late.
> I never bother with people I hate.
> That's why the lady is a tramp.
> > *The Lady is a Tramp* (1937 - song) *Babes in Arms.*

> "Fico com fome para jantar às oito.
> Gosto do teatro, mas nunca chego tarde.
> Nunca me aborreço com as pessoas que detesto.
> É por isso que a esposa é uma vadia.
> > *A Esposa é uma vadia* (1937 – canção) *Mulheres em Guerra.*

Recuando no passado, constatou-se que a partir do século XVI,
a arte de representar na Madeira, seguiu os mesmos parâmetros que
no Continente, representando-se autos religiosos nos adros das igrejas ou nos conventos. Mais tarde, no século XVIII seguiu-se a construção de algumas casas de espectáculos.

A construção de edifícios destinados à representação teatral foi
progredindo, durante o século XIX, tendo-se entretanto, organizado
algumas sociedades dramáticas, como a Concórdia e a Tália que
promoviam récitas em pequenos teatros. Esses teatros tinham habitualmente pouco tempo de existência, acabando por ser demolidos.

Seguem-se as datas de inauguração e fim de actividade dos
teatros mais frequentados, nesse século, no Funchal:

Teatro de Bom Gosto – (1818-1820)

Teatro Esperança – (1858-1888)

Teatro Maria Pia – (1888-1910)

Nas primeiras décadas do século XX, múltiplas são as notícias
publicadas no semanário *A Verdade*, sobre o teatro madeirense.

Seleccionando uma delas, publicada na 2ª página do nº 213 do
Semanário, datado de 18 de Setembro de 1919 com o título, "Teatro
Dr. Arriaga" e o subtítulo "Tourneé Adelina Abranches", pode ler-se
o relato do triunfo, obtido durante as noites de espectáculo dessa

companhia. Toma-se também conhecimento de que a peça em cena foi *A Mãe*, interpretada por Adelina, Luís Pinto e Sacramento. O articulista também referia que tinha sido representada a peça *O Gaiato de Lisboa* e que era de admirar a facilidade com que a actriz Adelina transitava dum para outro género: "a mesma facilidade como bebemos um copo d'água". Relembrava o jornalista que foi representada várias vezes com êxito, a peça o *Amor de Perdição*, que o autor, D. João da Câmara, extraiu do imortal romance de Camilo. Acentuava que para além de Adelina e de Luís Pinto, também Irene Sacramento e Augusta Torres contribuíram para arrancar calorosos aplausos do público.

Continuando a dissertar sobra a história do teatro na Madeira, torna-se sem dúvida interessante analisar a importância de que se revestiu na Madeira, o Teatro D. Maria Pia, situado no Funchal, para os seus munícipes. Essa casa de espectáculos levou à cena peças que se tornaram êxitos absolutos, com textos, guarda-roupa e cenários de reconhecido bom gosto.

Desde que fora demolido o antigo Teatro Grande que os funchalenses ansiavam pela construção de um teatro à dimensão do teatro São Carlos, situado na capital do país, que não fosse privado, mas sim construído e mantido por meio de verbas públicas.

Na vereação presidida pelo morgado João Sauvaire da Câmara, entre 1883 e 1884, foi nomeada uma comissão para escolher o local para tal obra, cujo parecer decidiu que seria mais adequado construir o teatro no lugar do mercado de São João, praticamente desactivado, que comportava uma área onde tinha sido construído o Circo Funchalense. Essa área, porém, teria de ser sacrificada, em benefício do novo projecto, com o qual todos concordavam.

O Teatro D. Maria Pia, posteriormente designado por Teatro Dr. Manuel Arriaga, pertencia à Câmara Municipal do Funchal. Começou a ser edificado em 1883, durante a administração em que era presidente o Sr. João S. da Câmara e vice-presidente o Dr. António Leite Monteiro. Quando se concluíram as obras em 1887, era presidente da Câmara o Conde Ribeiro Real. A planta foi executada pelo engenheiro portuense Tomás Augusto Soler, arquitecto-chefe da construção dos caminhos de ferro do Minho e Douro. Porém, como este notável engenheiro faleceu no Porto em 1883, veio para a Madeira executar o seu projecto, o mestre de obras portuense, Manuel

Pereira e no ano seguinte, foi lançada a primeira pedra da construção do Teatro Municipal do Funchal. O modelo pesquisado por Soler seguia nos seus traços gerais, o do Teatro São Carlos, em Lisboa, de influência italiana, inspirado no teatro "La Scala de Milão", quanto à arquitectura da fachada. As decorações do teatro estiveram a cargo de Eugénio do Nascimento Cotrim, decorador e, possivelmente cenógrafo e as pinturas e parte do cenário eram da autoria de Luigui Manini, excelente arquitecto e cenógrafo italiano. Depois de ser dada autorização pela rainha de Portugal, Pia de Sabóia, mulher do rei D. Luis, para que o seu nome fosse dado àquele teatro, o teatro municipal passou a designar-se por Teatro D. Maria Pia. Ficou concluído em 1887, tendo sido finalmente inaugurado em 11 de Março de 1888, com a Zarzuela *Las Dos Princesas*, pela companhia espanhola de José Zamorano.

Porém, com a queda da monarquia, a que se seguiu a revolução republicana de 5 de Outubro de 1910 e a implantação da República foi necessário modificar o nome do teatro.

Em Novembro de 1910, as autoridades regionais alteraram o nome do mesmo, para Teatro Dr. Manuel Arriaga. Contudo, o Dr. Manuel de Arriaga que era açoreano, embora deputado pela Madeira, território pelo qual sempre pugnou empenhadamente no Parlamento, não consentiu que o seu nome fosse dado àquela casa de espectáculos. Por esse motivo o nome do teatro teve de ser alterado em Janeiro de 1912, para Teatro Funchalense.

Depois da morte do Dr. Manuel Arriaga, em 1917, a Câmara Municipal decidiu novamente designar em 1921, o teatro, como já anteriormente fizera, com o nome daquele deputado, em sinal de gratidão pelos serviços que em Lisboa, sempre prestara ao Arquipélago da Madeira. Porém, em 1935, aquando da nomeação para Presidente da Câmara Municipal do Funchal, do Dr. Fernão Ornelas e no início dessa vereação, por proposta do vereador do pelouro da Cultura, Dr. José Luís Brito Gomes e por conselho do Dr. Cabral do Nascimento e do Dr. Ernesto Gonçalves, o teatro mudou mais uma vez de nome. Desta vez, passou a ser conhecido como Teatro Municipal Baltazar Dias, em justa homenagem "ao poeta cego" da Madeira que no domínio do teatro popular, alcançou enorme fama, recitando os seus autos, tendo sido considerado durante o reinado de D. João III, um dos maiores dramaturgos portugueses.

As peças de teatro deste grande mestre, da escola vicentina que viveu no século XVI e foi contemporâneo do poeta António Ribeiro Chiado (frade aventureiro), de António Prestes e Simão Machado, entre outros que pertenceram à mesma escola, têm sido representadas em Portugal e foram divulgadas no Brasil e em São Tomé e Príncipe. Alguns dos seus autos mais conhecidos foram o *Auto da Paixão de Cristo*, o *Auto de El-Rei Salomão* e o *Auto da Feira da Ladra* que datam do ano de 1613. Até hoje, o nome do Teatro Municipal permaneceu com o seu nome e, a partir da década de 30, passou a funcionar basicamente como cinema.

Durante as primeiras décadas do século XX, os poetas madeirenses mais conhecidos que escreviam letras para o Teatro Municipal foram: D. Eugénia Rego Pereira, Adão Nunes, Jaime Câmara e João Maximiano de Abreu, entre outros.

No respeitante aos escritores de peças teatrais, os mais cotados e admirados para além do major João dos Reis Gomes e do capitão Alberto Artur Sarmento foram Júlio do Amaral, Elmano Vieira Pedro de Oliveira, Castro, Luís Pinheiro e Francisco Bento de Gouveia.

Um dos mais notáveis compositores de música para teatro foi João Abel. Várias companhias portuguesas e estrangeiras passaram pela mais conhecida casa de espectáculos funchalense, como a opereta de Sousa Bastos e a de Paquita Calvo ou a de lírica italiana do maestro Patri. Também concertistas como Viana da Mota e o quarteto Bensaúde, aí actuaram. Até hoje, continua a receber companhias de Teatro nacionais e internacionais de grande prestígio.

Na realidade, os que mais se celebrizaram por escreverem peças de teatro dramático, foram o Major João Reis Gomes (1869-1950), o Coronel Alberto Artur Sarmento (1878-1953) e João de Freitas Branco (1861-1918), tendo este último sido uma figura notável no período da Grande Guerra. No que se refere ao Coronel Alberto Artur Sarmento, para além de oficial do Exército, foi escritor e naturalista. Possuia conhecimentos musicais (piano e órgão) que o levaram a escrever letras para baladas, lendas, canções e operetas regionais, como no caso de *Primeiros Aspectos,* opereta musicada pelo maestro Manuel Ribeiro que foi levada à cena em 1917, no Teatro Funchalense. Escreveu algumas peças de teatro, cujos texto e representação foram muito louvados pela crítica. Quanto ao Major João Reis Gomes

A *Ilha da Madeira nas Primeiras Décadas do Século XX*

foi outra figura proeminente, ligada ao teatro madeirense. Este oficial do exército teve o mérito de ser o primeiro escritor de arte dramática que fez a fusão da acção cinematográfica com a acção teatral, na peça *Guiomar Teixeira*. Os intérpretes que supostamente deveriam estar na fortaleza de Safin, comentavam em primeiro plano, uma batalha entre cristãos e muçulmanos, no último quadro do espectáculo. De 1905 a 1919 a sua actividade literária é bastante profícua, tendo escrito e publicado as seguintes obras: em 1905, *O Teatro e o Actor*; em 1909, *A Filha de Tristão das Damas* (novela histórica madeirense); em 1912, *Guiomar Teixeira* (peça histórica), traduzida para italiano com o título *La Figlia Del Vise-Ré*; em 1919, *A Música e o Teatro* (esboço filosófico).

Para aprofundar a investigação deste capítulo, do presente trabalho, pesquizaram-se para além das obras *Elucidário Madeirense* de Carlos Azevedo de Menezes e do Pde. Fernando Augusto da Silva e *Registo Bio-Bibliográfico de Madeirenses- sécs XIX e XX* de Luis Peter Clode, a obra *100 Anos do Teatro Baltazar Dias*, da autoria do Sr. Prof. Dr. Rui Carita e do Sr. Dr. Luís Francisco de Sousa Melo, reveladora da história da fundação e evolução deste teatro, assim como do desenrolar frenético da sua actividade, através dos tempos e da calendarização dos espectáculos mais significativos.

No Teatro Municipal realizavam-se apresentações permanentes e incessantes ao público funchalense de múltiplas companhias de teatro, companhias de ópera, opereta, zarzuela, bailado e de orquestras, nacionais e estrangeiras. No seu palco desfilaram ainda tunas, orfeãos e grupos musicais. Organizaram-se de igual modo, saraus literários e musicais, récitas e conferências, num abraço cultural, unindo povos e sensibilidades, nessa primeira metade dum século convulsionado e cinzento de pólvora, mas onde nunca se calaram os doces acordes das canções tradicionais e patrióticas que alimentavam os corações dos que partiam para a guerra e dos ficavam aguardando o seu regresso.

O Teatro Funchalense recebeu variadíssimos grupos dramáticos que aí actuaram, assim como companhias nacionais e estrangeiras de renome, sendo os espectáculos inteligentemente seleccionados pela sua dinâmica e características "sui generis". Todos se notabilizaram pela sua qualidade e ficaram para sempre registados na história do

190   *A Verdade Madeirense e a Grande Guerra*

Teatro e na memória dos espectadores. Em 1911, organizou-se um sarau literário e musical, seguido de uma festa e baile que foi muito apreciado. No ano de 1912 apresentaram-se no teatro, uma companhia nacional de ópera cómica e opereta, uma revista *A Madeira em Farrapos*, uma companhia espanhola de zarzuela, ópera e opereta e a Tuna Académica de Coimbra. No ano seguinte, estreou-se "com toda a pompa e circunstância", a peça *Guiomar Teixeira* da autoria do capitão Reis Gomes. Em 1914, actuou no Teatro Municipal, uma companhia de ópera e zarzuela e realizou-se uma audição da orquestra de palheta "Grupo Musical Passos Freitas". Em 1915, actuaram no teatro a orquestra sinfónica, dirigida pelo maestro Manuel Ribeiro, assim como uma companhia dramática continental e foi levada à cena uma revista local intitulada *A Madeira por Dentro*. No ano seguinte, estreou-se a revista madeirense *A Madeira na Berlinda*, uma opereta musical, promovida pela colónia estrangeira e outra revista madeirense, intitulada *Miúdos*. No ano de 1917, a opereta regional *Primeiros Afectos*, subiu quatro vezes à cena. Nesse ano, também actuaram os artistas que compunham o elenco da revista *Semilha e Alface*.

Em 1917, multiplicaram-se as actividades no Teatro Funchalense.

Realizou-se uma récita em benefício das vítimas do torpedeamento à cidade do Funchal de 3 de Dezembro de 1916 e a Cruzada das Mulheres Portuguesas levou à cena diversos espectáculos, no sentido de ajudar os mais necessitados durante a conflagração.

O nome do teatro foi alterado nesse mesmo ano, para Teatro Dr. Manuel Arriaga.

No ano de 1919, para além de muitos outros eventos e apresentações veio em tournée a este teatro, a companhia dramática Adelina Abranches, Luiz Pinto e Augusto Sacramento, cuja actuação sempre muito apreciada, recebeu a melhor crítica do semanário *A Verdade*, no seu nº 212, publicado em 11 de Setembro de 1919, assim como no nº 213, datado de 18 de Setembro do mesmo ano.

De 1920 a 1925, a actividade do teatro continuou a ter um enorme dinamismo, tendo-se apresentado em palco artistas nacionais e estrangeiros das mais diversas companhias de teatro, de comédia e farsa; de ópera; grupos musicais; orféons, cantores a solo; pianistas; conferencistas; tendo-se também promovido a realização de saraus de arte, récitas de caridade, etc. Em 1922, prestou-se justa homenagem, em 21 de Outubro, com uma récita de gala, aos aviadores Gago Coutinho e Sacadura Cabral, na sua passagem pela Madeira, tendo os mesmos, em gesto de agradecimento às autoridades locais, retribuído com um chá, servido a bordo do vapor *Porto*.

A actividade no Teatro Municipal foi muito profícua nesse ano de 1922, tendo contado com um concerto pela pianista Maria Antonieta Aussenac e com o regresso à cena da peça "Guiomar Teixeira" que veio coroar de êxito as comemorações do V centenário da Descoberta da Madeira. Em 1925, destacou-se a actuação do tenor madeirense Nuno Lomelino Silva, que se celebrizou pelas suas actuações em Itália e na América do Norte.

Nomes estreitamente ligados ao teatro, que não se poderão olvidar jamais, são os de: major João dos Reis Gomes, capitão Alberto Artur Sarmento, Júlio do Amaral, Elmano Vieira, Pedro de Oliveira e Castro, Luís Pinheiro e Francisco Bento de Gouveia, que se empenharam em escrever textos admiráveis. Como ensaiadores dinâmicos que muito contribuíram para que a arte de representar, com coerência e estilo, se implantasse em solo madeirense, relembram-se o Major José Luís Calixto Ferreira e o Visconde da Ribeira Brava. No que se referia a ensaios de coros ter-se-á de acrescentar pelo seu entusiasmo e merecimento, o nome do sargento miliciano e conhecido "tenor," Lomelino Silva. Os maestros de maior nomeada foram: Manuel Ribeiro e Gustavo Coelho.

Embora a partir dos anos 30 e até aos anos 60 se tenha mantido a deslocação de diversas companhias de palco à Madeira, esse fluxo diminuiu substancialmente, em relação às décadas anteriores, devido à crise nos transportes marítimos, onde sempre tinha sido fácil transportar os materiais necessários à montagem dos espectáculos. A supremacia dos transportes aéreos causou uma alteração neste intercâmbio cultural tão enriquecedor para a Madeira que teve de ir criando as suas próprias defesas e construindo espectáculos de cariz madeirense, que pelos artistas que apresentavam e sua estimulante interpretação, pela cenografia, pelos textos e pelas belíssimas composições musicais, nada ficavam a dever aos metropolitanos ou internacionais.

Um pormenor de consulta curioso, para os apreciadores de teatro e da sua história, é sem sombra de dúvida, a colecção de programas de cada sala de espectáculos. O mais sensível observador, poderá permitir-se ao ler e percepcionar esses programas, captar um exalar de aromas e uma ténue revelação de cambiantes do guarda-roupa e dos cenários das várias "companhias" que "visitaram" o interior dos teatros e aí actuaram no passado. Para os mais concentrados será possível ir mais longe e conseguir imaginar qual o espírito dos actores e dos personagens romanescos que se exibiram nessas "imortais" salas de espectáculos, para além de muitos outros pormenores fantásticos.

Na antiga colecção de programas do Teatro Municipal, encontra-se impresso em cada um, informações sobre a data de realização do espectáculo, o nome da companhia que publicitava, o intuito do acontecimento ou o fim a que se destinava a receita apurada no espectáculo. Quase sempre, vem assinalado o local de impressão, habitualmente no Funchal e a empresa gráfica que o imprimiu. A data de impressão desses programas, as suas dimensões, a tonalidade do papel, o tipo de letra escolhido, sugerem o ambiente da época, permitindo reconstituir as tendências da moda e da arte.

Dentro do período histórico consignado nesta obra, pode consultar-se na colecção do Teatro Municipal por exemplo: um programa sobre a actuação do Grupo de Amadores de Música "Passos Freitas", datado de 15 de Fevereiro de 1915; ainda do mesmo ano, consta um programa da opereta *Cox and Box*, dedicado à Colónia Inglesa, a favor da Sopa Popular e do Asilo de Mendicidade, que data de 3 de Março de 1915. Com a data de 12 de Março de 1917, pode encontrar-se um programa que informa sobre a Festa de Caridade, a favor das famílias dos Torpedeados Madeirenses, que se refere ao 1º bombardeamento ao Funchal e ainda um programa sobre a Festa da Cruz Vermelha, que se realizou no dia 14 de Março de 1917. Nesse mesmo ano, dois outros sugestivos programas dão a conhecer mais dois espectáculos que esse Teatro proporcionou à sociedade funchalense. O primeiro que trata dum espectáculo em benefício do Hospital Civil, realizado em 22 de Junho de 1917, revela que foi apresentada ao público funchalense, *A Ceia dos Cardeais* de Júlio Dantas". O segundo, refere-se a uma Festa Militar que se realizou em 27 de Julho de 1917, tendo sido representada a peça *Primeiros Afectos* do capitão Artur Alberto Sarmento.

Integrando o espólio do teatro, encontram-se muitos outros interessantes programas, que o público poderá apreciar em exposições e cerimónias comemorativas dessa casa de espectáculos.

2.23. Os Primórdios do Cinema

"Le Cinema, c'est l'écriture moderne
dont' l'encre est la lumière ».
JEAN COCTEAU . *Biography.*

" O cinema é a escritura moderna,
cuja tinta é a luz".
JEAN COCTEAU . *Biografia.*

O cinema *mudo* imperava na Europa, acontecendo o mesmo na Madeira. Por norma, cada sessão de cinema era composta por 10 a 12 películas de actualidades internacionais, outras de cunho dramático e havia ainda películas de carácter humorístico.

O início das sessões de cinema eram marcadas pelo toque estridente duma campainha eléctrica para que os elementos do público que ainda não estivessem sentados na sala, fossem rapidamente ocupar os seus lugares.

Nas primeiras décadas do século XX, a maioria das casas de espectáculos funcionava alternadamente com sessões de cinema e de variedades, acabando por se dedicar mais tarde, quase exclusivamente ao cinema. As salas de cinema ou de exibição de filmes que existiam na cidade do Funchal, denominavam-se "cinematógrafos".

As mais conhecidas foram:

O Cine-Jardim que se encontrava situado na parte norte do Jardim Municipal, com entrada para a Rua Roberto Ivens. Funcinou por mais duma vez, no Jardim da Rainha D. Amélia.

As classes populares frequentavam habitualmente este cinematógrafo, onde o "écran" era colocado no coreto quando se exibia qualquer "fita".

Geriram esta casa de espectáculos, Cuibem Jardim e Humberto Müller. O operador de cinema José de Sousa trabalhava no Cine--Jardim depois de ser iniciado no Salão Ideal e operado noutros cinemas.

O Cinema Almirante Reis, ficava situado num armazém, no campo Almirante Reis, (anteriormente, Praça D. Carlos), próximo do Largo do Poço, em frente da Rua de Santa Maria. A maioria dos seus espectadores provinha do Bairro de Santa Maria.

O Cine-Victória integrado no Casino Victória, que se situava na Rua Alexandre Herculano, era frequentado especialmente pela colónia de estrangeiros, tendo sido gerido pela Empresa do Casino Victória.

O Pavilhão Paris, construído pela empresa Sousa Sá Barreto foi inaugurado em 1911. Com entrada para a Rua João Tavira, apresentava as novidades do cinema, ao som duma grafonola, colocada na rua. Exibiu a fita *Tropas Portuguesas no Front* distribuído pela Pathé e produzido pela Secção Cinematográfica do Exército.

Aí se apresentaram inúmeros grupos de variedades, revista e opereta.

O Salão Central situava-se na Rua da Queimada de Baixo e apresentava uma orquestra que tocava no intervalo das sessões de variedades, bailados, cançonetas, duetos e outros números de palco.

O Salão Ideal, situado num armazém na Rua 31 de Janeiro que fazia esquina com a Rua Figueira da Preta, apresentava cinema e variedades. Aí se projectou o filme *Os funerais do Rei Eduardo VII de Inglaterra*.

Este cinema possuía um piano eléctrico que oferecia música clássica durante os espectáculos. Foi explorado pelo comerciante José Filipe de Jesus, em sociedade com Amadeu Drumond de Sousa. O operador Adriano Filipe de Freitas iniciou a sua carreira de operador de cinema, neste salão.

O Salão-Teatro Variedades funcionou num prédio da Rua de São Francisco, onde anteriormente estivera instalado o jornal *O Direito* que era o órgão de comunicação do Partido Regenerador.

O Teatro D. Maria Pia, hoje Baltazar Dias, apresentou o seu primeiro espectáculo cinematográfico, aos funchalenses, a 17 de Maio de 1897. Esta foi a 3ª sessão cinematográfica a nível nacional, tenda a 1ª sessão sido em Lisboa e a 2ª no Porto. Apresentou vistas de reportório variado, incluindo imagens do Funchal.

O programa constou de doze filmes, tendo sido projectados os seis primeiros, a que se seguiu um intervalo e, de seguida, foram projectados os restantes seis filmes. Projectava-se fotografia com vida, em figuras de tamanho natural, sendo uma novidade e grande acontecimento artístico e científico. Este tipo de projecções luminosas, designavam-se por "quadros kinegráficos".

O Teatro Águia de Ouro situava-se num pavilhão de madeira que mais tarde ardeu. Foi instalado inicialmente, no átrio do antigo Teatro D. Maria Pia, na praça da Rainha.

Nesse átrio do antigo Teatro D. Maria Pia, no Funchal, projectou-se em 1907, a primeira fita cinematográfica, intitulada *A Vida de Cristo*, segundo consta do texto de Abel Marques Caldeira em *O Funchal no Primeiro Quartel do século XX*. A apresentação daquele filme coube ao industrial João Frederico Rego.

O Teatro Canavial, existiu na Rua dos Aranhas, sendo seu proprietário o conde de Canavial. Para além da entrada pela rua já citada, também se podia entrar no recinto, através da Rua 5 de Junho.

O Teatro – Circo (1909) situava-se na parte central da Praça Marquês de Pombal. Depois do Teatro Municipal, o "Coliseu" era a segunda melhor casa de espectáculos do Funchal.

Apresentava ao público, exibições de circo, variedades e, posteriormente, com o advento da 7ª Arte, cinema, exibindo-se simultâneamente um quarteto musical, durante as sessões cinematográficas. Foi demolido, devido à construção da Avenida do Mar.

Humberto Müller foi o empresário que contribuiu para dinamizar a realização dos espectáculos naquele teatro, tendo sido também gerente do mesmo e da Empresa do Teatro Circo.

No Teatro Circo foram homenageados com uma récita, em Junho de 1922, os aviadores portugueses Gago Coutinho e Sacadura Cabral, tendo sido exibido o filme *Raid Lisboa – Rio de Janeiro*. As festas patrióticas depois do feito heróico destes dois aviadores, ao fazerem a ligação aérea entre Lisboa e o Rio de Janeiro, prolongaram-se na Madeira, de Junho a Outubro de 1922.

As "fitas" de cinema mudo com legendas subsequentes às imagens, eram projectadas nos inícios da 7ª Arte, sobre uma tela em tecido, de linho ou algodão, muitas vezes marginada por cortinas à volta. Apresentava um "aspect ratio" de 1,33 ou seja, cada 1cm de altura correspondia a 1,33 de largura. Tinham como suporte, uma película de 8mm, fabricada com nitrato de celulose, um produto químico, muito inflamável que provocava frequentemente incêndios nos laboratórios. O cinema desde sempre atraíu multidões, muito antes de se pensar na sua rápida evolução e expansão, permitindo a passagem ao cinema sonoro em 1927, e depois, ao cinema falado, por volta dos anos 40. Nessa fase da história do cinema, as películas de 16mm ou de 35mm eram confeccionadas em acetato de celulose que embora fosse ignífero era perecível. A leitura da banda sonora incorporada na película era analógica. Para a audição do som, utiliza-va-se uma coluna mono, colocada por detrás ou por debaixo do écran. Posteriormente, chegaria o cinemascope onde a côr e o som conseguiam retratar a realidade com mais precisão. Neste caso, as imagens comprimidas na película eram projectadas por meio duma lente anamórfica, numa tela, cujo material era normalmente o pvc perfurado, para permitir a dispersão do som, onde se reproduziam imagens de tamanho real, com um "aspect ratio" de 2,35 isto é, cada 1cm de altura, correspondia a 2,35cm de largura. A leitura da banda sonora continuava a ser analógica. Começou a usar-se o som "surround" mais harmonioso do tipo 5.1 ou seja, as colunas eram colocadas ao centro, à direita e à esquerda do écran e também atrás dos espectadores e junto ao chão, perto do écran, para produzir as frquências de sons graves. Esta nova técnica permitia ouvir o som mais próximo da realidade.

A qualidade do argumento, do texto e dos diálogos passaram a fixar cada vez mais o público às poltronas, nos recintos onde se exibiam os filmes. Não se sentia vontade de sair, numa tentativa de eternizar o prazer pela descoberta de novas perspectivas sobre a vida e o mundo e de analisar sentimentos e mistérios insondáveis.

O cinema transportava ao sonho e à cátarse das emoções, de forma indirecta, higiénica, indolor, na penumbra das salas de espec-táculo. E, nenhum outro meio conseguiu superá-lo neste âmbito.

Os mais conhecidos empresários de cinema e de teatro, no Funchal, foram para além de Óscar Lomelino, Cândido Cunha e Júlio Zamorano, Cuibem Jardim, Humberto Muller, José Filipe de Jesus, Amadeu Drumond de Sousa, a Empresa do Casino Vitória, a Empresa do Teatro Circo e a Empresa do Pavilhão Paris.

Todos eles contribuíram para apresentar ao público, artistas de nomeada e contratar no continente e no estrangeiro, os mais categorizados artistas, pertencentes a diversas companhias de circo e de variedades.

Tendo Marey criado em 1890 um aparelho que podia tomar até 16 fotos por segundo e Edison, no mesmo ano, criado o cinetoscópio que permitia fazer desfilar diante dum observador, um filme com fotografias, cuja sucessão dava a ilusão do movimento, os irmãos Lumière, em 1895, apresentaram o seu aparelho de projecção, o cinematógrafo, permitindo desenvolver a arte de compôr e realizar filmes para serem projectados, que iria atravessar fronteiras.

Sabe-se que em 1896 foi importado um cinematógrafo Lumière, de Paris, para a firma Henrique A. Rodrigues & Irmão – Bazar do Povo, no Funchal.

Podia ler-se no *Diário de Notícias-Funchal*, um anúncio com o seguinte teor: "...em 1986-1987, no Funchal, compra K (Kinetógrafo) mais estreia, empresa Hq Rody & Irmão."

Na verdade, esse magnífico aparelho destinava-se a registar imagens para as projectar animadas, sobre uma tela.

O mesmo diário continuava a anunciar em 15 de Maio de 1897, a chegada oficial do cinema à Madeira, sob a forma de publicidade "encoberta", com o seguinte texto: "Estreia para breve acontecimento muito belo duma coisa muito interessante".

A partir do momento em que se seleccionou o Semanário *A Verdade*, como objecto de estudo, dum tempo e cenário notáveis em acções e emoções vivazes, partiu-se em busca duma possível exploração de meios áudio-visuais, passível de contribuir com os seus registos para uma mais perfeita assimilação do espírito da sociedade madeirense, no sentido de a apreciar em profundidade, concomitantemente com a leitura daquele periódico, visto que as duas vias de conhecimento se completavam. Poucos vestígos existiam na Madeira sobre a actividade cinematográfica produzida no arquipélago, nesses tempos inesquecíveis.

Soube-se através da Cinemateca Portuguesa (ANIM – Arquivo Nacional de Imagens em Movimento), que nos anos de 1896 e 1897 o Sr. Anacleto Rodrigues tinha adquirido no exterior, uma colecção de filmes, que exibiu nas casas de espectáculo do Funchal, em formato *Joly Normandin*. Contudo, apenas se tratava de produção estrangeira.

Anteriormente a esta informação, já em 1992 se tinha encontrado na Cinemateca Portuguesa, em Lisboa, um roteiro fílmico, editado em 1985, por esta instituição, sobre a produção cinematográfica madeirense. Foi organizado pelo Sr. Dr. José de Matos-Cruz, reproduzindo na capa, a foto do cineasta madeirense Manuel Luís Vieira.

Manuel Luís Vieira foi proprietário da Casa Pathé e fundou a empresa cinegráfica "Atlântida".

O cineasta madeirense Manuel Luís Vieira revelou-se um operador com excelentes obras fotográficas, tendo produzido dois extensos filmes de acção: *O Fauno das Montanhas* e *A Calúnia*, sendo este último considerado um filme de entrecho. Foram produzidos em 1926 pela Empresa Cinegráfica "Atlântida" e distribuídos pela firma Mello Castello Branco. O último estreou no "Teatro Circo", a 22 de Fevereiro de 1926 e mais tarde, em 11 de Maio foi exibido no cinema Eden, em Lisboa. No mesmo ano, o cineasta produziu ainda um filme cómico *A Indigestão*.

O Fauno das Montanhas só terá sido apresentado à Censura em Lisboa, no dia 11 de Maio de 1929. Um dos actores, o inglês George Gordon era funcionário do "Cabo Submarino" e nesse filme fazem-se algumas alusões a esse mesmo cabo, instalado na Madeira.

Sobre a produção cinematográfica relativa ao Arquipélago da Madeira, podem encontrar-se cronologicamente naquele roteiro, os filmes produzidos e realizados sobre a Madeira, relativos às primeiras décadas do século XX. São os seguintes:

- *Excursão à Madeira*, que estreou em 1907 na cidade do Porto.
- Um segundo filme intítulado *Madeira* que data de 1911.
- Um terceiro filme intitulado *Funchal*, estreou no Olímpia em 1918.
- O filme *Chegada dos Aviadores Moreira de Campos e Neves Ferreira ao Funchal*, foi realizado em 1925 e estreou no ano seguinte no Salão Central.

Da autoria de Manuel Luis Vieira são também os seguintes filmes:

- *Festa de S. Pedro na Ribeira Brava*, realizado em 1925.
- *Festas Desportivas pelos Ingleses do Cabo Submarino*, e *A Tosquia de Ovelhas no Paúl da Serra* foram outros três filmes com as mesmas características de realização e produção do anterior, que também foram realizados no mesmo ano. Embora não se conheça a data de exibição ou estreia dos

A Ilha da Madeira nas Primeiras Décadas do Século XX

mesmos, sabe-se que a sua realização, fotografia, produção e distribuição foram mais uma vez, da responsabilidade de Manuel Luís Vieira.

Outros filmes do mesmo realizador que se tornaram conhecidos de 1927 a 1929 foram: *A Chegada de Ruth Hélder*; *Da Madeira aos Açores*; *A Ilha do Porto Santo*; *Reconstituição de Aspectos da Vida Madeirense e Revelação de Costumes Populares* e ainda *Uma Tosquia na Ilha da Madeira*.

Este cineasta madeirense foi para Lisboa, depois de 1926, tendo sido contratado para trabalhar na firma Mello, Castello Branco Lda.

Sobra a Ilha da Madeira continuaram a realizar-se bons filmes, desde 1929 até ao final dos anos 30, quer através dos Filmes Castello Lopes, quer pela mão de realizadores como Manuel Luís Vieira, Óscar C. Lomelino, António Pires Leitão, René Ginet e Karl Grüne.

Poderá afirmar-se que até finais dos anos oitenta, a produção/ /realização de filmes na Madeira e sobre a Madeira recrudesceu.

2.24. As Obras Pictóricas

"Je ne peins pas ce que je vois,
je peins ce que je pense"
PABLO PICASSO (1881-1973)

"Não pinto o que vejo,
Pinto o que penso"
PABLO PICASSO

Sendo a Arte Moderna na Madeira, o objecto de estudo deste sub-capítulo, far-se-á referência a todos aqueles artistas plásticos que nessa classificação se inserem. Apesar de serem em número limitadíssimo, nas primeiras décadas do século XX, muito concorreram para fazer ascender a Madeira a um lugar de relevo no panorama artístico nacional e mesmo no exterior. Em exposições e encontros culturais, as suas obras sempre foram apreciadas positivamente, quer pelo público quer pela crítica.

Para além dos sobejamente famosos irmãos Franco, subsidiados pelo seu mecenas, o banqueiro Henrique Vieira de Castro e do pintor

200 *A Verdade Madeirense e a Grande Guerra*

Alfredo Miguéis, pouca produção pictórica autóctone há a assinalar. Muitos artistas estrangeiros que cruzaram o arquipélago ou nele se fixaram, contribuiram para produzir uma profusão de trabalhos relevantes executados desde 1900, até finais dos anos 30, nas mais diversas áreas das artes plásticas.

Ao que consta, o arquitecto, pintor e cenógrafo Luigi Manini (1848-1936), conde de Fagagna que foi um extraordinário pintor de tectos do Teatro Municipal do Funchal e que viveu em Lisboa de 1879 a 1913, onde esteve a trabalhar no Teatro São Carlos, ter-se-á celebrizado por pintar vários retratos, das famílias madeirenses mais ilustres, substituindo em certa medida a fotografia à qual cabia registar a preto e branco, as pessoas mais abastadas que pretendessem fixar a sua imagem para a posteridade. Essa actividade dependia até então do conhecido fotógrafo João Franco Madeirense que habitualmente fotografava esses opulentos cidadãos.

Ao que se sabe, também a obra do pintor Raffaello Busoni (1900-1962), terá sido notável e muito reconhecida na ilha. As suas obras mais conhecidas foram um desenho a carvão sobre papel *Tourada* (1934) e um desenho a aguarela sobre papel *Paisagem do Funchal com Bordadeira* (1935). No mesmo ano pintou ainda retratos de *Maria Manuela Nascimento de Freitas* aplicando três técnicas diferentes: desenho a lápis sobre papel; desenho a lápis e aguarela sobre papel e pintura a óleo sobre platex.

Outros artistas estrangeiros que permaneceram na Ilha da Madeira nas primeiras décadas do século XX foram segundo informações recolhidas na Casa-Museu Frederico de Freitas, Paolo Kutscha (1872-1935) cuja pintura a óleo sobre cartão, intitulada *Funchal* (s/ data) faz parte do acervo desse museu e C. Boyle (1861-1925) que executou um desenho a aguarela, intitulado *Rua da Penha de França*, (s/ data) que também se encontra no espólio do mesmo museu. Aí se encontram também os desenhos a aguarela, intitulados: *Capela da Nazaré* (1923), *Penha d'Águia* (1926), *Madeira* (1927) e *Funchal* (s/ data), todos da autoria de Max Römer (1878-1960) que viria enriquecer com o seu saber e a sua experiência, o precioso tesouro artístico madeirense, profundamente delapidado por piratas e corsários franceses, no ano de 1566 e no século seguinte.

Esse património cultural, guardado desde a Colonização e acrescentado durante a Renascença, com composições dos séculos XV e

XVI, incluia obras das escolas flamenga, inglesa, francesa, holandesa e italiana, bem como trabalhos executados em metal, como o cobre, para além de cerâmicas, porcelanas ou ardósias pintadas. Muita da Arte Sacra, que integrava tábuas e telas espalhadas por igrejas, ermidas ou capelas, teria ficado dispersa, bem como a Arte Profana, com obras encontradas em residências particulares, integrando produção dos séculos XVIII e XIX, se não fosse a acção do Governo que mandou inventariar todos os imóveis de interesse nacional e proibir a alienação de móveis culturais valiosos.

Cumpre fazer uma digressão para relembrar como se organizou no alvorecer do século XX, o Museu Municipal no Funchal. A implementação desse museu deveu-se aos esforços conjuntos de artistas, escritores e cientistas que integraram uma "tertúlia" muito restrita, de que participaram entre outros, o escultor Francisco Franco, o irmão deste, Henrique Franco, o Professor Alfredo Miguéis, o poeta Jaime Câmara, o médico Dr. João Francisco de Almada e o naturalista Adolfo de Noronha que passou a dirigir o museu.

Quanto à fundação da Escola de Belas Artes da Madeira, na cidade do Funchal, recuando no tempo, tomou-se conhecimento através da obra do Visconde do Porto da Cruz, *Notas e Comentários para a História Literária da Madeira*, que sob a protecção do Visconde da Ribeira Brava, que se rodeara de artistas e intelectuais para pôr em prática um projecto de desenvolvimento cultural na Madeira, foi possível criar a Escola de Belas- Artes. Ficou a funcionar no Convento da Encarnação, que tinha sido confiscado pelo Governo Provisório da República, por ter abrigado anteriormente o Seminário Diocesano.

Nessa conjuntura foram seus colaboradores, entre outros, o Dr. Alberto Jardim, o Dr. Fernando Tolentino da Costa, o Dr. Francisco de Gouveia Rodrigues, o Dr. Frederico da Cunha Freitas, o Dr. Manuel Pestana Júnior, o Dr. Varela e o Dr. Vasco Gonçalves Marques.

Como o Visconde da Ribeira Brava, que representava a Madeira como deputado em Lisboa, se ausentava frequentemente da Ilha, esta escola não atingiu o incremento desejado, pelo que foi reformulada por volta de 1957, no âmbito da Sociedade de Concertos da Madeira.

Mais tarde, em 1977, a Academia de Música e Belas-Artes da Madeira (AMBAM) veio a converter-se no Conservatório de Música da Madeira. (Escola Profissional das Artes da Madeira).

202 *A Verdade Madeirense e a Grande Guerra*

O ISAD – Instituto Superior de Artes e Design da Madeira foi posteriormente integrado na Universidade da Madeira, nas suas três áreas: pintura, escultura e design. Devido problemas de vária ordem, as duas primeiras áreas foram-se reduzindo, funcionando hoje em dia em pleno, unicamente a área de "Design".

MUSEU HENRIQUE e FRANCISCO FRANCO

Para melhor cumprir o estudo sobre arte, referente ao período histórico de que trata esta obra, visitou-se este museu, situado na cidade do Funchal, na rua do Bom Jesus, dedicado aos trabalhos dos irmãos Franco, consultaram-se algumas fontes documentais que constam da bibliografia e o catálogo do museu, esmeradamente elaborado pelo Sr. Prof. Dr. Rui Carita, considerado o maior historiador da Madeira, na contemporaneidade, devido aos profundos conhecimentos que possui sobre as origens históricas da Madeira, evolução dos factos políticos, sociais, económicos e militares da mesma Região e pela profusão de obras editadas, onde tem privilegiado o estudo do património português construído, militar e religioso. Publicou para além de mais de 2 dezenas de livros, roteiros e catálogos e cerca de centena e meia de trabalhos dedicados à obra de diversas instituições nacionais.

Relativamente à produção do pintor Henrique Franco (1883--1961), inclui desenhos e croquis de rua; desenhos a lápis de carvão; desenhos a lápis sobre papel; a carvão sobre papel; a lápis de carvão com aguada sobre papel; monotipias; gravuras a buril; pastéis; aguarelas; frescos; óleos sobre carvão; óleos sobre cartão prensado; óleos sobre tela; óleos sobre madeira; óleos sobre tela montada em cartão; técnica mista sobre aglomerado de madeira e desenhos para selos. A sua estreia como expositor verificou-se em 1910, na Sociedade Nacional de Belas-Artes. Em 1911, expôs entre outros, os seus trabalhos a óleo *Outros Tempos* e *Depois do Banho* que apresentam forte influência de Columbano. As obras da fase inicial da sua produção revelam influências naturalistas, como os dois *Retratos de Senhora* ou os desenhos de vilões e viloas que deixam transparecer o ambiente regional madeirense, de princípios do século XX. Doze dos seus desenhos, estão incluídos numa colecção designada como *Tipos Madeirenses*, tendo sido executados entre 1921 e 1924. Poderão considerar-se como obras de carácter modernista, *A Menina dos Tabaibos* e a *Galinha Preta*. Quanto à tradição naturalista portuguesa está bem expressa nas obras *Fado, Bêbados* e *Procissões*. As suas paisagens que revelam as influências recebidas em Paris, evidenciam características pós – impressionistas, nomeadamente de Manet, como em *O Laço Preto* ou no *Retrato de Henrique Vieira de Castro*, datado de 1920. Em *Blouse Rose*, exposto em 1920, no Salão de Paris e em 1923, na Exposição dos "5 Independentes", em Lisboa, bem como em *Auto Retrato*, também se verifica a influência daquele pintor. O óleo sobre tela *Blusa Azul* que retrata uma figura esguia, de desenho simplificado, apresenta um certo esvaziamento cromático. Quanto ao *Retrato de Rapariga*, pode considerar-se uma obra de cunho expressionista. Ambas revelam influência de Cézanne que foi marcante na obra do pintor madeirense. Henrique Franco foi aprovado em 1912 no concurso para pensionista do Estado, do Legado Visconde de Valmor e fixou-se em Paris, onde expôs durante dois anos com enorme êxito. Em 1920 regressou à Madeira, leccionando na Escola Industrial e Comercial António Augusto de Aguiar. A partir de 1934 foi o primeiro classificado para o lugar de professor de pintura da Escola de Belas-Artes, de Lisboa, onde passou a leccionar. Foi considerado o primeiro fresquista português, sendo da sua autoria os 14 frescos da Via-Sacra que se encontram na igreja de Nossa Senhora de Fátima, em Lisboa.

Quanto ao pintor e grande escultor português do século XX, Francisco Franco (1885/1955), cursou na Academia Real de Belas-Artes, entre 1902 e 1909, onde foi discípulo do mestre Francisco Simões de Almeida. Viajou para Paris nesse último ano, tendo absorvido profundas experiências modernistas, nessa cidade. Recebeu as influências dos expressionistas Rodin, Bourdelle, Matisse e Giacometti entre outros. Tal como seu irmão, também este madeirense ganhou por concurso, o prémio duma pensão que o Legado Valmor lhe concedeu para estudar em França, ao produzir um alto relevo de temática clássica *A Justiça de Salomão*. Partiu para Paris, acompanhado pelos pintores Santa Rita e Dórdio Gomes. Foi aluno do escultor A. Mercier na Escola de Belas-Artes. No ano seguinte, viajou para a Bélgica e para a Holanda. As suas obras de cariz modernista são *Cabeça de Rapaz* e *Cabeça de Semeador*, embora esta última apresente anatomia clássica. Nas xilogravuras de *Camponeses* podem descobrir-se características da arte de Modigliani. As xilogravuras que se destinavam a ilustrar um livro de poemas *Descaminho* de

Cabral do Nascimento evidenciam bem a arte de Chagal e de Emil Nolde. A sua cabeça do *Anjo Implorante* exprime grande intensidade dramática, devendo-se a sua inspiração a Rodin. Em *Cena de Café* tentou novas experiências, à luz de Matisse. Em 1914, devido ao início da Grande Guerra regressou à sua terra natal e realizou entre outras obras, *Viola*, talhada directamente na madeira; o *Busto do Dr. Vieira de Castro*; o *Busto do Dr. Teixeira Direito*; a *Imagem de N. Sra. da Paz* e *Velho*, tendo este último sido talhado, em madeira de urze.

Embora a escultura madeirense não seja objecto de estudo nesta obra, não se deixa contudo de registar a obra escultórica deste importante artista, enquadrada no ciclo de aprendizagem que encetou na Madeira e depois continuou em Portugal Continental e na Europa, mesmo porque vai alternando a pintura e a escultura. Francisco Franco executou quatro monumentos públicos, como *Busto Simbólico de Aviador*, que se refere ao primeiro "raid aéreo" de Gago Coutinho e Sacadura Cabral, em 1921; *O Torso*, executado em bronze, para recordar as ofensivas da guerra submarina alemã, efectuadas contra a cidade do Funchal e seus habitantes, em 3 de Dezembro de 1916 e 12 de Dezembro de 1917; a figura tumular *Anjo Implorante*, existente no Cemitério das Angústias, sobre o jazigo da família Rocha Machado e por último, o *Busto de Gonçalves Zarco*, também esculpido em bronze e que se encontra colocado no Terreiro da Luta, tendo sido inaugurado em 1919. Todos estes trabalhos sofreram a influência dos artistas parisienses modernistas e de Rodin, seu grande inspirador. Em 1919, o seu novo ciclo parisiense em que convive com Amadeu Modigliani, Heitor Cramez, Dórdio Gomes e Diogo de Macedo produzirá novos frutos como *Rapariga Polaca*; *Rapariga Francesa*; *Torso de Mulher*; *Pequeno Gil* e os esbocetos de *N. Sra.*; *Adão e Eva* e *Chanteuse*. Estes bustos serão possivelmente resultado da visão psicológica do artista sobre a vida real. Expôs em 1923, o trabalho *Rapariga Francesa* no Salon d'Automne e na Société Nationale, tendo conseguido a nomeação de "associé". Executou ainda neste período a estátua do *Semeador* que foi exposta no "Salon" de Paris, em 1924, onde foi muito apreciada. Produziu depois, várias monotipias, para além de desenhos e gravuras, em madeira e ponta seca. Seguidamente, viajou para Lisboa, em 1923, para organizar a exposição "5 Independentes", que para além dos seus trabalhos, incluía os de seu irmão Henrique Franco e obras de Dórdio Gomes,

Alfredo Miguéis e Diogo de Macedo. Como artistas convidados participaram ainda nesta exposição Almada Negreiros, Eduardo Viana e Mily Possoz. Em 1925 visitou várias cidades italianas, deixando-se influenciar pela estatuária antiga. Dessas viagens resultaram desenhos e aguarelas e o interesse pelo trabalho em pedra, tendo esboçado em mármore, o *Busto de Justino Montalvão*. De regresso à Madeira, acabou por produzir a estátua de Gonçalves Zarco e variadíssimas obras que perpetuarão o seu nome, em território nacional e no estrangeiro. Embora como já atrás foi referido, este capítulo não seja dedicado às artes escultóricas, seria impossível não relembrar as obras mais célebres que esse grande artista executou nesse âmbito. Em 1925, expôs na Galeria Weyhe de Nova York e em 1927 voltou a expôr, em Boston. *Torso de Mulher*, produzido em Paris, em 1922 é uma obra de grande valor que foi apresentada em Lisboa, no ano seguinte, na exposição "os 5 Independentes" e demonstra as potencialidades do artista, na renovação da arte escultórica nacional. Os desenhos de cabeças de mulher são reveladores do seu esforço para conseguir um corpo feminino com características modernas. No espólio deste museu, encontra-se ainda o estudo em gesso, para a grande *Estátua do Prof. Dr. António Oliveira Salazar*, que foi esculpido, usando o capelo e a borla doutorais. Francisco Franco foi "o escultor do Regime". Expôs em Paris, no museu do Jeu de Paume, a *Estátua do Prof. Dr. António Oliveira Salazar* e uma outra do *Infante D. Henrique*. Contudo, o primeiro exemplo da estatuária desse mesmo regime foi a estátua de João Gonçalves Zarco, que data de 1928. Considerado o historiador plástico das figuras da nossa epopeia nacional, viria a esculpir mais tarde, *as Estátuas da rainha D. Leonor; de D.João I; D.João II; D.João III; a Estátua Equestre de D. João IV e a Estátua de D. Diniz*, entre muitas outras.

Outro artista cuja produção inicial, também se insere nas primeiras décadas do século XX, foi Alfredo Miguéis (1883-1943).

Este pintor e professor de Arte, frequentou a Escola Industrial do Funchal. Em 1911 completou o curso de Pintura Histórica na Academia Real de Belas-Artes. Foi discípulo dilecto de Columbano e várias vezes premiado. Em 1912 recebeu o prémio Valmor para pensionista no estrangeiro. Residiu em Madrid e Paris, onde se aperfeiçou até 1914. Nesse mesmo ano, foi convidado para professor da Escola de Belas-Artes. Mais tarde, foi professor na Escola Industrial de Setúbal. Em 1917 foi transferido para a Escola Industrial e Comercial António Augusto Aguiar, no Funchal.

Alfredo Miguéis expôs pela primeira vez, em 1910, na Sociedade Nacional de Belas-Artes. Concorreu às exposições dos anos de 1911, 1915, 1916, 1917 e 1919, tendo obtido prémios de menção honrosa, três terceiras medalhas e uma segunda medalha em 1916. Foi admitido às exposições do Salão de Paris em 1913, 1914 e 1922, tendo-se notabilizado pela originalidade dos seus desenhos, óleos e aguarelas.

Berta do Nascimento Gonçalves Costa (1890-1977). Foi uma pintora amadora, madeirense, cujo nome se faz questão de aqui recordar.

Frequentou a Escola Industrial do Funchal. Teve como professores mestres de renome, como Sousa Machado e Artur Cersa.

Optou por cultivar o género "Retrato", tendo exposto no início do século, na Quinta Vigia (1909) e em 1913, na Quinta Pavão. Posteriormente, expôs na Associação Católica e na Academia de Música e Belas-Artes da Madeira.

Max Römer (1878-1960). Foi batptizado em 1879, na Igreja Luterana de São Pedro, em Hamburgo. Parte da obra de Max Wilhelm Römer, enquadra-se nas primeiras décadas do século XX. Estudou na Escola Clássica de Hamburgo e Berlim. Este escultor e pintor alemão iniciou a sua arte, estreando-se na escultura a cinzel. Posteriormente, dedicou-se à pintura, nas modalidades de desenho, aguarela, guache, óleo e pastel. Conheceu a mulher, Louise, com quem casou em 1902, na empresa "Ledertechnik Holbe". Em 1925, publicou na Alemanha, vários trabalhos na revista *Illustrierte Zeitung*. Executou entre outros, trabalhos para o Hall do Dresdner Bank, em Berlim; para as Câmaras Municipais (Antigos Paços do Concelho) de Hamburgo e Bremen e para alguns paquetes alemães. Refugiou-se na Madeira, com a mulher, Louise Kätchen Parizot, de origem javaneza e três filhos do casal, Rolf, Anita e Valeska, depois da Primeira Grande Guerra (1914/1918) em que lutou pela Alemanha, seu país-natal, na frente das batalhas da Champagne, do Somme, na Roménia e na Grécia. Decidiu estabelecer-se na Ilha onde o clima aprazível, o sossego e as belas paisagens muito contribuíram para o desenvolvimento da sua produção multifacetada. Trabalhou durante 50 anos na Madeira, tendo-se radicado português. Aí, executou muitos trabalhos publicitários para cinemas e firmas diversificadas. Elaborou cartazes turísticos. Criou postais e cartões de Boas Festas, que passaram a circular por todo o mundo.

A sua obra encontra-se patente no "Palácio de São Lourenço" e em vários outros locais do Funchal e do Arquipélago. Contribuiu para a divulgação da geografia, da fauna e da flora, onde as flores e as plantas são uma constante, assim como do folclore e tradições madeirenses. Pintou com uma cromática surpreendente múltiplas paisagens, incluindo marinhas.

Ao fazer referência aos artistas plásticos e respectivas obras que foram em número diminuto, nas primeiras décadas do século XX, na Madeira, não se poderia deixar de investigar a existência de possíveis espólios desse período histórico, na Fortaleza-Palácio de São Lourenço no Funchal, que foi residência de Capitães-Donatários e Governadores da Madeira.

Classificada como monumento nacional em 1943, foi a partir de 1955, que o Palácio de S. Lourenço abriu as suas portas aos turistas e visitantes que passaram a poder apreciar no seu interior, obras do século XVII ao século XX. A sua construção teve início no 2º quartel do século XVI, só ficando concluída no período filipino. Passou a designar-se entre 1612 e 1620 por Fortaleza de S.Lourenço que era o santo-padroeiro do rei habsburgo Filipe II que reinava em Portugal e Castela. No último quartel do século XVIII, depois da construção do andar nobre, passou a usar-se a denominação de Palácio. A separação dos poderes civil e militar que ocorreu em 1836, reflectiu-se na divisão da Fortaleza-Palácio, ou seja, entre o quartel do Governador Militar e a residência do Governador Civil, que por sua vez, passou a ser desde 1976, a residência oficial do Ministro da República para a RAM – Região Autónoma da Madeira. No museu existem actualmente duas gerências: uma gerência civil e outra militar. Aí se podem admirar, algumas pinturas da autoria do pintor Max Römer que veio fixar-se na Madeira, a partir de 1922, com 44 anos de idade e cujas obras de maior relevo nesta ilha se situam nas décadas 30 e 40. Por volta de 1938, Max Römer terá pintado um quadro, retratando um capitão do século XIX considerado o governador do Liberalismo – José Silvestre Ribeiro. Este retrato encontra-se na sala de entrada – sala dos retratos dos primeiros Capitães-Donatários e de alguns Governadores da Madeira, dos séculos XVII a XIX, cujos autores são

208   *A Verdade Madeirense e a Grande Guerra*

desconhecidos. Na Sala Vermelha do andar nobre, as paredes pintadas desde 1939, por Max Römer apresentam motivos decorativos,
condizentes com o mobiliário francês, estilo "Boulle", de meados do
século XIX, que veio do Palácio Nacional da Ajuda. Do mesmo
pintor, encontram-se ainda na Sala Verde ou Império (Sala de Ban-
quetes do Palácio) os painéis do tecto, pintados no início da década
de 40. Estes painéis apresentam 4 telas com motivos alegóricos de
temática regional, valorizando a história e a riqueza da terra e dos
mares madeirenses.

Regressando, à história do Palácio de São Lourenço, depois de
sucintamente, nos termos referido à produção de Max Römer, não
poderia deixar de se salientar a acção do Visconde da Ribeira Brava,
em prol do Palácio, cujo interior melhorou, com mobiliário oriundo
de vários Palácios Nacionais Portugueses e dos Sanatórios da Madeira. Mais tarde, nos anos 40, também o Dr. José Nosolíni Pinto
Osório, antes de sair do governo, melhorou a aparência das salas de
recepção, executando obras e promovendo a decoração das mesmas,
depois de adquirir móveis e uma galeria de quadros, ao Museu de
Arte Antiga, a outros Palácios Nacionais e a uma Repartição Pública
do Funchal.

Cabido da Sé do Funchal

A sala de retratos dos bispos que passaram pela diocese do
Funchal, que foram trinta e quatro, desde 1514 até hoje, não poderia
deixar de ser objecto de estudo deste trabalho, visto ser uma galeria
de pintura de enorme valor e bastante significado. Na realidade,
esses retratos encontram-se patentes ao público, na sala do Cabido da
Sé do Funchal. As instalações do Cabido são constituídas por duas
grandes salas, cobertas por tecto de caixotão. Estes retratos que se
encontram nas paredes e a toda a volta da actual sala do Cabido, têm
todos o mesmo formato. São pintados sobre um fundo cinzento-
-azulado, apresentando a mitra, a estola e o anel que são símbolos
episcopais.

O jovem madeirense, Richard Fernandez (1971), pintor de formação, dotado de um enorme talento que tem praticado o género
"retrato", pintou até hoje, cinco retratos dos bispos da Sé Catedral,
cuja prelatura decorreu no século XX. Iniciou esse trabalho com a
pintura do retrato do bispo D. Frei David de Sousa, sendo o último
retrato, o do actual bispo, D. António Carrilho. Para além destas

pinturas a óleo, destinadas a ocupar as paredes da sala do Cabido, pintou ainda os retratos dos dois primeiros reitores da Universidade da Madeira e os retratos dos Juízes-Conselheiros do Tribunal de Contas da Madeira. Este pintor que também é professor já apresentou as suas obras em diversas exposições colectivas, quer em Lisboa, como foi o caso duma exposição realizada em 2003 no Banco de Portugal, quer no Funchal, em que os seus trabalhos se notabilizaram na exposição que esteve patente ao público em 2006 no Museu "Universo de Memórias" de João Carlos Abreu. Entre muitas outras, participou ainda numa exposição colectiva, realizada no Museu da Electricidade, situado na Casa da Luz, no ano de 2007.

Nas salas do Cabido, atrás citadas, inaugurou-se em 1940, o primeiro núcleo museológico que viria a dar origem mais tarde, ao Museu Diocesano de Arte Sacra do Funchal.

As obras dos pintores Alberto Sousa e Max Römer participaram numa exposição no Museu de Arte Sacra, no ano da inauguração do mesmo.

Alberto de Sousa (1880-1961). A maioria dos quadros deste pintor que ainda se conservam no Funchal, onde se deslocava para apresentar os seus trabalhos, deve-se a uma exposição realizada pelo artista nessa cidade, em 1934. Este pintor que provavelmente permaneceu no Funchal de 1933 a 1935, nasceu em Lisboa. Frequentou a Escola de Belas-Artes de Lisboa, as Escolas Industriais do Príncipe Real. Em 1897 foi admitido no atelier de Roque Gameiro. Iniciou a sua colaboração em 1903 na *Ilustração Portuguesa*. Usava a técnica da aguarela. Estudou com Manuel Macedo e com o arquitecto Bigaglia. Ficou célebre o seu desenho sobre o *Regicídio* publicado em Paris, em 1908. No Museu da Quinta das Cruzes encontram-se oito aguarelas deste artista, uma delas, datada de 1931, *Canoa*; três delas datam de 1933, entre as quais *Sintra, Penha Longa* e *Avô*. As restantes foram produzidas em 1934: *Coro Alto do Convento de Santa Clara; Trecho do Coro da Sé, com Sacristão; Retrato da Sé do Funchal* e *Trecho da Capela de Santa Clara.*

Anita Louise Römer (1904-1934). Pintora. Filha de Max Römer. Nasceu em Hamburgo. Especializou-se em pintura, tendo trabalhado no Funchal, onde veio a falecer em 1934.

Patrícia Morris. Pintora madeirense. Nasceu no Funchal. Iniciou os seus estudos de aguarela, com o mestre Max Römer. Posterior-

210 *A Verdade Madeirense e a Grande Guerra*

mente, frequentou "The Royal School of Arts, em Brighton, Inglaterra; a Escola de Belas-Artes da Madeira e a Escola Superior de Belas--Artes do Porto. A sua obra, espalhada pelo mundo inteiro, tem representação em colecções de arte públicas e privadas e encontra-se em exposição permanente nos seguintes países: Alemanha, Áustria, Bulgária, Holanda, Inglaterra e Nova Zelândia.

ESTAMPAS

Muitos artistas estrangeiros se debruçaram sobre as maravilhas da "Madeira", publicando múltiplas séries de estampas, feitas a lápis, pena ou pincel. As mais antigas, muitas das quais tiveram de ser pesquizadas no exterior, fazem parte do acervo de alguns coleccionadores interessados nessa modalidade. Retratam a vida, o folclore, as belezas naturais da ilha, entre outros aspectos culturais.

As mais conhecidas são as colecções de Picken, Bulwer, Pitt Springett, Selleny, Harcourt, Gellatly, Dillon, Innes e Eckersbery.

2.25. Os Clubes Desportivos

"Le sport consiste à déléguer au corps
Quelques-unes des vertus les plus fortes
De l'âme: l'énergie, l'audace et la pacience.»
JEAN GIRAUDOUX. Extrait de *Le Sport.*

« O desporto consiste em transmitir ao corpo
Algumas das virtudes mais fortes
Da alma: a energia, a audácia e a paciência"
JEAN GIRAUDOUX. Extraído de *O Desporto.*

Desde sempre se praticaram vários desportos na Madeira. O ciclismo por exemplo, já se praticava desde o século XIX. Tendo o "Madeira Cricket Club" organizado um festival desportivo em 1899, foi então possível assistir à primeira prova ciclista. Mais tarde, repetiram-se em 1908 e 1911, as jornadas ciclistas entre os Funchal e Câmara de Lobos. Esta modalidade durou alguns anos, tendo-se realizado cortejos anuais de bicicletas e festivais onde os ciclistas eram muito aplaudidos como no Campo Almirante Reis e mesmo por altura do Carnaval. Depois, caiu em desuso e só voltou a ter cultores, a partir dos anos 30.

Depois dos primeiros automóveis terem entrado na Madeira, em 1903/1907 também se desenvolveu o automobilismo, tendo-se realizado algumas gincanas e várias provas automobilísticas como a I Rampa dos Barreiros, em 1935.

O Ténis já se praticava na Madeira desde o século XIX, possuindo as famílias mais abastadas nas suas quintas, um *court* apropriado para esse efeito. Quanto ao Ténis de Mesa foi introduzido em 1917 na Ilha, por Arnaldo Ramos.

A Esgrima e o Tiro foram modalidades introduzidas nos inícios do século XX pelo Visconde da Ribeira Brava.

O Atletismo ter-se-ia desenvolvido com mais intensidade a partir de 1927, depois da fundação da "Liga Madeirense de Sports Atléticos" que teve uma duração de 3 anos.

O Basquetebol desenvolveu-se a partir da criação da Associação de Basket, em 1935. A partir de 1945, ter-se-á incrementado a prática do Voleibol.

Quanto ao desporto-rei, o primeiro campo de futebol de que há memória, na Madeira, foi o Campo da Achada, situado no Funchal, no caminho com o mesmo nome. Já nesse tempo, as equipas estrangeiras, disputavam com os madeirenses que trabalhavam na «Casa da Linha» e na «Estação do Cabo Submarino».

Mais tarde, o Campo D. Carlos I foi onde as primeiras equipas de futebol madeirense começaram a ter os primeiros encontros amigáveis, praticando um desporto que em breve se tornaria de eleição.

Posteriormente, esse local passou a designar-se como Praça Académica e depois da Implantação da República o nome voltou a ser alterado para Campo Almirante Reis. A leste dessa praça, ficava o "Campo das Loucas", cujo terreno pertencia ao Ministério da Guerra, servindo para aí se praticarem exercícios militares e simultaneamente para os grupos desportivos madeirenses treinarem a modalidade de futebol com equipas estrangeiras, vindas de bordo de navios da Marinha de Guerra, que atracavam no porto do Funchal.

Antes e durante o período da Grande Guerra praticaram-se muitas modalidades desportivas na Madeira, em grande parte, devido à influência da colónia inglesa. A prática de muitas delas alargou-se até à actualidade, como no caso do futebol, do lawn-tennis, da natação, do water-polo, do remo, da vela, do cricket e do bilhar, entre outros.

Desde 1909 que se tem notícia da existência de diversos clubes desportivos, como o Grupo Sportivo Internacional, considerado como a agremiação desportiva mais antiga da Madeira.

Em 1910 também se fundaram, o Club Sport Marítimo e o Club Sports da Madeira.

Em 1916, fundou-se a Associação de Futebol do Funchal, por iniciativa dos clubes União e Insulano. Iniciou-se a segunda fase do futebol na Madeira, com provas disputadas regularmente.

Também existiu um Clube Desportivo Nacional.

A AFF promoveu na época de 1916-1917, o primeiro campeonato da Madeira, dividido apenas em duas categorias.

Na época seguinte 1917-1918, voltou a disputar-se o campeonato da Madeira, que foi ampliado com a prova das terceiras categorias.

Porém, a vida da Associação esteve suspensa, bem como o campeonato, durante as épocas 1918-1919 e 1919-1920.

A prática de desportos náuticos já se iniciara antes de 1910, com as competições de remo, mas foi em 4 e 12 de Outubro de 1913 que se realizaram vários festivais náuticos, promovidos pelo jornal "Athenista" para comemorar o 3º aniversário da Implantação da República Portuguesa.

Em 1917, fundou-se o Club Naval Madeirense, por iniciativa do visconde da Ribeira Brava, o que contribuiu para impulsionar a actividade de regatas, provas de vela e organização de festivais náuticos, em que se distinguiram muitos desportistas da Madeira.

Em 1922 fundou-se a Liga Madeirense de Desportos Náuticos que contribuiu para a organização de provas de natação e realizou o campeonato da Madeira de Water-polo (Polo Aquático). O 1.º campeão desta modalidade foi o "Império Futebol Club" cuja actividade se extinguiu a partir de 1930.

Como já foi referido no sub-capítulo 2.17 " A Imprensa", o jornal *O Desporto* publicou-se quinzenalmente durante a conflagração, tendo o primeiro número sido publicado no dia 17 de Abril de 1918. Também o semanário *Sport do Funchal* iniciou a sua publicação a partir de 14 de Dezembro de 1923.

2.26. As Tecnologias

Durante a Grande Guerra existia já na Madeira, um Posto de Telegrafia sem fios, a funcionar na Quinta Santana, adstrito ao governo inglês. As notícias recebidas eram transmitidas diariamente pelos jornais. Contudo, com o fim da guerra este posto ficou inactivo, desde 2 de Abril de 1919.

Em finais do séc. XIX, a Madeira já podia usufruir da ligação através de Cabo Submarino à Metrópole, permitindo o funcionamento da Telegrafia Eléctrica, implantada pela Brazilian Telegraph Company. A data inaugural aconteceu no dia 26 de Setembro de 1874, quando se enviaram telegramas a saudar o Rei D.Luís I.

A Brazilian Telegraph Company foi substituída pela Western Telegraph Company que posteriormente lançou mais um Cabo entre 1883 e 1884. Em 21 de Setembro de 1900 foi estabelecido um terceiro Cabo da Eastern Telegraph Company.

"Um outro factor importante que fazia com que as ilhas atlânticas portuguesas se revestissem de grande valor para os ingleses era, a contribuição que estas poderiam dar no estabelecimento de um sistema de comunicações por cabos submarinos... em 1901, estabeleceram uma linha de comunicações de cabos para a África do Sul que passava pela Madeira, São Vicente (Cabo Verde), Ascensão, Sta. Helena e Cabo. Como linha suplementar, assentaram outra que partia da Madeira para as colónias inglesas da África ocidental, Gambia, Serra Leoa, Costa do Ouro, Nigéria até à África do Sul... Os Alemães tentaram quebrar o monopólio britânico sobre os cabos submarinos mas este manteve-se até 1914. Com a invenção da telegrafia sem fios esperavam libertar-se da dependência face ao sistema britânico."[43]

Em 1921, de acordo com a Companhia Marconi estabeleceu-se uma rede rádio-telegráfica, através dum contrato, cujo objectivo era o de instalar e explorar postos de telegrafia sem fios, em Lisboa, Madeira, Cabo Verde, Angola e Moçambique.

---

[43] GUEVARA, Gisela Medina. As Relações Luso-Alemãs antes da Primeira Guerra Mundial – A Questão da Concessão dos Sanatórios da Ilha da Madeira. Lisboa, Ed. Colibri, 1997, pág. 33-34.

Relativamente à luz eléctrica que foi inaugurada no Funchal em 1897, o fornecimento da energia eléctrica nas primeiras décadas do século XX era efectuado pela Madeira Eletric Leigth Enginery Lda.

Quanto à rede telefónica seria inaugurada mais tarde, em 5 de Outubro de 1911.

Extraindo da primeira página do exemplar nº 5 d'*A Verdade*, datado de 29 de Maio de 1915, o texto de um artigo intitulado "Telefones", toma-se conhecimento que nesse mesmo ano, o preço anual do telefone, se cifrava em 15 escudos e que já existiam cerca de 500 aparelhos.

Também no exemplar nº195 do mesmo semanário, datado de 8 de Maio de 1919, sob o título "Telefones sem Fios", se informa que "A Companhia Marconi" tinha já estabelecido ligação telefónica sem fios entre a Irlanda e o Canadá a uma distância de 2000 milhas.

Segundo um engenheiro da companhia, dentro de pouco tempo, qualquer pessoa poderia trazer na algibeira um aparelho telefónico, que lhe permitiria falar à distância com outra pessoa que dispuzesse de um aparelho igual e afinado pelo primeiro.

Nas primeiras décadas do século XX, para além do desenvolvimento da electricidade, do telégrafo, do telefone e do automóvel, introduziram-se ainda na Ilha da Madeira, o fonógrafo, o gramofone, o cinema, o raio X e oficialmente, a T.S.F em 2 de Junho de 1922.

Em 1921 o avião seria notícia, aquando da primeira travessia aérea entre Lisboa e o Funchal em 22 de Março num hidrovião tipo F3 "Rolls Royce", que aterrou no Funchal, tripulado por Gago Coutinho, Sacadura Cabral, Ortins Bettencourt e Roger Soubiran.

Em honra destes heróis que souberam dignificar a Marinha de Guerra Portuguesa foi erigido um monumento no Jardim Municipal do Funchal.

Nos anos 30, seria a vez de os "Zeppelins" sobrevoarem a Madeira, como se pode apreciar em fotografias, arquivadas no museu «Vicentes».

2.27. A Marinha de Guerra. Bombardeamentos ao Funchal

"É a guerra aquele monstro
Que se sustenta das fazendas
E até Deus nos templos e nos sacrários
Não está seguro."

P^{de} ANTÓNIO VIEIRA (1608-1697)
Sermões

Em 2 de Março de 1915 foram apreendidos no porto do Funchal, devido à Grande Guerra, os vapores alemães Colmar, Petrópolis, Guaybo e Hochfeld que passaram para o Estado com os nomes respectivamente de Madeira, Porto Santo, Deserta e Machico.

Em 3 de Dezembro de 1916, o Funchal foi bombardeado pelo submarino alemão U-47, que se escondera nas desertas, vindo a afundar dentro da baía, a canhoeira francesa "Surprise", o navio "Kanguroo" da mesma nacionalidade e o vapor "Dácia", vapor mercante inglês, ao serviço do governo francês. Houve vítimas mortais, feridos e estragos materiais em terra.

Em 12 de Dezembro de 1917, a cidade do Funchal foi novamente bombardeada por outro submarino alemão, causando estragos e vítimas na cidade. Os vapores "Dekade I" e "Mariano de Carvalho", armados cada um de uma pequena peça de artilharia conseguiram alvejar o submarino que ao afastar-se ia lançando granadas sobre os barcos e a cidade.

Em 14 de Outubro de 1918, o submarino alemão U-139, atacou a 200 milhas dos Açores, o paquete "S. Miguel", da Empresa Insulana de Navegação que seguia do Funchal para Ponta Delgada, carregado de mercadorias e com 200 passageiros a bordo.

O caça-minas "Augusto Castilho" que comboiava este paquete, sobre o comando do primeiro tenente, José Botelho de Carvalho Araújo lutou heroicamente contra o submarino durante duas horas até acabarem as suas munições.

2.28. As Consequências da Grande Guerra

A Guerra de 1914/18 veio trazer consequências nefastas e criar dificuldades de vida aos Madeirenses.

Sendo as ilhas um ponto de interesse geo-estratégico, o porto era frequentado por barcos de diferentes nacionalidades, o que depois do conflito bélico se alterou, tendo-se reduzido significativamente a circulação do mesmo e consequentemente o movimento dos navios, o que facilmente se pode constatar através da leitura dos jornais coevos.

Este revés deveu-se à espionagem, efectuada por submarinos alemães, cujas bombas, por mais duma vez, conseguiram causar o efeito psicológico desejado sobre as populações, para além de danos físicos e materiais irreparáveis. (Leia-se o exemplar nº 129 do semanário, datado de 29 de Outubro de 1917. Através duma notícia inserida na 4ª coluna da 1ª página, com o título *Submarino à vista,* extraída duma carta enviada por um amigo e assinante do jornal para a redacção, no sentido de avisarem as embarcações, informam-se os leitores que em São Jorge tinha sido avistado por muita gente um submarino junto ao porto dessa freguesia). O Funchal era visitado por muitos veleiros, embarcações a vapor e navios de guerra, durante o período em que durou o conflito. A lista de embarcações que foram perseguidas e afundadas pelos submarinos inimigos que então cruzavam as águas madeirenses, é vastíssima, podendo ser consultada no *Elucidário Madeirense,* sob o título "Guerra" (Grande) e maior seria ainda, se os jornais não tivessem sido impedidos nessa época de publicar as notícias de maior impacte, muitas das vezes, para não serem reveladas informações importantes, outras vezes, para não assustarem as populações.

A fome e as faltas decorrentes da quase paralização do movimento comercial marítimo, assolavam a Ilha, traduzindo-se os reflexos da guerra na permanência ao largo da Madeira, dos barcos que iam sendo atacados.

Nesses tempos de guerra, as Alianças estabelecidas, segundo blocos bem definidos, obrigavam a que se actuasse em conformidade.

A navegação inter-insular (Madeira-Lisboa e vice-versa) que sempre primou pela sua regularidade, efectuava-se utilizando os navios

"Funchal", "Lima", "São Miguel" e "Carvalho de Araújo". Estes barcos pertenciam à Empresa Insular de Navegação.

O "São Miguel" foi perseguido durante a guerra por um submarino alemão, mas conseguiu salvar-se. Contudo, o Caça-Minas que o apoiava, o "Augusto Castilho", ao travar uma luta renhida com o submarino, acabou por se afundar e com ele o seu destemido Comandante, Carvalho de Araújo, assim como o aspirante Mota Freitas e o passageiro madeirense João Francisco de Jesus.

Depois dos dois bombardeamentos por submarinos alemães ao Funchal, o primeiro no dia 3 de Dezembro de 1916 e o segundo no dia 12 de Dezembro de 1917, todos os bens da colónia alemã foram confiscados, a instâncias do Governo, que aderira ao bloco aliado e por solicitação dos súbditos ingleses radicados na Ilha, visto que os germânicos concorriam com os comerciantes ingleses nos vinhos, nos bordados e nos vimes, entre outros produtos.

Como já anteriormente foi referido, o primeiro e trágico torpedeamento no porto do Funchal a 3 de Dezembro de 1916 foi efectuado por um submarino, localizado ao sul da barca americana "Eleanor Percy" que se encontrava no Funchal com um carregamento de trigo.

Esse submarino que atingiu a canhoeira "La Surprise", o navio de guerra inglês "Dácia" e o cargueiro francês "Kanguru", afundando-os, provocou dezenas de mortos (33 tripulantes franceses e 7 portugueses) e muitos feridos, tendo estes últimos sido transportados ao Hospital de Santa Isabel. Respondendo ao fogo de artilharia vindo de terra, o submarino atirou ainda algumas granadas, uma das quais atingiu o coreto do Jardim D. Amélia.

No ano seguinte, no dia 12 do mesmo mês, de manhã cedo, novo submarino alemão atacou a cidade do Funchal, por meio de granadas, cujos estilhaços causaram a morte de um cidadão, alguns feridos e a danificação de bens materiais.

Os restos mortais dos marinheiros franceses vítimas do torpedeamento à canhoeira francesa "Surprise" que foram enterrados no cemitério das Angústias seriam trasladados em Novembro de 1921 para bordo do cruzador "Jules Michelet", tendo-se-lhes prestado homenagem solene que incluíu a formação dum cortejo para acompanhar os seus despojos até ao cais da Pontinha, missa, guarda de honra e música fúnebre. Em Dezembro do mesmo ano foram os restos mortais dos madeirenses vítimas do mesmo torpedeamento, trasladados para um túmulo-monumento, mandado edificar pelo banqueiro Henrique Vieira de Castro, tendo-se seguido uma homenagem semelhante à anterior.

Depois do conflito, o Governo Central alterou o seu comportamento para com a Ilha, tendo encetado acções que vieram beneficiá-la, ao iniciar algumas construções e reformas cuja urgência há muito tempo se faziam sentir e ao recompletar os efectivos militares.

A importância da Ilha da Madeira era inegável para ambas as colónias estrangeiras: alemã e inglesa. Os britânicos consideravam ter mais direitos, a nível histórico, comercial e militar e cobiçavam poder manter a sua supremacia relativamente à utilização do porto do Funchal que era muito apetecível e necessário para os navios ingleses que aí faziam escala, quando transitavam no oceano Atlântico.

Devido a essas contendas, poder-se-á considerar que os bombardeamentos foram simbólicos, visto que os germânicos apenas pretendiam ameaçar os seus rivais ingleses, tendo cada ataque sido praticado por um único submarino alemão que disparou cerca de 50 tiros. Os maiores estragos verificaram-se nos navios de guerra franceses e comerciais ingleses, ancorados no porto do Funchal.

Porém, longe do Funchal mais três embarcações portuguesas foram afundadas por submarinos alemães: a escuna "Sra da Conceição" que pertencia à praça do Funchal foi afundada nas costas da França, em 1916; a barca "Viajante" a 150 milhas do Porto Santo, em 1917; a escuna "Beira Alta" a 100 milhas de Porto Santo, em 1918. Finalmente, um veleiro que seguia dos Açores para Lisboa também foi torpedeado, tendo os tripulantes conseguido aportar no Funchal, em Abril de 1918.

Posteriormente, todos os navios alemães fundeados no porto do Funchal foram apresados. Também houve múltiplos problemas com a repartição de estrangeiros residentes na Madeira e oriundos dos países em conflito, como foi o caso dos súbditos alemães que foram internados no Lazareto Gonçalo Aires, seguindo depois para a Ilha Terceira, nos Açores.

A pedido do cônsul da América do Norte, no Funchal, Mr. Hempel, chegou no navio "Lake Forest", em 6 de Novembro de 1919, o representante da Cruz Vermelha Americana, Harrison Dible que para atenuar a crise alimentar na Madeira veio fornecer toneladas de quase todos os géneros de subsistência, absolutamente necessári-

A *Ilha da Madeira nas Primeiras Décadas do Século XX*   219

os, depois de se terem esgotado com o arrastar da Grande Guerra. Receberam-se batatas, feijão, farinha, milho, milho em grão, etc.

Mais uma vez fica demonstrado, através da leitura das citações que se reproduzem em seguida, como a crise era notória e como se foi agravando, depois dos primeiros tempos da vigência do regime republicano, devido à conflagração e suas consequências, tendo contribuído para depauperar o erário público, situação que os republicanos não souberam ultrapassar, pelo que a sua acção e gestão deploráveis passaram a ser contestadas pelos madeirenses.

«...a difícil e precária situação política, social e financeira, que se manteve durante os primeiros anos da República, foi agravada pelas duras consequências da Primeira Guerra Mundial. Assim, a inflacção continuava a alastrar como nódoa de azeite, o escudo sofria sucessivas desvalorizações, o que agravava fortemente os preços dos bens e serviços importados; os impostos eram cada vez mais gravosos, ao mesmo tempo que se intensificavam fortes lutas operárias...»[44]

«...a Madeira contribuía anualmente para os cofres do Estado com somas que, se ficassem no Arquipélago possibilitariam a execução de importantes obras de fomento. Assim, do agravamento das tributação e de novos impostos, o único que beneficiava era o Orçamento do Estado. (...)

Em 1921-1922 era também assunto de bastante polémica e de grande contestação do Poder Central, a exigência de cobrança em ouro, o regime cerealífero, o imposto sobre a navegação, a criação de sobretaxas especiais sobre o vinho da Madeira, a falta de soluções para a cultura sacarina, a recusa de verbas para a manutenção de Levadas e o escandalosamente célebre adicional de 5% sobre os direitos de exportação cobrados na Madeira para custear as obras do porto de Leixões.»[45]

---

[44] LEITE, José Guilherme Reis. A Autonomia das Ilhas Atlânticas. Os Açores e a Madeira. A experiência Açoreana do Século XIX, in Actas do I Colóquio Internacional de História da Madeira. Vol. I, Funchal, 1989.

[45] VERÍSSIMO, Nelson. O Alargamento da Autonomia dos Distritos Insulares; o Debate na Madeira (1922-1923), in Actas do II Colóquio Internacional de História da Madeira. Funchal, 1990.

«... era cada vez mais viva a contestação política às instituições republicanas, que antes tanto tinham entusiasmado os madeirenses;... nos sectores intelectuais e junto à classe dominante, voltava à ordem do dia, com grande vivacidade, a questão do aprofundamento da autonomia.»[46]

---

[46] NEPOMUCENO, Rui. *As Crises de Subsistência na História da Madeira.* Ensaio Histórico, Lisboa, Editorial Caminho, SA., Colecção Universitária, 1994

3. *A VERDADE* PERANTE OS ACONTECIMENTOS

3.1. A Língua Portuguesa nas Primeiras Décadas do Séc.XX

Os excertos das notícias do Semanário *A Verdade*, que se transcrevem e comentam neste capítulo, escritas no português vulgarmente usado nas primeiras décadas do século XX, em Portugal e nas Ilhas Adjacentes oferecem um manancial enriquecedor de pesquisa, ao estudioso interessado em filologia, linguística, ortografia, fonética ou fonologia.

Também os textos literários e composições poéticas concorreram para valorizar as páginas daquele jornal e agilizar o pensamento de quem folhear e ler as suas páginas, constituindo um manancial precioso para o estudo da Literatura Portuguesa. Conhecidos escritores e poetas portugueses foram colaboradores deste periódico, como António Nobre, João de Deus e Albino Forjaz de Sampaio, entre outros.

Achou-se relevante integrar algumas palavras coetâneas, extraídas do mesmo semanário, no contexto deste capítulo, para que fossem apreciadas actualmente e para que na posteridade, se pudesse recordar uma das fases da evolução da língua portuguesa, em que gramáticos e professores se esforçavam por ensiná-la com seriedade, contribuindo para realizar os ideais da República, quanto à dinamização do ensino e da cultura em Portugal.

Verifica-se ao longo dos seus textos, o uso frequente do apóstrofo, como em: "d'aquele", "n'um", d'uma, d'alguma; da dupla consoante como em "pennadas" e da falta do acento circunflexo, substituído por duplas vogais, como em "teem".

No início das palavras, a letra "c" vem por vezes precedida de "s" como em "scintilante" ou em sciência". Alguns vocábulos estão escritos com "ph" para representar o fonema "f". Noutros, verifica-se em relação à actualidade, a inexistência de algumas consoantes, como em "exceto", "exceções" (sem o "p"); em "respetiva", "correto" "afetar" e "redator" (sem o "c") ou como em "anistia" e "onipotência"

224 *A Verdade Madeirense e a Grande Guerra*

(sem o "m"). Por sua vez, também podia suceder a junção duma consoante a outra, como na palavra "acquisição" ou em "solemne". Algumas palavras iniciavam-se com a letra "h", como o nome próprio "Hespanha".

Muitas palavras, escreviam-se com a letra "z": portuguez, inglez, francezes, chinezes, espozas, pezadelo e paiz (em vez de país), etc.

Muitos vocábulos característicos dessa época terão caído em desuso; outros terão perdido a sua terminação latina, como no caso de desideratum.

As palavras actuais como "lugar", "ansiedade" e "há-de", escreviam-se respectivamente da seguinte forma: "logar", "anciedade" e "hade".

Usava-se escrever o actual fonema "j" com a letra "g". Exemplo: "trage", "regeitar", etc.

Quanto aos ditongos: "ai", representava-se por "ae", como em "paes", "jornaes", "taes" e "cereaes". O ditongo "oi", aberto, escrevia-se "oe", como em "espanhoes"; o ditongo "oi" fechado, representava-se por "ou", como em "cousa". O ditongo "ui", escrevia-se "ue", como por exemplo, na palavra "constitue". O ditongo "éu", aberto, representava-se por "eo". Ex: "reos", em vez de "réus".

Nota-se o uso sistemático do "ç", sem vir precedido pela letra "c", como em "ação" ou "redação".

Regista-se que a maioria das palavras, não era acentuada.

De assinalar que estas duas últimas características se aproximam do Acordo Ortográfico de 1990 e das palavras hodiernas, escritas com base nas Tecnologias de Informação.

Acentuação

Verifica-se também que no semanário *A Verdade,* a maioria das palavras estão acentuadas, quer com acento agudo, quer com acento grave, podendo em textos subsequentes esses acentos aparecerem trocados em palavras iguais ou então, as mesmas palavras surgirem até sem acento, não se podendo portanto excluir a existência de erros tipográgicos.

O vocabulário fértil que o texto deste semanário encerra, surpreende o leitor, ao revelar o padrão elevado de cultura dos seus colaboradores, assinalado por ideias bem expressas, conhecimento vocabular e imagens de retórica, em que comparações e metáforas, são empregues com abundância.

Por outro lado, os articulistas mostram também a sua versatilidade, ao demonstrarem conhecimento de uma forma de escrita mais simplista, ao gosto popular, sempre que se impõe suscitar o interesse do público, para determinadas temáticas de cunho regional.

Surgem com frequência palavras de escrita difícil, como "animadversão", que significa aversão, ódio ou "apophtegma", sinónimo de aforismo, adágio, máxima, dito sentencioso. Também se empregam as palavras "tergiversação", sinónimo de subterfúgio, evasiva, desculpa e "falperraana", significando desaforo, escândalo, atrevimento.

Apresentam-se muitas outras formas linguísticas e conceptuais no contexto do Semanário *A Verdade* que contribuiram para enriquecer a lingua portuguesa, nesse passado, quase presente.

Fixar o "antigo" em comparação com o "moderno", no ano de 2008, em que se procede à assinatura de protocolos, no sentido de ratificar o Acordo Ortográfico da Língua Portuguesa, cuja mundialização/globalização se torna necessária, pareceu à autora sobejamente importante. Espera-se encontrar o mesmo eco na apreciação do leitor.

Actualmente, a Língua Portugesa é falada por mais de 215 milhões de falantes nativos, continuando a ser a Pátria das comunidades lusófonas espalhadas por todos os continentes onde os marinheiros do Infante arrojaram aportar, com a força de seus braços e de suas "iniciadas" mentes. É lingua oficial de trabalho na ONU e em diferentes locais do mundo, como no Brasil e em África.

A Lingua Portuguesa, quinta língua falada no mundo e a terceira falada no mundo ocidental, encontra-se em todas as encruzilhadas do Globo explorado por Fernão de Magalhães, onde os seus falantes se avistam e cumprimentam a cada momento, desde os recintos dos aeroportos, às estações de caminhos-de-ferro e rodoviárias ou nos cais marítimos, marinas e portos fluviais.

Em simpósios, congressos, reuniões de trabalho, no comércio e na indústria, dentro e fora de Portugal, a Língua Portuguesa integra uma grande e fraterna comunidade.

3.2. O Primeiro Exemplar de 1 de Maio de 1915

Fazendo a análise e apreciação do 1º exemplar do semanário independente *A Verdade* sob o ponto de vista temático, encontrou-se na sua primeira página um artigo intitulado *A que vimos*, com características de *editorial*, indicando a filosofia que seria adoptada no futuro, pelo jornal.

Apesar de uma curta lamentação inicial em que se afirmavam os ideais republicanos, mas se desacreditava o novo regime, que não veio pôr cobro aos desmandos e abusos da Monarquia, informava o articulista que seriam apreciados os actos da administração pública sem sair dos limites da verdade. Segundo ele, os pobres, os humildes ou os sequiosos de justiça poderiam sempre encontrar conforto e defesa nas páginas daquele periódico.

Outra *breve*, com o título *A quem competir* chamava a atenção das autoridades para o facto de existir no Funchal um beco que se situava junto a um edifício novo que tinha adaptado no seu espaço, um açougue, com condições higiénicas próprias, mas que estava a ser prejudicado, devido à vizinhança do tal beco que se pedia para ser vedado, ao menos com um tapume, para evitar a falta de higiene, devido à existência de moscas condutoras de micróbios.

Num pequeno espaço com o título *Anúncios* informavam-se os leitores quanto aos anúncios insertos no primeiro número do jornal, e para as vantagens que os mesmos ofereciam aos consumidores.

Sob a designação de *Expediente* pedia-se a fineza, de assinar o jornal, a todas as pessoas a quem tinha sido enviado. Os que não estivessem interessados poderiam fazer o obséquio de o devolver para que se pudesse regular a respectiva tiragem.

O título *1º de Maio* assinalava a data que o periodista afirmava marcar uma das maiores epopeias do operariado universal. Continuava, explicando que o proletariado teve origem na América, comemorando-se nesse dia, a morte dos que sacrificaram a liberdade e a vida pela Causa, do mesmo modo, que os soldados se despedaçavam nos campos de batalha, na Grande Guerra. Devido a este último facto, acrescentava, a comemoração do dia primeiro de Maio não se poderia revestir da imponência dos demais anos.

No artigo *Cozinhas Económicas* apelava-se para a organização de cozinhas económicas, a fim de se poder atenuar a miséria das classes menos favorecidas. Acrescentava o colaborador do jornal, que na crise gravíssima que se atravessava, cumpria ao Governo ser previdente, aliviando a situação das classes pobres.

Noutro artigo, intitulado *Na Levada de Santa Luzia* pedia-se providência para retirar troncos de árvores, que tendo sido derribadas há bastante tempo, ainda ali se encontravam, pejando aquela via pública.

Em *Contribuição Predial* explicava-se que o pagamento da mesma tinha os seus prazos fixos. Decorridos os mesmos, ficavam os contribuintes sujeitos a juros, ou a relaxe. Lamentava-se que já ninguém se lembrasse de alvitrar ao Governo Central que seria justo conceder um novo prazo, como noutro tempo.

Na segunda página do Jornal, o artigo sob o título *O Regimen das Farinhas,* acentuava a pretensão popular de extinguir o nefasto regímen cerealífero. O próprio governador civil, Dr. João M. Santiago Prezado, empregou os seus bons ofícios nesse sentido. Também os deputados advogavam esta causa no Parlamento. Contudo, a influência interesseira dos senhores moageiros levou a que a questão ficasse "encravada". Lembrava o articulista que os republicanos, enquanto oposição, não cessavam de pregar às multidões que quando a República viesse, acabariam os monopólios claros ou encapotados.

Assim, este regime a todos afrontava e oprimia, desde o negociante que pagava toda a sorte de alcavalas e por isso devia ter jus à liberdade de comércio e livre expansão, até ao mais humilde dos cidadãos que não podia pagar por 1 escudo, aquilo que quando muito, custaria 50 centavos.

Para remediar a crise, apontava-se para a renovação do regíme cerealífero, decretando-se imediatamente a livre importação de farinhas que em navios nacionais ou estrangeiros não tardariam a abastecer o mercado madeirense. O jornalista terminava com uma comparação bem incisiva: "Acabe-se com a vergonha de não haver farinha para fornecer à navegação que demanda o nosso porto e os padeiros que pedem 10 sacos, só se lhes fornecer como esmola, metade da quantidade pedida, só porque as grandes moagens se alternam no seu labor, moendo uns, tantos meses e descansando outros tantos, tal qual faz a Gibóia que come durante 6 meses e dorme o resto do ano".

No contexto da segunda página, estava ainda inserido um *hino* do 1º de Maio intitulado *Ao Trabalhador*, composto em rima cruzada e em octassílabos, com refrão.

Na *rubrica* intitulada *Aniversários* transmitiam-se felicitações aos aniversariantes.

Assinado por Silva Moreira era de grande interesse o artigo com o título *A Verdade*, nome com que o semanário foi baptizado. Iniciando com uma definição de carácter religioso sobre o que era a Verdade, que para o autor era "a brilhante luz reflectida por uma estrela que nos astros apareceu aos magos na noite de Natal", acrescentava que:

"É a norma das acções.

O fundamento das nossas esperanças.

É a fonte da livre consciência.

A demolidora secreta do vício.

A companhia oculta da felicidade.

E, finalizava, concluindo que: a verdade educa. É a mais sublime das virtudes. É o aperfeiçoamento dos Espíritos."

Pelos marítimos – Neste artigo revelam-se as dificuldades da classe marítima que se via a braços com a fome. Os atingidos eram os carregadores e bomboteiros. Informava-se que no número seguinte se indicaria onde lhes poderiam dar trabalho.

Em *Fonte de São José* – alertava-se para o facto de o senado funchalense ter deliberado, há bastante tempo, por proposta do Senhor Major Lomelino, abastecer a fonte de São José, com água potável, o que não se verificou, continuando a utilizar-se a água insalubre.

Vandalismo – nesta *peça* referia-se a destruição de várias "lâmpadas d'iluminação" e informava-se que o caso fora participado pela Companhia da Luz Eléctrica à Câmara Municipal. Constava ainda desta página, um *pensamento* de Sócrates.

Na terceira página, um artigo designado *Real d'Água e o Imposto de Vinho*, explicava que... "durante muitos anos se cobrara nesse Conselho um Imposto denominado Real d'Água que incidia nos estabelecimentos que vendiam vinho a retalho". Os contributos foram-se retraindo, até ao ponto, do tal Real desaparecer, mesmo antes da Realeza baquear. Com a República os estabelecimentos eram sobrecarregados com o imposto sobre o vinho. O conflito europeu, a falta de navegação do porto do Funchal e a carestia dos géneros de primeira necessidade, veio afectar todas as classes sociais e os merceeiros e botiqueiros não eram dos que menos sofria com esse estado de "cousas", agravado com um imposto que nos últimos anos da monarquia não pagavam.

No artigo *O Preço do Pão* afirmava-se que por informações chegadas de Câmara de Lobos, constava que o pão era ali vendido por um preço superior ao da tabela. Solicitava-se a intervenção da respectiva autoridade administrativa.

Em itálico, na terceira página, podia ler-se: "... Que não obstante, os combates que se deram na África Ocidental entre portugueses e alemães, o ministro da Alemanha, continua em Lisboa e o de Portugal em Berlim! Quem quizer ou souber que decifre este enigma.

Que o peixe é vendido no nosso mercado, por um preço excessivamente caro, devido à rivalidade e também à ganância que caracteriza entre si, os respectivos negociantes.

Que em 1918, termina o contrato do exclusivo do fabrico de açúcar nesta ilha.

Que quando chega à praia desta cidade um barco conduzindo 20 sacos com batatas, aparecem mais de cem negociantes a comprá-las, o que muito concorre para a carestia desse género.

Que foi concedida amnistia a todos os criminosos políticos incluíndo Paiva Couceiro."

Em *Açambarcadores*, afirmava-se: "Foi levada a efeito com bom êxito uma rusga às farinhas que Beneméritos tinham açambarcado. Muito bem, andou a Autoridade, ordenando tão salutar deligência que até certo ponto vai atenuar a aflitíssima situação pública."

A Miséria no Funchal relatava a situação crítica que o Funchal atravessou durante a Grande Guerra, sob o ponto de vista da miséria pública.

"Mal a guerra se declarou na Europa", referia o jornalista, "estando os celeiros repletos de milho e trigo adequados a preços normais, logo a ganância fez espalhar boatos aterradores que no espírito do povo iam tomando novas proporções.

230 *A Verdade Madeirense e a Grande Guerra*

Tendo a navegação deixado de demandar o nosso porto, a classe marítma fica inactiva. Também, assim, se encontrando, a indústria de artefactos e dos bordados."

E esta peça terminava assim: "O pão careou; o milho careou, o arroz, a batata, o bacalhau, o azeite e outros géneros de primeira necessidade estão hoje pelo dobro do que custavam outrora. Já não falamos da carne, do queijo, da manteiga e outros géneros cujos preços só estão ao alcance dos ricos."

Ainda nesta página, o Grupo Excursionista Operário de Propaganda Liberal *anunciava* que ia realizar uma sessão "solemne" comemorativa do 1º de Maio, na sede da Associação dos Trabalhadores Marítimos, ao Largo da Praça nº 4, sendo a entrada franca ao *operacionado*.

No artigo *Enxofre* solicitava-se a atenção das autoridades para o aumento desse produto tão necessário para a protecção da vinha. Para além dum pensamento de Ângelo da Silva, inserido nesta terceira página e de dois anúncios, um da Sapataria da Moda e outro do Depósito de Vinhos da Rua João Tavira, 21-23, nada mais havia a assinalar.

A quarta página era constituída pelos mais diversos anúncios. Entre eles contavam-se muitos títulos curiosos:

Aguardente
Confeitaria Santos
Fábrica de Gazozas
Fábrica a Vapor de Pão e Massas
Hotel e Restaurante Continental
Loja de Calçado
Loteria Portugueza
Mercearia Favorável
Telha Marselha.

3.3. Generalidades. Apresentação de algumas notícias publicadas no Semanário

Depois de já se ter feito referência ao primeiro exemplar do semanário, optou-se por seleccionar, neste subcapítulo, as notícias que, em cada ano da publicação do jornal, se consideraram mais

A Verdade perante os Acontecimentos

significativas e passíveis de revelarem "o nó górdio" das vivências na Madeira, em Portugal Continental e na Europa.

Subsequentemente, tratar-se-á dos últimos exemplares do semanário, para melhor se compreender como se processou o seu declínio e extinção, desde que o penúltimo exemplar, o nº 215, de Outubro de 1919, foi apreendido.

Optou-se por escrever o texto das diferentes notícias, citadas neste subcapítulo da obra, usando as formas verbais no pretérito imperfeito, no pretérito perfeito e no pretérito mais-que-perfeito para se recrear e sugerir o passado mais facilmente ao leitor e, também, porque a autora finalizou essa pesquisa no ano de 1992. Isso não implicaria que não se pudesse tê-lo feito, utilizando as formas verbais sempre no presente, visto que o semanário ainda existe em arquivo, pronto a ser consultado nas bibliotecas nacionais verifica-se a utilização dos verbos no tempo presente durante o processo de explicação das notícias, a partir do subcapítulo 3.2.

Sobre a Madeira

3.3.1. *Ano de 1915*

No exemplar nº 4 de 22 de Maio de 1915, o artigo *A Policia* denunciava:

"Continuamos a insistir na necessidade do conveniente policiamento das ruas.

Isto assim como está, é uma verdadeira vergonha, à parte o perigo que cada momento corre a honra, a propriedade e até a propria vida do cidadão.

A policia è insuficiente no numero, mal escolhida e, diga-se a verdade, por vezes precisa a seu turno ser policiada.

Verdade é que no tempo do falecido comissario Pedro d'Alcantara Goes, o policiamento era mais bem feito, apesar da policia não ser tã bem remunerada.

É porque então não haviam tantas ordenanças nem a policia se ocupava em serviços estranhos á sua missão.

Hoje tudo mudou; e, apezar da policia ser mais bem remunerada, ela brilha pela ausencia, emquanto as ofensas á moral e os insultos a pacificos cidadãos se repetem.

Aqui mesmo, á nossa janela, temos presenceado varias desordens na via publica, ofensas à moral e até ameaças de morte, sem que a policia apareça, a exercer a sua benefica ação.

Urge pôr termo a este estado de cousas, aumentando o corpo policial e creando novos postos, mas aumentando a corporação com gente habilitada a manter a ordem publica e nunca a perturbal-a, o que daria em resultado ser peor a imenda que o soneto.

Voltaremos ao assunto".

Outra notícia, lembrando a falta de higiene, intitulada *Na Avenida Elias Garcia*, versava o seguinte:

"Junto ao muro de seporte da Avenida Elias Garcia, lado exterior é lançado frequentemente todo o surto de imundices e despejos d'algumas casas, o que muito incomoda a visinhança e afeta a salubridade publica.

Pedem-se providências."

Também o artigo intitulado *O Preço do Assucar*, esclarece sobre a situação difícil do consumidor.

Transcrevem-se alguns dos seus parágrafos:

"Como se já não bastassem as aflitissimas circumstancias do pauperrimo consumidor, veiu nos ultimos dias agravar esta insuportavel situação a carestia do assucar, um dos generos de primeira necessidade.

Mal a fabrica produtora levantou o preço d'aquele genero, logo alguns retalhistas, por seu turno, levantaram o preço do assucar existente nos seus estabelecimentos, adquirido a preço normal.

A autoridade que estabeleceu o limite de preço d'alguns generos de produção local, não teve força moral bastante para se impor d'esta vez.

É porque uma cousa é tratar-se com o pobre camponio, que vem á cidade vender ovos, para regalia dos grandes, e outra cousa é defrontar-se com um rico monopolista, e de mais a mais extrangeiro, cuja fabrica produz um genero de primeira necessidade, tanto para o rico como para o pobre."

Ao fundo da segunda página podia ler-se uma *breve* com o título: *"Realista"*. O teor da notícia era o seguinte:

"Suspendeu a sua publicação o nosso colega da imprensa local *O Realista.*

Ainda na quarta coluna da segunda página a notícia com o título *O milho e o seu preço* informava que:

"Ha ahi uma certa qualidade de milho á venda, mais propria para engorda de suinos que para sustento de gente.

Entretanto, como o milho de superior qualidade, que nos dizem ser vendido pela firma Viuva Romano & Filhos, tende a subir de preço, o povo não terá outro remédio senão abastecer-se d'aquela droga avariada, que devia levar a mesma volta que levou o bacalhau podre que estava n'um armazem ao Largo do Pelourinho."

Na terceira página, tendo como título *A Verdade*, podia ler-se:

"No intuito de melhorar quanto possível o nosso semanário, esperamos brevemente uma remessa de *typo novo*, e estamos em negociações para a acquisição d'um *prélo* que dê um formato maior."

Finalmente, nessa mesma página, uma notícia que denotava bem o recato e o rigor que se exigia a quem se apresentasse em público. Com o título *Imprudencias* tinha o seguinte conteúdo:

"Volta de novo a febre pelo jogo da bola, que tanto é exercido á esquina d'uma rua como na praça publica, sem respeito pelo físico dos cidadãos que não entram n'aqueles devertimentos.

Mas não é só o fisico do cidadão, como tambem a moral que não simpatisa com o modo como certos jogadores transitam nas ruas, de calção curto, como se estivessem n'um recinto fechado, ou prestes a entrar em banho.

E a policia não vê nada d'isto!"

No exemplar n° 5 de 29 de Maio de 1915, na primeira página e na quarta coluna, constava um artigo intitulado *Telefones* que esclarecia sobre o preço dos mesmos.

Transcrevem-se algumas linhas desse artigo:

"Antes, e mesmo na ocasião da contagem dos aparelhos telefónicos na Madeira, disse-se que o seu custo seria de 15 escudos anualmente, enquanto o numero dos telefones fosse inferior a 300, devendo baixar para 12 escudos logo que atingisse aquele numero.

Pois hoje, o numero dos telefones nesta cidade vae muito alem de 300, e, não obstante o que então se prometeu, o seu preço continua a ser o primitivo, isto é, 15 escudos por ano.

A quem pedir providencias? Ao Sr. director do correio?

Á Repartição Geral dos Correios e Telegramas? Ao Governo?

E quantos ha hoje? Talvez uns 500, numero que em breve aumentaria na proporção que o seu preço baixasse.

Julgando pois interpretar o sentir geral, e no próprio interesse do Governo, chamamos a atenção de quem competir para tão palpitante assunto."

Desta vez, como artigo de fundo do exemplar nº 16, datado de 14 de Agosto, voltava o eterno problema do monopólio do açúcar a ser debatido.

Com o ante-título *O Regimen Sacarino* e o título *Na tela da discussão*, o texto dessa notícia era o que se segue:

"Dois excentricos monopolios o da farinha e o do assucar, esmagam impiedosamente a população madeirense.

Deixemos o primeiro, contra cuja existencia as lagrimas do povo se confundem com o suor e o sangue do mesmo povo, até que esses sacrificios, argamassados, um dia produzam os seus efeitos.

Passemos, pois á questão sacarina.

Outr'ora, em tempos mais felizes, quando ainda havia a liberdade do fabrico d'assucar nunca este produto atingiu o preço fabuloso que custa hoje.

O lavrador plantava canas se queria, e apanhava-as quando muito entendia, não lhe faltando compradores que, não raras vezes, chegavam a dár dinheiro de signal adeantadamente, para terem segura a compra.

A concorrencia, era pois o mais poderoso elemento de viabilidade, facilitando a venda da materia prima sem afetar o preço do assucar, que então se vendia a 60, 180 e 200 reis cada quilo.

Com o monopolio tudo mudou,

Estimulou-se a principio o plantio de cana, com novas castas que, embora de inferior qualidade, produzem imensos canaviaes onde outr'ora se viam legumes, hortaliças e cereaes que abesteciam o mercado, por um preço relativamente barato.

Uma vez os terrenos repletos de canas, não é facil, sem grandes perdas, mudal-os para outra cultura.

N'estas circumstancias, e, na falta de concorrentes, o lavrador ficou subordinado á fabrica do Torreão e á sua filial, que só permitem a apanha da cana quando e como entendem, embora com isso se perca um tempo precioso e se prejudique outras culturas, como feijão, milho, etc, que se produziriam se a cana fosse apanhada a tempo.

De modo que, estando a maior parte da região do sul ocupada por grandes canaviaes, não admira que escaceiem os generos de primeira necessidade, que temos de importar por bom preço, a não ser que o povo se habituasse a sustentar-se com cana d'assucar.

Mas, o que é ainda mais triste, é que o assucar de produção local fica custando tres vezes mais caro do que o que poderiamos importar das Guianas inglezas.

E o Governo Portuguez, como que para proteger o monopolio, tributa o assucar importado em cerca de 190 reis cada quilo!

Note-se que este privilegio vem do tempo da monarquia, correto e aperfeiçoado pela Republica, cujos demagogos tanto combatiam os monopolios, no tempo da outra senhora!

Hoje, que a questão sacarina está novamente na téla da discussão, tendo o Governo nomeado uma comissão para estudar o assunto, urge que todos emitem a sua opinião; e, ninguem mais habilitado para o fazer, que o consumidor.

Se não fosse o monopolio, se se permitisse a livre entrada de assucar das Guianas inglesas, ou quando muito, que esse produto fosse tributado com uma pequena taxa, todos teriam a lucrar, inclusivamente o proprio Governo.

Sim, o Governo lucrava porque, quanto mais barato custa um genero, tanto maior è o seu consumo; e, quanto maior é o seu consumo, tanto maior a receita alfandegaria.

Supunhamos que o assucar importado pagasse de direitos 20 reis por quilo. O seu custo a origem, poderia custar, quando muito, 60 reis cada quilo. Dando ainda 20 reis por quilo para frete e mais 20 para lucros de importadores e revendedores, teriamos o assucar aqui a 120 reis cada quilo.

Se se atender ainda a que os terrenos hoje ocupados por vastos canaviaes, pouco e pouco se transformariam em ricos campos de culturas diversas, que iriam abastecer o mercado, tornando a vida menos cara logo nos convencemos de quanto importa libertar a nossa ilha d'esse pezadelo a que chamamos regimen sacarino.

E, para conseguir este desideratum, bastaria que o Governo, em duas pennadas dissesse.

A contar de 1 de Janeiro de 1919, plante canas quem quizer e fabrique assucar quem entender."

Ainda no exemplar n° 24, datado de 9 de Outubro do Semanário *A Verdade*, na segunda página, a duas colunas, uma notícia assinada por Braz Sequeira, intitulado *O Regimen Saccarino na Ilha da Madeira* explicava ao leitor o que se passava com o monopólio Hinton. O subtítulo deste artigo era *Aos Tres*.

O teor do mesmo é bem demonstrativo da revolta que começava a apoderar-se dos agricultores de cana-de-açúcar, perante o domínio de Harry Hinton (1857-1948), filho dum inglês, cuja indústria fora aceite pelo Governo, contribuindo unicamente para empobrecer ainda mais os agricultores, cujos recursos já eram insuficientes, segundo a opinião pública madeirense.

Em 1895 foi concedido ao filho de William Hinton, o monopólio do fabrico do açúcar e do álcool na Madeira, ficando obrigado a comprar a cana-de-açúcar, produzida na costa sul da ilha, pelo preço que fosse fixado por lei. A "Questão Hinton" resulta das polémicas suscitadas pelo regime sacarino no Parlamento e na Imprensa.

Em 1919 terminou o regime do monopólio. Porém, a firma William Hinton & Sons, conseguiu mais tarde, exclusividade para produzir o açúcar e o alcóol na Madeira, ao adquirir a Fábrica de São Filipe.

Segundo afirmava Germano da Silva na sua obra *A nova questão Hinton*:

"Em 1904 já estava indisputavelmente conquistado o monopólio. O art.º 13º da lei de 24 de Novembro d'aquelle anno apenas veiu dar garantias jurídicas ao facto consumado."[47]

O texto da referida notícia cujos título e subtítulo foram supracitados, era o que se segue:

"È já bastante fastidiosa a prosa que os Tres veem fazendo circular por toda a Terra!

Mas quem são os Tres?

Serão por ventura o Padre, aqui, – o Filho, ali, – e o Espírito Santo, acolá?

È uma cousa parecida mas com outros nomes:

São: O Seculo, O Mundo e o Diario da Madeira.

Eis aqui os Tres colossos da imprensa portugueza que, com o maior denodo e arrogancia, veem defendendo aquele regimen.

---

[47] SILVA, Germano da. *A Nova questão Hinton* Lisboa. Ed. do A., 1915, pag 57.

Podera! se os Tres se fundem n'um só.

Oh! quanto são felizes por esta forma!

Eu, que alguma cousa tenho lido de tal prosa e, interessando-me como um ilheu madeirense pela liberdade e prosperidade d'esta terra, não posso deixar de vir á imprensa, não para rebater e reduzir a pouco aquela tremenda propaganda a favor de tão decantado regimen – do Hinton, mas tão somente para apresentar em publico umas razões que dedico aos Tres, na certeza porem, de que, fundidos n'um só, – não serão eles capazes de as relutar:

1ª Antes do regimen, houve epocas em que a cana foi vendida a 60 centavos; e a mais inferior nunca descia do preço de 48 e 45 centavos, por trinta quilos, pagando o comprador ou negociante, d'aquele artigo, as despezas de transportes até ás fabricas.

2ª Em tempo algum, o assucar atingiu o preço na vigencia d'aquele regimen tem atingido, sendo ao mesmo tempo certo que aquele maná não faltava no mercado, como já faltou na vigencia de tal regimen.

3ª Que a cana em toda a Ilha era apanhada mais cedo do que atualmente, isto é, desde o principio de Março (e alguma ainda antes) até Junho de todos os anos; periodo em que o cultivador ao mesmo passo que apanhava a cana e cavava a terra, semeava-lhe feijão, milho, couve, etc., colhendo assim, no devido tempo, com o mesmo trabalho e agua, os generos para se alimentar a si e á sua familia.

4ª Que o dinheiro ou preço ajustado pela cana era pago quasi á vista, isto é, não tinha a demora nem descontos que agora o proprietario da cana sofre.

5ª Que os transportes da cana para a fabrica do Torreão e companhia Nova, venha ela d'onde e porque vias vier, são por conta dos proprietarios da mesma, calcolando-se as de mais longe, entre 20 a 30% de despeza, com que eles ficam prejudicados, ao passo que, antes do regimen eram taes despezas pouco mais ou menos como menciono no nº 1.

6ª Que todos os proprietarios de cana doce, estão colocados mais ou menos, como vulgarmente se diz, "entre a espada e a parede" em presença do atual regimen e, senão veja-se: Se querem usar do seu direito de liberdade, isto é, apanhar a sua cultura quando e como lhes aprover e laboral-as, por sua conta para alcool (mas creio que este não o podem fazer) ou aguardente, lá teem o terrivel imposto, o qual junto com o fabrico, lhe leva metade, pouco mais ou menos, da sua colheita.

7ª Que a maioria dos cultivadores de cana doce, mal teem o dinheiro para pagar o fabrico da aguardente, quanto mais o santo imposto e, d'este modo, resignando-se á paciencia d'um desgraçado Job, ter de irem desenas e desenas de vezes ás fabricas feudalistas do benemérito regimen, ver quando lhe fazem o favor e caridade de lhe darem a ordem e mais tarde os arcos, afim de apanharem as soas canas.

8ª Que, depois de tal ordem dada, aparece sempre razões de adiamento – com prejuizo para os agricultores, e, centenas de vezes, repreensões e até desordens nas ditas fabricas, – faltando apenas a *exigencia* de as canas irem para a frabrica lavadas com *sabão fenico*!

E por tanto, tu, Ò Seculo, tu, Ò Mundo, tu, Ò Madeira vê-te hoje n'este espelho, que para a semana eu te apresentarei outro que irei buscar á tua prosa."

No nº 28 do semanário, datado de 6 de Novembro de 1915, podia ler-se um interessante artigo, assinado por Gregorio Cuiben de Freitas, publicado na primeira página que vem trazer mais alguma luz sobre o assunto Hinton, ao referir que não é contra o industrial Hinton que têm de se revoltar, mas, sim, contra o monopólio em si e a prorrogação do mesmo. Para se compreender a situação, teria de se ler a *local* na íntegra: o título é *Interesses Regionais* e o antetítulo, *Por conta própria*.

"Muito se tem escrito e falado acerca da debatida questão sacarina, advogando uns a continuação do monopólio, outros a causa dos grandes proprietarios e senhorios, e, poucos, bem poucos, se teem lembrado do pobre colono e do miserrimo consumidor. Uns por odio, outros por interesses e alguns por méro espirito de contradição, todos se degladiam, sem que afinal se chegue a um acordo.

E o povo, o unico esmagado com todos os monopólios, é o que no assunto tem menos representação.

E a razão explica-se: – Julgando-se de maioridade, baniu a monarquia e proclamou a Republica, governo do povo pelo povo, mas faliu logo á nascença. Nomearam-lhe tutores, e eis que o povo soberano continua arrastando as pezadas cadeias de que em 5 de Outubro de tolo se julgou liberto.

E Portugal, já muito conhecido como o paiz da papelada, é o também conhecido como aquele onde mais comissões de estudo se nomeiam, sendo comtudo o mais atrazado da Europa.

Seguindo á risca este velho aforismo, é esperada brevemente uma comissão que vem á Madeira estudar a questão sacarina.

Se isto não constitue falta de confiança e uma ofensa á dignidade das entidades oficiaes da Madeira e aos seus representantes, seja bem vinda essa comissão e bem hajam todos aqueles que de boa fé procurarem esclarecel-a.

Negar a Hinton as qualidades d'um activo e arrojado industrial, impulsionador d'um ramo agricola que á Madeira trouxe um grande incremento, seria uma flagrante injustiça.

Mas, d'ahi a eleval-o á categoria de monopolista perpetuo, vae uma incomensuravel distancia. Apologistas das grandes iniciativas e de tudo quanto as possa impulsionar, somos comtudo contrarios a monopolios.

Que uma industria nascente seja protegida e até subsidiada pelo Governo, compreende-se: que uma vez essa industria atingido o seu maximo, com largas compensações para o iniciador, se transforme n'um pezadelo para o consumidor e n'uma gargalheira para o progresso e desenvolvimento de novas iniciativas, è que não se compreende.

Não combatemos Hinton nem quaesquer outros industriaes que se proponham explorar o fabrico d'assucar. O que combatemos è o monopolio em si, quer este venha d'um inglez, d'um grego ou d'um troiano.

E, se esse monopolio, para vergonha da Republica fôr prorogado, não é contra o Hinton ou outro qualquer monopolista que temos de nos revoltar, mas sim contra aqueles que o sancionaram. Hinton está no seu papel como no seu papel estão os novos pretendentes ao monopolio. E ainda damos mais a razão ao Hinton que, com enorme trabalho intelectual e arriscando toda a sua fortuna fez a cama em que outros agora se querem repotrear.

A cultura sacarina na Madeira atingiu o seu auge; e para a manter, a maior proteção que o Governo lhe pode dispensar é libertando-a do jugo monopolista, que jamais produziu nem produzirà cousa boa.

A liberdade do fabrico de assucar impõe-se como uma necessidade, como bem o confirma o preço elevadissimo por que esse genero é vendido no nosso mercado. Nenhuma animadversão contra Hinton nos leva a falar d'esta forma; pelo contrario, as suas qualidades de industrial consumado impõem-se ao nosso respeito e admiração.

Isto, porem, não obsta a que falemos claro e francamente, condemnando a prorogação do monopolio assucareiro, quer para Hinton, quer para outro qualquer.

Repetimos: Se o escandalo do monopolio fôr por deante, não é contra o monopolista que temos de nos revoltar; mas sim contra aqueles que, renegando os principios de liberdade que outr'ora apregoavam, se transformam em novos Migueis de Vasconcelos, traindo e vilipendiando a patria."

De enorme interesse, ainda na segunda página deste mesmo semanário, constava um artigo que trata do *trabalho infantil* e demonstrava que já existia no nosso país uma lei de protecção aos menores nas oficinas. O título dessa notícia era *Os Menores nas Oficinas*.

"Bem préga Frei Tomaz:

– Faz o que ele diz, não olhes ao que ele faz.

Este antigo e significativo apophtegma, que vem de geração em geração, nunca é velho, e julgamol-o aplicavel ao assunto que nos serve de epigrafe.

Com efeito, conhecemos individuos liberalões dos quatro costados, e alguns até filiados nas respetivas associações de classe que, não obstante reclamarem para si determinadas regalias (aliás justas) não cessam comtudo de oprimir os que lhes estão sujeitos.

No numero de opressores vão alguns empreiteiros e mestres de oficinas: – Os primeiros fazendo os seus assalariados esperarem horas e horas pelas respectivas férias e os segundos, obrigando os seus discipulos a se conservarem nas oficinas até alta hora da noite.

Este facto, que ahi póde ser presenceado todos os dias, è revoltante, tanto mais por ser praticado por individuos filiados em sindicatos que não cessam de reclamar a regulamentação das 8 horas de trabalho e outras regalias a que teem jus.

Em epoca que não vae longe, dirigiu-se-nos um menor, aprendiz d'uma oficina proxima ao Carmo, queixando-se que, alem de servir de moço ao mestre, ainda era obrigado a trabalhar até de noite.

No intuito de nos certificarmos da verdade demos alguns passeios, á noite, e verificámos, de viso, que o pobre pequeno tinha razão.

Mas este, receando as consequencias, de novo nos procurou, pedindo-nos por quantos santos havia que nada dissessemos, pois que de contrario seria peor para ele.

Esta circumstancia impede-nos de estampar aqui por extenso o nome do mestre liberalão, que até faz lembrar o tal Frei Tomaz.

Entretanto, havendo no paiz uma lei de proteção aos menores nas oficinas, não seria mau que essa lei fosse posta em vigor entre nós, e que alguem fosse encarregado de fiscalisar a sua observancia."

O exemplar n° 33, datado de 11 de Dezembro de 1915, incluia um artigo com características muito especiais em que o jornalista se sentia no dever de avisar a população contra os malefícios do cinema.

O Cinematógrafo revelava preocupações que continuamos a ver expressas pelos jornalistas actuais, mas relativamente à televisão que penetrando nos lares atinge mais directa e fortemente a moral, podendo influenciar os espíritos mais fracos.

O artigo, fica aqui registado na íntegra:

"O cinematografo, não obstante as maravilhas do estudo humano que revela, tem sido um propulsor inconsciente e automatico da desmoralisação e até da criminologia, especialmente nos centros mais populares, onde por meio d'essa maquina se exibem as scenas mais degradantes.

É no cinematografo que a dondeza inocenta aprende instruções sobre o modo de corresponder a um amante, atraiçoar um esposo e escarnecer e calcar aos pès os mais nobres sentimentos.

Como se isto ainda fosse pouco, é nas sessões cinematograficas que se presenceiam os roubos audazes, o envenamento, o homicidio e o suicidio.

Ah, ante uma assistencia numerosa, entre a qual se notam jovens inexperientes da vida, que tomam os exemplos á letra, aprende-se a dissimular a traição, como se ensina a manobrar o punhal, a bala e o veneno.

É uma verdadeira escóla de imoralidade, aliando o estimulo ao crime, que a autoridade nunca deveria consentir, nem os paes permitirem que seus filhos assistissem a ela.

Jà houve quem se lembrasse de sanear o teatro, extraindo d'ele tudo quanto pudesse concorrer para a desmoralização e perversão da mocidade, e introduzindo-lhe os bons exemplos, que levam à pratica do bem, do justo e do sublime.

242 *A Verdade Madeirense e a Grande Guerra*

Pois se o teatro, deve ser uma escòla modelar, o cinematografo não se devia permitir as scenas recanbulescas de esposas infieis, raptos violentos, roubos e assassinatos, revestidos de peripecias taes que subjuga e influencia os espíritos fracos.

Quantos, ao sairem do cinematografo, não veem ruminando o que ali presencearam, e que não raras vezes os impele, como uma mola irresistivel, para emitar aquelas scenas que tanto os impressiona e que julgam tratar-se d'uma realidade?

Chefes de família, espozas modelares e paes que prezaes a inocencia de vossos filhos! fugi do cinematografo, e, emquanto este não substituir as peças do crime por outras que inspirem melhores sentimentos, não consintaes que vossos filhos frequentem esses prostibulos!"

Uma *local* intitulada *Loterias* também tinha um teor bastante significativo, relativamente à lotaria oficial que se pretendia fosse praticada no Funchal.

Assim, do texto pode extrair-se o seguinte:

"O *editorial* do ultimo número *d'A Verdade* mereceu algumas referencias ao nosso esclarecido colega *Brado d'Oeste*, concordando com a doutrina por nós expendida, no sentido de ser emitida uma loteria pela Santa Casa da Misericordia do Funchal.

Agradecendo ao colega a consideração que lhe mereceu o nosso modesto artigo, seja-nos permitido chamar para o assunto a atenção da digna Comissão Administrativa da Santa Casa, certos de que lhe não faltarà o apoio das entidades oficiaes, inclusivamente dos nossos representantes no senado e no parlamento."

3.3.2. *Ano de 1916*

No nº 47 do semanário, que se publicou em 25 de Março de 1916, um interessante artigo, intitulado *Os portugueses na Alemanha e os alemães em Portugal*, inserido na 4ª coluna da 1ª página chamava a atenção do leitor para a diferença de tratamento recebida pelos portugueses na Alemanha, à maioria dos quais tinham sido confiscadas as suas casas, tendo acabado por ser internados em instituições cujos nomes não são referidos e pelos alemães em Portugal, que no caso dos que tinham permanecido na Madeira usufruíam de todo o apoio local. Referia o jornalista: "...os alemães são tratados mais como hospedes do que como inimigos..."

O articulista informava que os alemães tinham sido internados no Lazareto com todas as comodidades, entrando e saindo com relativa liberdade. Os mais categorisados continuavam a residir nas suas próprias casas. Acrescentava ainda que as casas comerciais pertencentes aos súbditos do Kaiser não tinham encerrado. Muito pelo contrário continuavam a funcionar.

E num rasgo de discernimento ou de justiça pelos direitos humanos dos alemães derrotados concluía peremptoriamente: "...No Lazareto estão internados indivíduos menos perigosos do que outros que andam em liberdade".

O exemplar nº 78, datado de 28 de Outubro de 1916, apresentava *um artigo de fundo* de grande impacte, que se prendia com as dificuldades que se faziam sentir, relativas à falta de navegação e circulação de cabotagem no porto do Funchal. Esse era um problema candente no tempo da Grande Guerra, em que muitas pessoas desejavam emigrar para a América, tentando melhor sorte. Por outro lado, as mercadorias destinadas à Africa Ocidental também viam atrasado o seu embarque.

Mas, só lendo o texto do artigo com o antetítulo *A navegação nacional* e o título *Entre a capital, ilhas e ultramar*, se compreenderá melhor o assunto.

"A navegação nacional, que em tempos normaes deixava muito a desejar, hoje, devido ao conflito europeu e á consequente falta de navegação estrangeira, tornou-se insuficientissima ao sempre crescente movimento de passageiros e carga.

E à Madeira, que, como porto intermediario devia ser o mais favorecido, sucede exatamente o contrario.

Os vapores, tanto da Empreza Insulana como os da Empreza Nacional, passam aqui, a maior parte das vezes, abarrotados e sem mais comodos, quer para carga, quer para passageiros.

Estes teem que adiar e alguns até de desistirem das suas viagens, emquanto os carregadores, por seu turno, deixam de enviar as mercadorias ao seu destino, com graves prejuizos, quer para os remetentes quer para os destinatarios.

Estão neste caso as mercadorias destinadas á Africa Ocidental, que sò seguirão ao seu destino se os respetivos carregadores depositarem a importancia dos fretes na agencia, oito dias antes da saida do vapor de Lisboa.

Ainda assim, o embarque de mercadorias no Funchal, depende das ordens telegraficas transmitidas da séde da Empreza à agencia nesta cidade.

Isto pelo que diz respeito á Empresa Nacional de Navegação a Vapor; quanto á Empresa Insulana, essa, nem ao menos se digna dár execução aos compromissos tomados, tocando na ilha do Porto Santo, para cujo fim recebe do Governo um subsidio anual de doze contos de reis.

O S. Miguel, unico vapor da Empresa Insulana que regularmente toca na Madeira, não satisfaz às necessidades da nossa praça.

Nas suas viagens daqui para os Açores, quasi sempre regeita passageiros, que vão em demanda doutras paragens, à procura de melhor sorte.

Esses passageiros veem de pontos mais ou menos afastados e aguardam com anciedade a chegada do vapor que hade leval-os ao seu destino.

Imagine-se a decepção e o transtorno que hade causar a essa pobre gente, quando o vapor chega, e lhes dizem que não ha rumo para mais passageiros!

Esperavamos que, com a utilisação dos vapores alemães se aplanariam estas dificuldades que tantos prejuizos acarretam ao correio e aos passageiros.

Tal não se deu, pois que ainda na última viagem do vapor de S. Miguel, para os Açores, várias pessoas deixaram de seguir para a America, por falta de *rumo* a bordo daquele paquete.

E, visto que abordàmos este ponto, não devemos deixar de salientar os desgostos e os sacrifícios que aos passageiros se impoem, deixando-os ficar em terra, depois de terem vendido os seus pequenos haveres.

Porque não se estabelecem pois, carreiras regulares, com novos vapores, entre a capital, as ilhas adjacentes e o Ultramar?

Vapores, feliz ou infelizmente, não faltam; o que falta á aquilo que na rigorosa acepção da palavra se denomina *sciencia de bem governar*.

No exemplar nº 81, de 18 de Novembro de 1916, podia ler-se na segunda página, uma pequena *local*, intitulada *Matinée dançante* informando que:

"No 1º de Dezembro realisar-se-ha uma matinée dançante, nas salas do Reid's Palace Hotel, á estrada monumental, cujo produto liquido reverterá a beneficio da Associação Protetora dos Estudantes Pobres.

Á respetiva comissão promotora agradecemos o delicado convite para assistirmos àquela simpatica festa de carater patriotico e altruista."

Quanto ao *editorial* deste mesmo exemplar, *O pão nacional* surpreendia pela maneira equilibrada como foi estruturado:

"A imprensa da capital, mormente a imprensa operaria, aquela que mais de perto conhece as necessidades do proletariado, levanta no momento presente uma campanha em prol dum só tipo de pão, denominado Pão Nacional, duma só qualidade, dum unico peso e a preço fixo.

A este alvitre, cremos que *A Voz do Operario* teem aderido varios jornaes e coletividades, entre as quaes a Associação de Classe dos Industriaes de Panificação Independente.

E nós, que conhecemos de perto a miseria que lavra nesta cidade e bem assim a ignobil exploração que ahi se vem fazendo, não podemos deixar de dar o nosso modesto mas sincero apoio á campanha levantada pelos nossos colegas continentaes, em prol do estabelecimento de um só tipo de pão.

Estamos num regimen de igualdade e portanto não è justo que continuem as exceções, fabricando-se o pão dos senhores e o pão dos escravos.

Um só tipo de pão, com um sò peso, a um preço determinado e uma rigorosa fiscalisação na cosedura, seria uma como que mordaça, afivelada à garganta da ganancia.

Na classe dos manipuladores de pão, como aliás em todas as classes, há homens probos e de incontestável boa fé mas tambem os cinicos, gananciosos e fraudulentos, que não olham aos meios para conseguirem os fins.

O que ahi se tem dado com a manipulação, o peso e o preço do pão, é de bradar aos céos!

Por mais providencias que o digno governador civil tome, os abusos continuam e hão-de continuar emquanto não se tornar obrigatorio o fabrico de um unico tipo de pão.

Ainda ha poucos dias, sua exª o sr. governador civil interino, no louvavel intuito de beneficiar as classes pobres, fez publicar um edital em que se fixava o preço maximo do pão a 14 e 20 centavos cada quilo.

Pois a pretexto de que ao pão de 2ª qualidade se adicionava um pouco mais de farinha, logo o pão que na vespera da publicação d'aquele edital se vendia a 120 e 180 reis, passou para 140 e 200 reis cada quilo, isto é, o maximo que aquele edital permite.

E isto sem que a farinha aumentasse de preço.

Entretanto, informam-nos de que o pão manipulado para os quarteis, de boa farinha, custa apenas 120 reis cada quilo.

Como explicar esta diferença'

Mas, supondo que os srs. manipuladores não podem fornecer o pão senão ao preço atual temos que, um quilo de 1ª qualidade por 200 reis e um quilo de 2ª por 140 reis, equivale a dois quilos de pão por 340 reis, ou seja a 170 reis cada quilo.

Ora, se das farinhas que produz aqueles dois tipos, se fizesse um só lote e um só tipo de pão, teriamos este a 170 reis cada quilo, sem sacrificios para o manipulador e melhorando-se, pelo menos na qualidade, o consumo geral!

Não mais haveria pão dos senhores e pão dos escravos.

O atual sistema não convem ao consumidor, que é frequentemente burlado, e burlado no peso, no preço e na qualidade.

Quem poderá, pois, fiscalisar a manipulação do pão e certificar- -se de que o edital de sua exª o sr. governador civil não està sendo sofismado?

Pois se até já houve quem fizesse pão (?) das varreduras da escolha do trigo e d'uma cousa que se parecia terra!

Sr. governador civil: mande v. exª. lotar as farinhas que produzem os dois atuaes tipos de pão e verá que hade sair um excelente produto e de mais facil fiscalisação. A medida não agradarà a todos, mas é viavel, equitativa e menos sujeita a fraudes.

É esta a opinião dum profissional de padaria, a quem exposemos este plano e que, segundo experiencias feitas, deu o melhor resultado.

Està demonstrado, pela experiencia, que todas as medidas até aqui tomadas, teem sido mais ou menos sofismadas e transgredidas.

Urge, pois, salvanguardar os direitos do consumidor, pondo-o ao abrigo da ganancia e das fraudes.

Um só tipo de pão, com um só pezo e um só preço, iria até certo ponto refrear desmedidas ambições e condenaveis abusos.

A Verdade perante os Acontecimentos

Acabem-se, pois, as diferenças entre o pão dos senhores e o pão dos escravos."

3.3.3. *Ano de 1917*

O exemplar nº 87, datado de 6 de Janeiro de 1917, publicou como *editorial* um tema que afligia o povo, *A vida proletaria*, e que era a escassez de peixe e o açambarcamento de peixe para conservas e exportação.

O jornalista exprimiu-se nos seguintes termos:

"O açambarcamento de peixe para conservas é uma questão batida e rebatida, mas nunca assàs tratada por quem póde e deve tratal-a.

Como prometemos no ultimo numero, mais uma vez vamos salientar a concorrencia que as fabricas de conservas estão fazendo ao publico, com o açambarcamento de atum e gaiados.

Segundo informações particulares, durante o ano de 1916 foram exportadas cerca de 300 toneladas de peixe em conserva.

E dizemos informações particulares porque tendo alguem pedido por certidão o quantum do peixe embarcado, a repartição competente recusou-se a passar essa certidão, baseada em leis ou regulamentos que, como leigos na materia, desconhecemos.

Fosse como fosse, o publico ficou privado de conhecer, oficialmente, a quanto montou a exportação de peixe que aos madeirenses fez tanta falta.

Mas o que não se conseguiu conhecer por uma certidão oficial, sabemol-o por informes particulares.

As fabricas de conservas tem os seus emissarios com plenos poderes de adquirirem o atum seja porque preço fôr.

O estado de guerra na Europa dá-lhes margem para tudo, até para enriquecerem, ainda mesmo pagando o peixe adquirido por bom preço.

E, sem respeito para com o consumidor, exportam toneladas e toneladas de peixe, emquanto os mercados madeirenses ficam desertos.

Nesta questão do peixe tem o consumidor tres inimigos contra si, qual deles o mais pernicioso:

248 *A Verdade Madeirense e a Grande Guerra*

Em primeiro logar tem as fabricas de conservas que açambarcam, depois, veem as bombas explosivas que matam a creação e finalmente o proprio peixe, que se faz fino para se pendurar nos "anzós", sistema anti-diluviano, de que ainda usam os nossos pescadores.

O maior, porém de todos os inimigos são as fabricas de conservas com a influencia do seu ouro.

Elas, por intermedio dos seus agentes e emissarios açambarcam a maior quantidade possivel de atum e gaiados, que depois exportam, sem que a autoridade competente se oponha a tão descabido negocio, mormente na epoca calamitosa que atravessamos.

O consumidor lastima-se, a imprensa reclama e a autoridade... vigia, emquanto as fabricas de conservas continuam impávidas, fazendo o seu negocio!

Se fosse um negociante de meia tigela, que pretendesse enviar um simples barril de peixe para as Guianas ou para Africa, é provavel que o não deixassem fazer o seu negociosinho; mas como se trata de emprezas ricas, poderosas, bem relacionadas e melhor apadrinhadas, eis porque o caso muda de figura.

Se a autoridade não póde mandar encerrar as portas dessas fabricas, póde comtudo proibir a exportação de peixe, que tanto està afetando a vida proletaria.

Só quem não conhece o nosso meio, só quem ignora a escacez de peixe que todos os dias se nota e por conseguinte as imprecações duns e os transtornos doutros, só emfim os que não queiram ver nem ouvir tudo isto, poderão discordar de quanta razão assiste a uns e outros para protestarem indignados contra o atual estado de coisas."

No exemplar n° 93, datado de 17 de Fevereiro de 1917, tomava-se conhecimento ao ler *editorial* da 1ª página, intitulado *A ilha do Porto Santo isolada* que desde essa data a ilha vizinha passaria a não ser visitada pelos vapores da Empresa Insulana que aí deixariam de fazer escala.

Na 3ª página do exemplar n° 93, datado de 17 de Fevereiro, o leitor era informado de que se realizaria um baile no Palácio de S. Lourenço, com fins humanitários e patrióticos. Segue-se o teor da notícia:

No Palácio de São Lourenço

"Hoje á noite, no Palácio de S. Lourenço, terá logar um "Bale de Téte", promovido por uma comissão de senhoras da nossa mais distinta sociedade, a beneficio da "Cruzada das mulheres portuguesas".

O fim altamente humanitario, patriotico e altruista, d'aquela simpatica festa, é um penhor de certeza de que ela será coroada do melhor exito.

O "trage" de baile não é obrigatorio, tornando assim mais atraente e acessivel aquele tão belo quão significativo acto.

À exm.ª Comissão promotora agradecemos a gentil oferta d'um bilhete d'entrada."

O exemplar nº 110, datado de 16 de Junho de 1917, apresentava dois únicos artigos de maior interesse, na sua primeira página. O artigo de fundo, com o antetítulo *Consumo público* e o título *A falta de carne*, e outra *local* publicada na quarta coluna sob o título *O emprego de explosivos na matança do peixe*, que dava conta mais uma vez das dificuldades económicas, dos prejuízo e da injustiça por que passou a população madeirense.

Também na segunda página e nas terceira e quarta colunas é de particular interesse verificar o apreço que outros jornais nutriam pelo semanário *A Verdade*. Sob o título: *Ainda o nosso Aniversário*, leia-se:

"– *A Verdade* –

Entrou no seu 3º ano de publicação, este nosso estimadissimo colega, do Funchal.

Pelo seu aniversario, felicitamo-lo cordealmente, desejando-lhe todas as prosperidades." – A Plebe, de Valença.

A Tribuna, importante periodico que se publica em Lisboa, sob a habil direção do sr. Manuel Bravo, dando á estampa o retrato do nosso director acompanha-o das seguintes considerações:

A Verdade:

Aniversário do intemerato periodico do Funchal.

Mais um ano conta desde o alvorecer de Maio mês das flores e dos sonhos sem balizas, – o jornal funchalense *A Verdade* – que a pena scintilante dum dos mais ilustres jornalistas da nossa terra, Gregorio de Freitas, dirige.

E nesta hora alta da Civilização em que por uma estranha lei que as necessidades e o "struyge life" dos povos criaram, se acendeu a grande fornalha da guerra, *A Verdade* ergue-se ao cimo dos degladiadores como um cantico de esperança, de harmonia e de paz.

Não sei de combatente mais audaz que Gregorio de Freitas; nem sei de baluarte mais digno de admiração, nestes tempos sombrios e perversos, que *A Verdade*.

Eles são bem a sintese de toda uma geração que entoa hinos á Vida, emquanto no Oise e em Saint Quartin o canhão ceifa vidas; de toda uma geração de artistas que afagam sonhos de beleza emquanto Reims é destruida; de toda uma geração que, olhos humidos, teve que deixar de lêr as paginas de Zola e de Hugo para lêr os comunicados da Havas e as ordens de Hindenburg.

Salvé, pois, *A Verdade*! E que na terra fecunda e maravilhosa da Madeira continue sempre, sem desfalecimentos, sem tergiversações, na obra sacratissima de espalhar o Bem, até que a asa branca da paz, tocando este vale de lagrimas, reconcilie os homens e nos abra o caminho dos altos destinos que á Humanidade estão reservados.

A estes prezados colegas os nossos cordeaes agradecimentos pelas suas palavras amigas e de encitamento que se dignaram dispensar-nos."

O exemplar nº 123 de *A Verdade* de 17 de Setembro de 1917 revelava a crise e as dificuldades por que estava a passar a indústria dos bordados na Madeira. O artigo tinha como subtítulo *Os bordados da Madeira* e intitula-se *Uma exploração ignóbil*, começando assim:

"Em volta da industria dos bordados da Madeira, tem-se feito, nesta terra, uma exploração verdadeiramente ignobil.

Como essa gigantesca tragedia mundial que há cêrca de 4 anos se desenrola, mutilando e reduzindo a uma massa informe, milhões de seres queridos, um outro cataclismo se nos depara: a fome!

Ninguém ignora que a economia da Madeira é simplesmente pavorosa. O vinho encontra-se armazenado, porque os vapores que o deveriam conduzir ao estrangeiro, foram postos às ordens dos ingleses e, os restantes, como o "Gaza" limitam-se a conduzir cacau de S. Tomé para a França. A industria da manteiga corre egualmente perigo, porque os mercados de Portugal, não lhes dão vazão e o governo proibiu a sua exportação para o estrangeiro.

A cultura da cana, já arrastando uma vida artificial, encontra-se periclitante, porque os monopolistas, dominados por uma *abominal* ganancia, cada vez cavam mais fundo a ruina total da nossa economia agricola.

E, como se tudo isto não bastasse, a navegação que demandava o nosso porto, desapareceu, deixando na miseria essa numerosa familia que á custa d'aquele trafico vivia honestamente.

Resta-nos conseguintemente, um unico recurso, emquanto a navegação submarina, o não anular, com a sua campanha sinistra: A industria dos bordados. Pois esse mesmo tem corrido perigo com a exploração que um ou dois comerciantes teem feito na Madeira.

É de todos sabido que uma das materias primas indispensáveis àquela grande industria, é a *linha de bordar*.

Com as dificuldades sempre crescentes em importar aquele produto do estrangeiro, foi ele substituido pela industria nacional procedente duma fábrica que existe no Porto e que tem como agentes na Madeira, duas casas, para quem a usura parece ser a divisa.

Assim, a linha que custava na Madeira 4000 reis ao quilo, passou a ser vendida por esses dois generosos benemeritos a 15$000 reis, que lhes deixava um lucro aproximado de 10$000 reis por quilograma!

E o mais interessante é que, no Jornal de Notícias, do Porto, encontrámos uma reclamação da tal fabrica que tem aqui tão solícitos representantes, pedindo a interferencia do nosso governo junto do governo inglez para que consinta no fornecimento de algodão, afim de que, as bordadeiras da Madeira não morram de fome!

Felizmente, a chegada de linhas doutra procedencia, veiu pôr termo a tão descarado latrocinio, facultando as linhas a 8$000 reis ao quilo, que os agentes da fabrica do Porto na Madeira forneciam ás bordadeiras a 15$000 reis."

A apreensão do exemplar nº 133 de 26 de Novembro de 1917, deveu-se possivelmente à elaboração de uma notícia inserida na segunda página, a duas colunas, com o título *A situação agrava-se*. A dureza com que o artigo foi elaborado revelava bem o sofrimento e a falta de recursos alimentares no Funchal. Dir-se-ia que a situação estava a chegar aos limites da degradação e da explosão.

Por esse motivo, se transcrevem alguns dos seus trechos mais candentes:

"Já é do dominio publico que foi torpedeado um navio americano que conduzia trigo para a Madeira.

Como consequencia da façanha dos boches teremos de novo uma diminuição no fornecimento de farinha, diminuição que ninguém sabe até onde poderá chegar.

Não vemos outro recurso para onde apelar, em tão dolorosa crise, senão para o desenvolvimento de culturas regionaes que tão abandonadas teem sido, preferindo-se a cana sacarina, que, nas presentes circunstâncias, representa um crime.

Não é por acinte, não é para armar, á popularidade nem por odio aos grandes senhorios que reclamamos a substituição da cana, pelo menos em parte, por outras culturas.

E os governos d'hoje, avançados na aparência mas estacionarios e conservadores na realidade, preferem estar mal com as legiões populares, eternas bestas de carga, a ferirem as suscetibilidades dos que nada produzindo, se arrogam no entanto senhores dominantes dos destinos dos povos.

A situação è grave, repetimos, a acção dos submarinos intensifica-se, enquanto os canaviaes ocupam os melhores terrenos e uzurpam toda a agua d'irrigação.

O Governo Central não nos pòde acudir?

Pois bem, façamos o que está nos nossas mãos: – Ponham-se as canas de raiz ao sol, semeie-se trigo, milho, feijão, batatas e tudo quanto possa concorrer para abastecer o mercado e temos cumprido um dever civico e humanitário, aliviando a mãe patria dum pezadelo e concorrendo deste módo para o bem comum e salvação publica."

De teor pouco pacífico, esta notícia terá feito transbordar os poderes estabelecidos pela comissão de censura civil à imprensa, que actuava ao lado da comissão de censura militar.

O que não restam dúvidas é que este exemplar continha matéria demasiadamente delicada e que não deixou de chamar a atenção das autoridades.

Uma *local* com algum interesse político também inserida a duas colunas na primeira página, intitulada *As últimas eleições*, referia as eleições que no penúltimo domingo a que se reportava o semanário, se teriam realizado no Funchal.

O jornalista escrevia: "atento o estado de beligerancia de Portugal e a dissenção que lavra no seio dos partidos politicos... – estavamos bem longe de admitir a hipótese de que as eleições dos corpos gerentes do paiz viessem a realisar-se tão cêdo."

A Verdade perante os Acontecimentos 253

Acentuava que ainda menos se esperava "que os partidários da monarquia que cahiu desamparada há 7 anos ousassem se defrontar na urna em nome duma causa que não souberam, não quizeram ou não poderam defender em 5 de Outubro de 1910."

A opinião do periodicista contida no penúltimo parágrafo é a seguinte: "... Mas que venha o partido monarquico, quebrar lanças por uma causa perdida, é que mal se compreende, de mais a mais no momento critico que atravessamos, em que deviam desaparecer os politicos para só existirem portugueses."

O periodicista terminava afirmando que a sua opinião modesta não envolvia *disprimôr* para nenhum dos beligerantes.

Ainda neste mesmo exemplar surgem duas interessantes notícias, uma que trata filosoficamente os assuntos relacionados com a morte e a vida eterna, intitulado *Situações Complementares*, assinada por Vianna Carvalho e outra que não foi assinada pelo autor, intitulada *O monópolio sacarino* em cujo primeiro parágrafo se constatava: "O velho Partido Republicano trazia na sua bagagem, como modelo a se impôr ás multidões, a promessa da extinção de todos os monopolios, privilegios e leis de exceção.

Agora, porém, que está a terminar o exclusivo do fabrico d'assucar na Madeira, todos aguardam a atitude do Governo em tão momentoso problema.

Temos assistido a tantas coisas que nada nos admiraria se vissemos mais esse atropelo ao programa do velho Partido Republicano."

Deste exemplar constam ainda, para além de algumas *breves* sobre *Bananas, Aniversários jornalisticos, A República Açoreana, Exposição, 1º de Dezembro, Desordens*, algumas *breves* e a *rubrica Segreda-se*.

Nesta última rubrica destacava-se a publicação dum poema, assinado por Elmira Lima, intitulado *Mundos*, em que se utilizou o sexteto, composto por decassílabos de rima emparelhada e cruzada. Transcreve-se o primeiro e o último sexteto:

1º Sexteto:
Rola no espaço o turbilhão dos mundos:
estranhas flôres dos jardins fecundos
que mão divina do Senhor plantou,

254 *A Verdade Madeirense e a Grande Guerra*

rolam no espaço pelos sóes banhadas
do Pae Eterno as multiplas moradas
das quaes o Nazareno nos falou.

Último sexteto:
E tudo vive e sente e tudo ama,
sob a luz rutilante dessa chama
que lá no alto pelo céo fulgura!
E Deus, o Creador Onipotente,
preside á formação do ser vivente,
á formação de toda a creatura!

3.3.4. *Ano de 1918*

O nº 139 do semanário *A Verdade*, de 28 de Janeiro de 1918,
incluia diversos artigos de extrema importância, desde o artigo de
fundo, cujo título era *A Nova República* e o subtítulo – *Renasce a
esperança nacional*, até outras pequenas notícias, como *Subvenção
aos empregados publicos*, em que se solicitava às ilustres Comissões
Administrativas da Junta Geral e da Camara Municipal que abonassem
a subvenção autorizada pelo Governo aos empregados das respectivas
Corporações Administrativas do distrito do Funchal e um artigo sobre
Sidónio Pais, intitulado "S. Sidónio, tende piedade de nós!" em que se
denunciava a falta de manteiga em todas as mercearias do Funchal e se
explicava que não faltava manteiga para exportar às toneladas "como
se vê do registo de carga saido desta ilha".

O artigo intitulado *Na interinidade* também sublinhava o acto de
justiça que se cumpriria se a Junta Geral do Distrito tornasse efectiva
a nomeação de todos os empregados do quadro daquela corporação.

Na coluna *Segreda-se*, podia ler-se:

"Que os contadores da luz electrica devem ser aferidos, ou melhor, afinados, afim de jogarem mais certo.

Que a corporação da policia repressiva de emigração clandesti-
na vai ser extinta, passando o seu pessoal para a policia civica, à
proporção que se deem vagas.

Que depois que terminou a *censura prévia* aos jornaes, estes
veem cumprindo nobremente a sua elevada missão sem perigo para

as instituições nem, para a causa dos Aliados. É porque a imprensa tem a compreensão da gravidade da situação presente e das suas graves responsabilidades.

Que á semelhança da America, também na Madeira já se fazem reclames a um tanto cada linha, escritos pelo interessado, sem se lembrar que elogio na propria boca é vitoperio."

Na *local* intitulada *A iluminação e os contadores* pedia-se ao vereador Sr. Joaquim Vieira, que detinha o pelouro da Iluminação, para que resolvesse o que era afinal injustificável e que se resumia na obrigação do locatário ter de pagar durante toda a sua vida o aluguer dum objecto que poderia pagar *d'uma só vez ou ás prestações*, contanto que esse pagamento, um dia, tivesse fim.

Um pequeno artigo inserido na segunda coluna da terceira página do mesmo exemplar, intitulado *A carestia do papel* acentuava os problemas por que passaram os jornalistas durante o período da Grande Guerra. O texto referia o seguinte:

"Careou extraordinariamente o papel d'impressão.

A resma que antigamente custava dez ou doze totões, passou a custar sete e oito mil reis, dificultando assim a existencia das emprezas jornalisticas que se veem forçadas a levantar o preço da assinatura, a diminuir de formato e alguns até a suspenderem as suas publicações, em detrimento do seu pessoal que fica sem trabalho.

É uma situação grave, para a qual o Governo deve lançar olhos misericordiosos, quando mais não seja em atenção ás artes graficas que tão otimos serviços tem prestado à sociedade:"

Confirmando o que fora explanado nesse artigo, seguia-se um texto que corroborava a realidade do mesmo assunto, com o título *A Verdade – Aos nossos assinantes* que se transcreve:

"Bem contra a nossa vontade, somos levados, pela força das circunstâncias, agravadas com a sempre crescente carestia do papel, a elevar o preço da assinatura do nosso jornal de 10 para 15 centavos.

A Verdade conta com um sofrivel numero de amigos, para os quaes apelamos, bem como para o público em geral que, convencidos de quanto importa a existencia dum jornal independente, não nos negarão o auxilio necessario a fazer face ao extraordinario custo do papel, tinta e mão d'obra.

A contar, pois, do primeiro do corrente, os recibos serão passados a 15 centavos.

Mas se por ventura d'entre os nossos prezados assinantes algum não poder ou não quizer pagar mais de 10 centavos, nem por isso o deixaremos de considerar assinante, devendo para isso prevenir o cobrador.

Deste modo fica o preço da assinatura sendo facultativo, a 10 ou a 15 centavos, isto em quanto durar o atual estado de coisas."

No nº 143, datado de 25 de Fevereiro de 1918, a *local* intitulada *A exploração dos fósforos* relatava o seguinte:

"Consta que a Companhia dos Fosforos solicitára do Presidente da Republica consentimento para modificar a condição do contrato d'exclusivo, suprimindo as caixas de fosforos de 10 reis, crear uma márca nova de 20 reis e a marca de luxo passar para 30 reis.

A Companhia como está no ultimo ou penultimo ano de exclusivo, pretende encher-se, endinheirar-se.

O Sr. Sidonio Paes, segundo se diz, respondeu que sim, que dava essa autorização, com a condição porém decretaria a livre faculdade do fabrico de fosforos. Não sabemos se isto é autentico; mas se o não é deveria se-lo.

É tempo de nos acharmos; nós todos e a economia geral, cançados até á medula dos ossos, de sofrer a tão exaustiva exploração que è a dos fosforos."

Enfim, teciam-se críticas ao governo de Sidónio Pais, que na Madeira não deixaram de se ouvir, nos tempos mais difíceis desse governo."

Ainda neste mesmo exemplar, o artigo intitulado *Uma ameaça* é bastante interessante, porque demonstrava que afinal os republicanos, apesar de anticlericais, não deixavam de ser religiosos. Verificava-se esse facto nas últimas linhas do artigo em que o jornalista invocava Nossa Senhora da Luz.

Iniciava da seguinte maneira:

"Como sua exº o sr. governador civil confirmasse a resolução tomada pelo seu antecessor, no sentido de não se permitir a exportação de banana, acorre um senhor exportador, á imprensa e, em nome dos lavradores de S. Martinho diz que vão arrancar as bananeiras!

Toda a população da Madeira, Porto Santo, Arguim e suas redondezas estremeceu ante tão fulminante ameaça, sentindo que os tempos bicudos que decorrem não permitam uma estrondosa gargalhada.

Ainda se os homens dissessem que iam arrancar a cana doce, essa pràga que impede a produção de generos alimenticios e só produz assucar mais caro do que se o tivessemos de importàr, inunda o mercado de aguardente, que tantos infelizes atira para o manicomio, e dá um bom contingente á alçada da polícia e dos tribunaes, se os homens dissessem que iam arrancar a cana, repetimos, éra caso para a sobredita população botar luminarias, acompanhadas de fungàgà, foguetes e respectivo vivório.

Mas não, senhores, os homens da banana querem arrancar as bananeiras porque não os deixam exportàr aquele fruto, e conservam a cana doce que enriquece os grandes senhorios e monopolistas, embora o povo tenha que comprar batatas a 200 reis cada quilo e pão a 400.

Valha-nos Nossa Senhora da Luz, pois de luz è o que este paiz está muito precisado, afim de evitàr... os tropeços que se atravessam no seu caminho."

O nº 156 do semanário, datado de 27 de Maio de 1918, trazia ao conhecimento do leitor, num artigo escrito na primeira página, primeira coluna, à esquerda, a dura realidade e a tragédia que se tinha abatido sobre a Madeira. Podia-se ler o que o colunista contristado, soube transmitir aos seus concidadãos:

"É deveras crítica e angustiosa a situação da Madeira. Bandos de famintos, rotos e esfarrapados, percorrem as ruas e praças públicas, implorando a caridade dos transeuntes. Não há pão ou se ainda existe é para os ricos, a quem é indiferente pagá-lo a 1.000-1.200 e 1.600 reis cada quilo. Não conhecemos cidade alguma, nem ainda as que estão mais próximas do teatro da guerra, onde se esgotasse o pão por completo, como no Funchal. Os terrenos acham-se pejados de cana-doce e os mancebos mais robustos foram levados para os quartéis, onde nada produzindo, tudo consomem".

O exemplar nº 177, datado de 26 de Outubro de 1918 é notável pela ironia do seu artigo de 1ª página, a quatro colunas. Ocupando a metade superior da 1ª página, intitulava-se *Nadando em felicidades*, donde se transcrevem algumas frases:

"Emquanto lá fóra os homens se trucidam uns aos outros e os artigos de consumo estão pela hora da morte, entre nós tudo corre ás mil maravilhas.

A paz é completa, os partidos enserilharam armas e a politica unificou-se. O pão muitíssimo bem manipulado, já não é de sêmeas e estas já não são de farelo remoído.

O milho está tão barato que os mais pobres estão livres de apanharem alguma congestão. As massas de superior qualidade, frescas e sem marufa, são mesmo uma consolação. O arroz brilhando pela ausência, põe a população ao abrigo de anemias. As batatas, legumes e cereais, idem, idem, idem.

Abunda a manteiga, a tal ponto que todos os dias se ensebam as ruas da cidade. Já não se vende cabra por vitela nem aos ricos se impinge carne, deixando os ossos aos pobres, pagos ao preço da tabela.

As castanhetas abundam no mercado do peixe e o atum já não vai para as frábricas de conservas. A banana já não se exporta, tendo por isso o seu preço baixado 30 reis cada 500gr. O azeite e o bacalhau são dois géneros de luxo.

O sabão abunda a varios preços conforme as variegadas côres, que lhes adcionam, etc., etc..

N'uma palavra: – A liberdade de imprensa nunca foi tão ampla, as revoluções foram sofocadas e reina completo sossego em todo o paiz!

N'estas condições, e nadando a população destas redondezas em mar de tantas felicidades e de tanta liberdade, o que havemos de escrever e de que servem os jornaes?!".

Esta forma humorística de contestação contra o governo central, utilizada pelos jornalistas, demonstrava o desprezo que sentiam pela tirania e ignomínia exercidas no Arquipélago, onde não eram concedidas condições minimamente humanas de sobrevivência à população desnutrida e carenciada. Ao mesmo tempo, contribuía para descontrair a população revoltada que com a leitura de textos deste teor tinha um escape para ir continuando a aguentar a situação.

Apesar de a Grande Guerra só ter tido o seu termo em Novembro desse mesmo ano, já tinha sido nomeada uma Comissão de Censura Civil à Imprensa em Junho que continuou a exercer repressão sobre os jornais. Em Dezembro iria acontecer o assassinato de Sidónio Pais no Rossio.

No exemplar nº 184 do semanário que foi publicado em 14 de Dezembro de 1918, verificou-se que na primeira página, a primeira coluna, à esquerda se encontrava em branco, pela acção da censura. Na segunda coluna, uma notícia com o título *O Vigilante* sublinhava o aparecimento no Funchal dum jornal republicano e anti-clerical cujo lema era: Luz, Liberdade e Progresso. Segundo o periodista esse novo "colega", tinha um duplo fim: rebater a machiavelica doutrina da seita negra e proporcionar com o produto das suas assinaturas, um pouco de conforto aos pobres que se acolhiam às casas de caridade. Como o seu fim era altruísta, embora a missão fosse espinhosa, decerto que não lhe iria faltar o apoio de todos os bons cidadãos, amantes da sua pátria.

3.3.5. *Ano de 1919*

Lê-se no exemplar nº 194, datado de 1 de Maio que tinham suspendido a publicação do Semanário durante o Sidonismo.

Quanto ao exemplar nº 195 d' *A Verdade,* datado de 8 de Maio de 1919, encerrava verdades incontestáveis sobre actos eleitorais, incitando toda a população madeirense a votar nas eleições de deputados e senadores que iriam realizar-se no domingo dia 11, desse mesmo mês.

A leitura de *Pela República* valia pela prevenção, cautela e termos de comparação simplistas que estabelecia.

"No proximo domingo, 11 do corrente, realisar-se-hão as eleições de deputados e senadores.

Mais uma vez, pois, o cidadão terà que exercer um dos actos mais solenes, delegando noutros cidadãos a sua causa, que è a causa nacional.

Da boa ou má escolha dependerá, portanto a organisação do futuro parlamento e senado: e, consequentemente, a boa ou má orientação que hade salvar ou cavar mais fundo os destinos do paiz.

Os horisontes apresentam-se nublosos: – D'um lado os republicanos sinceros – os que em boa união trabalham para consolidar e dignificar a Republica.

Doutro lado os conspiradores, açulados pela jesuitica seita negra, urdindo nas trevas novas traições, e aguardando o momento propicio de mais uma vez se atirarem á Republica e aos seus defensores, deslustrando aquela e vexando estes.

260 *A Verdade Madeirense e a Grande Guerra*

Para o cidadão liberal e ilustrado não ha que vacilar: – Votar, pois, em linha cerrada, nos republicanos, contra os reacionarios, embora hipocritamente mascarados de liberaes, é um dever de todo o bom republicano.

Nenhum deve deixar-se ficar em casa, porque a abstenção, em certos casos, transforma-se em cumplicidade, e nenhum bom republicano deve ser cumplice da traição á Republica.

Somos pela união entre os republicanos; mas se essa união, por mal da Republica mais uma vez vier a fracassar, não seremos nós os primeiros a romper o tiroteio.

A Republica precisa do concurso dos seus bons amigos.

Não a abandonemos, nem confiemos a sua guarda aos que para a estrangularem não hesitaram, inda ha pouco, ante a pratica dos mais abominaveis crimes.

A reação, corrida das cidades e dos centros mais instruidos, fórma barreiras nos campos, entre os povos ingenuos, cujo analfabetismo regula de 90 a 95%.

As féras tambem se acoitam durante o dia nos seus covis, para á noite, na solidão das trevas, acometerem e devorarem as suas vitimas.

Não as deixemos entrar no povoado. Lembremo-nos que a causa da Liberdade està cimentada com o sangue de milhares de martires e que a Republica Portugueza tambem ja conta no seu martirologio um grande número de vitimas, que urge vingar, escorraçando duma vez para sempre os perturbadores da ordem e do progresso. Convençam-se todos os liberaes de que o reacionario tem a paciencia do gato para esperar, a árte da raposa para enganar e a voracidade do tigre para devorar.

Com tão pérfido inimigo todas as cautelas são poucas.

Unamo-nos, pois, e, em linhas cerradas votemos nos republicanos, os unicos que defenderão com acendrado amôr o prestigio da Republica.

Que nem um unico republicano fique indiferente ao acto eleitoral e que todos se acautelem contra os falsos messias, eis o que *A Verdade* sem filiação partidaria, ousa lembrar a todos os seus amigos."

Uma *breve* publicada na quarta coluna da segunda página, intitulada *Telefones sem fios* fazia supôr que se estava a ler um jornal da década de 90. Passando à transcrição do texto:

"A Companhia Marconi conseguiu ja estabelecer comunicação telefónica sem fios entre a Irlanda e o Canadá, a uma distância de 2000 milhas.

Um engenheiro da companhia diz que provavelmente dentro de pouco tempo será possivel a qualquer trazer na algibeira um aparelho telefonico que lhe permita falar a distância com outra pessoa que disponha de um aparelho igual e afinado pelo primeiro."

O exemplar nº 209, datado de 21 de Agosto de 1919, incluia na primeira página, notícias de grande interesse, tais como *A navegação nacional* e *A falta de casas.*

No primeira notícia informava-se o leitor de que a Madeira atravessava uma crise agudíssima, tanto ou mais dolorosa que no período da guerra, quando os traiçoeiros submarinos eram uma ameaça.

O periodista explicava:

"Hoje como então, faltam os vapores que nos tragam o que mais precisamos em troca do nosso precioso vinho, assucar, manteiga, atum, bordados e outros produtos regionaes.

Nem as coisas entrarão na normalidade, emquanto não houver carreiras regulares de vapores estrangeiros, em concorrência com os nacionaes, que estão muito longe de corresponder ás necessidades do comercio e da industria.

As emprezas portuguezas de navegação elevaram a tal ponto os frètes e passagens que tudo encareceu no mercado, e hoje só pòde viajar quem tiver muito dinheiro.

Urge, pois, constranger as empresas de navegação nacional a fazerem regressar os respetivos frétes e passagens aos seus antigos preços, aumentando a sua tonelagem, ou então, convide-se as emprezas estrangeiras a estabelecerem carreiras regulares entre Lisboa, Madeira e Africa."

Na segunda notícia, ficava-se a par das dificuldades e da crise habitacional no Funchal. O texto, na sua totalidade, referia:

"Percorre-se a cidade em todas as direcções, á procura de casas para alugar, e nem uma se encontra, ou se alguma aparece, exige-se pela renda dum ano, uma importancia quasi equivalente ao custo da construção do mesmo predio.

Uma verdadeira falperraana!

A novas construções poucos se pódem abalançar devido á carestia dos materiais, – outra falperraana.

Os casamentos são de todos os dias e a emigração está paralisada, devido ás leis anti liberaes da America. Nestas ciscunstancias a população aumenta, levando várias famílias a residirem em comum em exiguos prédios, o que, além de ser insalubre, traz outros inconvenientes, como é facil de conjecturár.

Isto, a par da carestia dos generos de primeira necessidade, incluindo o vestuário constitue um verdadeiro inferno da vida.

Entretanto os paes da patria ocupam-se da regulamentação do jogo!"

Da segunda página deste mesmo exemplar constava um texto designado *O Esperanto* que é bem característico do pensamento, desejo de liberdade de expressão e dos valores desse período histórico:

"Da sociedade Esperantista Operaria – Travessa da Agua de Flôr, 35, 1º – Lisboa, recebemos a seguinte circular cuja publicação nos é pedida:

Presados Camaradas:

Vem esta sociedade esperantista, constituida unicamente por operarios sindicados, junto de vós pedir-vos a vossa cooperação numa óbra bela que a nós todos, militantes operarios, compete executar.

É por uma causa justa, sublime e humana que todos nós trabalhamos: a emancipação dos trabalhadores, a destruição de todos os preconceitos e de todas as barreiras que dividem os homens e que os tornam escravos uns dos outros.

Para os que trabalham dia a dia sem que o amanhã lhes esteja assegurado não ha patrias, não ha fronteiras. Para nós militantes socialistas, sindicalistas e anarquistas o mundo compõe-se de duas classes apenas: os que trabalham e os que vivem á custa do suor alheio.

Entre os trabalhadores não ha nacionalidades. Todos são irmãos, todos são compatriotas, todos aspiram a uma maxima liberdade na terra de todos.

A organisação sindical dos trabalhadores é hoje quasi perfeita. É ela que está destinada a tomar conta da sociedade apossando-se da Terra que até agora tem sido pertença de uma minoria burguesa.

O amanhã é nosso. Temos absoluta necessidade de nos prepararmos.

A nossa revolução é internacional. Precisamos que alèm fronteiras, espanhoes, francezes, italianos, japonezes, russos e chinezes nos compreendam e se unam a nós para a realização da òbra comum.

Como resolver o dificil problema das nossas relações internacionais se em cada paiz a lingua é uma?

O Esperanto leva-nos a esse desideratum.

O Esperanto aprende-se em todos os paizes, com facilidade. Em todas as nações se fala e se escreve Esperanto.

Só entre nós este problema tam importante tem sido descuidado.

Propomo-nos, pois, o seguinte plano de trabalhadores, para cuja execução rogamos a vossa cooperação: o vosso sindicato escolherá, dentre os seus militantes, um ou mais que se disponha a fazer a aprendizagem do Esperanto nas aulas desta sociedade.

Num periodo de tres meses tereis no vosso meio associativo um esperantista, quasi sem trabalho nenhum.

A cota mensal e indispensavel para as despezas de instalação e propaganda, é livre. Rogamo-vos, caros camaradas, que leveis este importantissimo assunto á apreciação da assembleia geral da vossa classe, o que agradece desejando-vos Saude e Revolução Social. A Comissão Executiva."

No exemplar nº 212, datado de 11 de Setembro de 1919, na 3ª coluna da 1ª página, uma *breve* intitulada *Teatro Arriaga – Tournée Adelina Abranches* anunciava a peça de estreia daquela companhia de teatro, no Funchal: *A Bela Aventura,* em que Adelina fazia o papel de Mme Trevillac.

O colunista sublinhava que se fizeram ouvir prolongadas ovações no final de cada acto e classificava Adelina Abranches de génio e de estrela de primeira grandeza que fulgurava na *scena* portuguesa, cujo brilho rutilante não podia jamais ser ofuscado. Informava que as peças que seriam representadas na 6ª feira e no sábado eram respectivamente: *O Divórcio* e *O Último Bravo.*

O exemplar nº 213 datado de 18 de Setembro do mesmo ano, vinha recheado de artigos palpitantes de interesse, no que se referia aos problemas sociais no Funchal.

Na primeira coluna à esquerda, sob o título *A corporação policial*, o articulista pôs a nu o que se passava com os vencimentos da corporação policial, e destacava os árduos serviços dos seus membros, os perigos e os ódios a que se expunham, em defesa dos bens e das vidas de pacíficos cidadãos, sendo contudo muito mal remunerados.

Referia que: "quem quizer bons empregados tem que lhes pagar regularmente.

Assim, como a polícia está, o ordenado nem chega para pagar o aluguer da casa e o pão que consome. Mas como poderá este serviço ser bem desempenhado, com perícia, zelo e independência se um mesquinho ordenado o põe na dependência de todos!"

Salientava ainda que havia dinheiro para tudo, para turismos absurdos e até para *pret de guerra* para os que nunca foram aos campos de batalha, e só não havia para os funcionários como a polícia e outros, cujos ordenados estavam abaixo dalguns contínuos e moços de fretes!

O jornalista continuava... "A vida encareceu extraordináriamente, e no entanto os vencimentos d'hoje são os mesmos de há 25 anos!

O governo facultou às corporações administrativas o aumento de vencimentos e uma subvenção aos seus empregados, mas essas subvenções, fazem-se esperar tanto, que alguns vão morrendo lentamente de inanição.

E, o que se diz da polícia, é aplicável a outros funcionários que igualmente se veem reduzidos à mais negra miséria, enquanto outros, mais felizes, acumulam vários empregos."

Ao fundo da segunda coluna, com o título *Uma tragédia* registou o articulista o acidente que se deu no caminho de ferro do Monte, ao explodir uma caldeira, de que resultaram algumas mortes e vários ferimentos mais ou menos graves.

Informava que estavam interrompidas as viagens do elevador do Monte, sendo de esperar que em breve se restabelecessem ou então que os automóveis fizessem carreiras até o Monte Palace Hotel, pelo caminho que para o acesso a este magnífico estabelecimento e a expensas particulares fora mandado construir.

Em *No Largo da Forca*, notícia inserida na terceira coluna da primeira página, podia-se ler que todos os dias, até alta hora da noite, havia jogatina no Largo da Forca.

"Ali jogam velhos e novos, casados e solteiros e até alguns de menor idade.

Quando algum dos jogadores se adeanta, chove então o fraziado indecoroso, chegando por vezes a vias de facto, com grande alarido e grave escandalo da visinhança."

Igualmente sobre o mesmo tema, prosseguia este artigo, desta vez fazendo referência à *scena* degradante que se observava no Largo do Corpo Santo, onde dezenas de pescadores passavam o tempo a *pescar* os magros cobres dos companheiros.

Mais abaixo, o artigo intitulado *O Câmbio* esclarecia sobre a situação económica no país.

Os profissionais da época, referia o jornalista, "dizem que a nossa moeda sofreu profundas alterações nas praças estrangeiras, estando ao par ou pouco mais da moeda brazileira."

Segundo afirmava, "isto é uma magnífica saída para a carestia dos géneros e materiais importados, de que vive a maioria da população desta ilha".

O redactor acrescentava que "acabaram-se os submarinos, a guerra e respectivos seguros, mas, em compensação, temos o câmbio que tudo justifica"

Na *local* cujo título era *Música* explicava-se que para o público apreciador de boa música "seria de grande conveniência se Sua ex^a o sr. comandante militar se dignasse ordenar que a excelente banda do 27, tocasse no Jardim Municipal, de preferência à Praça do Marquez de Pombal, onde o rapazio que ali costuma ajuntar-se interrompeo, com extraordinária gritaria na penúltima 5ª feira, o desempenho duma peça que aquela banda estava executando".

Segundo o articulista "O Jardim Municipal não só oferece melhores condições acústicas, como ainda outras comodidades para o público".

Na quarta coluna, em *Mais 2 centavos* explicava o jornalista que o milho, a principal alimentação das classes pobres e remediadas, fora sobrecarregado com um novo contrapezo de dois centavos. A jeito de troça, arriscava: "É melhor arredondarem aquilo para 200 reis cada quilo, por causa dos trocos que escaceiam."

Concluia: "Outr'óra ía-se ao mercado com cinco tostões e trazia-se milho, pão, arroz, batatas e peixe.

Hoje, com cinco mil reis, uma pessoa leva as mãos à cabeça sem saber o que hade comprar com esta importância."

Ontem, como hoje...

No artigo *Correio de São Jorge*, o articulista queixava-se de não ter sido entregue o jornal a um assinante daquela freguesia e tinha a intenção de levar o facto ao Exmo. Sr. Director da estação de Correios competente, de quem se afirmava só terem a esperar a costumada justiça.

Em *Uma rusga ao jogo*, o periodista explanava que a polícia tinha feito uma rusga a algumas casas de batota, que, como de costume, tivera um resultado negativo.

Continuava, afirmando que na própria noite da rusga, a casa de roleta dum tal Sr. Trindade tinha funcionado até alta hora, com as honras dum guarda-portão, uniformizado e dum cívico na rua, a certa distância.

Criticava os batoteiros, dizendo: "cá os esperamos".

Na segunda página, o artigo intitulado *O agiota e o inquilino* assemelhava-se a uma pequena fábula, com uma mensagem e uma intenção moralizadora que tratava de um determinado agiota anafado e vermelho que emprestava dinheiro com juros moderados, segundo o estimável uso dessa classe *benévola*, e que alugou num prédio, "que tinha o incómodo de possuir", o andar inferior áquele que ele próprio habitava.

Depois começou a verificar que o inquilino dormia o dia inteiro, saía para jantar nos Irmãos Unidos, às dez horas recolhia sempre, fechava as janelas, acendia o candeeiro e traquinava toda a noite.

Descobriu, finalmente, que aquele fabricava *notas falsas*. Depois de se entenderem sobre tal negócio, combinaram que só fabricar notas de uma moeda era insuficiente e que para ficarem ricos seria necessário fabricar *em grande*.

O inquilino explicou, porém, que não tinha modelos, ao que prontamente o agiota lhe adiantou uma nota de dez mil reis, uma de dezoito, uma de vinte e uma de dez moedas.

Contudo durante a noite, o inquilino fugiu com o dinheiro do senhorio que, ao que constava até à hora em que foi deste para melhor mundo, esperou sempre pelo hóspede.

Na *local* intitulada *Por alto?* informava-se que por ocasião da última viagem do vapor *São Miguel* tinha sido visto seguir de São Lázaro para bordo, um barco com sacas que pareciam conter feijão ou ervilhas.

Entretanto, como os géneros de consumo escasseavam e os poucos que apareciam estavam pela hora da morte, ficava o alerta registado, sem mais comentários.

Papel Moeda referia que o papel moeda em circulação, especialmente as cédulas de 5 e 10 centavos, metia nojo, tal era o vergonhoso estado de decomposição em que aquelas se encontravam.

Segundo o articulista as moedas de *prata* desapareciam por completo e as de *nikel* e *cobre* iam rareando...

Na notícia *Casas de malta* com o subtítulo: *Em vista ao Sr. Comissário de Polícia* constatava o redactor que antigamente as casas de malta estavam limitadas às Ruas dos Medinas, Ribeirinho, Beco dos Reis e Beco do Colégio, chegando mesmo a alvitrar-se, logo após a implantação da República, que a tolerância com carácter legal de prostituição desaparecesse.

"Foi uma promessa como a da extinção do jogo e tantas outras que são hoje dessiminadas por toda a cidade, sendo rara a rua onde não se encontre um desses antros.

A autoridade polícial e administrativa não interveem, no assunto; e, no entanto, ele é bem digno de attenção.

Pode lá admitir-se, ao lado de uma família honesta uma casa de toleradas?

Até sob o ponto de vista da falta de casas de aluguer que se nota no Funchal, a autoridade prestaria um otimo serviço relegando essas infelizes que se espalham pela cidade para a antiga area a que estavam limitadas e onde se encontram algumas casas devolutas que famílias honestas não pódem ocupar por razões óbvias."

A terceira página do jornal apresentava um artigo na 1ª coluna à esquerda, com o título *Crimes sociais*.

O colunista afirmava que: "há nada que mais negue Deus do que o regimen penal".

Dizia que esse regime se tornou um factor mais, do mal que se pretendia evitar.

Perguntava: "Porque o cérebro concebeu o regimen da Inquisição, segue-se que milhares de homens acatem e defendam tal regimen?"

Explicava que os maiores criminosos não só andavam à solta, mas arrogavam-se o direito de legisladores e julgadores.

"Um faminto rouba um pão, uma fruta, determinado pela fome.

Prende-se, condena-se, enjaula-se.

Um explorador endinheirado rouba um milhão e colocam-lhe no peito uma comenda glorificadora!"

O jornalista, depois de filosofar sobre o nascimento do Homem, sua actuação natural e relações com os seres que o rodeavam, definia o papel da instrução e educação e terminava afirmando que, na maioria dos casos, o criminoso era um produto da sociedade.

Acentuava que o Estado, que nem sequer cuidava da educação das crianças, nem curava de todas as influências que conduziam ao erro, ao delito, ao crime, ainda vinha exigir responsabilidades, encarcerar e castigar!

A segunda coluna desta página finalizava com uma notícia intitulada *Julgamento* em que se informava o dia e hora em que, perante o Tribunal Militar em Lisboa, seria julgado pelos crimes de tentativa contra as instituições vigentes e de estupro, numa menor, quando comissário da polícia cívica do Funchal, o aspirante Sebastião Fernandes Caires, e acrescentava que num dos primeiros vapores deviam seguir algumas testemunhas de acusação.

Nessa página, a duas colunas, um soneto intitulado *A Pátria* de Miranda Santos, deixava transparecer a dor e a tristeza que ficaram nos corações dos portugueses, depois da Grande Guerra...

Um *anúncio* intitulado *Para a América* também a duas colunas informava que o vapor *Canopic* da White Star Line era esperado em Ponta Delgada (Açores) para tomar passageiros para Boston, nos primeiros dias do mês de Outubro. Assim, aqueles que desejassem seguir viagem por esse vapor, deveriam embarcar nesse porto, no vapor *San Miguel*, no dia 22 do mesmo mês.

Seguiam-se no final da página, à direita, a uma coluna, *anúncios* da Yeoward Line – companhia de navegação que efectuava viagens para as Canárias; de conserto de máquinas de escrever, registadoras e de numerar e finalmente, do Monte Palace Hotel, onde todos os dias se realizavam jantares e concertos, seguidos de baile.

A quarta página, na sua maioria, apresentava anúncios da Empreza Funchalense de Cabotagem; da companhia de seguros Globo; dos horários do serviço costeiro; duma aguardente genuína de cana *d'assucar;* de colecções de selos; do Restaurante Monte Estoril e da Ourivesaria Simphrónio.

Sobre Portugal

3.3.6. *Ano de 1915*

No exemplar nº 5, publicado em 29 de Maio de 1915, cujo artigo de fundo se intitulava *Lições da História - A Largos Traços*, o autor do mesmo começava por explicar que "irá tentar fazer uma resenha clara, desapaixonada e despretenciosa dos últimos acontecimentos que convulcionaram o paiz, levando-o á revolta."

Fazendo o leitor recuar até 1908, continuava:

"A monarquia nos seus ultimos paroxismos chamou em seu auxílio a ditadura Franquista, de tragica memoria que terminou pelo assassinato do Rei Carlos, de seu filho Luiz Filipe e de outros cidadãos, cujas existencias eram tão respeitaveis, como as dos primeiros.

Sucedeu no trono ao Rei Carlos, seu filho Manoel, pobre creançola, enexperiente que talvez fizesse um bom governo se tivesse a seu lado, em vez dos seus confessores da rua do Quelhas, um novo Marquez de Pombal.

O clero, ou melhor o jesuitismo mandava no palácio real como em sua própria casa.

N'este comenos, rebenta a revolução de 5 de Outubro, que põe o rei em fuga, faz baquear o trono e proclama a Republica.

Todos a aceitam com frenesis de entusiasmo, exceção feita dos jesuitas que não podiam levar á paciência a extinção das ordens monásticas e outras regalias que gozavam no regimen decahido.

É certo que a nascente Republica, com os seus erros, muito concorreu para essas correrias, que tanto sangue e dinheiro custou à nação.

Um desses erros foi a demasiada complacência para com os seus mais irreconciliáveis inimigos, quando o que se imponha era uma larga transferência, nos funcionários das diversas repartições, sem contudo tirar o pão a ninguem.

Estas deslocações evitariam influencias locaes e caciqueiras, poupando ao mesmo tempo os leaes e sinceros republicanos ao desgosto de verem as repartições repletas de monarquicos que não cessam de dizer mal da Republica, da qual aliás não se envergonham de receber chorudos ordenados."

E, ia prosseguindo:

"Outros erros se praticaram, taes como a mesquinha amnistia após o acto de 5 de Outubro, quando se devia ter aberto de par em par as portas das cadeias e dos presidios.

Nem os monopolios, nem as acumulações terminaram com a monarquia, e se houve alguma diferença foi para peor."

E finalizava:

"E assim veiu, repetimos, a nossa querida Republica, de trambulhão em trambulhão, até a ditadura, que rasgou a Constituição, substituindo-a pelo livre e despotico arbitrio.

Á custa de novos e dolorosos sacrificios, veiu a revolução de 14 do corrente pôr termo á ditadura, e eis que uma segunda Republica é proclamada.

Será esta mais feliz que a primeira?

O futuro, o futuro se encarregará de o dizer."

Na primeira coluna da segunda página, deste mesmo exemplar, podia ler-se a transcrição do Decreto-Lei de 21 de Agosto de 1911 da Constituição Política da Republica Portuguesa que já decorria do número anterior.

Na terceira coluna desta mesma página na rubrica *Segreda-se*, ficava-se a saber o seguinte:

"Que, no entender de certos políticos as eleições não se devem efectuar a 6 de Junho porque não dá tempo a fazer a propaganda: De modo que, se se fazem eleições oh da guarda que não nos deram tempo a fazer a propaganda: De modo que, se se fazem eleições, oh da guarda que não nos deram tempo a montar a maquina batoteira; se não se fazem eleições, aqui-del-rei que o governo está em ditadura!

Vão lá entendel-os."

E, seguidamente esclarecia:

"Que o revez dos nossos soldados em Angola, se atribue à imprudencia dos proprios portugueses.

Com tudo o Sr. Pimenta de Castro não deixou de cumprimentar o Kaiser, no dia do seu aniversário, na pessoa do ministro da Alemanha em Portugal!"

E, ainda acrescentava:

"Que os monarquicos já não vão á urna, nas proximas eleições, como prometiam.

Este mundo sempre dá cada volta!"

Explicava ainda:

"Que as repartições publicas estão repletas de inimigos da Republica, que disso fazem gala, sem comtudo desdenharem dos bons proventos que o novo regíme lhes oferece."

Terminava, afirmando:

"Que os larapios deram-lhe agora em surripiar processos dos cartórios dos escrivães. Ora, como aquilo não é cousa com que se possa fazer sopas, logo por conseguinte não devia ser obra de gente de pé descalço."

Na terceira página, dois artigos com um certo toque de filosofia, intitulavam-se: *Vida moral-Causas actuaes das aflições e Origem das guerras*. Na quarta coluna, encontrava-se uma anedota, ao sabor da época, em que os intervenientes eram *uns estudantes e um camponez*, sendo esse, mais um texto com interesse que concluía este exemplar.

O exemplar nº 15, datado de 7 de Agosto de 1915, apresentava um artigo de fundo, subordinado ao título *Acção parlamentar*, bem elucidativo da burocracia e da diplomacia levadas ao extremo que continuavam a proliferar largamente no país.

Mas, passando à leitura:

"A cinco anos de Republica, pouco, bem pouco temos adeantado na senda do progresso e do bem estar público.

À parte algumas leis do Governo Provisorio, taes como o registo civil obrigatorio, a Separação da Egreja do Estado e demais legislação sobre as congregações religiosas, estamos na mesma que no tempo da monarquia, ou peor ainda, visto que a papelada tem aumentado prodigiosamente sem a correspondente melhoria.

O Parlamento tão prodigo em peripecias, não tem sido menos fertil em reformecas que nada reformam e em questiunculas politicas, pessoaes odientas e improprias dos fins para que foi creada a alta instituição parlamentar.

Os interesses partidários antepõem-se aos negocios nacionais e, ás leis de economia e previdencia publica são preferíveis os truques que, dando ás cousas reaes uma aparencia ficticia, tudo transmuda para peor.

Senão fosse alguma cousa que se fez durante o Governo Provisório, nunca as leis do registo civil, da separação e outras chegariam a ser decretadas.

A fé e o amor que os velhos republicanos tinham pela Republica, esfriaram, ou melhor, estiolou-se no peito d'alguns.

Em compensação, uma nova e faminta legião de intrusos se apoderou de tudo isto, levando o pasmo e a estupefação aos arraies republicanos.

Individuos que levaram a vida a combater o ideal republicano dizem-se hoje mais avançados que os proprios republicanos.

Mas se fosse possivel, por nossa desgraça, uma restauração monarquica, ver-se-ia então mais uma vez quem eram os verdadeiros e os falsos republicanos.

E, no entanto, alguns desses republicanos da ultima hora tomam assento no parlamento, onde de tudo se trata, exceto de reformas sociaes em harmonia com o progresso hodierno.

Nas discussões parlamentares salvo rarissimas excepções, distingue-se mais o mesquinho interesse dos partidos que a idea alevantada de soerguer este pais de gloriosas tradições.

Os grandes problemas sociaes não se discutem; continuam todos de pé, para vergonha da Republica e suplicio de nós todos.

As leis, são como as teias de aranhas, facil das aves de rapina atravessarem, emquanto que os pequenos insetos ficam presos pelas azas ou pelas canelas.

A constituição politica tem sido calcada aos pés e o parlamento, por vezes, se transforma em arena de mutuos insultos e até de conflitos.

Votou-se uma anistia para o traidor Paiva Conceiro e para o assassino padre Domingos, e deixou-se a apodrecer nos carceres individuos sem culpa formada, cujo unico crime consistia em não apoiarem os desmandos do poder.

Não se discute nem se define a atitude de Portugal ante o tremendo conflito europeu.

Os alemães invadiram o territorio portuguez e massacraram alguns dos nossos compatriotas, na Africa Ocidental, mas o ministro de Portugal continua em Berlim e o da Alemanha em Lisboa! Não se sabe, nem houve ainda um deputado que, no parlamento, interpelasse o Governo a fim de saber-se se Portugal é neutro ou beligerante.

E, para eterna vergonha de quem tal ação cometeu, houve quem em nome de Portugal fosse cumprimentar o Kaiser, no dia do seu aniversário, na pessoa so seu ministro em Lisboa!

A Verdade perante os Acontecimentos 273

E o parlamento uma vez normalisado, ainda não repudiou essa afronta, de que varios jornaes se fizeram eco!

Em compensação, os ministérios vão-se sucedendo uns após outros, c o parlamento para não desmentir a lenda de que Portugal é o paiz da verboseia e da papelada, là continua publicando no "Diario das Camaras" os fastidiosos e sonolentos discursos dos paes da patria.

E, nisto, se resume a ação parlamentar."

3.3.7. *Ano de 1916*

No exemplar nº 72, datado de 16 de Setembro de 1916, situava--se um artigo intitulado *Espectáculo deprimente*, na 1ª e 2ª colunas, à esquerda da 1ª página que relatava o que tinha acontecido nas últimas sessões do Parlamento, onde se tinha passado do discurso sereno à invitivação e desta a vias de facto. Enquanto a minoria protestava contra um acto que julgava ilegal e que ia de encontro à Constituição do país, nesse caso o restabelecimento da pena de morte, a maioria, abusando da sua superioridade numérica, agrediu o deputado socialista, o Dr. Costa Júnior que se defendeu a murro.

O colunista argumentava que num momento em que o país estava em guerra, esses actos se revestiam duma enorme gravidade e dizia que em plena vigência da União Sagrada, os monárquicos estariam a saborear essa comédia.

Finalizava o artigo com estas palavras: "Os políticos transmudaram-se em gingões a 3$333 reis diários transformando a arena numa feira, onde predominam os doestos, os insultos e as agressões mútuas".

No exemplar nº 80, com data de 11 de Novembro de 1916, na primeira página, nas duas primeiras colunas à esquerda, podia ler-se um artigo cujo título era: *A Política E...Promessas*, em que o jornalista referia que o estado de guerra em que se encontrava o país, não tinha diminuido a efervescência política que caracterizava as classes dominantes.

Afirmava ainda que se tinha organizado um Ministério Nacional, a que deram o nome de União Sagrada, com membros, apenas de dois partidos, excluindo-se outros que por estarem mais em contacto com o povo, melhor o conheciam.

274 *A Verdade Madeirense e a Grande Guerra*

A sua crítica acesa continuava ao salientar o facto de que depois de seis anos da Implantação da República, ainda estavam de pé, todos os monopólios, legados pela monarquia, com a agravante de estarem então mais opressores, como a Companhia dos Fósforos, as Moagens e as fábricas de açúcar mascavado.

Criticando de forma muito directa o governo, rematava: "Depois, desculpem-se com os efeitos da guerra, como se esta já existisse nos primeiros dias da República e em que faltaram a tudo quanto tinham prometido".

3.3.8. *Ano de 1917*

No exemplar nº 106, publicado em 19 de Maio de 1917, podia ler-se na 1ª página, nas duas primeiras colunas à esquerda, um artigo intitulado *Uma Republica monárquica – Desilusões*, em que o colunista asseverava que: "Os homens mais eminentes da Republica, desde o falecido presidente Arriaga a Bruno, Basílio Teles, Teófilo Braga e tantos outros, sucessivamente se afastaram da politica, enojados com as intrigas desta e desiludidos na sua fé de republicanos convictos."

"Com a Republica, após os primeiros dias de entusiasmo, logo vieram as desilusões que desanimam e nos lançaram num estado de indiferentismo."

"Abalado nas suas crenças, desiludido na sua esperança, ao ver cair um ministério e subir outro o povo encolhe os ombros e vai exclamando com indiferença: Tão bons são uns como outros!"

"O que é feito do programa do antigo partido com a promessa da extinção dos monopólios engastada no seu florão?"

"Quanto ao programa do velho partido republicano foi rasgado de cima a baixo"

"Os monopólios campeiam infrenes, a liberdade de reunião é um mito e a imprensa acha-se amordaçada como nunca!"

"As desilusões dos últimos tempos cavaram profundas rugas no carácter nacional."

"Não há aquela fé que impeliu os heroes do 31 de Janeiro e do 5 de Outubro para a praça publica."

E, terminava, ajuizando que:

"É porque os republicanos fizeram uma Republica para os monárquicos governarem!"

O exemplar nº 133, datado de 26 de Novembro de 1917, suscitou na interpretação dos textos nele contidos, algumas dúvidas quanto ao motivo da sua apreensão, facto de que se tomou conhecimento através da leitura do exemplar seguinte e de informação contemporânea manuscrita na sua primeira folha.

As dúvidas derivaram da redacção e conteúdo do artigo de fundo, publicado no mesmo exemplar e intitulado "Ainda o Milagre de Fátima", que se julgara tivesse sido o motivo da apreensão do jornal, visto poder enquadrar-se na exigência e espírito do Decreto nº 2270, datado de 12 de Março de 1916, que dizia: "São concedidos poderes às autoridades policiais ou administrativas para apreender as publicações nas quais se divulgue "boato ou informação", capaz de alarmar o espírito público ou de causar prejuízo ao Estado no que respeita quer à sua segurança interna ou externa, quer aos seus interesses, em relação a nações estrangeiras, ou ainda aos trabalhos de preparação ou execução de defesa militar."

O articulista que redigiu o artigo a três colunas atrás referido exprime-se, logo de início, da seguinte maneira:

"Quando se trata de assuntos religiosos, que dizem respeito às crenças de cada um, e por conseguinte ao fôro da consciência, a nossa penna vacila e recusa-se a entrar em tão profundas investigações."

E, mais adiante, afirma:

"Também não discutiremos a possibilidade duma aparição espírita, sob a forma aparentemente material, visivel apenas a 3 creanças, e invisivel a uma multidão de curiosos sem que isso á face das doutrinas experimentaes constitua um milagre.

O que porèm não acreditamos nem a ciência admite, é que o sol andasse a dançar, como se afirma no caso de Fátima. Quando muito, poderia haver uma ilusão d'ótica, que o deslumbrado ser humano, na sua boa fé, afirma ser um milagre.

Donde se conclue que os chamados sábios do nosso planeta ainda estão na infância; e, dahi, o desconhecimento de coisas que só mais tarde, depois de um profundo estudo da electricidade e do

276 *A Verdade Madeirense e a Grande Guerra*

magnetismo, virão a conhecer, dando assim testemunho da grandeza e da onipotência de Deus.

O caso de Fátima, se tem alguma importância, è sob o aspecto espirita."

Esta constatação filia-se no procedimento que os republicanos adoptavam e antes deles, os pré-republicanos para tentar libertar a população do que eles temiam ser o obscurantismo religioso.

Posteriormente, porém, ao ler o exemplar nº 151, publicado no dia 22 de Abril de 1918 chegou-se à conclusão de que a apreensão do exemplar nº 133 datado de 26/11/1917, fora causada por nele terem sido inseridos escritos da natureza dos mencionados na Lei de 9 de Julho de 1912.

3.3.9. *Ano de 1918*

Relativamente ao exemplar nº 139, publicado em 28 de Janeiro de 1918, ao passar à leitura do artigo de fundo, constatava-se que o periodicista tinha pretendido exaltar o espírito que norteou a concretização da revolta de 5 de Dezembro de 1918 que deu lugar à 3ª República:

"*A Nova República*

Renasce a Esperança Nacional

Ha longos anos que a alma nacional se esforça pela implantação dum regimen de Igualdade, Fraternidade e Justiça, conforme o progresso e as áspirações hodiernas.

O poder absoluto e despotico cedeu o seu logar á monarquia constitucional, e esta, por seu turno, mais pelos erros dos seus dirigentes que pelo regimen em si, apressou a propria queda, dando logar à implantação da Republica.

Gastas e caducas as instituições d'então, desacreditados os seus defensores e batidos por uma activa propaganda, era fatal e *enivitalmente* certo o seu desaparecimento para sempre.

Não ha hoje forças humanas que a dentro da paz, socego e tranquilidade, consigam restabelecer as decaidas instituições.

Elas cavaram bem fundo a sua ruina e, pensar em restaural-as, o mesmo seria proclamar uma guerra civil, sem tréguas nem utilidade alguma para a nação.

A Verdade perante os Acontecimentos

Quando se avança até um certo ponto, ja não se póde retroceder e, por mais escabrosa que seja a estrada, o caminho é para a frente, sob pena de tudo se abismar.

O feito heroico de 5 de Outubro de 1910 foi o ultimo golpe de morte vibrado na monarquia, que jamais poderà ser restabelecida, sob pena das proprias pedras das calçadas se levantarem e o èco de revolta se repercutir de norte a sul de Portugal.

Naquela aurora deslumbrante e redemtora, todo o paiz fixou a sua atenção no novo regimen que despontava, sob os auspicios das mais fagueiras esperanças.

Não correspondeu a Republica de 5 de Outubro à benevola espectativa geral?

Forçoso è confessal-o que não.

Os velhos processos da monarquia continuaram a dentro da Republica; os seus caudilhos, incoerentes com as doutrinas propaladas pela imprensa e pelos comicios, renegaram o programa do antigo Partido Republicano e, de excesso em excesso, de abuso em abuso, de perseguição em perseguição, de atropelo em atropelo e de vexame em vexame, veiu o segundo golpe d'Estado de 14 de Maio.

Os verdadeiros republicanos de sempre, uns perseguidos, outros presos, muitos vexados e tantos outros desiludidos e desanimados, fugiam dos centros politicos e no remanso da sua vida particular viam com profunda magua o desmanchar de feira que se desenrolava em todo o paiz.

Entretando, os monarquicos, já senhores dos melhores postos, rodeavam-se de tudo que lhes prestasse o mais insignificante apoio e, destas insignificancias, reunidas como um feixe de frageis vergonteas, tornaram-se fortes, poderosos e senhores de todo o paiz como se fosse terra conquistada.

Era uma Republica governada por monarquicos!

Uma vez conquistada toda a preponderancia, logo se mostraram taes quaes éram, isto é, ambiciosos, orgulhosos, odientos, persegui-dores e esbanjadores.

E, como o diabo quando quer perder um individuo concede-lhe muitas honras, riquezas e poderio para depois o despenhar de mais alto, assim sucedeu ao democratismo, que se atascou na lama, para não mais se levantar.

Teve o democratismo muitos e sinceros republicanos a auxilial-o, mas a maior parte d'eles, desiludidos e enojados com o que presenceavam, salvaram-se a tempo, uns desligando-se do partido, e alguns até guerreando-o, com as verdades sinceras que, com a maior independencia proclamavam.

O paiz como ha pouco disse Sidónio Paes, estava a saque.

O 14 de Maio tinha portanto fundas raizes, dispondo descricionariamente de tudo, desde a mais insignificante regedoria de paroquia, até a suprema presidencia da Republica.

A liberdade coartada, a imprensa amordaçada e a Constituição politica do Paiz por vezes suspensa, não havia quem resistisse a tão despotico Governo.

Só uma revolução poderia pôr termo a tão desgraçada situação, que nos envergonhava aos olhos de nacionaes e estrangeiros.

Essa revolução rebentou triumfantemente em 5 de Dezembro ultimo, com o aplauso de todos os bons e sinceros portuguezes, em quem de novo nasceu a esperança de melhores dias para a nossa querida patria. Se a republica implantada em 5 de Outubro de 1910 tinha que reparar os rombos feitos à nação pela secular monarquia, hoje, com o golpe de Estado de 5 de Dezembro de 1917, ha a reparar, não só os desvarios do antigo regimen monarquico, mas ainda os cometidos desde 5 de Outubro de 1910 a 5 de Dezembro de 1917 e que, até certo ponto, sobrelevam áqueles.

Emfim, està implantada a terceira Republica cujo programa será difinido nas proximas Constituintes.

Que elas se inspirem no sentir nacional, na paz, nos principios da liberdade e numa modelar administração, baseada na justiça, sem excessos nem tibiezas, fazendo-se amar e respeitar pela força do direito e nunca pelo direito da força, taes são os nossos mais sinceros votos."

No número 174 do semanário que data de 5 de Outubro de 1918, podia apreciar-se na 1ª página, e na 3ª coluna, em cima, uma notícia intitulada *Milho de Marrocos*, em que o jornalista informava que o dinheiro para comprar o milho esperado de Marrocos, já se encontrava à ordem. Contudo, ainda não se sabia qual a data de chegada desse tão almejado cereal. Acrescentava que tanto as classes pobres como as remediadas se encontravam mal alimentadas, que a situação do proletariado não melhorava e que apesar do Sr. Ministro das Subsistências afirmar que estava assegurado o consumo público, tal esperança não alimentava o corpo.

3.3.10. *Ano de 1919*

O nº 192 do semanário, que datava de 17 de Abril de 1919, informava numa notícia de primeira página, *Como ousa o clero português, arvorar-se em mentor da política nacional?*. Escrita em duas colunas e ¾, à esquerda, versava sobre o eterno problema da intervenção ou não dos padres, na cena política. Explicava o jornalista que o Papa, tendo tido conhecimento da intervenção de muitos eclesiásticos na última intentona monárquica, em Portugal, recomendara ao clero português que se "obstivesse" de intervir em questões políticas. O colunista acrescentava que idêntica recomendação tinha feito Leão XIII ao clero francês, o que lhe grangeara as simpatias da França e, até certo ponto tinha apaziguado os ânimos que se achavam exaltados contra a Cúria Romana e os seus corifeus. Acentuava ainda o articulista que o clero português, com raras e honrosas excepções, desde há muito andava divorciado da sua evangélica missão, que devia ser toda espiritual, para se imbuir na política rasteira e mundana que é a antítese da doutrina cristã, até que resolvesse substituir as armas de combate pelo breviário, segundo assinalava o conselho do seu chefe. Como o clero fazia propaganda contra os políticos, sublinhava que se o clero passasse a ter maior compreensão dos seus deveres evangélicos, os políticos não se lembrariam de os atingir. Terminava com a seguinte frase: "Mas quem assim o quer, assim o terá".

O exemplar nº 197, de 22 de Maio de 1919, apresentava um artigo de fundo, intitulado *Na Conferência de Paz* e com subtítulo *Portugal e os seus Aliados* em que o articulista se preocupava com as notícias da imprensa nacional e estrangeira sobre a não *indemnisação* de guerra ao nosso país e fazia votos para que Portugal participasse e fosse ouvido na Conferência de Paz.

"O que a imprensa nacional e estrangeira relata ácerca da situação de Portugal na conferencia da Paz, é caso para sérias apreensões, pois que, não havendo uma indenisação, o nosso paiz ficaria arruinado.

280 *A Verdade Madeirense e a Grande Guerra*

A Alemanha vencida, mas com enormes recursos, não ficaria ainda assim numa situação tão desesperada como o nosso Portugal, que tudo arriscou ao lado das nações aliadas, por amôr da justiça e da liberdade.

E a nossa fiel aliada, a Inglaterra será capaz de consentir em tal? Impossivel.

Portugal, que desde o inicio da guerra poz os seus portos incondicionalmente á disposição dos aliados, que os auxiliou com homens, material de guerra e cumpriu lealmente os tratados de aliança com a Gran Bretanha, não póde nem deve ficar equiparado às nações neutras que se limitaram a mandar os seus caixeiros viajantes à França.

Isso, como bem diz Afonso Costa, representaria a maior das injustiças até hoje perpetradas. Seria uma ingratidão, uma iniquidade, uma inqualificavel vergonha para as grandes nações que tal consentissem.

Pois que? Então uma nação vencedora hade ficar em peores condições que a vencida? Neste caso a Alemanha ainda viria a impor-nos a entrega dos seus vapores apresados e dos bens dos seus subditos leiloados.

E, neste caso, a nação, que devido á guerra se empenhou, vendida não chegaria para pagar os seus compromissos.

De vitoriosos passariamos então à situação de vencidos e á mercè das grandes potencias que fariam as partilhas do leão.

Repetimos: – Isto não pode ser; ha necessariamente equivoco na informação da imprensa mundial.

Portugal que tomou parte ativa na guerra, em França e na Africa, tem que ser ouvido na conferencia da Paz que lhe hade fazer inteira justiça. De contrario, as proprias montanhas se revoltarão e os écos do seu desmoronamento, clamando justiça, se repercutirá de vale em vale, atravez dos tempos e de todos os sacrificios, até que um raio de justiça ilumine ou parta tudo isto!"

Quanto ao exemplar n° 209, publicado em 21 de Agosto de 1919, nele se podia ler um artigo inserido na terceira página, constatando os resultados da Grande Guerra, com o título *Os novos ricos* suficientemente revelador da realidade portuguesa:

"Emquanto que muitos dos nossos irmãos se sacrificaram nos campos de batalha da França e da Africa, em defeza do Direito e da Justiça, outros, sem sairem dos seus confortaveis domicilios, conseguiram fazer fortunas fabulosas, á custa do suor, das lagrimas e do sangue dos seus semelhantes.

E a prova é que muitos individuos cujos negocios andavam meio arrebentados, pertencem hoje ao numero dos novos ricos, aquirindo predios pelo tripulo do que valiam outròra. Não fazem questão de preço.

Mais 10, 20, 50 ou 100 contos é uma nimharia sem importância!

Quanto aos mutilados da guerra, vão ter uma pensão depois... das formalidades legaes: e os que por lá perderam a vida, as suas familias que se resignem em ler-lhes os nomes na lista de honra!

Entretanto, os novos ricos vão açambarcando todos os predios que pódem, visto os bancos estarem abarrotados de dinheiro.

Que grande calamidade, foi a guerra, exclamam eles cinicamente!

E para fingirem uma satisfação que não sentem pela sua terminação não fogem ao grrrrande sacrificio de darem cinco tostões para foguetes, em honra da Paz que eles bem desejariam que se fizesse esperár ao menos mais um ano!

Quando olhamos para tudo isto e ouvimos chamar bolchevistas e sovietes aos que percorrem as ruas rotos, descalços e famintos, não sabemos o que mais admirar, se o cinismo d'uns, se a evangelica paciencia d'outros!"

A terceira página apresentava um artigo bastante significativo, intitulado *As greves* cujo primeiro parágrafo explicitava:

"Por decreto de 6 de Dezembro de 1910 foi regulado o exercicio do direito á greve, sendo garantido, tanto aos operarios como aos patrões, o direito de se coligarem para a cessação simultanea do trabalho.

O decreto exige que, tanto patrões como operários, deverão participar a greve, por escrito, com antecedencia de alguns dias, conforme o serviço ou trabalho de que se tratar.

E esse preceito legal não tem sido cumprido, o que é um mal porque é sempre um mal desrespeitar as leis.

Geralmente, as gréves no nosso paiz causam prejuizos aos industriais e até aos operàrios, e esses prejuizos veem refletir-se sobre os consumidores, de que tambem fazem parte os operarios.

Aumentam-se os salarios aos operarios, o industrial aumenta o preço dos seus produtos, e assim vão subindo todos os generos, incluindo os alimenticios.

Nós queremos, como mais d'uma vez aqui temos afirmado, a melhoria na situação do proletariado que a isso tem direito incontestavel.

No estado atual da civilização não se póde admitir que uns possuam riquezas fabulosas, disfrutando uma vida de gozo e de ociosidade, emquanto que outros, trabalhando sempre, em diferentes profissões, sofram privações, miseria e fome.

A classe operaria tem sido mal orientada, porque se lhe não tem dado educação, não lhes teem feito compreender os seus direitos e os seus deveres.

Se todos temos direitos, que se não pódem negar, tambem temos deveres a cujo cumprimento nos não podemos eximir.

Os operarios querem ter o direito de abandonar a fabrica ou a oficina, quando isso lhes convenha, sem se preocuparem se prejudicam os patrões; mas não querem reconhecer a estes o direito de despedir os operarios quando o seu serviço lhes não convenha. É uma tirania.

Tudo isto, a desorientação que lavra em todas as classes, especialmente na classe operaria, é o resultado da falta de educação e ensino."

No exemplar nº 213, publicado em 18 de Setembro de 1919, podia ler-se o artigo *Triste*, em que se pedia auxílio e que acudissem a Gomes Leal, o poeta sublime da *História de Jesus,* votado ao abandono pela Nação e segundo referências de alguns *jornaes,* encontrado a dormir num banco solitário da Avenida da Liberdade, em Lisboa.

Sobre a Europa

3.3.11. *Ano de 1915*

O exemplar nº 24 de *A Verdade,* com data de 9 de Outubro de 1915, publicou uma notícia intitulada *O sangue inocente clama vingança* cujo subtítulo era *Tragica recordação.*

Transcreve-se a seguir, parte desta notícia:

"Passa no dia 13 do corrente o 6º e tragico aniversario do fuzilamento de Francisco Ferrer, o grande propagandista da emancipação do homem, o amigo dos pequeninos e protetor dos humildes e desprotegidos da fortuna.

Historiar os relevantes serviços que Ferrer prestou á causa da Liberdade, já fundando escòlas, pondo a sua grande fortuna ao dispor da Escóla Moderna, que ele tanto amou, até o derradeiro momento, em que as balas assassinas o prostraram, seria obra demasiadamente extensa para o limitadíssimo espaço de que dispomos.

Bem sabiam os reaccionarios que Ferrer estava inocente, mas, segundo a sua inquisitorial doutrina, o fim justifica os meios, e por conseguinte, matar um homem, para bons fins, como por exemplo para livrar a Companhia Jesuitica d'um empecilho, não é crime, antes é um acto de virtude ajesuitada.

Portanto, simulou-se um julgamento, para o mundo vêr, e o pobre e inocente Ferrer foi condenado á morte!

Depois da iniquia sentença a execução não se fez esperar.

Estava consumada a obra da reacção. Maura e Lacierva, os dois inquisidores mores que faziam parte do ministerio, recolheram satis-feitos aos seus aposentos e o proprio Afonso de Hespanha dormiu o seu sono tranquilo, emquanto o mundo culto, horrorisado, protesta e o sangue inocente do martir clama vingança."

No nº 26 de 23 de Outubro de 1915 podia apreciar-se um artigo intitulado "*Os Russos*" em que o jornalista citava o Sr. Luvovie Naudeau, correspondente do *Journal* junto do grande quartel-general russo, que por sua vez, terminava assim um artigo seu:

"... Oh! Albion, cujas ilhas não são mais do que uma vasta oficina; Oh! Great Britain too long asleep on your iron maines; oh! França tão engenhosa, tão pronta em reparar antigos erros, tão habil em improvisar, em crear, em inventar, pensae um pouco na Russia, na Russia que, para continuar lutando apesar da insuficiencia momentanea dos seus parques, sacrifica os seus filhos por centenas de mil!

Imaginaes bem isso? Acaso não vol-o tinham dito ha alguns mezes, a vós, ocidentaes, cujas forjas fumegam como vulcões, acaso não vol-o disseram, aqui mesmo, n'estas colunas?

Sim, tinham-vol-o dito: a Russia não é o paiz das grandes industrias; é a terra do trigo, é a terra dos homens inumeráveis, a terra dos lavradores. Então? Então, vós que tendes os teares, as ma-quinas, os metaes, os produtos quimicos, servi-vos de tudo isso! Oh!

Grã-Bretanha, que te bates pela defeza da tua industria, que tens tu feito, durante dez mezes das tuas oficinas? Como não compreendeste que era preciso sem perda de tempo, pensar nos irmãos russos? Tinham-t'o dito...

Não é ainda tarde de mais, mas não há um minuto a perder, Munições! munições! munições!"

E o redactor d'*A Verdade* prosseguia:

"A Russia, em parte, tem razão. Desde o começo da campanha que o seu auxílio tem sido para os aliados, precioso.

A Rússia tem forçado os alemães e os austriacos a conservarem na frente oriental forças consideraveis; obrigando-os ainda e, seja qual fôr o seu recuo, obrigal-os-ha por muito tempo, sob pena duma reviravolta que ponha em risco o exercito invasor. Ninguem sabe o que teria sucedido se essas tropas austro-alemães que atacam os Russos caissem todas em reforço das que operam contra os anglo--francezes na fronteira ocidental.

A Russia sofre não da má vontade dos aliados, que sustentando-a, defendendo-a, sustentam-se a si proprios, mas sim do excesso de optimismo que se apossou dos francezes e mais ainda dos ingleses depois da batalha do Marne."

No exemplar n° 28 de 6 de Novembro de 1915 e na primeira página, recolheram-se duas notícias com bastante interesse para se poder captar o ambiente em que se vivia durante a Grande Guerra e as inovações a que esta mesma guerra conduziu.

A primeira intitulava-se *Farinha de Palha*:

"Eis uma novidade que não estava prevista pelos nossos bene-meritos moageiros e que pode, n'um futuro mais ao menos próximo, transtornar-lhes os fabulosos lucros que à custa dos sacrificios do povo teem acumulado.

Ha tempos, a esta parte que se teem empregado varios esforços para o aproveitamento da palha como materia nutritiva.

Diversos machinismos se imaginaram para triturar e converter a palha em farinha, conseguindo-se bons resultados, apesar de não concludentes.

Precisamente n'este momento, por causa da guerra europeia, pela importancia que para a Alemanha representa o aumento das suas fontes produtivas de alimentos, parece ter chegado o problema a uma satisfatoria solução, que póde no futuro ter uma enorme importancia.

O processo e os aparelhos especiaes de moagem foram imaginados pelo Dr. Friedlaw, da Universidade de Berlim, que já ha alguns anos se está acupando de aumentar o coeficiente digestivel de algumas leguminosas e cereaes.

As experiencias oficiaes do invento efectuaram-se em Berlim, perante uma comissão composta de quimicos, agricultores, creadores, medicos e pessoas de apurado paladar.

Prepararam-se diversos pratos desde o simples puré até á mais fina compota sendo o exito completo, não só pelo que se refere ao gosto, mas tambem pelas condições de digestibilidade e de riqueza nutritiva.

É conveniente advertir que não se trata d'uma fantasia das muitas que teem curso por motivo da guerra; pelo contrario a notícia vem revestida de todas as garantias de seriedade, além de que não se lhe oculta a explicação scientifica, assunto que, relativamente, é já bem conhecido.

Não è dificil prever que, assim como as necessidades de uma guerra deram lugar ao aproveitamento da beterraba para fabricação de assucar, a guerra atual dê origem a uma farinha que pode vir a ser muito economica e concorrer para o barateamento da vida".

E, a segunda, tinha como título: *A Guerra – Resumindo.*

"Nas linhas de França desde os Vosgues até à Belgica a artilharia não tem cessado um instante, de ambos os lados contendores.

Os francezes e inglezes continuam na agressiva contra os alemães avançando, e ganhando fortificações, como informam de Londres e Paris, o que em parte é contestado por noticias de fonte alemã.

Para se fazer uma ideia do ardor d'estes combates com a artilharia bastará saber-se que na ultima semana só a artilharia dos aliados disparou mais de 3 milhões de peças.

De Berlim comunicam terem os alemães capturado 211 oficiaes e 10731 soldados e 35 peças de campanha aos francezes e inglezes, nos combates que até hoje se travaram em Arras nas linhas de França.

Por sua parte os aliados não negam aquelas perdas, e afirmam terem dado uma baixa no exercito alemão na mesma linha, de 130.000 homens entre outros mortos, feridos e capturados, alem de muito material de guerra.

Só da Universidade de Cambridge, Inglaterra, partiram para o campo de batalha, 10.000 estudantes. D'estes já morreram 470 e foram feridos 700.

O exercito alemão actualmente conta 1.800.000 nas linhas da Russia 1.400.000 nas linhas da França.

As perdas dos alemães durante o primeiro ano de guerra elevam--se a 1.500.000 homens, até Junho passado, em conformidade com os seus relatorios oficiaes que tem sido publicados, calculando-se que esse numero sobe a mais de 2 milhões até á data entre mortos, impossibilitados completamente por feridos e prisioneiros.

Em França estão no serviço da ambulancia 40 mulheres das principaes familias, encarregadas de conduzir os feridos.

Vestem à militar e fornecem os automoveis que uzam.

Como todo o *nickel* é necessario para as munições de guerra, na Alemanha principiaram a cunhar dinheiro de ferro, de 5 e 10 centavos."

Estas notícias eram por norma, parcialmente falsas, podendo mesmo sê-lo na totalidade.

Podia tratar-se de *contra-informação* introduzida pelo país agente da notícia, no que se referia ao número de prisioneiros e peças de campanha capturados.

O mesmo se verificava quando se revelava noutras notícias o número de baixas efectuadas, com duas intenções explícitas: por um lado, dar ânimo aos soldados da sua nacionalidade para que não esmorecessem nos combates e fortalecer o espírito nacional; por outro lado, desmoralisar os exércitos dos países seus opositores e as populações desses mesmos países.

No exemplar nº 33 que datava de 11 de Dezembro de 1915, surgiam algumas *breves* com muito interesse para o leitor:

Em *Vapores alemães*, o conteúdo era o seguinte:

"Duns cincoenta vapores alemães que estavam encarregados de transportar metais dos portos suecos para os alemães, trinta e sete estão imobilizados nos portos da Suecia, por causa dos submarinos inglezes que navegam no Báltico."

Sob o título *Os alemães tratavam dos gazes asfixiantes desde 1910* referia-se que:

"Telegramas de Londres dizem que, na ofensiva da Champagne, os franceses capturaram com uma ambulancia alemã uma maquina que serve para tratar os soldados que tenham sofrido os efeitos dos gazes asfixiantes.

Uma inscrição que se vê no aparelho indica que é modelo de 1915, aperfeiçoado dos modelos de 1912 e 1910. Portanto, os alemães desde 1910 que pensavam nos gazes delaterios".

E ainda:

As perdas inglezas nos Dardanelos.

"O secretário de Estado da guerra em Londres, declarou na Camara dos Comuns que as perdas sofridas nos Dardanelos se elevavam no dia 9 do mez findo, a 96:899 homens, compreendendo 1:185 oficiais e 17:772 soldados mortos; 5:632 officiais e 66:220 soldados feridos; 382 oficiais e 8:707 desaparecidos".

O periodista relatava finalmente que:

"Uma informação da zona de guerra dizia que prisioneiros austriacos contaram que rebentou uma revolta em Trento por parte de tropas de nacionalidade romena que a Austria tinha enviado para a frente italiana:

Apesar da imposição dos seus chefes, todos de nacionalidade alemã, as tropas recusaram-se a combater, deitando fóra armas e munições."

Na primeira página do exemplar nº 16 de 14 de Agosto de 1915, o artigo intitulado *Eleições*, incluso no alto da terceira coluna, citava o seguinte:

"Entre as tropas que se encontram na Europa findaram há pouco as operações relativas ás eleições legislativas da Colombia britanica.

Uns 40:000 soldados, 15:000 dos quais estão nas trincheiras, deitaram a sua lista, quer em França, quer em Londres ou nos diversos campos em Inglaterra.

Os enfermos, nos hospitais, tambem votaram.

Os soldados eleitores tinham não só de escolher os seus deputados, mas de se pronunciar a favor ou contra a proibição do alcool nos seus respectivos circulos e ainda a favor ou contra o voto feminino."

Na segunda página deste mesmo exemplar, o jornalista tinha transcrito a parte que mais poderia interessar aos eleitores, dum *Manifesto do Partido Socialista* que constituindo uma nova afirmação de princípios, apelava para que o período que se atravessava fosse de luta e de organização. A respectiva Confederação Regional assinava esta publicação.

3.3.12. *Ano de 1916*

No nº 46 do semanário *A Verdade,* datado de 18 de Março de 1916, encontrava-se uma notícia a três colunas, à esquerda, intitulada *Portugal e a Guerra Europeia,* cujo sub-título era: *A Alemanha declara guerra a Portugal.*

O redactor comentava que não se surpreendeu com a declaração de guerra da Alemanha a Portugal, porque esse facto era previsível, devido ao desenvolvimento da guerra que apontava para que Portugal fosse compelido a participr da mesma. E, assim, salientava: "A Alemanha que em plena paz e abusando da sua força planeava absorver a nossa bela província d'Angola, esqueceu-se cega pela ambição, de que o direito da força poderá temporariamente atormentar e enxovalhar a força do direito, mas jamais conseguirá aniquilá-lo, porque cedo ou tarde, a luz sobreleva as trevas e a verdade suplanta e emudece o imbuste, a arrogância e a tirania. A Alemanha que não hesitou invadir o nosso território d'além-mar, e traiçoeiramente massacrar os nossos irmãos nas terras de Naulila, sentiu-se agora ferida no seu orgulho imperial e militarista por Portugal se utilisar d'alguns dos seus vapores, utilisação de que o nosso Governo se comprometeu dar as devidas compensações em tempo competente". Este extenso artigo terminava com vivas à causa dos Aliados e à Liberdade.

O exemplar nº 81, datado de 18 de Novembro de 1916, apresentava uma *breve,* com o título *Grande vale submarino* que chamava a atenção para um vale submarino perto da costa do Japão.

O texto explicava que:

"Perto das costas orientaes do Japão, há um vale submarino profundissimo. Em 1875, procedeu-se ali a uma sondagem e encontrou-se uma profundidade de mais de nove kilometros.

A sonda levou uma hora a chegar ao fundo.

A pouca distância, procedeu-se a outra sondagem menos feliz, porque não foi encontrado fundo.

3.3.13. Ano de 1917

No exemplar nº 93 de 17 de Fevereiro de 1917, várias notícias de incontestável e palpitante interesse estavam disseminados pelas suas páginas. Assim, inseridas na última página, podiam ler-se: *Sem pão* e *Munições e mais munições!*.

Em *Sem pão*, o periodista citava:

"Referem de Londres que o correspodente alemão para o *World* diz que a Alemanha está quasi exausta de recursos alimentares e por isso deseja desesperadamente a paz.

Em artigo do *Petit Parisien* o Sr. Ernest Larisse conclue, de numerosas citações de cartas de prisioneiros alemães, que, de facto, se morre de fome na Alemanha.

Outros referem que o chefe do Estado dum paiz neutral declarou particularmente que, se a França conhece-se a situação interna da Alemanha, iluminaria de regosijo."

Com o título *Munições e mais munições!*, essa notícia revelava que:

"A produção de munições em Inglaterra, é actualmente superior á do primeiro ano da guerra, na seguinte proporção: munições de 175 milimetros, tres vezes mais; de 109 milimetros cinco; e de 230 milimetros, tres vezes mais.

A construção de canhões e espingardas é também muitissimo superior. Nos novos centros industriais foi necessario construir verdadeiras povoações para albergar toda a população operaria."

Também muito característica desses tempos pelo seu conteúdo modernista era a notícia inserida na segunda página, com o título *Exército Feminino*.

"O governo inglez estuda a creação de uma especie de exercito feminino para o trabalho agricola.

As mulheres alistadas, sel-o-hão voluntariamente dos 18 aos 35 anos; terão um uniforme, *pret*, e rancho.

Procura-se obter a coadjuvação agricola de 100 mil mulheres. O exercito chamar-se-ha: "Corpo de mulheres para o serviço nacional militar", e as que o compuzerem terão seis semanas de trabalhos num campo se concentração, do qual serão depois de instruidas, desviadas para os pontos onde a sua presença fôr mais util."

No nº 132 d'*A Verdade*, publicado em 19 de Novembro de 1917, na 4ª página, 2ª e 3ª colunas, à esquerda, situava-se uma notícia que derivava do número anterior do semanário, intitulada *Bocados de Papel – Proclamações alemãs na Bélgica e em França.* Esta notícia apresentava uma introdução de Ian Malcolm, Membro do Parlamento da Grã-Bretanha. O texto revelava uma primeira proclamação que foi assinada pelo General Comandante em Chefe, em Saint-Diè, a 28 de Agosto de 1914 que ordenava aos habitantes franceses que não usassem de hostilidade para com o exército alemão, nomeadamente abrir fogo, de contrário, seriam imediatamente fusilados e a sua casa seria incendiada. Também se ordenava que todas as armas fossem entregues na Câmara Municipal; do mesmo modo, quem escondesse em sua casa membros do exército francês seria punido com as leis da guerra. Os infractores seriam punidos com a pena de morte, também aplicável a quem destruísse meios de comunicação. Fazia-se também o aviso de que não era permitido a qualquer habitante, ausentar-se da vila onde residia. Passados alguns dias, o texto duma nova proclamação, assinada, desta vez em Épernay, a 4 de Setembro de 1914, pelo Chefe do Estado-Maior General do Exército alemão, Van Moltke, demonstrava que este tinha achado necessário repetir os avisos e proibições. O texto embora inicialmente mais moderado quando acentuava que "...Todo o habitante pacífico poderá seguir a sua regular ocupação em plena segurança e sem ser molestado. A propriedade particular será absolutamente respeitada pelas tropas alemãs. As provisões de toda a espécie que sejam necessárias ao exército alemão, sobretudo os víveres, serão pagas de contado", repete contudo, as ameaças da proclamação anterior, acrescentando mais pormenores sobre as ordens a ser cumpridas, como no caso de afirmar que todo aquele que fosse encontrado armado, seria condenado à morte; todo aquele que cortasse ou tentasse cortar os fios telegráficos ou telefónicos, destruir as vias férreas, as pontes ou as estradas, ou que cometesse qualquer acto em prejuízo das forças alemãs, seria sumariamente fusilado. Acrescentava ainda esta nova proclamação que: "As vilas ou aldeias cujos habitantes tomem parte no combate contra as nossas forças, façam fogo sobre os nossos trens d'equipagem ou colunas de aprovisionamento ou preparem qualquer embuscada aos soldados alemães, serão incendiadas e os culpados fusilados imediatamente".

3.3.14. *Ano de 1918*

No exemplar nº 160, datado de 27 de Junho de 1918, na 2ª coluna da 2ª página, a notícia intitulada *Germanófilos*, era transcrita dum artigo publicado no jornal *O Protesto* de Ponta Delgada. Esse artigo era de tal maneira duro, vigoroso e humilhante para o povo alemão que a autora se coíbe aqui de o comentar, visto que a fraseologia só seria aplicável nessa época e num contexto de guerra. O artigo terminava com afirmações mais leves, mas que não deixavam de ter bastante peso: "...Infelizmente, eles não sofrerão mal algum e nós continuaremos a ter o vergonhoso e repelente contacto das suas ascorosas pessoas, infelizmente e para deshonra nossa". FARPA.

Na 1ª página, na 3ª e 4ª colunas do exemplar nº 174, datado de 5 de Outubro de 1918, encontrava-se uma notícia intitulada "As maiores cousas do mundo" em que se descreviam os nomes e as dimensões das maiores coisas do mundo até então conhecidas. Por exemplo, o monte mais alto seria segundo os conhecimentos da época, o Devalageride, situado no Tibete, na cordilheira do Himalaia que media 8.556mts. Seguiam-se a queda d'água de maior altura; o rio mais comprido, que seria o Nilo, com cerca de 6.500Km, ao passo que o rio mais vasto seria o Amazonas, com 7 milhões de Km quadrados. Depois viria o maior deserto maior (Sahara); o vulcão mais activo; as maiores árvores; a ave que mais alto voava; a mina mais profunda; a obra mais extensa da antiguidade (muralha da China); a obra mais alta da antiguidade; as mais elevadas ascensões em balão (até 10 Km); o maior diamante conhecido; a maior ponte; o maior edifício e os maiores navios.

Na 1ª página, 5ª coluna em baixo, do exemplar nº 174, datado de 5 de Outubro de 1918, numa outra noticia intitulada *Princípio do Fim*, o articulista referia que a Bulgária, aliada dos boches, se tinha rendido aos Aliados. Exclamava: *É o Princípio do Fim!* Vaticinava que a mesma sorte deveria estar reservada ao povo alemão que já tinha augurado qual a data em que hastearia a bandeira branca em Paris. Acentuava que muitos "patriotas" tinham afirmado de que nada valia a declaração de Guerra da América à Alemanha, mas que tinha acabado por ficar demonstrado o contrário. Segundo ele, o tempo encarregar-se-ia de ensinar os homens menos crédulos.

292   *A Verdade Madeirense e a Grande Guerra*

O artigo terminava de forma apologética, combatendo a incredulidade, fazendo apelo à Salvação cristã, a "jóia de grande preço", que se sobrepõe em grandeza, a todas os elementos anteriormente citados. Só ela seria o cabo que nos liga ao "Pae Celeste" e, segundo acentuava o jornalista, o navio que nos conduz sem perigo às praias da Eternidade.

3.3.15. *Ano de 1919*

No exemplar nº 197, de 22 de Maio de 1919, na terceira página, a duas colunas o articulista combatia o comunismo, num artigo intitulado simplesmente , *O comunismo*, em que se podia ler:

"Este termo comunismo é um verdadeiro terror para as almas conservadoras, entre as quaes sobresaem as cristãs.

A vida do Cristo é um protesto vivo e animado contra todo a autocracia; da sua bôca sairam os mais crueis anatémas contra os poderosos da terra, que jamais lábios humanos proferiram."

Conforme explicava, tratava-se da atracção das multidões por uma teoria nova, mas utópica, como se viria a verificar com a própria revolução na Rússia.

Na verdade, este artigo poderia fazer recordar a definição de John Boyd Orr sobre Comunismo:

"What is called «Communism» in backward countries

is hunger becoming articulate".

John Boyd Orr (1880-1971)

Quoted by Ritchie Calder in *Profile of Science.*

Por sua vez o nº 208 do Semanário, publicado em 14 de Agosto de 1919, incluía uma notícia na 3ª página, 2ª coluna, com o título "Hindenburg e a Alemanha", em que o redactor explicava que o marechal Hindenburg, o "homem de ferro da Alemanha" tinha pedido a sua demissão de generalíssimo, depois da derrota do seu país, afirmando que a Alemanha não tinha sido vencida, antes se encontrava enfraquecida temporariamente.

No mesmo discurso, Hindenburg acrescentava que a Alemanha voltaria a ser uma nação forte, mais do que fora anteriormente e que teria a sua vingança. Terminava, afirmando: "somente sob a *kultur* alemã, será possível edificar uma paz real.

A Verdade perante os Acontecimentos 293

Numa notícia publicada no exemplar nº 209, datado de 21 de Agosto de 1919, o colunista asseverava que:

"Os jornaes dão a noticia dum emprestimo de cem milhões de dollars, feito pela America do Norte á Alemanha.

Neste andar, não admira que a Alemanha, vencida na mais cruenta guerra de que reza a historia, se levante e, daqui a 5 anos esteja mais rica e poderosa que as nações vencedoras.

Quem não sabe vender fecha a loja!".

3.4. O exemplar nº 214 de 25 de Setembro de 1919

Na primeira página, um *artigo de fundo* sobre *O açambarcamento da moeda* informava sobre os agiotas que açambarcavam todo o metal sonante, ouro, prata, níquel e até o próprio cobre que raramente se encontrava em circulação.

"...Os bancos encontram-se abarrotados de dinheiro, não recebendo novos depósitos senão a juros muito reduzidos, açambarcam todos os prédios que podem, elevando as suas rendas, o que resultou num novo gravame para as classes proletárias já bastante assediadas com dificuldades de todo o género."

O articulista acrescentava que ninguém sabia que destino tinha levado o ouro e a prata que circulavam na praça. Continuando, informava que os valores monetários portugueses tinham sofrido grande depreciação nos mercados estrangeiros, até mesmo no Brasil, o que parecia ter acontecido desde que a imprensa mundial afirmou, com verdade ou sem ela, que Portugal não teria *indenisações* de guerra. Concluia que tudo isso se podia reduzir apenas a um jogo de bolsa, não deixando de ser condenável pelos prejuízos que acarretava ao País, e lamentava o facto de o Parlamento e o Governo não se preocuparem com o caso, que se lhe afigurava gravíssimo.

Não percebia como é que todo o ouro e prata podiam desaparecer da circulação, dum dia para o outro, sem que isso despertasse a atenção do Governo, nem dos representantes do País e perguntava porque é que o Governo não *"hade"* ordenar uma nova cunhagem de moeda, fazendo recolher toda a antiga dentro dum limitado *praso* sob pena de não ter curso legal. Apelava para que o Governo ponderasse sobre o assunto, visto o crédito nacional, o comércio e as relações de Portugal, a nível mundial, assim o exigirem.

No artigo intitulado *A Alemanha oculta sob o pavilhão dos neutros uma frota de 500 mil toneladas* e com o antetítulo *A futura guerra económica*, o articulista explicava que o conhecido escritor de assuntos *comerciaes*, Sr. Wiltbank assinava no jornal marítimo mensal *The Rudder* um artigo em que dizia que ainda mesmo que a Alemanha ficasse sem um único barco, seria uma nação marítima de primeira ordem, continuando a ameaçar a supremacia da navegação da Inglaterra e dos Estados Unidos.

Em sua opinião, a Alemanha tinha uma frota secreta de 500000 toneladas, oculta pelos pavilhões de nações neutras, que empregaria para restaurar o seu poder marítimo e pôr em prática o velho método de penetração comercial. Segundo esclarecia, muitos dos estaleiros das nações neutras estavam a trabalhar com *capitaes* alemães, sendo a *direção* exercida por súbditos da Alemanha, cabendo também a sua *fiscalisação* a cidadãos desta nacionalidade ou seus representantes do comércio. Referia finalmente, que uma das outras armas da Alemanha era a transferência para pavilhão neutro de todos os barcos, que construira, enquanto duraram as hostilidades.

Uma *breve* intitulada *Conferência* referia-se a uma demorada conferência entre o *roleteiro mòr* da cidade do Funchal e uma entidade em destaque pelo cargo que desempenhava.

Deduziu que teriam chegado a acordo, visto segundo afirmava, as roletas continuarem em actividade.

Logo em seguida e, acentuando duramente este tema, surgia uma notícia intitulada *Por causa da ordem pública* que, no final, explanava que fora extraída d'*A Aurora*, do Porto.

O teor da notícia baseava-se no facto de que o Sr. Costa Júnior, deputado socialista, chamara no parlamento a atenção do presidente de ministros para a imoralidade do jogo de azar que, em larga escala, se estava exercendo, como uma indústria rendosíssima, em todo o país.

O outro, um tanto ou quanto "entupido", assim que pôde botar fala, teria respondido:

"Bem sei que se joga desenfreadamente em Portugal, mas eu não posso fazer cumprir a lei, com receio da alteração da ordem pública..."

O jornalista concluia que o Governo tinha medo dos batoteiros e que a batotinha já *constitue* um Estado dentro doutro Estado; continuava, afirmando que Portugal está cheio de minúsculos Estados, qual deles o mais hábil em esfolar o *pacóvio Zé Povinho.*

Assim, explicava que já existia o Estado dos Fósforos, o Estado dos Tabacos, o Estado dos Alfredos Silvas, o Estado dos Açambarcadores, aliás, gatunos legalíssimos, o Estado dos Sem Vergonha, o Estado dos Polícias defensores da República, o Estado dos ...etc., etc, e etc. "...E, para completar o ciclo dos Estados veio-nos agora o Estado Batoteiral."

Devido a estes dois artigos, o semanário *A Verdade* teria ficado suspenso durante 30 dias, razão pela qual não foi publicado durante todo o mês de Outubro, tendo reiniciado a actividade em Novembro, mudado de proprietário e de sede.

Na notícia sobre *Contribuições prediaes* o jornalista chamava a atenção para que, em face das novas rendas de casas, urgia efectuar uma remodelação nas matrizes prediais desse distrito. Explicava ainda que se as contribuições se baseavam no rendimento colectável este *treplicou* e por conseguinte, também deviam aumentar proporcionalmente as coletas.

Afirmava que já em tempo, a Junta Geral tentara uma revisão nas matrizes prediais, pondo depois esse projecto de parte, por o julgar inoportuno. Finalizava, expondo que havia casas que rendiam entre 6 e 8 escudos mensais e que nesse tempo, pelas novas circunstâncias *creadas,* rendiam uma media de 18 a 25 escudos. Segundo afirmava, era para estas, especialmente, que se impunha a revisão das matrizes.

Numa *breve* com o título *Porto do Funchal,* alertava-se para o facto de já ser tempo de se mandar remover os restos dos vapores torpedeados que ainda se achavam na baía do Funchal, como cadáveres em exposição.

Na segunda página deste exemplar é de particular interesse a notícia intitulada *Instrução pública.*

O articulista, que no final deste artigo assina *Um professor,* disserta sobre a preferência no nosso *paiz,* pelo supérfluo em vez do necessário. Assim, "discura-se" a instrução popular e os mais elementares princípios duma "réta" administração, não admirando que o analfabetismo predomine.

Refere que as poucas escolas que existiam eram numericamente falando, insuficientes em relação à população escolar e nem todas as freguesias do distrito do Funchal *teem escólas.*

Prosseguia afirmando que a educação andava tão ligada à instrução que uma não *pòde* existir sem a outra.

Assim, o homem podia ser bondoso por indole, mas, se lhe faltavam as luzes da instrução, era como que um astro sem brilho, um corpo opaco, que só vivia da irradiação doutros astros ou corpos resplandecentes. Esta lacuna reflectia-se nos hábitos *sociaes* e ainda nos destinos da Nação que dia a dia se *resente* da falta de instrução popular. Perguntava como poderia o indivíduo exercer os seus direitos de cidadão livre, se ele nem ao menos soubesse escrever os nomes daqueles que haviam de advogar os seus interesses no seio da representação nacional.

Fazia alusão ao estado de decadência em que o *paiz* se encontrava e acrescentava que até parecia que isso convinha aos altos poderes.

Ainda numa notícia com o antetítulo *Reclamando* e intitulada *Pela vida além...*, o pessoal do Posto de Desinfecção Terrestre, dirigia-se ao director do jornal, pedindo que divulgasse que todos eles pertenciam a uma corporação que tinha os seus perigos, especialmente em casos *ipidémicos,* não tendo contudo salários compatíveis nem actualizados, pelo que apelavam para a justiça da Comissão Administrativa da Junta Geral para que ao menos lhes pagassem as subvenções desse ano.

Numa notícia com o título *Cataclismo universal* referia o redactor que alguns *jornaes* da América, redigidos em *portuguez* e *inglez,* se ocupavam pormenorizadamente dum cataclismo anunciado pelo professor de astrologia Alberto F. Porta e que ocorreria nos dias 17 a 20 de Dezembro desse ano. O autor da notícia, em tom de gracejo, discorria sobre os pormenores do mesmo cataclismo de que se dizia, iria resultar uma grande cratera no Sol que *enguliria* a Terra. Por esse motivo, aconselhava que os leitores se preparassem para a longa viagem e para que os assinantes em atraso fossem mais aliviados dos seus pecados que pagassem as suas assinaturas.

Uma notícia intitulada *Bacalhau podre* informava que o bacalhau podre que fora apreendido ao *Sr. Encarnado* estava sendo escolhido para de novo ser exposto à venda.

A Verdade perante os Acontecimentos 297

Uma *breve*, com o título *Exportação de varas*, alertava para o facto de estarem a ser exportadas grandes quantidades de varas de pinheiro, o que a ser certo, constituiria uma nova ameaça à economia doméstica, pela *enivitavel* carestia da lenha que já não estava muito barata.

O artigo *Turismo* contestava a existência de progresso, visto este se ter transformado em retrocesso. O redactor afirmava que no Funchal, quando qualquer vapor se demorava no porto, desviavam os passageiros para fazer um passeio ao Monte ou para entrar nalgumas casas de batota. Não os conduziam para percorrer a cidade e os seus lindos estabelecimentos de artefactos.

Assinado por J. Carlos Rates, o artigo intitulado *As Colónias*, na terceira página deste exemplar, transmitia o pensamento do autor sobre este tema, começando por afirmar no primeiro parágrafo que se dizia que se não tivéssemos entrado na guerra ao lado de Inglaterra, nossa secular aliada, teríamos perdido pela certa o nosso património colonial. Continuava, explicando que sendo certo que a guerra nos encontrou como aliados desse país, bem podia o nosso auxílio restringir-se às nossas possibilidades e recursos, dispensando-nos de contrair uma nova dívida de *500:000* contos, cujos juros e *amortisações*, juntos ao da dívida antiga, absorveriam mais de *60:000* contos por ano, deixando-nos num estado de verdadeira ruína.

Seguidamente interrogava-se sobre o nosso património colonial. "O que vem a ser isso? O que é que isso vale?" E, prosseguia:

"Temos uma ilhas dispersas no Atlântico, vários tratos de território nas duas costas de Africa, uns retalhos na Índia e na China, e metade da ilha de Timor, na Oceania, tomando pouco mais, pouco menos, 2.000:000 de kilometros quadrados de superfície, terras ferteis na sua maior parte, mas que necessitam de largo emprego de capitaes, competência técnica e mão de obra efectiva e economica."

Prosseguia, acrescentando que não estavamos em condições de satisfazer estas exigências. "Pois se nós, tendo aqui na metrópole 3.000:000 de hectares de terreno, inculto ou mal aproveitado, ainda não conseguimos, por falta de recursos téchnicos e financeiros, aliados a uma proverbial falta de tacto administrativo, irrigar 500:000 desses hectares, que dariam o suficiente para dispensarmos a quasi totalidade da importação estrangeira de proveniência agricola; se ainda não conseguimos completar as nossas redes de estradas e de vias ferreas; melhorar para a navegação os portos, barras e rios; arborisar as encostas e dunas; desenvolver as instituições de crédito e o ensino technico, como o poderemos fazer nas colónias tão vastas e distantes, com uma notória insuficiência de comunicações rapidas e a contrariedade dum clima hostil?"

E, perguntava: "as nossas colónias para que nos servem elas?"

Seguidamente, respondia: "Para pagarmos as despezas de soberania, como não deixa mentir o orçamento do Estado para 1919-20, há pouco apresentado ao parlamento, que consigna a verba de 3:005 contos para cobrir os deficits das colonias."

Terminava o artigo desta maneira: "Deitem abaixo a máscara. Entreguem-as a quem as possa, com o seu ouro e competencia technica enriquecer, e espalharem no continente metrópolitano os benefícios dessa transação, valorisando o nosso património, multiplicando o trabalho e as suas condições, alargando e melhorando os serviços públicos. O contrário disto é idiotice."

No artigo intitulado *Os depósitos de manteiga*, podia ler-se: "Sempre que nos prometem coisa boa è sinal que anda mouro na costa".

Assim, ficava-se a saber que o ex-administrador do concelho Sr. João Augusto de Pina, que diligenciava estabelecer *sucursaes* para a venda de manteiga, foi exonerado do seu cargo e as *taes sucursaes* tambem se foram."

Na notícia com o título *Sessão do dia 3 de Setembro* e com o antetítulo *Na Câmara dos Deputados*, o articulista transcreveu as palavras do orador Abílio Marçal:

"Por desleixo do ministro dos abastecimentos foram lançadas ao mar cerca de 10:700 toneladas de batata podre e, aproximadamente, a mesma quantidade de feijão inglez."

Seguia-se um rol imenso de aspectos graves e acções negativas praticadas por esse ministério, até que o orador constatava:

"Estamos em frente dum dos mais graves acontecimentos da vida da Republica. Os escandalos Hinton e roubos no Credito Predial, são pequenos episodios perante as monstruosidades do ministério dos abastecimentos.

A Republica carece de prestigiar-se e dignificar-se por um grande gesto.

A Verdade perante os Acontecimentos 299

Extinguir imediatamente, o ministério dos abastecimentos e no-mear uma comissão de rigoroso inquerito aos serviços do ministério dos abastecimentos com amplos poderes, incluindo os de examinar a situação e direitos dos funcionários daquele ministério e tomando as providências que julgar necessárias para o cabal exercicio e comple-to êxito da sua missão".

O redactor limitava-se a acrescentar no final desta peça: "Não fazemos comentários, quem quizer que os faça."

3.5. O exemplar nº 215. Outubro de 1919 (apreendido)

O exemplar nº 215 foi apreendido! O jornal ficou suspenso durante 30 dias, razão porque não se publicou no mês de Outubro.

3.6. O último exemplar do semanário de 3 de Novembro de 1919

Pesquisando a primeira página do exemplar nº 216, que foi o último a ser publicado, podia ler-se na primeira coluna à esquerda, sob o título *A Verdade* que o jornal mudara de proprietário e que a sua redacção, administração e oficinas tinham passado a ficar instala-das na Rua de João Joaquim de Freitas, 17, razão pela qual, explicava o articulista, não se tinha publicado o jornal durante o mês anterior, que foi Outubro.

O mesmo jornalista solicitava aos antigos assinantes que conti-nuassem a assinar o jornal.

Afirmava querer manter com os colegas da imprensa local as melhores relações e, embora não tencionasse traçar um programa, acentuava que *A Verdade* continuaria a pugnar pelo bem-estar do povo e combateria os exploradores do mesmo. Afirmava ainda que aquele órgão de comunicação era republicano imparcial e que conti-nuaria a manter-se dentro desta divisa, respeitando as autoridades, sem olhar a que partido pertencessem.

Na segunda coluna, o artigo intitulado *Carestia de Vida* fazia alusão à publicação de alguns jornais de Lisboa, das mais diversas orientações, estilos e objectivos.

O jornalista constatava que as atitudes de tais jornais são de "capas de réus" ou "disfarces" para encobrir criminosos, sendo uns conservadores, outros partidários do Governo e que todos se queixavam da *Carestia de Vida*. Lamentava que esta não fosse anulada, visto que, sendo um efeito, bastava para destruí-lo atacar as suas causas. Segundo ele... "o flagelo podia muito bem atenuar-se, por meio de medidas de fomento, oportunas e acertadas que estabelecessem a abundância no país."

Em *Regalias a quem me ler*, o articulista referia que um acaso feliz lhe proporcionou o ensejo de dar ao prelo esse folheto, e que ao fazê-lo obedecera a um impulso natural de madeirense que amava a sua terra e era pugnador sincero do mais rico factor da economia agrícola da Madeira.

Não sendo um desconhecido, visto já ter escrito em vários periódicos sobre esta tese, acrescentava que tal ensejo se lhe deparou, através de um respeitável capitão de infantaria, o Sr. Francisco de Paula Ferreira, continental que no Funchal estacionara em serviço da sua especialidade. Citava que esse homem se revelara um singular paladino das árvores de fruto e mesmo das de outra qualidade, devido à nudez das serras e à aridez das ruas e estradas do distrito, que deveriam proporcionar ao transeunte, no Estio, frescura e abundância de fruta, para mitigar-lhe a sede e que por esse motivo, se ocupara do problema da arborização.

Terminava, afirmando que desejaria que às crianças e adultos, já no lar paterno, como nas escolas, nas tribunas ou nos locais das autoridades administrativas, militares, judiciais e eclesiásticas fosse semanal ou quinzenalmente ministrada a educação sobre tão importante ramo agrícola dos arvoredos em geral e em especial das árvores de fruto.

Outros três artigos na página n.º 2, davam conta do ambiente que se vivia no Funchal em Novembro de 1919. Um dos artigos repudiava o que se estava a passar quanto à venda da manteiga.

O jornalista informava que essa situação era imprópria duma cidade civilizada. Quando chegava alguém ao depósito, situado na Praça D. Pedro V, esperava uma ou duas horas, para finalmente, suplicar que lhe vendessem um *quarto de quilo de manteiga,* e ouvir dizer que já não havia e que tivesse vindo mais cedo.

Apelava às autoridades para que se proíbisse o *embarque* da manteiga, porque seguramente a manteiga chegaria para todos.

Um segundo artigo tratava do jogo de azar, da batota e do que se ouvia dizer, quanto à possível regulamentação do jogo, visto se jogar desenfreadamente na Madeira. O redactor pedia que se acabasse definitivamente com esse passatempo.

Os jogadores eram apelidados de *chulos batoteiros*. Informava que o actual proprietário deste semanário estava *resolvidíssimo* a pedir a supressão do maldito jogo de azar, bem como o encerramento das baiucas batoteiras existentes no Funchal.

Num artigo mais alargado sobre o jogo, em que apelava para que houvesse moralidade e se afirmava que no jornal iriam levantar uma campanha em forma, contra essa escola do crime, que no Funchal se exercia em alta escala, teceu um historial do que tinha vindo a ser esse vício que afirmava constituir um sudário negro em que muita gente se tinha emporcalhado. Segundo o jornalista, estava coberto de peripécias e enlameado de sangue, lágrimas e vergonhas. Acrescentava: "pomos as colunas deste modesto semanário à disposição de quem quizer contraditar-nos em termos rectos e convincentes". E continuava: "Quizessemos nós, acamaradar com os batoteiros e com os inimigos da República e outra seria a nossa situação financeira".

Perguntava: "A lei proíbe o jogo d'azar?

Pois que essa lei seja respeitada, ou então, bradaremos sempre."

Um pequeno *anúncio* sobre *Lições de Música* chamava a atenção para o facto de que o Sr. Gustavo Coelho, ilustre chefe da banda do 27, se propunha leccionar música e harmonia. A fechar a segunda página, um anúncio com o antetítulo *Diversões públicas* e com o título *Teatro Circo* referia que "tem agradado bastante as *fitas* que ultimamente tem sido exibidas n'esta casa de diversões públicas".

Anunciava que "esta casa *d'espetaculos* espera no próximo dia 22 do corrente uma companhia zarzuela sob a direcção de D. Plabo Lopez."

Numa notícia da terceira página, com o antetítulo *Seguros Sociais* e o título *Duas Leis e os seus resultados práticos* o articulista explicava que dois governos diferentes publicaram duas leis de enorme alcance: um, o Gabinete de Tamagnini Barbosa tinha feito a lei da responsabilidade civil; o outro, o Ministério de Domingos Pereira tinha criado o Seguro Social Obrigatório.

Acrescentava: "Pela primeira, decreta-se a *indenisação* para todos os desastres ou incidentes causados por qualquer meio de transporte terrestre; pela segunda, seguram-se todos os trabalhadores morais ou intelectuais, garantindo-lhes, além da assistência médica, pensões para o caso de invalidez, derivada de desastre de trabalho, nos quais se incluem também todas as doenças profissionais.

Segundo afirmava, a Sociedade Internacional de Representações e Corretagens Lda, com sede na Rua Ivens 47 – 2º tinha realizado o consórcio de algumas das mais importantes companhias de seguros, "a fim de se responsabilizar pelos desastres causados e a que dá providência o espírito de aquelas leis."

Segundo referia o articulista: «uma sólida união era a melhor forma de criar confiança ante os capitais ligados e os títulos das companhias que os representavam.

Eram eles a Paz com um capital de mil contos, a Latina com 500 contos, a Mindelo com igual importância e a Alentejo com 800 contos.»

E, prosseguia:

"Assim os acidentes de trabalho de qualquer espécie, desde a intoxicação produzida no exercício da profissão até aos desastres causados pelas máquinas, desde as mais simples contusões à morte, teem as suas indemnisações dada aos atingidos ou aos seus descendentes numa percentagem dos salários que o chefe da família auferia.

Publicadas as leis, efectuadas em todo o seu rigor, com as penalidades a quem não cumprir a letra dos decretos, só resta, na verdade procurar quem substitua os patrões, não os desviando da sua actividade.

Há diversíssimas obrigações a cumprir da parte dos dirigentes de trabalhos, como sejam as cadernetas de seguro social obrigatório e depois dos desastres, os cuidados dos pagamentos, estabelecimento de pensões, etc."

Esse artigo que se revestiu da maior importância explicava a acção do mutualismo em Portugal, já assente em bases seguras e consistentes, devido ao Consórcio que de imediato foi criado e que ganhou a confiança popular. Leiam-se os textos de Miriam Halpern sobre o mesmo assunto:

"Em Portugal as corporações foram abolidas em 1834, contudo as irmandades e confrarias sobreviveram-lhes. Ao seu lado, foram instalando associações, que com a designação específica de socorros mútuos ou apenas de classe, desempenhavam funções de solidariedade. Este movimento acentuou-se desde meados do séc. XIX, intensificando-se na viragem do século."[48]

"Com carácter voluntário e privado, este vasto movimento tinha objectivos amplos, similares aos do futuro Estado-Providência: mediante um sistema de socorros mútuos visava criar condições de acesso à educação e à saúde e assegurar recursos futuros em caso de necessidade, por doença, invalidez, velhice e desemprego. A prática dos seguros sociais principiou no seio das associações mutualistas... Constituiu uma experiência pioneira, em todos estes domínios e também no que se refere a situações específicas das mulheres, ligadas ao descanso pré e pós-parto."[49]

"A rede mutualista tivera um considerável incremento nos trinta anos que antecederam a Primeira República. O seu número passara de 295 em 1883 a 392 em 1889 e em apenas seis anos o número de sócios aumentara 47%. Em 1909 as associações ultrapassavam as seis centenas (628) e o número de sócios aumentara em vinte anos, 174%, crescimento que continuou embora a ritmo mais moderado, na década seguinte, até 1921..."[50]

Ainda nesta página, um artigo intitulado *O milho!!!* apresentava mais uma vez um protesto relativamente ao preço pelo qual este produto estava a ser vendido no mercado e ao monopólio que os Srs. *beneméritos do povo* detinham, comprando o milho mais barato ao produtor, armazenando-o e só o pondo à venda, quando o produto se esgotava totalmente no mercado.

Uma *local* sob o título de *Mais um...* referia-se à abertura de um lugar público, designado por o *Pavão*.

---

[48] COLECTIVO. PEREIRA, Miriam Halpern. *As Origens do Estado-Providência em Portugal: as novas fronteiras entre público e privado in* A Primeira República Portuguesa – Entre o Liberalismo e o Autoritarismo. Org. Instituto de História Contemporânea. Coordenação de Nuno Severiano Teixeira e António Costa Pinto. Lisboa, Edições Colibri, 2000, pág. 52.

[49] Idem.

[50] Idem, pág. 53.

Um *anúncio* da Cooperativa da Construção Predial do Bairro Operário de Ribeiro Seco informava sobre a organização destas instituições. Situada na Rua das Cruzes nº 13, anunciava que se comprava qualquer título com *ações* desta Sociedade. A quarta página, deste exemplar apresentava ainda *anúncios* de companhias de navegação, nomeadamente do Lloyd Brasileiro; referia-se à *Yeoward Line* com viagem do vapor *Aguila* para Liverpool e reproduzia o horário do serviço costeiro efectuado pelo vapor *Victoria*.

A Antiga Luvaria Braga anunciava um novo sortimento de gravatas, casacos de malha, perfumarias, etc.

A finalizar, um *anúncio* também a duas colunas da agência da Companhia Vacuum Oil, na Madeira, publicitava óleos de lubrificação marca *Garcoyle*.

Muitos outros factos notáveis poderiam ter sido referidos e analisados neste capítulo, relativamente à leitura do semanário, *A Verdade*, até à exaustão. Contudo, apenas se seleccionaram alguns assuntos, passíveis de permitirem uma discussão académica frutuosa e consistente e, se possível, despertar a curiosidade e o interesse de todos aqueles que queiram deleitar-se a ler os seus artigos no Arquivo Distrital do Funchal ou em qualquer biblioteca municipal portuguesa.

3.7. Caracterização do semanário *A Verdade*

Conforme entrevista amável e generosamente concedida pelo Sr. Dr. Luís Francisco de Sousa Melo, um dos mais notáveis investigadores da História da Madeira, durante a génese deste trabalho, foi possível sintetizar as afirmações mais contundentes que aquele historiador teceu sobre o semanário em estudo. Segundo ele: "*A Verdade* é um semanário essencialmente madeirense, o que significa que as suas preocupações são sobretudo as regionais. Na verdade, os seus artigos de fundo versam quase sempre os problemas que afligem a Madeira, tanto sob o ponto de vista económico como social. É, por exemplo, o problema do "regime das farinhas" – com o monopólio das moagens a não permitir a livre importação daquele bem de consumo, essencial à alimentação da população em geral, e, muito especialmente, das camadas populares; é ainda o monopólio da laboração sacarina, com a limitação imposta à importação de açúcares mais baratos; é o jogo, e a atitude complacente das autoridades policiais contra esse flagelo social; é o baixo salário auferido pelas bordadeiras; é ainda o aumento generalizado do custo de vida, praticado à sombra das consequências do conflito europeu; é, finalmente, para não alongar demasiado o rol, o desemprego afectando os trabalhadores marítimos, que vêem a baía do Funchal deserta da navegação atlântica.

O tratamento de tais questões foi comum na imprensa madeirense coetânea. Já não foi tão comum a posição ideológica de *A Verdade* face à realidade madeirense: a da defesa dos interesses das classes trabalhadoras, tão afligidas pela crise dos anos da guerra e pelos agravados problemas da sociedade madeirense.

Poderá ainda afirmar-se que é uma posição "socialista", na medida em que é nitidamente antimonopolista e anticapitalista, propagandeando a necessidade e as vantagens do associativismo de classe, noticiando as greves e protestos dos grupos profissionais, reclamando contra a agressão policial e outras medidas repressivas das autoridades locais. *A Verdade* conhece o socialismo na sua vertente "utópica", para quem o primeiro socialista terá sido Jesus Cristo e o primeiro movimento a favor das classes desprotegidas foi o Cristianismo. Embora transcrevendo a notícia de acontecimentos internacionais no campo socialista, como a libertação de Rosa Luxemburgo, em 1916 e a revolução comunista de 1917, e nomeie Marx de passagem, num artigo em defesa do cooperativismo, a crítica exercida é uma crítica fundamentalmente ética. Como também é ética a sua posição a respeito de outras questões acidentais: veja-se a postura moralizante perante o "animatógrafo", para o qual se advoga a censura prévia em nome dos bons costumes. Desse "utopismo" decorre também o seu antibelicismo, parecendo ter acreditado, como os socialistas franceses de Jaurés, que o "internacionalismo" da "classe operária" acabaria por evitar a guerra. Embora o peso do noticiário da guerra seja relativamente menor em relação às *locais*, com a guerra em facto consumado, alinha pelas posições anglófilas em nome da velha aliança, que, sobretudo, actuaria como escudo protector, em defesa da integridade nacional, contra o perigo espanhol e as ambições ultramarinas alemãs.

De qualquer modo, *A Verdade* esperara muito do advento da República em Portugal, e a sua posição perante a vida política portuguesa, de que trata as questões mais importantes, é de profunda

A Verdade Madeirense e a Grande Guerra

desilusão: todos os problemas que afligiam o País durante o regime deposto continuam insolúveis, e os homens e partidos políticos – a que chama de "vendilhões do operariado" – não parecem interessados em resolvê-los. *A Verdade* confundira "republicanismo" com "socialismo", e a indignação que experimenta é a mesma que, anos mais tarde, conduzirá à defesa dos regimes autoritários e, em última análise, ao *fascismo* corporativo".

3.8. O semanário *A Verdade* e a Opinião Pública

Se se definir Opinião Pública como a explicação pública daquilo que é difundido ou divulgado socialmente, ou seja, a notícia, imediatamente se compreende que a sua função é da maior importância para a evolução da sociedade.

A acção dos redactores do semanário *A Verdade* foi crucial ao contribuirem para a formação da Opinião Pública dos madeirenses, relativamente aos problemas mais prementes e constrangedores que se verificaram durante a guerra europeia.

Não só se faziam ouvir quando informavam e comentavam com transparência as notícias sobre a Frente e as diferentes nações beligerantes ou sobre os factos políticos que ocorriam em Portugal Continental, como arrebatavam os cidadãos pelo realismo com que descreviam a situação precária que se vivia na Ilha e pela perspicácia que empregavam no combate à injustiça e aos opressores do povo, nomeadamente ao Governo Central em Lisboa que protegia os monopolistas.

Era pela liberdade do cultivo das terras e do fabrico do açúcar que os colunistas d'*A Verdade* se batiam, assim como contra a burocracia, a papelada, as comissões de estudo e o governo.

Batiam-se ainda pela alteração das condições degradantes que tinham devastado a agricultura com a protecção concedida aos monopolistas para o plantio de canaviais que ocupando a maior parte da região sul da Ilha, não deixavam espaço para os cereais, os legumes e as árvores de fruto, causando a escassez dos géneros alimentícios que passaram a ser importados e a ter de ser pagos a preços fabulosos. Também os agricultores iam empobrecendo, acompanhando a onda de miséria que alastrava junto da população.

A Verdade difundia ainda o ideário daqueles que pugnavam pela transformação das condições sociais aviltantes a que se tinha chegado em tempo de crise nacional e internacional, querendo pôr termo aos monopólios sacarino e cerealífero. Quanto a este último, somente os moageiros matriculados tinham acesso à importação, conduzindo assim impunemente ao açambarcamento e à especulação.

Era pois necessário modificar a agricultura para que a Ilha não dependesse do exterior, evitando assim, a rotura alimentar.

Até ao final da sua publicação e ao encerramento das suas portas, o semanário *A Verdade* lutou pelo bem-estar do povo, pela Liberdade, pela Justiça e pelo Progresso.

Os diferentes sectores da Opinião Pública respeitavam-no e apreciavam-no, porque sabiam que depois de percorrer as suas páginas, poderiam emitir juízos de valor coerentes.

4. O SEMANÁRIO *A VERDADE*
E A CENSURA

No arquipélago da Madeira, a censura exerceu a sua função, por indicação do Governo de Lisboa, através do governador civil da Madeira.

"O governador civil nomeou uma comissão de censura civil à imprensa que actuará ao lado da comissão de censura militar...

...In *O Madeirense,* Ano I, nº 15, Funchal, 16 de Junho de 1918."[51]

No que se refere ao semanário *A Verdade* é importante referir que o nº 215 foi apreendido, segundo informação contemporânea, manuscrita na primeira folha do nº 216, exemplar este, arquivado no Arquivo Distrital do Funchal.

O exemplar nº 14, datado de 31 de Julho de 1915, d'*A Verdade* dava notícia da Censura Prévia, no exercício da sua acção repressiva na Ilha da Madeira.

O teor da *local* era o seguinte:

Á ULTIMA HORA

Quando *A Verdade* já estava no *prélo*, veiu a esta redação um agente policial que, verbalmente, em nome do respetivo comissario disse que o nosso jornal não podia circular sem ir um exemplar à *censura prévia.*

Limitámo-nos a responder que, não estando suspensas as garantias publicas cingir-nos-iamos á Constituição do paiz, e que a autoridade procederia conforme entendesse."

No nº 84, de 9 de Dezembro de 1916, em que a primeira página estava totalmente ocupada com a notícia *Em tempo de Guerra,* destacavam-se quatro rectângulos em branco no interior do texto, revelando as exigências da censura.

Nesta notícia, tomava-se conhecimento depois da leitura do subtítulo, sobre o tema lúgubre e lamentável do torpedeamento de três navios no Porto do Funchal e do ataque à cidade por um submarino alemão.

---

[51] GOMES, Fátima Freitas; Viríssimo, Nelson. *A Madeira e o Sidonismo,* Funchal, DRAC, 1983, pág. 221.

312 *A Verdade Madeirense e a Grande Guerra*

Por se estar em guerra, afirmava o jornalista no primeiro parágrafo, que era tão criminoso ocultar a verdade dos factos, como exagerá-los.

Segundo narração do mesmo, antes de ter sido declarada a guerra a Portugal por parte da Alemanha, "os navios ingleses visitavam diariamente, o porto do Funchal, e a barra era também crusada por vazos de guerra ingleses, o que dava garantias a nacionais e estrangeiros. Mas depois disso, todos desapareceram, como por encanto."

Embora o Funchal fosse considerada a terceira cidade do País, nunca o Governo central "poude ou quiz dispensar um chaveco, ao menos para policiamento do nosso porto", informava mais uma vez o jornalista e prosseguia:

"Os nossos fortes coevos do tempo de D. Sebastião e D. Miguel, uns desapareceram por completo, outros acham-se completamente desarmados. Foi neste estado que nos veiu surpreender a guerra europeia. Era de prever que o Funchal, pela sua importância mais dia, menos dia, seria atacado."

Transcreve-se a descrição da ocorrência:

"E, sem contemplação para com os madeirenses que ainda no seu seio abrigam alemães, seus descendentes e partidários, um submarino inimigo, cerca das 8 horas da manhã do factídico dia 3 de Dezembro de 1916 entra no nosso porto e, traiçoeiramente, afunda três navios, a canhoeira La Surprise e o vapor Kanguroo, de nacionalidade franceza bem como o vapor inglez Dacia, causando-lhes dezenas de mortos."

O jornalista prosseguia, salientando o heroísmo dos artilheiros do transporte francês que só abandonaram o seu posto, quando a água, inundando todo o navio, os impossibilitou de trazer mais fogo.

As baterias de terra foram impotentes para atingir o inimigo que do mar, continuou a alvejar a cidade, até se terem esgotado os "projécteis".

O jornalista alertava no final da notícia (que foi a zona gráfica mais cortada pela censura – nas duas últimas colunas) para o facto de estarem em guerra com uma nação traiçoeira, capaz de tudo, justificando-se portanto, a maior vigilância.

Lamentava que, passados quatro dias sobre o incidente, ainda não tivessem chegado socorros ao Funchal, que o pusessem ao abrigo dalgum novo assalto. Os pedidos instantes das autoridades locais, não encontravam eco no Governo Central que respondeu que ia providenciar.

Em artigos subsequentes do mesmo exemplar, intitulados "Donde vem?" e "Mas é Alemão!" salientava-se, no primeiro, o facto de ser provável a Espanha ter-nos atraiçoado, visto ser impossível os submarinos poderem vir de um porto alemão à Madeira abastecer-se e daí regressarem ao porto de partida, sem voltarem a abastecer-se, pelo que se referia que poderiam ser abastecidos no alto mar por algum vapor, disfarçado com bandeira neutra ou terem vindo das ilhas Canárias ou doutro porto espanhol.

No segundo artigo, exortava-se o povo a não ter mais contemplações para com os *descendentes do Kaiser.*

Afirmava que aqueles foram tratados com requintes de amabilidades; foram apanhados a tirar fotografias de vários pontos da ilha e nada sofreram e, no final, corresponderam com a mais negra das ingratidões!

Alertava para o facto de existirem alemães e seus descendentes na ilha, e alguns portugueses traidores que faziam a apologia dos Alemães.

Denunciava a existência de espiões que sabiam de tudo com antecedência e levantava a possibilidade da existência de Telegrafia Secreta.

Terminava este artigo, dizendo:

"Com gente desta, repetimos, não deve haver contemplações, sob pena de nos tornarmos reos de lesa pátria".

Na primeira página do exemplar nº 123, de 17 de Setembro de 1917 um artigo de fundo intitulado: "A falta d'alcool na terra da cana doce", publicado a duas colunas, apresentava-se censurado, a meio da segunda coluna. O primeiro parágrafo explicava o seguinte:

"Ha um velho e mordaz apophtegma que diz = Em casa de ferreiro espêto de pau.

Não sabemos a quem atribuir a autoria deste dito picante e sentencioso, que na presente conjuntura tem oportuna aplicação á Madeira, terra da cana doce por excelencia, mas onde falta o alcool para tempêro e tratamento do vinho. A falta de alcool, é, pois, um "truc", com fins reservados, para justificar, aos olhos dos mais ingenuos, a necessidade da continuação d'um monopolio que tão nocivo vem sendo à Madeira."

314 *A Verdade Madeirense e a Grande Guerra*

Ainda no mesmo exemplar, um artigo intitulado "A Censura", com o subtítulo *Na monarquia espanhola e na Republica portugueza*, inserido na segunda página é interessante pelos termos de comparação que estabelecia.

Assim se desenvolvia o texto:

"O ministro do interior em Hespanha, teve uma reunião com os diretores dos jornaes, na qual foi resolvido suprimir totalmente a censura, que de futuro serà confiada aos próprios diretores e redatores dos jornaes.

O ministro limitará a sua fiscalização á crítica de cada publicação e o governo confia em que os jornaes, dirigidos por hespanhoes que são homens de honra, terão em conta a situação delicada da Hespanha, embora esta seja ja otimista.

Quanto á outra especie de jornaes não sò os artigos mas toda e qualquer publicação serà suprimida por completo se não forem tidas em conta estas considerações. Pela leitura deste telegrama vê-se que os homens que compõem o governo da monarquia espanhola consideram a imprensa e os que nela laboram, ao contrario do que usam praticar os homens que compõem o governo da Republica portugueza, que se valem da imprensa para conseguir os seus interesses e as suas vaidades, mas que, depois de servidos, a agrilhoam, a manietam, a vexam."

Conforme foi referido no capítulo anterior, podia verificar-se no exemplar nº151, publicado no dia 22 de Abril de 1918, que o nº 133 de 26 de Novembro de 1917 fora apreendido, por ter publicado notícias que contrariavam a lei censória de 9 de Julho de 1912.

Ao ler o nº 134, datado de 17 de Dezembro de 1917 deste semanário independente, poderá compreender-se melhor o que se tinha passado com a suspensão do mesmo, durante 30 dias, imposta pelo governador civil Daniel Telo Simões Soares, indivíduo que anteriormente fora comissário da polícia e que nunca perdoara que no semanário se tivesse publicado uma notícia, criticando mordazmente o jogo, cuja epígrafe "Nas barbas da própria polícia", se relacionava com uma rusga ao jogo, levada a efeito pelo chefe do distrito, ali mesmo em frente do comissariado.

Tentou mesmo, através do delegado do procurador da República, chamar a atenção para as doutrinas expendidas no mesmo jornal.

Mas, o último, Américo Correia da Silva, não encontrando matéria criminal e não se prestando a instrumento de vinganças, não procedeu, acrescentando que a atitude de *A Verdade* lhe era extremamente simpática.

Foi então que o governador se resolveu a proceder por conta própria, e daí a pena de suspensão do jornal por 30 dias.

Mas não soube indicar a *local* incriminada, pelo que o director do jornal, indignado perguntou: – *Então o Sr. governador nem ao menos tem a coragem de indicar qual a matéria incriminada?*

Mais informava o articulista que na realidade, o governador se tinha servido da Lei de 9 de Junho de 1912 para suspender *A Verdade*.

"E quer o leitor saber de que lei se valeu o Sr. governador para suspender A Verdade?

Da lei de 9 de Junho de 1912 decretada expressamente para os conspiradores mercenarios que, com Paiva Couceiro á frente, invadiram Portugal, tentando inutilmente derribar a Republica que o povo implantou e selou com o seu sangue generoso."

No seu III ano de publicação, no exemplar nº 135 publicado no dia 24 de Dezembro de 1917, um artigo cujo título se designou como *Arquivando – Para a História de A Verdade* dava conta da apreensão do jornal, por ter inserido no nº 133 de 26 de Novembro de 1917, escritos da natureza dos mencionados na Lei de 9 de Julho de 1912.

Ainda na primeira página, no topo da terceira coluna e sob o título *A Censura*, anunciava para breve o restabelecimento do gabinete negro da mesma. Segundo o jornalista tratava-se de "mais um ataque à liberdade d´imprensa, mais um pontapé na constituição e mais um abuso da ditadura sidonista". Explicava que, logo após o 5 de Dezembro, tinham suprimido a censura como atentatória da dignidade e da liberdade de um povo livre.

Foi levantada a suspensão de alguns jornais e, em nome da moralidade, triunfante, tinham-se assaltado e suprimido outros. Depois, em nome da supraditamoralidade ameaçou-se os jornalistas com a cadeia e agora restabelecia-se a censura. O articulista perguntava se à vista de tanta cabriola, ainda haveria homens que se prestassem ao odioso papel de censores.

Também neste mesmo número, se podia encontrar uma pequena notícia, denominada *A Mordaça* que anunciava ser esse o título dum novo livro que Pedro Muralha preparava, compilando tudo quanto a censura cortou aos periódicos, obra essa que poderia ser considerada libelo acusatório de muitos abusos e prepotências.

No exemplar nº 137, datado de 14 de Janeiro de 1918, o artigo publicado na quarta coluna da primeira página, com o título *A Censura* informava o seguinte:

"A Censura

Não temos por habito invocar os mortos senão para bem dizel-os e dignificar a sua memória, mesmo porque nos mortos não se bate. Desta vez, porém, temos que fazer uma exceção e, congratulan-do-nos com toda a imprensa portuguesa, exprimirmos o desprezo que provocou na alma nacional a instituição do inquisitorial gabinete da censura.

Por isso a reacção não se fez esperar, atirando com o gabinete negro para os profundos avernos, ao psalmodear das maldições dum povo cioso da sua liberdade, paz e justiça.

Que a lousa lhe seja pesada, por seculos sem fim. Amen!"

No exemplar datado de 6 de Maio de 1918, uma *breve*, intitulada *A Censura* referia que:

"Consta ter sido restabelecida a censura prévia à imprensa.

Homens que prezaes a própria dignidade, não vos presteis ao odioso papel de inquisidores, sob pena da Historia registar os vossos nomes como taes."

No exemplar nº 158, datado de 10 de Junho de 1918, na segun-da página, num pequeno artigo intitulado *A Censura* o jornalista voltava a informar que tinha acabado de ser restabelecida a censura prévia à imprensa.

O jornalista prosseguia nestes termos:

"O governo do Sr. Sidónio Pais começou por abolir a supra dita e de isentar os periódicos da franquia postal. Depois restringiu esta faculdade, sobrecarregou o selo de anúncios com mais 50% e agora restabeleceu a censura!

Já é ser amigo da imprensa, sem falar no aumento de papelada que dia a dia assume proporções nunca vistas."

Sobre o mesmo assunto, pode-se ler na obra *A Madeira e o Sidonismo* que:

"A instituição, ou melhor, o restabelecimento da censura prévia à imprensa é uma das medidas que mais provoca as vivas reacções da oposição. A comissão de censura, no Distrito, é nomeada por alvará de 14 de Junho de 1918 pelo então governador Civil, Américo Correia da Silva, e dela faziam parte os seguintes elementos: o Dr. João Augusto de Freitas, Dr. Juvenal Henriques de Araújo e Francisco Bento de Gouveia, sendo depois alterada a sua constituição pela exoneração do Dr. João Augusto de Freitas, e nomeação para o seu lugar do Alferes Armando Paula Gorjão."[52]

Retomando o contexto anterior, o mesmo jornalista continuava, referindo no exemplar do semanário nº 175, datado de 12 de Outubro de 1918, logo na primeira página, no seu *editorial*, intitulado *Liberdade d'Imprensa*, que a sua estreia na Imprensa, ocorrera há cerca de 35 anos.

Continuava, dizendo que tinha tomado amor à arte de Gutemberg, embora alguns reveses o tivessem feito estacionar. Mas, segundo explicava, a leitura dos livros e jornais tinham sido para ele a mais agradável distracção e os melhores amigos e conselheiros.

Depois duma aprendizagem de três anos, numa importante tipografia do Ultramar, tinha continuado a colaborar em diferentes jornais.

Regressado à Madeira, voltara às lides jornalísticas. Tendo assistido aos últimos anos da Monarquia, atravessara a ditadura franquista, e vira a implantação da República. Tinha presenceado a ditadura de Pimenta de Castro até que veio a Revolução de 5 de Dezembro que, com novo golpe de Estado, proclamara a chamada República Nova, da presidência do Sr. Sidónio Pais.

Lamentava, que nunca a liberdade de imprensa, tivesse estado tão coarctada.

Justificava o semanário, explicando que a lei tinha determinado que as comissões de censura deviam limitar-se a eliminar escritos sobre guerra. Contudo, *A Verdade* tinha vindo a sofrer profundos cortes em notícias, que não poderiam prejudicar a causa dos Aliados.

Seguia-se um longo rectângulo em branco, sinal de que a censura obrigara a apagar parte do texto.

O jornalista ia continuando a defender o jornal, ao afirmar que aquele nunca hostilizara o Governo, que era comedido nas suas apreciações, que tinha apoiado o Governo local nos actos que pareciam

---

[52] GOMES, Fátima Freitas; VIRÍSSIMO, Nelson. *A Madeira e o Sidonismo*, Funchal, DRAC, 1983, pág. 128.

justos e que nunca tivera uma palavra que pudesse prejudicar a causa dos Aliados.

Terminava, citando a parte da Lei que se referia à intervenção da censura:

Art° 3° – As Comissões de censura eliminarão qualquer notícia ou apreciação unicamente nos casos seguintes:

a) quando seja prejudicial à defesa nacional militar ou económica ou às operações de guerra.

b) quando envolva propaganda contra a guerra.

Em seguida, um novo rectângulo em branco.

Do meio da terceira coluna e até metade de quarta coluna, a notícia cujo título era *Atropelo à Lei* fora totalmente eliminada pela censura, encontrando-se o texto completamente em branco, tendo restado apenas o título, que obrigava a tecer algumas conjecturas sobre o assunto. Do mesmo modo, na página seguinte, podia-se constatar que o artigo cujo título, a duas colunas, se designava *À memória de Ferrer*, também fora eliminado, integralmente.

A terceira página do semanário n° 186, publicado em 6 de Março de 1919 revelava que *A Verdade* tinha estado suspensa durante dois meses. O articulista afirmava que esse facto não se devia à falta de papel ou de leitores, mas devido à abundância de censores e aos seus repetidos abusos. E, continuava, explanando:

"Nem as transcrições feitas dos mais categorisados jornaes de Lisboa e Porto *se* a Dona censura civil nos permitia.

A censura começava por certos bufos que, espojados nos sofas da sala de espera do Palácio de S. Lourenço, logo profetisavam o que seria cortado.

Em seguida, as provas dávam entrada no gabinete negro, onde a par dos censores Bento e Gorgeta estavam frequentemente os inquisidores Americo, Artur Leite, Sebastião, Alvaro e quejandos.

Hoje, as coisas mudaram e renasce uma nova esperança de resurgimento nacional.

Eis o motivo da suspenção e do reaparecimento d'*A Verdade*."

No n° 188, que se publicou em 20 de Março de 1918, um interessante artigo publicado na terceira coluna da primeira página, denominado *A Censura*, informava que segundo comunicação oficial, acabava de ser extinta a censura prévia à imprensa.

O jornalista afirmava sentir-se aliviado de alguns toneladas, que vexatoriamente pesavam sobre o jornalismo.

Segundo aquele, "D'ora avante ficava ao bom critério, ao patriotismo e ao fôro da consciência de cada um, redigir os seus jornais sem tutela, em conformidade com os princípios da liberdade, sem abusos nem exageros."

A finalizar fazia o balanço do que tinha sido a censura prévia à imprensa, louvando os censores militares que procederam sempre com correcção, sem jamais exorbitarem as suas atribuições e lamentando que a comissão de censura civil, composta por monárquicos, tivesse abusado da sua missão.

Precisamente o nº 194, publicado a 1 de Maio de 1919, apresentava a quatro colunas, na primeira página, um artigo intitulado *A Verdade entra no 5º Ano da sua Publicação.*

Esclarecia que a força de vontade para conservar o semanário, só podia ser avaliada pelos profissionais de jornalismo e pelos que conheciam o meio madeirense, eivado de paixões partidárias, onde participava a maledicência.

Sublinhava que com estado de guerra, que dificultou a difusão do jornal e a carestia do papel, o semanário tinha prosseguido, apesar do sidonismo, e sua inquisitorial censura, ultrapassada pela contra-revolução. Tendo sido dos jornais mais alvejados, os cortes da censura, tinham permitido a reprodução de artigos dos mais autorizados autores, sendo as intimações para comparecer perante a autoridade, feitas até de noite!

Para escapar às garras do sidonismo, tinham suspendido cautelosamente o jornal "... até que uma nova rajada de liberdade suplantou os déspotas e inquisidores que durante um ano envergonharam Portugal à face da Europa civilisada".

Terminava, acrescentando: "*A Verdade*, continuará intemerata, através de todas as barricadas, pugnando pela Justiça, pela Liberdade e pelo Progresso."

No nº 209, datado de 21 de Agosto de 1919, ao fundo da quarta coluna, da segunda página, um artigo designado *Perseguição à Imprensa* acentuava o seguinte:

"O governo começa por enveredar pelo caminho tortuoso da perseguição á imprensa.

Os nossos colegas lisbonenses A BATALHA e o AVANTE *teem* sido os *principaes* alvejados.

Não nos parece ser este o melhor caminho a seguir, pois a experiencia tem demonstrado que as perseguições poderão fazer vitimas, mas jamais conseguirão amordaçar o pensamento. O homem, mesmo encarcerado, pensa sempre livremente até o momento de exalar o derradeiro suspiro, deixando após si um cadaver ante o qual o tirano treme, *emquanto* a ideia, fortalecida pelo *batismo* do martirio, germina e cria novos proselitos.

O que antes se deveria tentar é fazer cessar os motivos que levam a imprensa a ser agressiva, isto é, barateando a vida e reorganisando num sentido mais humanitario os processos de administração desta caduca sociedade, de módo a não haver explorados nem exploradores, vitimas nem algozes.

Enquanto isto não se conseguir, poderão fazer novos martires, o que porèm não obterão é reprimir o pensamento, que se irradia, nem sufocar os protestos das multidões que aspiram a novos horizontes".

5. APÊNDICE

5.1. Ficha Técnica

Director – Gregório C. de Freitas
Redactor e editor – Manuel J. d'Olim Júnior
Proprietário e administrador – Gabriel C. de Freitas
Redacção, administração, oficina de composição – Caminho do Lazareto, nº 13
A partir do nº 155
Redactor e editor – P. G. d'Azevedo
No nº 187 surgiu o nome dum secretário de redacção: Vasco Mimoso, que voltou a desaparecer no nº 203.
A partir do nº 204: redacção, administração e oficina de composição mudaram para a Rua das Rosas, 17.
A partir do nº 216 e último número, o redactor, editor e também proprietário, passou a ser Luiz C. Drumond.
A redacção, administração, tipografia e impressão transferiu-se para a Rua João Joaquim de Freitas, 13 a 17.

5.2. Os Preços

Os preços do semanário eram os que vêm descritos abaixo:

ANÚNCIOS – 1ª pág. – 10 centavos cada linha.
2ª, 3ª e 4ª págs. – preços convencionais
COMUNICADOS – pagos "adeantadamente"
10 centavos cada linha

ASSINATURAS – Mês: 10 centavos para toda a parte
Fora do Funchal: pagamento "adeantado"
Número avulso: 3 centavos

A partir do nº 140 a assinatura passou para 15 centavos.

324   *A Verdade Madeirense e a Grande Guerra*

5.3. Medidas e Proporções do Jornal

Mancha gráfica X paginação
As medidas iniciais da mancha gráfica do jornal eram 395 mm x 250 mm.

O jornal compunha-se nesta primeira fase de duas folhas (quatro páginas).

A partir do n° 148, as medidas alteraram-se para 395 mm x 320 mm e, por vezes, para 400 mm x 295 mm. Nesta fase, o jornal reduziu o número de páginas para 2 (1 folha).

Finalmente, a partir do n° 186, aquelas retomaram o valor que se utilizou nos primeiros números: 395 mm x 250 mm.

O jornal voltou ter a paginação antiga ou seja, duas folhas (quatro páginas).

5.4. Datas de Publicação

O semanário *A Verdade* começou por ser publicado aos sábados, até ao seu exemplar n° 119, datado de 18 de Agosto de 1917, no III Ano de publicação.

A partir do exemplar n° 120, datado de 27 de Agosto de 1917, constatou-se que passou a publicar-se às segundas-feiras.

No IV Ano de publicação, o exemplar n° 147, de 25 de Março de 1918, foi o último exemplar a assinalar o dia da semana.

Deste modo, o exemplar do dia 21 de Abril de 1918 e seguintes apresentavam unicamente o dia, o mês e o ano de publicação.

5.5. Linha Gráfica

No que se refere ao cabeçalho do primeiro número deste semanário até ao n° 53, verificou-se que o título *A Verdade* foi composto em letras Memphis Extra Bold, corpo 60.

A classificação "Semanário Independente" apresentava-se-se em letras Memphis Condensado de fantasia, no corpo 24.

Quanto à data, foi composta em letras Bodoni Bold, corpo 22.

Abaixo da data, apresentavam-se dois filetes paralelos *en cadrement* ou seja, um grosso e um fino que contêm as informações sobre – Redacção, Administração, Oficinas de Composição e Impressão, cujas letras foram compostas em Poster Bodoni, corpo 12.

As restantes letras situadas entre os dois filetes *en cadrement* são em Times Itálico ou Cursivo, nos corpos 8 e 9.

As letras que integravam o texto do jornal eram em Times Redondo Fino, corpo 12 e também em Times Condensado, corpo 10.

Os títulos foram compostos com letras Helvética, Times, Memphis Condensado e Times Europa Negro, nos corpos 18, 24 ou 28.

Alguns títulos apareciam em Itálico.

A mancha gráfica dividia-se em quatro colunas, separadas umas das outras por um filete de 1 ponto, com texto a uma coluna e com algumas notícias a duas colunas. A goteira era de 4 mm.

No topo de cada página interior, encontrava-se um duplo filete, de 1 ponto, encimado, a meio, pelo nome do jornal, em letras Bodoni Bold, caixa alta, corpo 12.

A partir do n° 53, nas páginas interiores, continuava a verificar-se a existência do duplo filete, mas a composição do nome do jornal variava entre o Times Bold ou Helvético Condensado, nos corpos 20 e 14, respectivamente.

Utilizaram-se as "trancas", para dividir o texto, com uma largura de fora a fora.

Igualmente se utilizou o chamado "bigode", com pormenor decorativo no centro.

Existiam ainda outros separadores, como a estrela, dentro da mesma peça, para dividir as notícias.

Os anúncios eram elaborados dentro das medidas convencionais do jornal, apresentando alguns filetes com cercaduras.

A linha gráfica do cabeçalho, sofreu alteração tendo-se verificado o seguinte: o título passou a ser composto em Times Europa Bold, com pequenas derivações, sendo o corpo das letras, 120.

A designação de "Semanário Independente" passou a ser composta em Helvético Condensado, corpo 36; mais tarde será em Condensado, corpo 16.

Quanto à data, manteve-se o uso do Bodoni Bold, corpo 22.

Do nº 148 (1 Abril de 1918) até ao nº 177 (26 Outubro de 1918) a apresentação gráfica do cabeçalho voltou a alterar-se para uma versão muito semelhante àquela utilizada no primeiro número do jornal, mas já sem as letras em fantasia (Memphis Condensado).

Do nº 177 até ao final da publicação, surgiu novamente uma versão diferente do cabeçalho, onde se notava que a data vinha colocada acima do título do semanário, verificando-se esta modalidade até ao final da publicação.

5.6. Composições poéticas

As composições poéticas que figuram no Semanário, encontram-se geralmente inseridas numa ou em duas colunas. Uma percentagem considerável das mesmas, não é composta em itálico, nem alinhada à esquerda, podendo apresentar-se na 2ª ou na 3ª colunas ou nas duas simultaneamente. António Nobre, João de Deus, Antero de Quental e Albino Forjaz de Sampaio, entre muitos outros conhecidos poetas e escritores, colaboraram com os seus poemas para enriquecer o conteúdo d' *A Verdade*.

António Nobre deu a lume o poema " Canção da Felicidade". João de Deus escreveu " A Pátria". De Antero foi publicado "Elogio da Morte" e de Albino, "Ao Cair da Folha".

Miranda dos Santos, também escreveu um poema intitulado "A Pátria".

Quanto a Ângelo da Silva, ficou muito conhecido pelo seu poema "A Pobrezinha".

André Brun compôs o poema "A Paz" e Manuel Ribeiro, "Em face da Natureza".

Foram muito elogiados os poemas "O Kaiser" de J. Reis Varela e "A Guerra" de Manuel Soares de Andrade Cadete.

Muitos outros poetas fizeram versos com sentimento e clarividência de espírito, tendo sido muito apreciados pelos leitores, como José Petiting, Emílio Ernesto e M. A. d'Amaral.

5.7. Grandes Temas

Política:
Governo Central
Governador civil local
Governos estrangeiros

Economia:
Regime cerealífero
Questão "Hinton" (cana sacarina)
Questão da manteiga

Sociedade

Moral

Guerra:
Bombardeamentos ao Funchal
Os soldados portugueses na
Flandres
Resultados dos Combates
na Europa

Funchal:
O Porto
A Saúde Pública
O Turismo

5.8. Outros Temas

Açambarcamento de produtos
Acontecimentos de guerra
Agricultura
Alcoolismo
Bombardeamentos
Bombeiros
Café
Correio
Esperanto
Higiene
Jogo
Lotaria
Milho

Miséria
Mutualismo
Organização jurídica
Pão
Pedidos de ajuda
Polícia
Preço dos produtos
Problemas cívicos
Prostituição
Telecomunicações
Trigo
Vandalismo

5.9. Jornalistas Colaboradores d' *A Verdade*

Adriaga, José de
Alenquer, Mário de
Alenquer, Pero de
Alves, J. Fernandes
Alves, Mário A.
Amaral, Horta do
Amaral, M. A. d'
Amorim, P.G. de
Andressen, W.
Antunes, Alvaro
Argyriades, P.
Arsuaga, Francisco Ply
Banville, Theodore de
Barros, J. de
Barthelot, Paulo
Batalha, Ladislau
Beça, Carlos
Bessone, P.
Bizarro Q.
Blasco, Eusébio
Blasco, Eusébio
Braga, Alberto
Branco, Camilo Castelo
Brésol, Georges
Brun, André
Brunnette, Machet
Cadete, Manuel Soares de Andrade
Caldeira, Fernando
Camacho, Brito
Campos, Francelina de
Carvalho, Vianna de
Castro, P. João de
Coelho, Latino
Cordeiro, Xavier
Correia, Gonçalves
Crisóstomo, Joaquim

Cunha, Alfredo da
Cunha, José Coelho da
Dantas, Júlio
Deus, João de
Dias, Júlio G. Viterbo
Eduardo, Fernando
Ernesto, Emílio
Fataça, Luciano
Fonseca, José Souto da
Fonseca, P.
Fonseca, Tomaz
Fontes, Manuel
Franco, Lister
Freitas, G. C. de
Garção, Mayer
Geville, Georges
Hudry, J.
Ingeralt, R.
Jacolliot, Luís
Jesus, Augusto Hermínio de
Júnior, Manuel F.
Junqueiro, Guerra
Krpsinska, Maria
Ladgen, Lavínia
Leal, Gomes
Lima, Elmira
Lopes, António Silveira
Lopes, V. J. S.
Machado, Júlio César
Magnon, Ricardo P.
Major, Joaquim
Malvar, G.
Marques, João Pinheiro
Massano, Mantas
Matheus, Frederico
Mendes, Catule

Mendonça, Furtado de
Meneses, P.
Mesquita, Marcelino
Montalvão, Justino de
Monteiro, Gomes
Moreira, Silva
Moreno, Eugénio
Navarro, E.
Neto, Coelho
Neves, Sousa
Nobre, António
Nobre, J. P. Ribeiro
Nogueira, César
Nolasco, Pedro
Nova, Bernardo Villa
Novaes, Alexandre
Oliveira, A. J. d'
Oliveira, Cavaleiro de
Oliveira, Dias de
Oliveira, Procópio d'
Oliver, Jeuville
Pacheco, J.
Paiva, Acácio de
Palermo, R. Campo
Parreira, José
Passos, Soares de
Patrício, Ladislau
Petiting, José
Pinto, Sousa
Price, Alice
Queiroz, Eça de
Queiroz, Elmano de
Quelch, H.
Quental, Antero de
Quintal, Nóbrega
Ramires, Maurício

Ramos, J. A. Gracio
Raposo, M. L.
Rates, J. Carlos
Reis, António dos
Ribeiro, Manuel
Ribeiro, Thomaz
Rodrigues, José
Rodrigues, Silvestre
Rosa, Manuel F.
Sá, F. J. de Gouvea e
Sampaio, Albino Forjaz de
Santos, F.
Santos, Miranda
Sequeira, Manuel Brás
Serrano, Vítor
Silva, A. da
Silva, Alvaro B.
Silva, Ângelo da
Silva, Daniel da
Silva, Dinis da
Silva, Saturnino da
Silva, Silvano Satyro
Silveira, J. Fontana da
Sousa, O. de
Sousa, Quirino de
Sousa, Simão F. de
Varella, J. Reis
Vaz, Zeno
Veiga, Adelino
Verne, Júlio
Veron, Pierre
Vidal, Angelina
Vieira, Ema
Vilaespesa, Francisco
Villa Nova, Bernardo
Vogt, Johann

5.9.1. *Pseudónimos dos Jornalistas Colaboradores d'*A **Verdade**

A. F. N.
AMBRÓSIO A.G.
C. P. V.
CASÉRIO
CHÁ MAROTO
D. GAIAL
D.F.
DÉCHAND
DO INCENTIVO
Dr. MOKA
EGA
EU
EVANGELISTA
F.
F. B.
F. G. C.
F.P.V.
FANTOMAS
FARPA
Filho da Velha
G. e A.

G.P.
HÉLIO
Henriques
J. SEVEN
J.D.
JEREMIAS
M.F.G.
MANTAS MASSANO
Maria Amélia
Marius
N. da R
NAVI
Nordisk
ODECAM
ORIEN
P.N.
Pascuali
ROLDÃO
VELUT UMBRIA
VIGIL

5.9.2. *Autores dos Pensamentos Célebres*

A. Herculano
Balzac
Beaumarchais
Channing
Chateaubriand
Descartes
Duclos
E. M. Deshumbert
E. Zola
Filomeno
Ibsen Henrique
J. Klut
Lamartine

Lucrécia Durão
Mai Lucy
Maximo Górki
Miguel Sousa
Napoleão III
Petit
Shakespeare
Sócrates
Tácito
Vaz
Victor Hugo
Voltaire

Apêndice

5.9.3. *Autores dos Trechos Selectos*

Alves J. Fernandes
Aníbal
Carvalho, Viana de
Dr. Salazar
Flamarion, Camille
Seabra, E. de
Tarso
Zola, Emílio de

5.9.4. *Autor da Secção Alegre*

Dr. Moka

5.9.5. *Jornais madeirenses coevos citados*

De Maio de 1915 a finais de 1916

Brado d'Oeste – Ponta do Sol
Diário da Madeira – Funchal
Diário de Notícias – Funchal
O Heraldo da Madeira – Funchal
O Liberal – Funchal
O Povo – Funchal
O Realista – Funchal
A Regeneração – Funchal
Trabalho e União – Funchal

Do Início de 1916 a Finais de 1917

Diário da Madeira – Funchal

Do Início de 1917 a Finais de 1918

O Progresso – Funchal
Trabalho e União – Funchal

Do Início de 1918 a Finais de 1919

O Atlântico – Funchal
O Madeirense – Funchal
Trabalho e União – Funchal
A União – Ponta do Sol
O Vigilante – Funchal
O Realista – Funchal
O Progresso – Funchal

5.9.6. *Outros Jornais Coevos Citados da Europa, África e América*

De Maio de 1915 a Finais de 1916

Publicados na Europa

A Aurora – Porto
O Calhetense – Vila da Calheta (S. Jorge – Açores)
O Combate – (Partido Socialista) Lisboa
O Democrata – Angra do Heroísmo
Diário dos Açores – Angra do Heroísmo
Diário de Notícias – Lisboa
A Folha – Ponta Delgada
Giornall d'Italia
A Humanidade – Lisboa
O Independente – Luanda
Le Journal – Paris
As Lages – Açores
O Luso – Sandwich (Kent)
A Luta – Lisboa
O Meridional – Montemor-o-Novo

O Protesto – Hangra do Heroísmo
O Popular – New Bedford
À Rasca – Montemor-o-Novo
A República – Ponta Delgada
A Rua (humorístico) – Lisboa
O Trabalho – Setúbal
O Trabalho de Guimarães – Guimarães
A União – Angra do Heroísmo
A Vanguarda – Lisboa
A Voz do Operário – Lisboa
A Voz do Povo – Porto
The World – Londres

Publicados em África

O Germinal – Lourenço Marques
O Moçambique – Lourenço Marques

Publicados na América

A Alvorada – New Bedford (Massachusetts)
O Arauto – Oakland (California)
A Lanterna – São Paulo – Brasil
A Luz – New Bedford (Massachusetts)
Portugal Moderno – Rio de Janeiro
The Providence Journal
The Rural Weekly
The Sunny Herald – Boston (Massachusetts)
A União Portuguesa – Oakland – Órgão da Colónia Portuguesa

Do início de 1916 a finais de 1917

Publicados na Europa

O Combate – Lisboa
O Democrata – Angra do Heroísmo

A Guerra Social – Paris
Journal de l'Indre
L'Italie
O Meridional – Montemor-o-Novo
O Mundo – Lisboa
A Nação – Lisboa
Pax Julia
O Século – Lisboa
Le Temps
O Trabalho – Setúbal
L'Union Latine
A Vanguarda – Lisboa
A Verdade – Lagos

Publicado em África

O Moçambique-Lourenço Marques

Publicados na América

A Paz – Lowell – (Massachusetts)
O Popular – New Bedford – (Massachusetts)
The Rural Weekly

Do início de 1917 a finais de 1918

Publicados na Europa

O Democrata – Aveiro
Estrela d'Alva – Angra do Heroísmo
Jornal de Abrantes – Abrantes
Jornal de Notícias – Porto
Petit Parisien-Paris
A Plebe – Valença
O Povo – Lisboa
A República – S. Jorge (Açores)

O Trabalho – Setúbal
A Tribuna – Lisboa
The Rudder – Londres
A União – Angra do Heroísmo
A Vanguarda – Lisboa
A Voz do Operário – Lisboa
A Voz do Povo – Porto

Publicado em África

O Independente – Luanda

Publicados na América

A Alvorada – New Bedford (Massachusets)
Aurora – Rio de Janeiro
Correio Portuguez – Rio de Janeiro
Liberty Loan
O Lusitano – Amazonas
O Luso – Honolulu
A Luz – New Bedford (Massachusets)
A Paz – Lowell (Massachusets)
O Popular – New Bedford (Massachusets)
O Reformador – Rio de Janeiro

Do início de 1918 a finais de 1919

Publicados na Europa

A Aurora – Porto
O Avante – Lisboa
A Batalha – Lisboa
O Democrata – Aveiro
O Dia – Angra do Heroísmo
Estrela d'Alva – Angra do Heroísmo
O Futuro – Lisboa

London Chronicle – Londres
O Meridional
Pátria Livre
A Propaganda – Setúbal
O Protesto – Ponta Delgada
O Rebate – Lisboa
A República – Vila da Calheta – S. Jorge – Açores
O Século – Lisboa
O Tempo – Lisboa
A União – Angra do Heroísmo
A Vanguarda – Lisboa
A Voz do Operário – Lisboa

Publicado em África

O Mossamedense – Moçâmedes

Publicado na América

O Lusitano – Amazonas

5.9.7. *Exemplares do Semanário apresentados em 3.3*

Sobre a Madeira

1915

N° 4 – 22 de Maio
N° 5 – 29 de Maio
N.° 16 – 14 de Agosto
N.° 24 – 9 de Outubro
N° 28 – 6 de Novembro
N° 33 – 11 de Dezembro

1916

N° 47 – 25 de Março
N° 78 – 28 de Outubro
N° 81 – 18 de Novembro

1917

N° 87 – 6 de Janeiro
N° 93 – 17 de Fevereiro
N° 110 – 16 de Junho
N° 123 – 17 de Setembro
N° 133 – 26 de Novembro

1918

N° 139 – 28 de Janeiro
N° 143 – 25 de Fevereiro
N° 156 – 27 de Maio
N° 177 – 26 de Outubro
N.° 184 – 14 de Dezembro

1919

N° 194 – 1 de Maio
N° 195 – 8 de Maio
N° 209 – 21 de Agosto
N° 212 – 11 de Setembro
N° 213 – 18 de Setembro

Sobre Portugal

1915

N° 5 – 29 de Maio
N° 15 – 7 de Agosto

1916

N° 72 – 16 de Setembro
N° 80 – 11 de Novembro

1917

N° 106 – 19 de Maio
N° 133 – 26 de Novembro

1918

N° 139 – 28 de Janeiro
N.° 174 – 5 de Outubro

1919

N° 192 – 17 de Abril
N° 197 – 22 de Maio
N° 209 – 21 de Agosto
N° 213 – 18 de Setembro

Sobre a Europa

1915
N° 24 – 9 de Outubro
N° 26 – 23 de Outubro
N° 28 – 6 de Novembro
N° 33 – 11 de Dezembro

1916

N° 46 – 18 de Março
N° 81 – 18 de Novembro

1917

N° 93 – 17 de Fevereiro
N° 132 – 19 de Novembro

1918

N° 160 – 27 de Junho
N° 174 – 5 de Outubro

1919

N° 197 – 22 de Maio
N° 208 – 14 de Agosto
N° 209 – 21 de Agosto

6. ANÁLISE CONCLUSIVA

Os propósitos basilares que levaram à concepção desta obra foram os seguintes:

– Trazer para as "luzes da ribalta" um semanário que soube defender os interesses da população do Arquipélago da Madeira, num cenário desolador, sob o ponto de vista político e financeiro, motivado pela guerra, pela ineficiência do governo de Lisboa e pela sua protecção aos grandes industriais residentes na Ilha.

– Extrair alguns conceitos populares sobre os políticos, a partir das notícias inseridas n'*A Verdade,* como por exemplo, de uma notícia que foi publicado no exemplar nº 106, datado de Maio de 1917 com o título *Uma República monarquica – Desilusões.* A opinião do povo estava contida na frase "tão bons são uns como outros!". Tal desabafo resumia bem a indiferença, o desânimo, a desilusão que a população experimentava pelas acções política e governativa.

– Divulgar a opinião dos jornalistas do mesmo semanário sobre várias áreas do tecido social madeirense.

Sob o ponto de vista económico, os redactores d'*A Verdade* informavam numa notícia integrada no exemplar nº 214 de 25 de Setembro de 1919 intitulada *O açambarcamento da moeda* que: "os bancos se encontram-se abarrotados de dinheiro, não recebendo novos depósitos senão a juros muito reduzidos, açambarcam todos os prédios que podem, elevando as suas rendas, o que resultou num novo gravame para as classes proletárias, já bastante assediadas com dificuldades de todo o género".

Quanto à Lei, os articulistas d'*A Verdade* afirmavam, como se poderá ler no exemplar nº 15 datado de 7 de Agosto de 1915: "as leis são como as teias de aranhas, fácil das aves de rapina atravessarem *emquanto* que os pequenos insectos ficam presos pelas azas ou pelas canelas".

Relativamente à Justiça, os articulistas deixavam transparecer no exemplar nº 213, datado de 18 de Setembro de 1919 que os maiores criminosos não só andavam à solta como se arrogavam o direito de legisladores e julgadores. Escreviam o seguinte: "um faminto rouba um pão, uma fruta, determinado pela fome. Prende-se, condena-se, enjaula-se. Um explorador endinheirado rouba um milhão e colocam-lhe no peito uma comenda glorificadora!".

– Relembrar na contemporaneidade o que sucedeu durante a primeira guerra mundial em solo madeirense, todo o sofrimento do povo que aí vivia durante o período em que durou a conflagração e quais as figuras mais notáveis da História da Madeira, nesse tempo.

– Suscitar o interesse do leitor pela produção literária e artística madeirense nas primeiras décadas do século XX.

– Frisar que qualquer conflito armado conduz à desestabilização e ao desequilíbrio dos povos e das nações. Perturbando a economia, contribui para a falta e carestia de produtos básicos essenciais, que os monopolistas se encarregam de colocar no mercado, somente quando convém aos seus interesses infames e truculentos.

– Sublinhar que embora o espírito nacional possa não ficar enfraquecido, a Lei pode ser transgredida; a ordem pública violada; a violência inundar as ruas.

– Referir que depois de qualquer conflagração armada advêm consequências que conduzirão a novas crises. Na realidade, sempre existirão erros e divergências interestaduais. Desse modo, toda a aproximação entre as diferentes nações será válida, no sentido de evitar a guerra. Essa aproximação tem-se vindo a conseguir através do desporto; dos *media*, desde a imprensa ao cinema e à televisão; através dos intercâmbios linguísticos; do progresso tecnológico permitindo uniformizar a utilização das mesmas técnicas em vários países; da revolução dos transportes que passaram a ligar regiões até então separadas geograficamente; da evolução da economia e das trocas comerciais entre diferentes nações; da religião promovendo encontros e aproximando povos, no sentido de realizarem o Bem-Comum.

Análise Conclusiva   343

– Acentuar que só através do diálogo e da acção diplomática se pode construir a Paz, sendo esse o primeiro dos objectivos em que toda a Humanidade se deverá concentrar.

Intenções de carácter jornalístico, exigiam que se captasse o palpitar duma época ímpar, vivida pelo povo madeirense com estoicismo e heroicidade. Este objectivo só se poderia conseguir, através das notícias publicadas por um jornal fidedigno, como o semanário *A Verdade*.

Desfolhando as páginas deste semanário foi possível captar e dar a conhecer uma retrospectiva específica da sociedade que nessa época vivia na Ilha da Madeira e retratar as alterações que essa mesma sociedade sofreu durante os anos em que decorreu o primeiro conflito bélico desse mesmo século.

Revelou-se a posição ideológica do semanário *A Verdade,* relativamente às preocupações madeirenses, durante o período histórico em estudo e desvendaram-se novas verdades, no que se refere ao balanço que o supracitado periódico fez sobre o novo sistema governativo, instaurado a partir de 1910.

O percurso traçado para este trabalho chegou ao seu termo neste capítulo em que se tentará fazer uma análise conclusiva do que de mais significativo perpassou pelas páginas do periódico *A Verdade*.

No 1º capítulo explanaram-se as intenções da autora, quanto aos limites do tema em estudo e sobre os métodos utilizados para completar a presente pesquisa.

No 2º capítulo, o leitor poderá aprofundar através dum relato à distância de cerca de cem anos, como se vivia na Madeira, nessas primeiras décadas da passada centúria e como homens e mulheres se integravam nesse ambiente de agitação política e social.

Os factos e as realizações cumpridas desde o alvorecer do século XX no Arquipélago, estão contidos neste trabalho, sendo referidos ao longo de 28 subcapítulos que se vão sucedendo, desde a descrição da rede viária, passando pelos transportes, alimentação e muitos outros.

Foi necessário explicar em 2.5. o que acontecia com a sociedade maçónica na Ilha e qual foi a sua contribuição para a expansão das ideias liberais, e também como as relações dessa Instituição com a Igreja foram de carácter negativo, ao contrário da actualidade.

344 *A Verdade Madeirense e a Grande Guerra*

Em seguida, passou-se a abordar os problemas exclusivos da Igreja e as consequências da Lei da Separação em 2.6., 2.7. e 2.8.

Em 2.9., enveredou-se pela descrição das actividades, na terceira cidade do país: o Funchal. Citaram-se os autores Marquez de Jácome Corrêa e o Visconde do Porto da Cruz, que revelaram as características psicológicas dos madeirenses. Aprofundou-se a ligação existente entre a política e a economia; discorreu-se de forma muito sintética sobre o porto do Funchal, descrevendo-se toda a azáfama existente ao seu redor.

Em 2.9.4., descreveram-se algumas das ruas mais conhecidas e dos monumentos mais significativos da capital do arquipélago, desde o limiar do século XX, até aos anos 30, assim como alguns dos edifícios onde se processavam as actividades mais características da cidade, essenciais para o seu pleno funcionamento.

Do passado novecentista à modernidade do século XX, decorreu um período de desenvolvimento cultural acelerado e imparável, que nem a guerra conseguiu suster. Inesperadamente, o conflito acabou por se transformar em fonte inesgotável de inspiração para escritores e artistas, a quem proporcionava novos temas, relacionados com o sofrimento, a angústia e a incerteza no futuro, concedendo-lhes uma visão dimensionada para a Humanidade e suas problemáticas.

Durante e depois da guerra despontaram obras inovadoras que foram adaptando o público aos acontecimentos que se iam sucedendo vertiginosamente na Madeira, em Portugal Continental e na Europa, dando a conhecer a Nova Ordem, que se ia estabelecendo no mundo.

Através de algumas destas obras consegue-se captar de forma subtil e com uma certa acuidade no que toca ao aspecto formal e conceptual, reminiscências do século anterior, mas já numa tentativa de fuga para novas fronteiras, passíveis de expressar o pensamento com uma originalidade específica, convertendo-o em novas ideias e tendências.

As "vanguardas" que influenciaram a obra literária e artística de muitos madeirenses estão patentes nos seus trabalhos e permitem vislumbrar, com precisão, as nítidas alterações emergentes no início do século. Essa produção, marcante pelo seu conteúdo inovador irá proliferar durante e depois da guerra, expandindo-se inesperada e inexoravelmente, num turbilhão de conceitos modernistas.

Análise Conclusiva 345

Sobre estes assuntos, poderão consultar-se os subcapítulos 2.18 a 2.24. que tratam da Literatura, da Música, do Teatro, do Cinema e da Pintura, sendo na primeira e na última áreas citadas que são mais visíveis as mudanças.

Incluídos no 2º capítulo, os subcapítulos que tratam da política, da imprensa, do desporto, das tecnologias e das consequências da guerra, completam os conhecimentos sobre a Madeira das primeiras décadas do século XX.

O 3º capítulo, dividido em 7 subcapítulos foi totalmente dedicado ao estudo de alguns dos textos mais apelativos do semanário *A Verdade*. Nele se relatam todos os acontecimentos mais marcantes e reveladores duma realidade humana e material bem longínqua, mas que influenciou até à actualidade os hábitos madeirenses.

Em 3.7. foi possível apresentar, produzida com traços precisos e profundos, a caracterização do jornal seleccionado para servir de suporte ao estudo, depois de se ter transcrito o texto de respostas duma entrevista concedida à autora por um dos mais considerados investigadores madeirenses, o Sr. Dr. Luís Francisco de Sousa Melo.

No capítulo 4º referiu-se a acção da Censura. Durante a Grande Guerra, essa acção não era inusitada na Europa nem em Portugal Continental. A atitude dos censores prosseguiu na Ilha da Madeira, cortando a direito as notícias que denunciavam as arbitrariedades do poder, sob a égide das autoridades governamentais, que sempre que achavam necessário, mandavam fazer apreensões, acabando na maioria das vezes por causar o encerramento dos jornais.

Finalmente, no capítulo nº 5, anterior ao capítulo que o leitor estará a ler neste momento, descreveram-se as características *sui generis* do semanário *A Verdade* , referindo a sua ficha técnica, os preços, as medidas, as proporções do jornal e datas de publicação. Muito especificamente foi divulgada a análise da linha gráfica deste periódico, tarefa que foi cumprida com o apoio do Sr. Victor Heitor de Matos, chefe do sector de fotocomposição do antigo jornal *A Capital*.

Transpondo os objectivos iniciais em que se privilegiou o estudo do Semanário *A Verdade*, esta obra pretende despertar o interesse do público pelo estudo de diferentes matérias sobre a Região Autónoma da Madeira, região essa, que tem vindo a contribuir para o progresso de Portugal, de forma acentuada, quer através do trabalho

346 *A Verdade Madeirense e a Grande Guerra*

e criatividade dos cidadãos residentes na Ilha, quer através dos seus emigrantes, radicados em diferentes comunidades no estrangeiro.

E, talvez mais...

Ao recordar os tempos em que as maiores potências disputavam o domínio dos mares...

Quando alemães e ingleses se batiam pela prioridade na obtenção de privilégios na Ilha da Madeira...

E os escritores e artistas madeirenses produziam trabalhos modernistas, uns deles, no espaço insular, outros no estrangeiro, elevando com a sua chancela o nível cultural da nação portuguesa...

Nesse ambiente de intrigas políticas em que os embaixadores europeus nas suas visitas inter-estatais desviavam o curso da História, sob as ordens de seus soberanos...

Quando os decretos eram exarados para fazer a guerra ou instaurar a paz, de acordo com os pareceres de instituições multilaterais que estabeleciam pontes de ligação "ou muros" de exclusão entre os povos e as minorias...

A autora conjecturou que, segundo cita o poema "A Pedra Filosofal" de António Gedeão: "...o Sonho é uma constante da vida...", no sentido de dinamizar o cinema nacional, seria concerteza possível através das entidades competentes, estabelecerem-se contactos com os excelentes realizadores portugueses Manoel de Oliveira, Fernando Lopes, António-Pedro Vasconcellos ou Lauro António, para conceberem uma co-produção, digna de consagrar na tela, o período histórico versado no semanário *A Verdade*, no âmbito dos notáveis acontecimentos que decorreram na Madeira, durante o período da Grande Guerra.

Certamente seria aplaudido nas salas de cinema de todo o mundo, contribuindo para privilegiar e divulgar a História de Portugal e da Madeira.

A crise mundial que antecedeu a Grande Guerra, as ambiguidades ideológicas, o sentimento nacional e posteriormente, o próprio conflito, a assinatura dos armistícios no Outono 1918, Versalhes e a ratificação dos tratados de paz de 1919 a 1920, o tempo esplendoroso da Sociedade das Nações, o triunfo da democracia e finalmente, a Grande Depressão da Bolsa de Nova Iorque, na segunda quinzena de 1929 que se seguiram, tiveram repercusões em Portugal e na Ilha da Madeira. Neste território, onde o instinto de sobrevivência se sobrepunha aos obstáculos, poderá o cinema rebuscar em jornais coetâneos, *as crónicas* sobre as façanhas dos combatentes desse passado glorioso, assim como dos que contribuiram para apoiar e proteger o povo madeirense ou dos que o perturbaram e exploraram. Através da trajectória do género epistolar será possível, compreender a expectativa de quem aguardava rezando, os ilustres soldados madeirenses vindos da guerra, nomeadamente a família, os amigos ou as madrinhas-de-guerra. Mas, muitos choraram a perda dos seus entes queridos, aprisionados ou mortos nos campos dessa Flandres insondável, palco da destruição "de toda uma géração de artistas... de toda uma géração que olhos húmidos teve de deixar de ler as páginas de Zola e de Hugo, para ler os comunicados de Havas e as ordens de Hindenburgo".

Na Literatura, as narrativas históricas, os textos românticos, os poemas simbolistas e modernistas, fonte inesgotável de inspiração para qualquer artista, completarão o valioso panorama socio-cultural onde se moveram personagens extraordinárias que fizeram avançar o mundo pela coerência das suas ideias, pela força dos seus sentimentos, crenças e ideais.

Situações romanescas, outras picarescas. As intrigas e traições. A paixão e a união entre homens e mulheres, desnudando em vasto e interminável enredo o Amor, – essa grande temática da Vida, serão materiais preciosos para o realizador cinematográfico recolher em suas câmaras, inseridos na magnificência das paisagens sublimes que a Madeira proporciona. Nessa ilha onde a areia escorrega vagarosamente, durante as 24 horas do dia "nas ampulhetas do tempo", as imagens captadas serão certamente surpreendentes, podendo logo de imediato, ser divulgadas à escala do globo.

Outro enquadramento interessante será analisar as relações que se estabeleceram entre portugueses, espanhóis, franceses, ingleses, alemães e cidadãos de outras nacionalidades, nesse "tão perto e tão longe" pedaço de terra emersa no mar, num período desastroso da História Mundial.

A Maçonaria. A Igreja e o Estado. As altas patentes do Exército e a Censura Militar. Os governadores e as comissões de Censura Civil à Imprensa serão outras temáticas importantes para explorar. Que dizer do aproveitamento para a acção dum hipotético filme, dos ensinamentos contidos no arauto popular *A Verdade*, quando desferia golpes "mortais" nos inimigos, da liberdade, da justiça, da paz e do progresso? Ou dos seus gritos de alerta contra os vícios mais reprováveis: a ambição, o jogo, a luxúria, a imoralidade, ocultos sob a capa de monopólios, casinos, hóteis, e bordéis?

Quanto aos romances entre burgueses, nobres e plebeus que habitavam a ilha ou a visitavam, poderão compôr cenários que Goya, Velasquez, ou Rembrandt se orgulhariam de pintar.

A luz e a sombra. Os crepúsculos. A aurora e o pôr-do-sol emuldurando horizontes peculiares onde a fantasia tudo pode recriar, permitirão à Sétima Arte um registo inolvidável para o futuro.

A saga dos que também celebravam a vida em todos os pontos da ilha, com o seu trabalho e o suor de seus corpos, em actividades agrícolas ou piscatórias, o turismo, o desporto, a música, o teatro, a pintura, as novas tecnologias, o cinema serão motivos reconhecidamente suficientes para ilustrarem e recordarem o fulgor de uma sociedade "perdida no tempo e no espaço" que ainda se avista lá muito ao longe, iluminada pelo sol dourado, nessa ilha orlada pela espuma do Oceano que ainda hoje a continua a beijar com desejo e fascínio.

CRONOLOGIA

1900 – Fundação da Associação "O Marítimo Funchalense".

1900 – Projecto de saneamento da cidade do Funchal.

29 de Novembro 1900 – Aprovação por alvará régio dos Estatutos da Associação de Classe dos Industriais Madeirenses

22 de Junho 1901 – Visita dos Reis de Portugal, D.Carlos e D. Amélia às Ilhas Adjacentes.

8 de Agosto 1901 – Concessão da autonomia administrativa à Madeira pelo Presidente do Conselho, Ernesto Rodolfo Hintze Ribeiro.

15 de Setembro 1901 – Fundação da Associação de Socorros Mútuos do Sexo Feminino do Funchal.

24 de Dezembro 1901 – Aprovação por alvará régio dos Estatutos da Associação de Socorros Mútuos Funchalense.

30 de Dezembro 1903 –Aparecimento do primeiro automóvel, na Madeira.

17 de Maio 1904 – Criação do Laboratório de Bacteriologia e Higiene, no Funchal

16 de Março 1905 – Aprovação por alvará régio dos estatutos da Associação de Socorros Mútuos e Reforma dos operários madeirenses

4 de Abril 1905 – Fundação da Associação dos Fabricantes de Calçado do Funchal.

29 de Novembro 1905 – Inauguração do Posto de Desinfecção do Campo da Barca.

1906 – Fundação da Companhia de Seguros Garantia Funchalense, no Funchal.

1906 – Fundação do Montepio da Madeira.

1907 – Lei Repressiva da Liberdade de Imprensa, de 11 de Abril.

22 de Novembro 1907 – Início da circulação do primeiro automóvel, na Madeira.

6 de Janeiro 1908 – Fundação do Grémio dos Empregados do Comércio Funchalense.

1908 – Assassinato do rei D.Carlos e do príncipe herdeiro D. Luís Filipe

1908 – Estabelecimento no Funchal da Companhia de Tabacos da Madeira.

6 de Maio 1908 – Aclamação do rei D. Manuel II.

1909 – Travessia aérea do Canal da Mancha.

23 de Outubro 1909 – Inauguração do Teatro Circo e do Pavilhão Paris.

1910 – Zeppelins.

1910 – Primeira Exposição de Henrique Franco na Sociedade das Belas Artes.

1910 – Epidemia de Cólera, na Madeira.

1910 – Fundação da União dos Viticultores da Madeira.

1910 – Decreto, com força de Lei, de 10 de Outubro.

Setembro 1910 – Fundação do Club Sport Marítimo.

5 de Outubro 1910 – Proclamação da República, em Lisboa.

1910 – Expulsão dos Jesuítas e das demais ordens religiosas.

1910 – Segundo Troço do Caminho de Ferro do Monte no Funchal.

350   *A Verdade Madeirense e a Grande Guerra*

1911 – Lei da Separação do Estado e das Igrejas.
1911 – Regresso de Francisco Franco à Madeira, vindo de Paris.
24 de Agosto 1911 – Eleição do Dr. Manuel Arriaga como Presidente da República.
5 de Outubro 1911 – Inauguração da rede telefónica do Funchal.
1912 – Estabelecimento de uma Fábrica de Conserva de Atum no Paul do Mar.
28 de Janeiro 1912 – Constituição da Associação de Vendedores de Víveres a Retalho.
24 de Agosto 1912 – Aprovação por alvará régio dos Estatutos da Associção dos Trabalhadores Marítimos do Funchal.
2 de Dezembro 1912 – Instituição da Associação dos Pedreiros do Funchal.
19 de Julho 1913 – Constituição da Associação dos Ferreiros do Funchal.
13 de Agosto 1913 – Criação da Junta Autónoma das Obras do Porto do Funchal.
18 de Novembro 1913 – Diploma regulamentador do comércio e produção dos vinhos da Madeira.
1914 – O Grande Oriente Lusitano Unido solicita aos deputados mações que impeçam o magistério aos sacerdotes.
1914 – Renovação da imprensa católica.
2 de Outubro 1914 – Nomeação de D. António Manuel Pereira Ribeiro no cargo de prelado da diocese do Funchal.
30 de Dezembro 1914 – Nomeação de Sebastião Herédia no cargo de governador civil da Madeira.
28 Junho 1914 – Assassínio em Sarajevo dos arquiduques da Austro-Hungria.
Julho-Agosto 1914 – Declarações de guerra.
Agosto 1914 – Ataque da Alemanha a Angola e Moçambique.
Agosto 1914 – Avanço do flanco direito do exército alemão, através da Bélgica neutral.
28 Outubro 1914 – Início da Grande Guerra.
1915 – Carro de assalto.
1915 – Eleição dos deputados católicos.
1 Maio 1915 – Início da publicação do semanário *A Verdade*.
1915 – "Nascimento de uma Nação" de Griffith cria linguagem cinematográfica.
5 Outubro 1915 – Tomada de posse do presidente da República Bernardino Machado.
24 de Outubro de 1915 – Fundação da Liga das Artes Gráficas da cidade do Funchal.
29 Novembro 1915 – Formação dum Ministério Democrático por Afonso Costa.
1916 – As ordens religiosas voltam lentamente a recuperar os seus antigos privilégios.
1916 – Inauguração da Estrada do Funchal à Encumeada.
Fevereiro 1916 – Requisição pelo Governo português de navios mercantes alemães e austro-húngaros.
Fevereiro-Julho e Outubro-Novembro 1916 – «Batalha Sangrenta» de Verdun.//
9 de Março de 1916 – Declaração de guerra a Portugal por parte da Alemanha.
A Áustria corta relações diplomáticas com Portugal.
10 Março 1916 – Demissão do Ministério de Afonso Costa.
12 Março 1916 – Decreto nº 2270 restringindo a Liberdade de Imprensa. Apreensão de publicações.
16 Março 1916 – Início do novo Ministério composto por Democratas e Evolucionistas.
28 Março 1916 – Lei da Imprensa nº 493 estabelece a Censura Prévia.
Agosto-Outubro 1916 – Batalha de Isonzo, em Itália.
Setembro 1916 – O Governo de Afonso Costa publica a nova Lei de Imprensa.

10 de Outubro 1916 – Aprovação dos Estatutos da Associação dos Empregados do Comércio Madeirense.

3 Dezembro 1916 – Primeiro Bombardeamento da cidade do Funchal, por um submarino alemão que entra no porto, torpedeia e afunda três navios.

12 Dezembro 1916 – Primeira Declaração de Paz da Alemanha.

28 Dezembro 1916 – O ministro Machado dos Santos restringe a liberdade através de três portarias.

1917-1918 – Revolução parlamentar de Fevereiro, na Rússia.

1917 – Guerra submarina sem restrições da Alemanha.

Janeiro 1917 – Desembarcam em França, os primeiros contingentes do CEP.

13 de Janeiro 1917 – Aprovação por alvará régio dos Estatutos da Associação de Socorros Mútuos Pedro Álvares Cabral.

17 de Fevereiro 1917 –Aprovação por alvará régio dos Estatutos da Associação dos Tanoeiros do Funchal.

Fevereiro-Março 1917 – Retirada da Alemanha para a Linha Siegfried.

6 Abril 1917 – Entrada dos EUA na guerra.

13 Abril 1917 – O Governo restabelece a censura através do Decreto nº 4082.

25 Abril 1917 – Início do funcionamento do novo Ministério chefiado por Afonso Costa.

13 Maio 1917 – Primeira Aparição de Nossa Senhora na Cova de Iria.

20 de Julho 1917 – Fundação do Clube Naval da Madeira.

13 de Outubro 1917 – "O Milagre do Sol."

5 Dezembro 1917 – Sublevação militar chefiada por Sidónio Pais.

12 Dezembro 1917 – Segundo Bombardeamento dum submarino alemão ao Funchal.

1918-1920 – Guerra civil russa entre bolcheviques e os seus inimigos.

1918 – Fundação da Associação dos Industriais de Destilação da Madeira.

1918 – 14 Pontos de Wilson.

1918 – Revisão da Lei da Separação.Janeiro-Julho 1918 – Conferência de Versalhes e assinatura das condições para o Tratado de Paz.

3 Março 1918 – Paz de Brest- Litovsk.

9 de Março – Aprovação por alvará régio dos Estatutos da Associação dos Proprietários da Madeira.

9 de Abril 1918 – Derrota de uma parte do CEP na batalha de La Lys.

25 de Maio 1918 – Aprovação por alvará régio, dos estatutos da Associação dos Trabalhadores Agrícolas da Madeira.

11 Maio 1918 – Sidónio Pais assume a Presidência da República.

16 Junho 1918 – Nomeação duma Comissão de Censura Civil à Imprensa.

3-4 Outubro 1918 – Oferta alemã de armistício.

9 Novembro 1918 – Proclamação da República Alemã por Scheidemann, eleito presidente do Partido Socialista-Democrata e designado para primeiro Presidente do Ministério. Renúncia de Guilherme II.

11 Novembro 1918 – Fim da Grande Guerra. Assinatura do Armistício em Compiègne.

14 Dezembro 1918 – Assassínio de Sidónio Pais, no Rossio.

1919 – Fundação da Sociedade das Nações. Dissolução do Império Alemão.

Janeiro 1919 – Revoluções de Santarém e de Monsanto.

8 Maio 1919 – Assinatura do Tratado de Paz com a Alemanha.

Junho 1919 – Reabre o Congresso da República.

352   *A Verdade Madeirense e a Grande Guerra*

Agosto 1919 – Eleição de António José de Almeida para chefe do Estado.

3 Novembro 1919 – Fim da publicação d'*A Verdade*.

1921 – Indemnização a pagar pela Alemanha fixada em 269 milhões de marcos de ouro.

1921 – Publicação do primeiro volume do "Elucidário Madeirense".

28 de Março 1921 – Lançamento da primeira pedra do monumento dedicado aos aviadores Gago Coutinho e Sacadura Cabral.

13 de Abril 1921 – Passagem do general Norton de Matos pela Madeira.

1922 – Fundação da Liga Madeirense de Desportos Náuticos.

1922 – Publicação do Livro III das "Saudades da Terra".

1 de Abril 1922 – Falecimento do Imperador Carlos de Habsburgo na Quinta do Monte.

26 de Abril 1922 – Chegada à Madeira de Maximiliano de Habsburgo.

2 de Junho 1922 – Inauguração do Telégrafo sem Fios.

1923 – Publicação do primeiro número do "Jornal da Madeira"

1925 – Publicação dos Livros I a IV da obra "Saudades da Terra", de Gaspar Frutuoso.

BIBLIOGRAFIA

BRANCO, Alfredo de Freitas. *No Exílio – 1911-1914. Scenas da Vida dos Conspiradores Monarchicos*. Lisboa, Casa Ventura Abrantes – Livraria Editora, 1915.

CAETANO, Joaquim Inácio. *A Pintura Mural no Pátio de Acesso à Sala do Cabido* in Revista *Monumentos* – Revista Semestral de Edifícios e Monumentos. Lisboa, DGEMN – Direcção Geral dos Edifícios e Monumentos Nacionais, nº19, Pág. 84, Setembro, 2003.

CALDEIRA, Abel Marques. *O Funchal no Primeiro Quartel do Século XX* (1900-1925). Funchal, Empresa Madeirense Editora, 1964.

CARITA, Rui. *Funchal – Uma Porta para o Mundo*. Lisboa, Ed. CTT – Correios de Portugal, 2008.

CARITA, Rui. *Funchal, 500 Anos de História*. Funchal, Funchal 500 Anos – EEM, 2008.

CARITA, Rui. *História da Ilha da Madeira*. Funchal, Secretaria Regional de Turismo e Cultura, 1984, Vols. II e III.

CARITA, Rui. *Museu Henrique e Francisco Franco*. Funchal, Câmara Municipal do Funchal; colaboração de Virgílio Gomes, 1987.

CIDADE, Hernâni. *Luís de Camões – o Épico*. Lisboa, Ed. Presença, 1985.

CIDADE, Hernâni. *Luís de Camões – o Lírico*. Lisboa, Ed. Presença, 1936(1ª ed); 1952 (2ª ed).

CLODE, Luis Peter. *Registo Bio-Bibliográfico de Madeirenses. Séculos XIX e XX*. Funchal, Caixa Económica do Funchal, 1983.

CLODE, Luís Peter. *Registo Genealógico de Famílias que passaram à Madeira*. Funchal, Livaria Visconde da Trindade, 1952.

COLECTIVO. *Os Dias dos nossos Carnavais*. Funchal, DRAC – Direcção Regional dos Assuntos Culturais, 1991.

COLECTIVO. *Fortaleza Palácio de São Lourenço – Catálogo – Exposição Permanente*. Funchal, Quartel General da Zona Militar da Madeira, 1994.

COLECTIVO. *Palácio de São Lourenço*. Gabinete do Ministro da República. Funchal – Madeira, s/d.

COLECTIVO. *Regulamento do Teatro Municipal D. Maria Pia da Cidade do Funchal*. Funchal, 1894.

CORRÊA, Marquez de Jacome. *A Ilha da Madeira – Impressões e notas archeologicas, ruraes, artísticas e sociaes*. Coimbra, Imprensa da Universidade, 1927.

CORREIA, João David Pinto. *Os Militares e a Literatura Madeirense – Reflexões e Notas*. Funchal, Edição conjunta da Secretaria Regional do Turismo e Cultura e da Direcção Regional dos Assuntos Culturais, 1998.

FRANÇA, José-Augusto. *História da Arte em Portugal. O Modernismo (séc XX)*. Lisboa, Editorial Presença, vol. VI, 2004.

GOMES, Alberto Figueira, *Cabral do Nascimento*, Funchal, DRAC – Direcção Regional dos Assuntos Culturais, 1985.

GOMES, Alberto Figueira, *O Tormento da Altura na obra de João Gouveia*. in revista "Ocidente", Lisboa, 1967.

GOMES, Fátima Freitas; Viríssimo, Nelson. *A Madeira e o Sidonismo*. Funchal, DRAC – Direcção Regional dos Assuntos Culturais, 1983.

GOUVEIA, Dora Morais Rocha de. *Senhora da Nossa Vida*. Lisboa, ed. do a., composto/ impresso nas Oficinas Gráficas da Rádio Renascença, 1987.

GOUVEIA, João. *Almas do Outro Mundo-Hypnotismo e Espiritismo*. Lisboa, Empreza da História de Portugal: Livraria Moderna, 1908.

GOUVEIA, João. *Atlante – Tragédia d'Alma*. Lisboa, Antiga Casa Bertrand, José Bastos, 1ª ed, 1903.

GOUVEIA, João. *Atlante- Tragédia d'Alma*. Lisboa, ed. do a., composto/ impresso na Typographia de Francisco Luiz Gonçalves, 2ª ed., 1907.

GOUVEIA, João. *A Direcção Aérea – Balões e Aeroplanos*. (Resumo Histórico). Lisboa, Editora Limitada, Biblioteca do Povo e das Escolas, Propaganda de Instrução para Portugueses e Brasileiros, 1912.

GOUVEIA, João; Santos Jorge. *Mar de Lágrimas-Drama em 3 Actos*. Lisboa, Livraria Popular de Francisco Franco. Biblioteca Popular nº 300, 2ª ed., s/d.

GOUVEIA, João. *Da Máscara ao Coração do Romantismo*. In revista "ABC", nº 514, Lisboa, 1930.

GUERREIRO, Manuel Viegas; Nunes, Maria Arminda Zaluar; Gouveia, Dora Rocha de ; Andrade, Maria Ilda. *A nossa Pátria* – Livro de Leitura do 1º ciclo – 2º ano, Lisboa, Livraria Didáctica, 1961.

GUEVARA, Gisela Medina. *As Relações Luso-Alemãs antes da Primeira Guerra Mundial – A Questão da Concessão dos Sanatórios da Ilha da Madeira*. Lisboa, Ed. Colibri, 1997.

LEITE, José Guilherme Reis. *A Autonomia das Ilhas Atlânticas. Os Açores e a Madeira. A experiência Açoreana do Século XIX, in Actas do I Colóquio Internacional de História da Madeira*. Vol. I, Funchal, 1989.

LOJA, António E.F. *Revista Atlântico-1985 – Revista de Temas Culturais*. Funchal, nos 1, 3, 4, 5, E. do A., 1985.

LOPES, Òscar. *História da Literatura Portuguesa*. Lisboa, Editorial Estúdios Cor, 1966 (1º vol); 1973 (2º vol).

MARIALVA, Octávio de, *O Mistério de Invisível – Novela Esotérica*. Funchal, Madeira Ed., 1927.

MARIALVA, Octávio de, *Olimpo - 25 Poemas da Grécia*, Colecção Príncipe d'Árcádia. Funchal, DRAC – Direcção Regional dos Assuntos Culturais, 1991.

MARIALVA, Octávio de, *Panaceia - 20 estudos de Trofotécnica*, Colecção Filósofo Y. Funchal, DRAC – Direcção Regional dos Assuntos Culturais, 1989.

MARIALVA, Octávio de, *Sibilas*, Colecção Cavaleiro do Cisne, Funchal, DRAC– Direcção Regional dos Assuntos Culturais, 1990.

MARIALVA, Octávio de. *A Morte do Cisne- Poema Sinfónico*. Funchal, s/ed., 1923.

MARINO, Luís. *Musa Insular (poemas da Madeira)*, Funchal, Editorial Eco do Funchal, 1959.

MARQUES, A. H. de Oliveira. *A Primeira República Portuguesa*. Lisboa, Livros Horizonte, Lda., 1980, 3ª ed.

Bibliografia

MARQUES, A. H. de Oliveira. *História da Maçonaria em Portugal*. Lisboa, Editorial Presença, 1990, vol. I.

MARQUES, A. H. de Oliveira. *História de Portugal*. Lisboa, Palas Editores, 1986. 3ª ed., vol. III.

MATOS-CRUZ, José de. *Arquipélago da Madeira – Um roteiro fílmico*. Lisboa, Cinemateca portuguesa, 1985.

MELO, Luís Francisco de Sousa; Carita, Rui. *100 Anos do Teatro Baltazar Dias (1888 – 11Março-1988)*. Funchal, Câmara Municipal do Funchal, 1988.

MENEZES, Albino de, *A Desflorada* in *O Povo*, Lisboa, 13 de Janeiro de 1916.

MENEZES, Albino de, *Eu e Sara ao Ar Livre*, in *Diário da Madeira*, Funchal, 23 de Janeiro de 1921.

MENEZES, Albino de, *A Noite Bizantina*, in *Diário da Madeira*, Funchal, 10 de Maio de 1921.

MENEZES, Albino de, *A Noite Bizantina*, Selecção de textos, prefácio e notas de Nelson Veríssimo, Funchal, DRAC – Direcção Regional dos Assuntos Culturais – Secretaria Regional do Turismo, Cultura e Emigração, 1ª Edição, 1991.

MENEZES, Albino de, *A Última Estrela* in *Almanach de Lembranças Madeirenses*, Funchal, 1909.

MENEZES, Albino de, *Almas Raras* in *Diário da Madeira*, Funchal, 11 de Maio de 1922.

MENEZES, Albino de, *Após o Rapto* in *Orpheu3*, Lisboa, Edições Ática, 1984.

MENEZES, Albino de, *Bíblia de Amor Pagão* in *Diário da Madeira*, Funchal, 02 de Fevereiro de 1921.

MENEZES, Albino de, *O Colar de Pedras Finas da Rainha Rimini* in *Diário da Madeira*, Funchal, 28 de Agosto de 1921.

MENEZES, Albino de, *Carta de Longe* in *Diário de Notícias*, Funchal, 29 de Julho de 1907.

MENEZES, Albino de, *Cartas de Portugal* in *Diário da Madeira*, Funchal, 1921.

MENEZES, Albino de, *Coimbra* in *Diário da Madeira*, Funchal, 24 de Agosto 1921.

MENEZES, Albino de, *Film* in *Diário da Madeira*, Funchal, 10 de Novembro de 1921.

MENEZES, Albino de, *Gabriel d'Anunzio e eu* in *Diário da Madeira*, Funchal, 21 de Abril de 1922.

MENEZES, Albino de, *Margarida* in *Diário de Notícias*, Funchal, 6 de Fevereiro de 1921.

MENEZES, Albino de, *Esposa morta* in *Diário de Notícias*, Funchal, 27 de Fevereiro de 1921.

MENEZES, Albino de, *Noite de Verbena*, in *Diário de Notícias*, Funchal, 13 de Março de 1921.

MENEZES, Albino de, *Marrocos Visto da Ilha* in *Diário da Madeira*, Funchal, 18,25 de Setembro de 1925.

MENEZES, Albino de, *Rainer Maria Rilke* in *Diário de Notícias*, Funchal, 12 de Fevereiro de 1927.

MENEZES, Albino de, *Ruth Eleonora* (Ensaio para um estudo de observação psicológica) in *Diário da Madeira*, Funchal, 25 a 30 de Maio e 5 de Junho de 1923.

MENEZES, Albino de, *Uma Tragédia na Madeira* (folhetim) in *Diário Popular*, em colaboração com Baptista Santos, Igino de Barros, Abel Rocha de Gouveia, Domingos dos Reis Costa, Funchal, s/ed, 10 de Dezembro de 1908 – 06 de Abril de 1909.

MENEZES, Albino de, *Uma Vez, um Natal em pequenino...* in *Diário de Notícias*, Funchal, 25 de Dezembro de 1925.

MENEZES, Carlos de Azevedo de; Silva, Pde. Fernando Augusto da. *Elucidário Madeirense*. Funchal, Tipografia Esperança, 1921.

MONTEIRO, José Leite. *Palácio de São Lourenço – Na Cidade do Funchal – Madeira.* Funchal, DRAC, 2001.

NASCIMENTO, Cabral do, *Cancioneiro*, Porto, Editorial Inova sarl, Nova Edição acrescentada, Colecção Coroa da Terra, 1977.

NASCIMENTO, Cabral do, *Descaminho*, Lisboa, Editorial Minerva, 1969, 2ª Edição acrescentada com selecção dos livros *Alguns sonetos*, (1924) e *Arrabalde* (1928).

NASCIMENTO, Cabral do, *Poemas Narrativos Portugueses*, Lisboa, Editorial Minerva, 1949.

NASCIMENTO, Cabral do, *Colectânea de versos portugueses-Do séc XII à Actualidade*, Lisboa, Ed. Minerva, 1964.

NASCIMENTO, Cabral do, *Líricas Portuguesas*, s/l, Portugália Ed., 2ª série, 3ª ed., s/d.

NEPOMUCENO, Rui. *As Crises de Subsistência na História da Madeira.* Ensaio Histórico, Lisboa, Editorial Caminho, SA., Colecção Universitária, 1994.

NOBRE, António. *Só,* Paris, Léon Vanier-Henri Jouve, 1ª ed., 1892.

NOBRE, António. *Só,* Porto, Livraria Tavares Martins, 9ª ed. comemorativa do cinquentenário da morte do poeta, 1950.

NOBRE, António. *Só,* Porto, Livraria Tavares Martins, 1959, 1962, 1966, 1968, 1971, 1973.

NOBRE, António. *Só,* Lisboa, Biblioteca Ulisseia de Autores Portugueses; int. M. Ema Tarracha Ferreira, 2ª ed., 1998.

PEREIRA, Eduardo C.N. *Ilhas de Zargo.* Funchal, Edições da Câmara Municipal do Funchal, 1989.

PEREIRA, José Carlos Seabra. *História Crítica da Literatura Portuguesa.* Lisboa, Ed. Verbo, 1995, vol VII.

PIETTRE, André. *Histoire Économique et Problèmes Économiques Contemporains.* Paris, Éditions Cujas, 1973.

PIPER, David. *The Illustrated History of Art.* London, Bounty Books, 2004.

PORTO DA CRUZ, Visconde do. *Auto da Primavera.* Música do Prof. Luís de Freitas Branco. Aveiro, Gráfica Aveirense Lda, 1918.

PORTO DA CRUZ, Visconde do. *Contos vividos na Guerra.* Aveiro, A Lusitânia, 1954.

PORTO DA CRUZ, Visconde do. *Folclore Madeirense.* Funchal, Câmara Municipal do Funchal, 1955.

PORTO DA CRUZ, Visconde do. *Memórias da Guerra na Alemanha.* Aveiro, 1954.

PORTO DA CRUZ, Visconde do. *Notas e comentários para a História Literária da Madeira.* Funchal, Eco do Funchal, vol I (1420-1820), 1949; Câmara Municipal do Funchal, vol II (1820-1910), 1950; vol III (1910-1952), 1953.

PORTO DA CRUZ, Visconde do. *Paixão e Morte de Sidónio... e o Mais que se Seguiu....* Funchal, Tipografia Esperança, 1928.

PORTO DA CRUZ, Visconde do. *A Revolução Literária de Ibsen.* Lisboa, Imprensa Lucas & Cª, 1937.

PORTO DA CRUZ, Visconde do. *Trovas e Cantigas do Arquipélago da Madeira.* Funchal, ed. do A., 1954.

PORTO DA CRUZ, Visconde do. *Trovas e Cantigas do Arquipélago da Madeira.* Lisboa, ed. do A., 1934.

PORTO DA CRUZ, Visconde do. *A Vitória Latina.* Lisboa, Edição privada, 1936.

RAMOS, Feliciano. *História da Literatura Portuguesa.* Braga, Livraria Cruz, 1960.

REIS, António. *História Universal.* Lisboa, Círculo de Leitores, 1990, vol IV.

REIS, António do Carmo. *História do século XX – I Guerra Mundial (1914-1918)*. Lisboa, Publicações Alfa, vol. II, 1995.

RIBEIRO, Manuel Félix. *Filmes, figuras e factos da História do Cinema Português (1896-1949)*. Lisboa, Cinemateca Portuguesa, 1983.

RODRIGUES, Maria do Carmo J. P. *Subsídio para Um Estudo das Tipografias na Madeira*. Coimbra, ed. do A., 1969.

SANTOS, Rui. *A Construção do Teatro Maria Pia*. Funchal, DRAC – Direcção Regional dos Assuntos Culturais, col. Cadernos Madeirenses, 1994.

SARAIVA, António José; LOPES, Óscar. *História da Literatura Portuguesa*. Porto, Porto Editora, 15ª edição, 1989.

SARAIVA, A. J.; Lopes Óscar. *História da Literatura Portuguesa*. Porto, Porto Editora, 2000.

SERRÃO, Joaquim Veríssimo. *História de Portugal – A Primeira República (1910-1926)*, Lisboa, Editorial Verbo, vol. XI, 1989.

SERRÃO, Joaquim Veríssimo. *História de Portugal.- A Primeira República (1910-1926)*, Lisboa, Editorial Verbo, vol. XII, 1990.

SILVA, Germano da. *A Nova Questão Hinton*. Lisboa, Ed. do A., 1915.

SILVA, Pde. Fernando Augusto da; Carlos Azevedo de Menezes. *Elucidário Madeirense-* 2ª Edição (notavelmente acrescentada), comemorativa dos Centenários da Independência e da Restauração de Portugal, mandada fazer pela Junta Geral do Distrito Autónomo do Funchal., Funchal, DRAC- Direcção Regional de Assuntos Culturais, 1946.

SILVA, Pde. Fernando Augusto da; Menezes, Carlos Azevedo de. *Elucidário Madeirense-Fac Símile da Edição de 1946*. Funchal, DRAC- Direcção Regional de Assuntos Culturais, 1984.

SILVA, Pde. Fernando Augusto da; Menezes, Carlos Azevedo de. *Elucidário Madeirense*. Funchal, Junta Geral Autónoma do Distrito do Funchal, 1965.

SIMÕES, Álvaro Vieira; Sumares, Jorge; Silva, Iolanda. *Transportes na Madeira*. Funchal, DRAC- Direcção Regional dos Assuntos Culturais, 1983.

SIMÕES, João Gaspar. *História da Poesia Portuguesa do Séc XX*. Lisboa, Emp. Nac. De Publicidade, 1959.

TEIXEIRA, Maria Mónica. *Cabral do Nascimento – A Palavra da Confidência e a Herança do Simbolismo Francês*. Funchal, DRAC – Direcção Regional dos Assuntos Culturais, 1997.

TEIXEIRA, Maria Mónica. *Tendências da Literatura na Ilha da Madeira nos séculos XIX e XX*. Funchal, CEHA – Centro de Estudos de História do Atlântico, col. Atlântica nº50, 2005.

VERÍSSIMO, Nelson. *O Alargamento da Autonomia dos Distritos Insulares; o Debate na Madeira (1922-1923), in Actas do II Colóquio Internacional de História da Madeira*. Funchal, 1990.

VERÍSSIMO, Nelson. *No Centenário do Nascimento de um Modernista Madeirense: Albino de Menezes, «Diário de Notícias»*, Funchal, 17 Dez., 1989.

Jornais

O Atlântico – Funchal
Brado d'Oeste – Ponta do Sol
Diário da Madeira – Funchal
Diário de Notícias – Funchal
O Heraldo da Madeira – Funchal
O Madeirense – Funchal
O Povo – Funchal
O Progresso – Funchal
O Realista - Funchal
A Regeneração – Funchal
Trabalho e União – Funchal
A União – Ponta do Sol
O Vigilante – Funchal
O Chicote
O Germinal
Gente Nova
O Imparcial
A Luz
O Radical
A Sentinela
A Seringa

Revistas

Revista *ABC – Revista Portuguesa* – n° 514, 1930. – Dir. Rocha Martins; Red/ Ed. Carlos Ferrão.

Revista *Ocidente – Revista Portuguesa Mensal*, vol. LXXII, (n°s 345-350), 1967. – Dir/Ed. António H. de Azevedo Pinto; Dir/Adj. Maria Amélia de Azevedo Pinto.

Revista *Orpheu 1* – (1915) – Lisboa, Edições Ática, 1971, Vol I, 2ª reed.

Revista *Orpheu 2* – (1915) – Lisboa, Edições Ática SARL, 1976; intd. Maria Aliete Galhoz.

Revista *Orpheu III* – Fac-Simile, Números 1 & 2; Provas de Página do Terceiro Número. Edição Facsimilada.Lisboa, Contexto Editora Lda, (1ª ed. Facsimilada Junho 1989; 2ª ed. Facsimilada Janeiro 1994).

Revista *Orpheu III* – (Provas de Página). s/l; Edições Nova Renascença; ed. patrocinada pelo Instituto Português do Livro; s/d, (realização gráfica-Póvoa do Varzim).

Revista *Presença – Folha de Arte e Crítica*, Coimbra, (10 de Março de 1927 – Nov de 1932).

Almanaques

Almanaque de Lembranças Luso-Brasileiro, Lisboa, (1851-1932), Red. Alexandre Magno de Castilho.
Almanaque de Lembranças Luso-Brasileiro, Lisboa, 1954, Autor – Alberto de Serra.
Novo Almanaque de Lembranças Luso-Brasileiro, Lisboa, 1882.
Almanaque de Lembranças Madeirense, Funchal, (1907-1910), Dir. António Feliciano Rodrigues; Jayme Câmara, Prop. J. M. da Rosa e Silva.
Album Poético e Charadístico, Funchal, 1883, Typographia Popular.
Album Literário e Charadístico, Lisboa, 1882, Red. Mateus Peres (ano 3).
Almanaque das Senhoras, Lisboa, 1872; 1904-1928, Prop. Guiomar Torrezão.
Almanaque Ilustrado do Diário da Madeira, Funchal, 1912, Ed. Francisco Bento de Gouveia.
Almanaque Madeirense Ilustrado, Funchal, 1936, Prop. Abel Marques Caldeira.
O Romanceiro do Arquipélago da Madeira, Funchal, 1880, Autor – Álvaro Rodrigues d'Azevedo.
Antologia das Poetisas Portuguesas – Compilação de Nuno Catarino Cardoso, Lisboa, 1917, Ed. N. C. Cardoso.
Album Madeirense de Poesias de várias autoras, Funchal, 1884, Compilador - Francisco Vieira, ed. M. J. Teixeira Jardim.
Almanaque Ilustrado, Lisboa, 1884-1910, Ed./Prop. Francisco Pastor.
Musa Insular, Funchal, 1959, Ed. Luis Marino
Flores da Madeira Poesia Ultra-Romântica, Funchal, (1842-1908) Ed. Alfredo César d'Oliveira; José Leite Monteiro.

FILMOGRAFIA

Nacional

Relativamente aos filmes sobre a Madeira citados em: 2.23., consulte-se o Roteiro Fílmico do Arquipélago da Madeira, elaborado pelo Sr. Dr. José de Matos-Cruz, editado em Agosto de 1985 pela Cinemateca Portuguesa.

Internacional

Lucas, George. *The Demons of Deception – The Young Indiana Jones.* EUA, Paramount, (TV) Cor, 88 mn, 1999.
Lucas, George. *The Young Indiana Jones Chronicles.* (France 1916/Germany 1916), EUA, Beta Filmes, (TV) Cor, 50 mn, (p/ episode), 1992.

AUTORES CITADOS

CALDEIRA, Abel Marques
CLODE, Luis Peter
CORRÊA, Marquez de Jacome
ESPERANÇA, Dr. Manuel J.
GOMES, Alberto Figueira
GOMES, Fátima Freitas
GUEVARA, Gisela Medina
LEITE, José Guilherme Reis
MENEZES, Carlos de Azevedo de
NEPOMUCENO, Rui
PEREIRA, Eduardo C.N.
PEREIRA, Miriam Halpern
PIETTRE, André
PORTO DA CRUZ, Visconde do
RODRIGUES, Maria do Carmo J. P.
SILVA, Germano da
SILVA, Iolanda
SILVA, Pde. Fernando Augusto da
SIMÕES, Álvaro Vieira
SUMARES, Jorge
VERÍSSIMO, Nelson

CALDER, Ritchie
CARLYLE, Thomas
COCTEAU, Jean
ÉMILE, Zola
FRODIEN, Ulrich
GIRAUDOUX, Jean
GODARD, Jean-Luc
HUGO, Victor
LOVER, Samuel
LUTHER KING, Martin
ORR, John Boyd
PESSOA, Fernando
PICASSO, Pablo
PORTO DA CRUZ, Visconde do
TERESA, Mother
VIEIRA, Pde António

ÍNDICE GERAL

A Verdade: **Apresentação**	5
Agradecimentos	9
Dedicatória	13
Mensagens	15
Nota de Abertura	17
Prefácio	19
Justificação	27
Sumário	39
1. Introdução	43
1.1. Delimitação do Tema	54
1.2. Metodologia e investigação	56
2. A Ilha da Madeira nas Primeiras Décadas do Século XX	59
2.1. As Estradas	64
2.2. Os Transportes Terrestres	65
2.3. Os Transportes Marítimos	68
2.4. A Alimentação	71
2.5. A Maçonaria	73
2.6. A Igreja	76
2.7. A Lei da Separação	77
2.8. As Romarias	78
2.9. O Funchal – Cidade Caleidoscópio	80
2.9.1. A Urbe e seus Habitantes	81
2.9.2. A Economia e a Política	84
2.9.3. O Porto e as Actividades Comerciais	87
2.9.4. O Casario, os Monumentos e as Actividades Citadinas	89
2.10. O Turismo	98
2.11. Saúde Pública	106
2.12. A Organização Política	107
2.13. A Proclamação da República	109
2.14. Os Deputados Madeirenses no Parlamento	111
2.15. Os Partidos Políticos	112

362 A Verdade Madeirense e a Grande Guerra

2.16. O Ambiente Social e Cultural 114
2.17. A Imprensa 122
2.18. A Ficção e a Poesia 125
   2.18.1. O Simbolismo 136
   2.18.2. O Modernismo 149
2.19. As Armas e as Letras 167
2.20. A Arte da Combinação dos Sons 170
2.21. Música tradicional madeirense 177
2.22. As Artes de Palco 185
2.23. Os Primórdios do Cinema 193
2.24. As Obras Pictóricas 199
2.25. Os Clubes Desportivos 210
2.26. As Tecnologias 213
2.27. A Marinha de Guerra. Bombardeamentos ao Funchal 215
2.28. As Consequências da Grande Guerra 216

3. **A Verdade Perante os Acontecimentos** 221
   3.1. A Língua Portuguesa nas Primeiras Décadas do Séc.XX 223
   3.2. O Primeiro Exemplar de 1 de Maio de 1915 226
   3.3. Generalidades. Apresentação de algumas notícias publicadas no Semanário ... 230
      Sobre a Madeira 231
      Sobre Portugal 269
      Sobre a Europa 282
   3.4. O exemplar nº 214 de 25 de Setembro de 1919 293
   3.5. O exemplar nº 215. Outubro de 1919 (apreendido) 299
   3.6. O último exemplar do semanário de 3 de Novembro de 1919 299
   3.7. Caracterização do semanário A Verdade 304
   3.8. O semanário A Verdade e a Opinião Pública 306

4. **O Semanário A Verdade e a Censura** 309

5. **Apêndice** 321
   5.1. Ficha Técnica 323
   5.2. Os Preços 323
   5.3. Medidas e Proporções do Jornal 324
   5.4. Datas de Publicação 324
   5.5. Linha Gráfica 324
   5.6. Composições poéticas 326
   5.7. Grandes Temas 327
   5.8. Outros Temas 327
   5.9. Jornalistas Colaboradores d' A Verdade 328
      5.9.1. Pseudónimos dos Jornalistas Colaboradores d'A Verdade 330
      5.9.2. Autores dos Pensamentos Célebres 330
      5.9.3. Autores dos Trechos Selectos 331
      5.9.4. Autor da Secção Alegre 331
      5.9.5. Jornais madeirenses coevos citados 331
      5.9.6. Outros Jornais Coevos Citados da Europa, África e América 332
      5.9.7. Exemplares do Semanário apresentados em 3.3 336

6. Análise Conclusiva	339
Cronologia	349
Bibliografia	353
Jornais	358
Revistas	358
Almanaques	359
Filmografia	359
Autores Citados	360
Índice Geral	361